高等院校小学教育专业教材

小学课程与教学论

汪 霞 主编

华东师范大学出版社
·上海·

图书在版编目(CIP)数据

小学课程与教学论/汪霞主编.—上海:华东师范大学出版社,2010
高等院校小学教育专业教材
ISBN 978-7-5617-8227-9

Ⅰ.①小… Ⅱ.①汪… Ⅲ.①小学-课程-教学研究-师范大学-教材 Ⅳ.①G622.3

中国版本图书馆 CIP 数据核字(2010)第 216559 号

高等院校小学教育专业教材

小学课程与教学论

主　　编	汪　霞
策　　划	朱建宝
责任编辑	朱建宝
审读编辑	傅　妍
责任校对	邱红穗
封面设计	卢晓红
出版发行	华东师范大学出版社
社　　址	上海市中山北路3663号　邮编200062
网　　址	www.ecnupress.com.cn
电　　话	021-60821666　行政传真 021-62572105
客服电话	021-62865537　门市(邮购)电话 021-62869887
地　　址	上海市中山北路3663号华东师范大学校内先锋路口
网　　店	http://hdsdcbs.tmall.com
印刷者	常熟市文化印刷有限公司
开　　本	787×1092　16开
印　　张	20.25
字　　数	532千字
版　　次	2011年2月第1版
印　　次	2021年12月第15次
书　　号	ISBN 978-7-5617-8227-9/G·4817
定　　价	40.00元
出版人	王　焰

(如发现本版图书有印订质量问题,请寄回本社客服中心调换或电话021-62865537联系)

目 录

第1章　小学课程与教学论概说 ·· 1
　　第1节　课程与教学 ·· 3
　　第2节　课程与教学研究的历史发展 ······························ 10
　　第3节　课程论与教学论 ·· 20
　　第4节　小学课程与教学论 ·· 24

第2章　小学课程与教学的开发和设计 ································ 32
　　第1节　课程开发的概念及模式 ····································· 34
　　第2节　课程设计及其取向 ·· 42
　　第3节　小学教学设计的概念与模式 ······························ 49

第3章　小学课程与教学的目标和绩效 ································ 63
　　第1节　小学课程与教学目标概述 ································· 65
　　第2节　小学课程目标 ··· 72
　　第3节　小学教学目标 ··· 82
　　第4节　小学课程与教学目标的绩效 ······························ 86

第4章　小学课程与教学的内容和选择 ································ 94
　　第1节　小学课程与教学的内容和选择概述 ····················· 96
　　第2节　小学课程与教学的内容 ···································· 99
　　第3节　小学课程与教学内容的选择 ······························ 116

第5章　小学课程与教学的组织和类型 ································ 125
　　第1节　小学课程组织的涵义与原则 ······························ 127
　　第2节　小学课程的纵向组织 ······································· 129
　　第3节　小学课程的横向组织 ······································· 131
　　第4节　小学教学组织与方法 ······································· 142

第6章　小学课程与教学的实施和资源 ································ 156
　　第1节　小学课程与教学的实施和资源概述 ····················· 158
　　第2节　小学课程与教学的实施 ···································· 160
　　第3节　小学课程与教学的资源 ···································· 164

第7章 小学课程与教学的评价和实施 181
第1节 小学课程评价概述 183
第2节 小学课程评价的实施 186
第3节 小学教学评价概述 194
第4节 小学教学评价的实施 199

第8章 小学课程与教学的领导和管理 217
第1节 课程领导的来龙去脉 219
第2节 新课程实施中的领导者 227
第3节 小学课堂教学管理 233

第9章 小学课程与教学的改革和现状 242
第1节 小学课程改革及其基本理念 244
第2节 当代中外小学课程改革及现状 248
第3节 小学教学改革及其基本理念 262
第4节 当代中外小学教学改革 267

第10章 小学课程与教学研究的热点和问题 286
第1节 小学课程与教学研究的热点 288
第2节 小学课程与教学研究的基本方法 304
第3节 小学课程与教学研究的现状与反思 310

后　记 316

第1章 小学课程与教学论概说

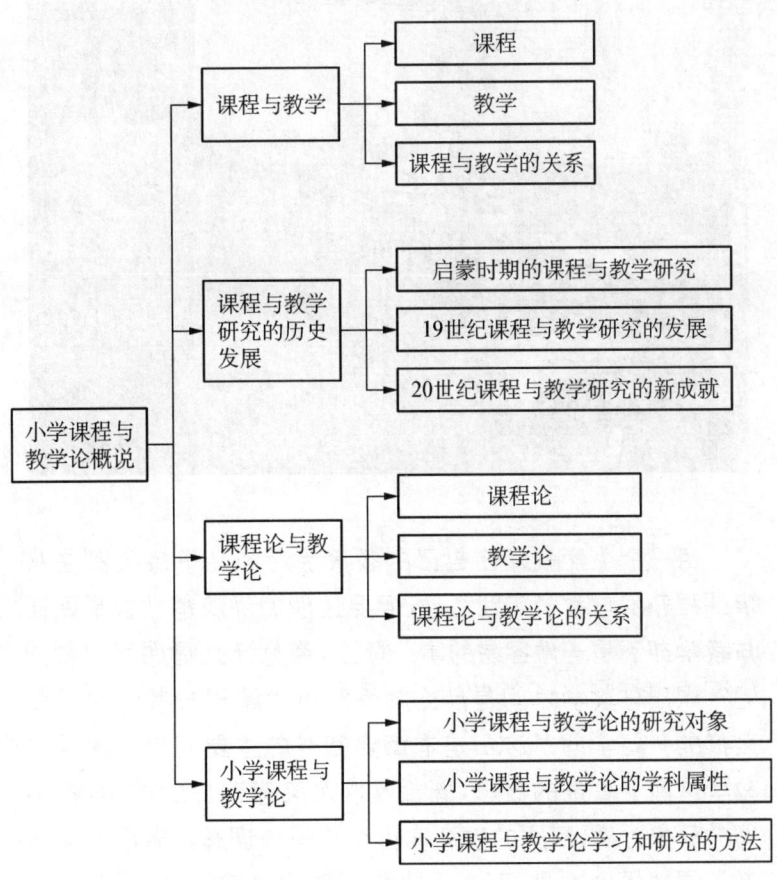

　　每一个小学教师在自己的教育生活中几乎每天都在从事课程开发与教学实践活动，但要让他们讲清楚什么是课程与教学却不是一件容易的事。那么，究竟什么是课程与教学呢？课程与教学之间是什么关系？小学课程与教学论是什么样的一门学问？这正是本章要回答的主要问题。课程与教学这两个复杂的概念，既相互联系又有各自的内涵，在不同的历史时期、不同的教育家也有不同的理解。概念解读不在于弄清概念本身，而在于提高对事物或实践的认识水平，对课程与教学、课程论与教学论等的分析，目的就在于此。

课程与教学是教育实践活动的核心,也是教育理论研究的核心领域。在不同的历史阶段,对课程与教学的理解不同,课程与教学研究的内容与方向也有明显的差异。建立在科学化基础上的课程论与教学论,是课程与教学研究系统化、理论化的产物,也是教育事业发展的必然结果。小学课程与教学论的研究与学习对小学教育工作者来说,有着重要的现实意义。

第1节 课程与教学

课程与教学是两个十分复杂的概念,不同时期、不同学者都有不同的理解。二者既有相对独立的含义,在内涵与外延上又相互联系。

一、课程

课程是一个使用广泛而又含义多重的术语,对于不同的人,在不同的情境里,课程可能意味着不同的事情。但作为课程论的核心概念,需要赋予课程一些基本的内涵。

在我国,"课程"一词始见于唐宋期间。唐朝孔颖达在《五经正义》里为《诗经·小雅·巧言》中"奕奕寝庙,君子作之"句作疏:"维护课程,必君子监之,乃依法制。"但他用这个词的含义与我们现在通常所说的课程的意思相去甚远。宋代朱熹在《朱子全书·论学》中多次提及课程,如"宽着期限,紧着课程","小立课程,大作工夫"等。虽说他只是提及课程,并没有明确界定,但意思还是清楚的,即指学习的功课。这与我们现在许多人对课程的理解基本相似。

在英语世界,课程(curriculum)一词,最早出现在英国教育家斯宾塞(H. Spencer)1859年所撰《什么知识最有价值》(What Knowledge is of Most Worth)一文中。它是从拉丁语"currere"一词派生而来的,意为"跑道"(race-course/running course)。根据这个词源,最常见的课程定义是"学习的进程"(course of study),又称学程。这一解释在英文词典中很普遍,无论是英国牛津词典,还是美国韦伯词典,甚至一些教育专业词典(如《国际教育词典》),都是这样解释的。课程既可以指一门学程,又可以指学校提供的所有学程。这与我国一些教育辞书上对狭义课程和广义课程的解释基本上是吻合的。

然而,在当代课程文献中,这种界说受到越来越多的批评、修正,甚至还有人对课程一词的拉丁文词源也提出了不同的看法。因为"currere"的名词形式意为"跑道",重点是在"道"上,这样,为不同的学生设计不同的轨道,成了顺理成章的事情,从而引出了一种传统的课程体系。而"currere"的动词形式是指"奔跑",重点是在"跑"上,这样,着眼点会放在个体对自己经验的认识上。因为每个人都会从眼前大量事物中寻找意义,并根据以往的经验发现其起因,想象并创设自己未来各种可能的方向。换言之,课程是一个人对自己生活的重新认识。由于只有在了解他人和这个世界的基础上才能更好地了解自己,所以人际互动是课程的一项重要内容。这样,就得出了一种完全不同的课程理论和实践。

可见,在理解课程时甚至连选择哪一个词根也是很重要的,因为这会引出两种截然不同的课程思想和课程实践。事实上,对各种课程定义的辨析,确实会有助于我们对课程的理解。

归纳起来,课程的定义有以下几种[①]:

(1)课程即教学科目。把课程等同于所教的科目,在历史上由来已久。我国古代的课程有礼、乐、射、御、书、数六艺;欧洲中世纪初的课程有文法、修辞、辩证法、算术、几何、音乐、天文学七艺。

---

① 施良方:《课程定义辨析》,载《教育评论》1994第3期。

事实上,西方的学校是在此基础上增加其他学科,逐渐建立起各级学校的课程体系的。最早采用英文"课程"一词的斯宾塞,也是从指导人类活动方面的诸学科的角度,来探讨其知识的价值和训练的价值的。目前,我国的《辞海》、《中国大百科全书》,以及众多的《教育学》教材,也认为课程即学科,或者指学生学习的全部学科——广义的课程,或者指某一门学科——狭义的课程。这一定义在人们头脑中之根深蒂固,只要让几位中小学教师或校长描述一下何谓课程,便可略见一斑了。然而,只关注教学科目,必然会忽视学生的心智发展、情感陶冶、创造性表现、个性培养以及师生互动等对学生成长有重大影响的这些维度。其实,学校为学生提供的学习,远远超出正式列入课程的学科范围。这种定义的实质,是强调学校向学生传授知识的作用。现在一些省市在课程改革中,已把活动和社会实践正式列入课程,这说明把课程等同于学科是不周全的。

(2) 课程即有计划的教学活动。这一定义把教学的范围、序列和进程,甚至教学方法和技术的设计,总之,把所有有计划的教学活动都组合在一起,以图对课程有一种较全面的看法。但是,这一定义本身就存在疑义。何谓"有计划"？人们对此的理解会有很大差别。例如,有人认为,课程是指有关学校教育计划的范围和安排的书面文件。诸如教学计划、教学大纲(现有合称为课程标准的趋向)、教科书、教学参考书、练习册,甚至还包括教师备课的教案。但有人通过对教师教学活动作仔细观察后认为,许多教学活动是基于非书面计划的课程。当过教师的人都知道,计划的东西比书面计划的范围要广得多。此外,把有计划的教学活动安排作为课程的主要特征,往往会把重点放在可观察到的教学活动上,而不是放在学生的心理体验上。例如,检查教师是否落实某些教学活动,容易导致把这些活动本身变成目的,忽视了这些活动为之服务的目的,即活动对学生学习过程和个性品质的影响。

(3) 课程即预期的学习结果。这一定义在北美课程理论中有较大影响。一些学者认为,课程不应该是活动,而应该直接关注预期的学习结果或目标,把重点从手段转向目的。这要求事先制定一套有结构、有序列的学习结果;所有教学活动都是为达到这些目标服务的。然而,研究表明,预期应该发生的事情与实际发生的事情之间总是存在着差异。在课程实践中,预期的学习目标是由课程决策者制定的,教师作为课程实施者,尽可能按照这些目标组织课堂教学活动。在客观上,课程目标的制定过程与实施过程是分离的,两者不可能完全一致。因此,有人提出,制定目标与实施目标之间的差距,应该成为课程研究的基本焦点。另外,把焦点放在预期的学习结果上,会忽略非预期的学习结果。而研究表明,师生互动的性质、学校文化或隐性课程对学生的成长有很大的影响。所以,尽管从表面上看,所有学生都显示出已达到预期的学习结果,但这种结果对不同的学生来说是很不相同的。

(4) 课程即学习经验。美国教育家杜威(J. Dewey)根据实用主义的经验论,反对"课程是活动或预先决定的目的"这类观点。在他看来,手段与目的是一个连续体。由此推衍:手段与目的是同一过程的两个不可分割的部分。所谓课程,即学生的学习经验。学生被认为是具有很大潜力的、独特的学习者,因此学生的经验是最为重要的。虽说经验要通过活动,但活动本身并不是关键之所在。例如,美国课程专家泰勒(R. W. Tyler)在他著名的《课程与教学的基本原理》(*Basic Principles of Curriculum and Instruction*)一书中,对学习内容、学习活动与学习经验作了比较、分析后认为,学习经验是指学生与环境中外部条件的相互作用。学生的学习取决于他自己做了些什么,而不是教师做了些什么。也就是说,唯有学习经验,才是学生实际认识到的或意识到的课程。目前,西方的一些人本主义和解释学派课程论者,都趋向于这种观点,他们尽管各自的立场不同,但都开始把课程的重点从教材转向个人。把课程定义为学习经验,是试图把握学生实际学到些什么。因为经验是在学生对所从事的学习活动的反思中形成的,课程是指学生体验到的意义,而不是要再现的事实或要演示的行为。从理论上讲，把课程作为个人的经验似乎很有吸引力，但在实践中很难实行。在实际教学情境中，一个教师很难同时满足四五十个学生个人独特的生长要求，很难为每一个学生制定课程计划。此外，这一课程定义过于宽泛，把学生的个人经验都包含进来，以致对其无从入手研究。

（5）课程即文化再生产。持这一观点者认为，任何社会文化中的课程，事实上都是（也应该是）这种社会文化的反映，学校教育的职责是要再生产对下一代有用的知识和价值。政府有关部门根据国家需要来规定所教的知识、技能等，专业教育者的任务是要考虑如何把它们转换成可以传递给学生的课程。以为课程应该不加批判地再生产社会文化，实际上是假想现状已达到完满状态了，即认为社会和文化的改进已不再需要了。然而，现实的社会文化远非这些人所想象的那样合理。英美一些学者在指出了他们社会中存在的大量偏见、不公正的现象后认为，倘若教育者以为课程无需关注社会文化的变革，那就会使现存的偏见永久化。所以，课程应积极推动文化再生产。

（6）课程即社会改造的过程。一些激进的教育家认为，课程不是要使学生适应或顺从于社会文化，而是要帮助学生摆脱社会制度的束缚。持此观点的人要求课程把重点放在当代社会问题、社会主要的弊端、学生关心的社会现象，以及改造社会和社会活动规划等方面。课程应该有助于学生在社会方面得到发展，帮助学生学会如何参与制定社会规划，这些都需要使学生具有批判意识。在这方面，当今最有影响的代表人物是巴西的弗雷尔（P. Freire）。他批评资本主义学校课程已成了一种维护社会现状的工具，充当了人民群众与权贵人物之间的调解者，使人民大众甘心处于从属地位，或归咎于自己天性无能。所以，他主张课程应该使学生摆脱盲目依从外部强加给他们的世界观，这要求让学生在规划和实施课程的过程中起主要作用。然而，在社会上，学校并不是一个特别有影响力的机构，它还不足以在政治上强大到能够促使社会发生重大变革的地步。因此，认为学校课程能起到指导社会变革的作用，那也未免太天真了。最重要的是，不同的社会制度，对社会改造的理解有本质上的区别。

上述的每一种课程定义，多少都有某些积极的特征，但也都存在明显的缺陷。可以预料，关于课程定义的争辩还会继续下去。"概括而言，课程概念的内涵主要包括三个方面，即课程作为学科，课程作为目标或计划，课程作为经验或体验。"[①]进入20世纪70年代后，课程的内涵发生了一些变化，出现了新的趋势，主要包括：从强调学科内容到强调学习者的经验和体验，从强调目标、计划到强调过程本身的价值，从强调教材的单因素到强调教师、学生、教材、环境四因素的整体整合，从只强调显性课程到强调显性课程与隐性课程并重，从只强调学校课程到强调学校课程与校外课程并重。

【提示1-1】　　　　　　　课程是什么

一方面，课程（curriculum）就像一个过滤器起着过滤作用，即允许一些内容被纳入教学大纲之中而排除其他一些内容。另一方面，它又像一个排序机，起着对学习内容进行排序的作用。也就是说，课程不仅涉及到对教学内容的选择，而且能使你和其他的教育工作者明确学习主题的先后顺序。总之，课程决策会为课程内容的编排提供指导。其实，"课程"这一术语本身就说明了它所具有的在顺序性方面的重要功能。从历史来看，这一概念的表达式是从古

---

① 张华著：《课程与教学论》，上海教育出版社2000年版，第71页。

> 老的拉丁语词派生而来的,意思是"跑道"(running course)。随着时间的推移,这一概念的意思已经演变为一系列学习经验或课程。目前,尽管人们对这一术语的历史起源已达成了一些共识。但你仍然会发现,不同的权威人士对课程的界定仍是有所不同的。
>
> 　　需要注意的是,不要将课程与一张简单的内容列表相混淆,而是要将它看作与学习内容的选择、学习顺序的安排、学习重点的确定、对学习内容的广度处理和对学生学习熟练水平的评价等有关的一系列决策。
>
> 资料来源　[美]David G. Armstrong 著,陈晓端主译:《当代课程论》,中国轻工业出版社2007年版,第3—4页。

二、教学

　　在我国,早在殷商时期的甲骨文中就已经出现了"教"与"学"二字。这两个字连接为一体,成为"教学",最早出现于《书·商书·兑命》:"斅学半"(斅 xiào,同教)。《学记》中说:"学然后知不足,教然后知困。知不足,然后能自反也;知困,然后能自强也。故曰:教学相长也。"这里的"教学相长"实际上是"斅学半"的引申。宋朝蔡沈这样注释"斅学半":"斅,教也……始之自学,学也;终之教人,亦学也。"其意为:一开始自学这自然是学;学了以后去教人,这也是学。这里的"教"与"学"实际上都是指教师的行为,是说教师的"教"与"学"是辩证的、对立统一的,是相互依赖、相互促进的。《学记》开明宗义地指出:"建国君民,教学为先。"这里的"教学"涵义极广,几乎是"教育"的同义词,与我们今天所讲的"课堂教学"中的"教学"一词并不相同。据考,真正指教师的"教"和学生的"学"的"教学"一词,出现在宋朝欧阳修为胡瑗先生作墓表时所写:"先生之徒最盛,其在湖州学,弟子来去常数百人,各以其经传相传授,其教学之法最备,行之数年,东南之士,莫不以仁义礼乐为学。"这里"教学之法"中的"教学"与我们今天的涵义接近。[①]

　　在英语世界,涉及教学所对应的单词有 teach(教、教导)、learn(学、学习)和 instruct(教导),teach 和 learn 最早表达的是同样的意思,也是可以通用的。

　　learn 来自中世纪英语中 lernen 一词,意思是学习或教导。lernen 来源于盎格鲁-撒克逊语言中 lernian 一词,其词干是 lar,lar 是 lore 一词的词根。lore(经验知识)本来的意思是学习或教导,但现在被用来指所教的内容。因此可以说,learn 和 teach 是由同一词源派生出来的。在古英语中,"I will learn you typewriting"(我要教你打字)的说法是正确的。派生词"learn"与所教的内容相联系。

　　"teach"一词还有另一种派生形式。它来源于古英语中 taecan 一词,taecan 又是从古条顿语中 taikjan 一词派生来的。taikjan 的词根是 teik,意思是拿给人看,它又可以通古条顿语以前的 deik 一词,一直追溯到梵语中的 dic。与 teach 一词有关系的还有 token(符号或象征)。token 来源于古条顿语 taiknom,这与 taikjan 是同词词,古英语中 taecan 的意思是教。所以,token(符号或象征)与 teach(教导)从历史上看是相互联系的。根据这一派生现象,教学就是通过某些符号或象征向某人展示某事物,利用符号或象征唤起某人对事件、人物、观察、发现等等的反应。在这一派生现象中,teach 与使教学得以进行的媒介相联系。

　　与我国古代汉语不同,汉语中的"教"源自于"学",而英语中的 teach 与 learn 是同一词派生出来的,learn 与所教的内容相联系,teach 与使教学得以进行的媒介相联系。后来,词义的发展是基

[①] 张华著:《课程与教学论》,上海教育出版社2000年版,第72页。

于分析的逻辑,即不是两者兼取(both-and)而是两者择一(either-or),就没有像汉语涵盖教与学两方面的"教学"的概念,教与学指的是两种不同的活动,两个不同的概念。不过,我们有时会在一些英文文献中见到 teaching-learning 一词,这一合成词与我国通常所理解的教学(既包括教又包括学)形式可以等同。

至于 teach 和 instruct 这两个词的释义,确实还有分歧。如有人认为,前者多与教师的行为相联系,作为一种活动;后者多与教学的情景有关,作为一种过程。但绝大多数学者还是把它们当作同义词,可以互相替代。

(1) 教学即教授。在我国,19世纪末20世纪初较为流行的观点是教学即教授,意为教师的教。由于当时科举制度刚刚废除,新式学校开始兴办,又苦于没有专职教师,加之受源于德国教育家赫尔巴特(J. F. Herbart)教学法的影响,人们非常重视教师的"教"。"怎样教"的问题便使教学演化为"教授"。在西方"teach"这个词,从其词源的词根上分析,也有"说明"的意思。这与我国的教学即教授、讲授有一致之处,偏重于教师"教"的一方。

(2) 教学即教学生学。针对教学即教授的思想倾向,人们发现了"教师中心"下的教师的"教"所存在的弊端,领悟到教授的目的在于学生的学习,因而,教学被强调为教学生学。这实际上是"学生中心"地位教育观的转变。强调教源于学,教的目的是为了学生的学,这与西方"教学即成功"的教学词义有相同之处。

(3) 教学即教师的教与学生的学。这种观点已普遍被人们所接受。从构成教学活动的要素而言,活动的主体是教师与学生,教师与学生以课程内容为中介,以一定的目的为追求而共同参与到同一活动中去,构成完整的教学活动,即教师的教与学生的学。教学的本质目的是为了学生的发展、学生的学习。教师的教,目的是在教师有意识、科学的指导下加速个体社会化的进程。因此,教师的教与学生的学是教学活动同一过程的两个方面,彼此不可分割地联系着。

(4) 教学即探究。教学本质上就是一种探究。因为教师从事教学专业的工作对象是有生命的、健康的、正在成长中的人,而不是相对静止的物,而且教师的社会责任是不断希望这样的人都"学有所得"、"学有所长",这是教师专业与其他专业的区别所在。这种专业特性决定了教师的专业工作生活方式必须面对教育情景中的不确定性,而且必须不断地探寻这种不确定性。教师每时每刻所面对的情景都具有即时性、可变性,需要面对、处理这种特性。也就是说,教学工作需要教师每时每刻去解决、探究所面对的情景中的问题。例如,从理论上说,上课之前的备课或者说计划是不可缺少的。然而,这并不是说实施就是贯彻执行计划,而是要根据课堂情景进行调整。研究表明,计划充分的教师对学生反倒不敏感,较多地关注自己的预设,较少关注到教学过程中学生的观点和学习进展,可能导致计划详尽的教师所教的学生比计划简略的教师所教的学生在学习态度上的分数要低。这就说明,如果教师不随机应变,计划就有可能起副作用。计划毕竟是带有主观性的设计蓝图,在实施时的灵活性非常重要,新教师与熟练教师的差别往往就在于此。因此,可以说,教学即探究,教师即研究者。

【提示1-2】　　　　　　　　　学校教学的两重重要意义

第一,教学使正在成长的一代为社会的进一步发展作出贡献,作好准备,借此发展社会。在学校的教学中,要系统地传授高科技的一般教养与专业教养,使学生作好劳动(就业)的准备,成为一个公民。所以,教学对于生产、政治、科学、技术、文化的发展、社会的发展来说,具有根本重要的意义。

第二,教学一方面使学生全面地做好社会生活的准备,另一方面又对人格的、智力的、道德的、身体的全面发展,作出决定性的贡献。教育是发展人类全面的知识、能力,并启迪创造才能的本质性手段,对于人的人格特质形成有着决定性的作用。

所以,学校中的教育对于新一代的发展,以及对于整个社会的发展来说,都具有非常重要的意义。对社会,对个人,都拥有巨大的价值。

资料来源　［日］佐藤正夫著,钟启泉译:《教学原理》,教育科学出版社2001年版,第51—52页。

三、课程与教学的关系

课程与教学的关系有三种模式。

(1) 独立模式。即课程、教学相对独立,各执一端,互不交叉。这种观点在教育理论界的支持者颇多。如蔡斯坚决主张将课程和教学分离研究,他的观点是将课程视为一个广义的概念,教学则是一个特殊的现象或亚系统,在某种程度上,教学是课程的延续。[1] 坦纳夫妇(D. and L. Tanner)说得更加明确:"在当代的课程理论家中,课程与教学是两个独立的领域,这种论点已经获得广泛的认可。"[2] 也就是说,课程计划规定在教室进行的活动与教师指导下在教室进行的活动少有关系。各自在互不发生重大影响的情况下,自行发生变化。

(2) 包含模式。又有两种情况。第一种是大教学小课程,即认为教学是上位概念,课程包含于其中。这种观点20世纪90年代以前在我国比较普遍,且在苏联和现在的独联体国家仍具有较大影响。这种观点隐含有课程等同于教学内容的趋向。如把课程定义为"指学校教育科目及各科教材,也就是教学内容"。这样,课程就成了教学理论中的一个基本要素。由于我国和苏联长期采用中央集权制的教育体制,课程是部编教材,采用国家制的认可制度,对于"教什么"的问题,学校、教师、学生等缺乏自主权,对于课程的研究、认识就相对统一。第二种是大课程小教学,即把课程理解为上位概念,课程的内涵和外延都相对扩大。这种观点在北美影响较大。美国现代课程理论奠基人泰勒把教学作为课程理论的组成部分。目前,我国有不少学者持这类观点,如认为课程是实现教育目标的蓝图和规划,教学就是这种规划的具体实施过程。

(3) 循环模式。循环模式即两种系统虽相对独立,但存在互为反馈的延续关系,课程不断地对教学产生影响,反之亦然。塞勒等人提出三个隐喻可以说明这种观点:隐喻一,课程是一幢建筑的设计图纸,教学则是具体的施工;隐喻二,课程是一场球赛的方案,教学则是球赛进行的过程;隐喻三,课程可以被认为是一首乐谱,教学则是作品的演奏。该模式意指教学决定在课程决定之后,且在教学决定付诸实施与评价之后,根据成效,修正课程决定。这一过程周而复始,永不终止。

虽然,课程和教学这一对概念有着紧密的联系,但又存在着一定程度的分离、差异,我们简单地把来自不同概念框架的两者之中的一个归结于另一个的亚系统或将两者截然分开的论断是不科学的。这种出于两者各自理论构建的需要而强以为之的研究方式是不足取的,它们多寓于自身的理论范畴。这样,要想准确地描述出课程和教学的关系是非常困难的,但是下列几点似乎已经达成共识:其一,课程与教学虽然有关联,但又是各不相同的两个实体。课程强调每一个学生及其学习的范围(知识或活动或经验),教学强调教师的行为(教授或辅导或咨询);其二,课程与教学肯

---

[1] R. S. Zais, *Curriculum*:*Principles and Foundations*, 1976, p. 12.
[2] D. Tanner & L. N. Tanner, *Curriculum Development*:*Theory into Practice* (2nd ed.), 1980, p. 30.

定存在着相互依存的交叉关系,而且这种交叉不仅仅是平面的、单向的;其三,课程与教学虽是可以进行分开研究与分析的实体,但是不可能在相互独立的情况下各自运作;其四,鉴于课程与教学之间的关系,"课程—教学"一词也已经被人们接受,且被广泛采用。

那么,怎样在教育科学的概念系统中看待课程与教学的关系?麦克唐纳(J.B. Macdonald)在其学校教育系统模式中勾勒出一张教育概念系统图(图1-1),可以用来说明课程与教学的复杂关系。

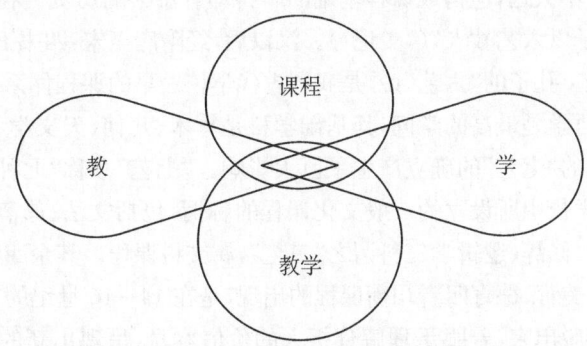

图1-1 课程与教学的关系

资料来源 转引自崔允漷:《课程与教学》,载《华东师范大学学报》(教育科学版)1997年第1期。

在这个系统模式中,课程和教学是一个大系统中互动的子系统。课程是教育中最直接的社会系统,它为教学制定计划。而教学这一系统与教学和学生这两种主题结合后,教和学的两种个人化的系统就加入这一大系统中。这里"教"视为教师以个人方式组织学生的学,"学"则是学生以个人方式参与学习。教学系统和课程系统的结合则是课程目标的具体化。如果再与教师教的系统和学生学的系统相交就产生一中心,即为教师的努力和学生的学习行为使课程目标在教学中得以实现。图1-1是个人化的教与学和课程与教学系统的平面展示,当许多张这种图交织起来就形成了课程、教学、教、学之间的多维的立体网络系统。

当我们把这种立体化、网络化的系统模式启动后,课程和教学的关系就更为形象地展示出来。假设我们新课程通过各种手段、途径确定下来,当它付诸实施,教学这一主要的系统就要充分发挥出来,为完成新的课程方案,教学要适应新要求,就必须不断地自身调节,以达到课程目标。适应新的课程方案过程对于教学而言并非是单向或简单的,而是一种双向的或创新的过程,新的教学反之又对课程提出新的要求,相对陈旧的课程又在更高层次上调整适应。这正如课程专家奥利瓦(P. F. Oliva)所言:"课程与教学的关系是循环的,意即它们是以连续的循环关系为基础的分离实体。课程对教学产生持续影响,反之,教学又影响课程。"①这种循环递进、螺旋上升的运行,不仅体现在课程和教学之间,还寓于教、学加入的四者形成大系统的相互适应、相互磨合的过程中。这样,学校教育系统中诸因素在这种系统运作模式中充分发挥作用,课程和教学之间相对独立,又互动循环递进的关系也得到充分展示。

关于课程与教学的关系还涉及到教学内容与课程、课程实施与教学这两对关系的理解。关于教学内容与课程,有的认为教学内容和课程含义一致;有的认为,课程包含教学内容,教学内容反映在课程中。这都是认识上的误区。将教学内容置于学校、教师、学生等组成的系统中进行动态分

---

① P. F. Oliva, *Developing the Curriculum* (3rd ed.), 1992, p. 12.

析,它接近于"课程内容"这一概念,即进入学校教学活动领域的文化。而课程从内容上讲,是文化选择,即结构化之后的产物。关于课程实施与教学,从外延上讲,教学是课程实施的主要途径,在课程实施中占核心地位,但课程实施还包括学生自学、社会考察等方式。

第2节 课程与教学研究的历史发展

课程形成的历史并不久远,但构成课程基础的学科却有悠久的历史。在我国古代,"诗书礼乐以造士"(《礼记》),"孔子以六艺教人"(《史记》)。汉以后,经隋唐至宋,四书五经成了各级学校的主要的甚至是唯一的课程。孔子的"六艺"说,是我国古代学校最早的课程体系。在西方,柏拉图在他的《理想国》中阐述道,哲学是最高的学问,其基础学科是算术、几何、天文学、修辞学。这一论述对于古罗马和欧洲中世纪的"七艺"的确立产生了巨大影响。"七艺"全称"七种自由艺术",是欧洲中世纪早期古希腊、罗马学校中所设立的一般文化课程的称谓,包括文法、修辞、逻辑学、算术、几何、天文、音乐。其中,文法、修辞、逻辑学三科谓之"三艺",属文科课程。其余四科谓之"四艺",主要是理科课程。智育、体育、美育、德育四者均衡课程的出现,是在14—16世纪的文艺复兴时代,使课程从传统的宗教内容中摆脱出来,着眼于理解分析人的价值本身,呈现出新的面貌。系统的教学研究则出现于启蒙时期。

一、启蒙时期的课程与教学研究

在文艺复兴的鼎盛时期,以拉丁语、希腊语为中心的人文主义课程受到高度评价。但在文艺复兴以后,这种状况逐渐地发生了变化,出现了诸多主张课程应适应现实生活的现实主义做法。第一种,以英国的弥尔顿(J. Milton)为代表的"人文主义现实主义",力图通过古典语的学习,靠拢现实主义课程。第二种,法国人文主义思想家蒙田(M. Montaigne)的称之为"社交现实主义",强调把外国旅游或同别国国民接触作为教育的手段,主张通过这种实践,补充传统的课程。第三种,现实主义,就是以夸美纽斯(J. A. Comenius)为代表的"感性现实主义",它对于17—18世纪课程的改革产生了巨大影响。[①] 17世纪前半叶,一批教学论者登上了舞台,这就是拉特克(W. Ratke)、夸美纽斯等人。他们是世界教育史上的杰出人物,他们把自己的学问称作教学论或教授法,想凭借这种理论,从历来的学校制度到教学的内容、方法,做全面的改造。

系统教学研究的产生与启蒙运动有着密切的关系。到了启蒙期,随着近代产业的发展,新兴资产阶级需要更广博的教养。尊重人格与人人平等,要求人类的自由、解放和社会民主化的启蒙思想运动,也随之发展。这样,在教育方面,也要求教育从少数人的特权中解放出来,向一般民众普及,毫无例外地提高每一个人的知识与能力。为此,教育和教学的方式与方法问题,开始得到了认真的探讨。同时,启蒙时代还是理性的时代,是理性精神占统治地位的时代,是科学技术迅速发展、在社会生活中要求普遍地运用科学技术以提高生产率的时代。处在这样一个时代的教育领域,自然需要热心地探求合乎规律、有较高效率的手段与方法,借以提高人们所需的知识与能力,也促成了课程与教学研究朝向理论化发展。这一时期的教学论研究实际上是课程与教学的整合研究,是以教学理论研究的名义探讨课程与教学诸问题。

在教育史上,第一个倡导教学论的是德国教育家拉特克,他在1612年向法兰克福诸侯呈交的

[①] 钟启泉著:《现代课程论》,上海教育出版社1989年版,第12页。

学校改革奏书中,自称是"教学论者"(Didacticus),称自己新的教学技术为"教学论"(Didactica)。①拉特克认为,教育是人与生俱来的天赋的权利。要保障每一个人享有这一权利,要使所有国民共享同一的语言、学术和文化,以实现国家和民族的统一、和平与独立。为此,拉特克致力于探求"教授之术",开拓教学论。

拉特克的教学研究有四个特点。② 一是以教学的方法技术问题为教学研究的中心。即教学研究的重点在于探讨如何使所有的人最容易、最有效地获得知识和教养这一方法问题。"教什么"的问题并非全然不顾,只是研究的重心是"如何教"的问题。二是认为教学方法和技术既依赖于儿童的心理,又依赖于学科知识的性质。拉特克指出,一方面应从人类的悟性、记忆和判断的本性中引申出教学技术的依据或原则,另一方面,离开了儿童应当掌握的知识技能的内容,教学方法便无从考虑。三是确立了"自然教学法"。就是由易到难的方法。它要求用国语作为教学工具,要求先学习事物的整体,再学习事物的细节;要求学习应采用归纳的方法,从经验入手,然后再到事物的一般原理;要求学习应以学生的能力、兴趣为依据,不应强迫,更不应把体罚作为教学手段。四是认为如何教授语言和科学是教学研究的重要课题。他认为,为了国民的统一与国家的自主独立,无论如何必须使所有的国民掌握同一的语言和科学,因此,"教师不仅要精通语言与科学,还要懂得怎样教才能使学生最容易、最牢固地掌握"③。

1632年夸美纽斯用捷克语出版了《大教学论》一书,目的是阐明"把一切事物教给一切人类的全部艺术",他进一步发展了拉特克的观点,对课程与教学研究的系统化与科学化做出了贡献。

夸美纽斯的教育目的是教授孩子学识、德行和虔敬上帝。为达到这一目的,他提出"教授泛智论"主张。所谓泛智论,是借助自然的方法归纳事物,加以体系化。教授泛智论就是教授被归纳的事物。在夸美纽斯看来,泛智学是使人懂得科学、纯于德行、习于虔敬上帝的百科全书式知识体系。他致力于泛智论体系化,从1614年他22岁时作的《万物之剧场》,直至1658年66岁时的著作《世界图解》,付出了毕生的精力。他设想,泛智学校的每一年级都应有三类课程。第一类,主要课程,包含智慧、辩才、正直行为和笃信宗教的本质、核心和内容。这类课程就是语言、哲学和神学。第二类,次要课程,它是为主要课程服务的辅助性课程,是为更好地掌握主要课程而设计的。包含两种:一是历史课程,二是各种练习课。第三类课程,主要不在于促进智能的发展,而在于帮助身体的灵活运动,并借此来促使头脑清新,如游戏和戏剧表演等。

夸美纽斯的教学思想可以概括为四大原理。一是教学以自然为鉴的原理。教学要遵守自然的秩序,包括两方面含义。首先,教学要根据儿童的天性、年龄、能力进行,这是一个不变的自然法则;其次,教学要遵守循序渐进的原则,包括遵循儿童心理发展的年龄特征以及知识本身的形成顺序,一步一步、由易到难地进行。二是兴趣与自发原理。对于儿童来说,求知的欲望是很自然的,不能用强制和惩罚的方法来强迫儿童学习,应当采取一切可能的办法来激发儿童对于知识和学习的强烈愿望,学习者的自发学习、自主探索处于教学的中心地位。三是活动原理。教学要使学生躬行实践,实际从事认识、探索和改造事物的活动,他主张凡是应当做的都必须从实践中去学习。四是直观原理。教学不应从事物的语言说明开始,而应从事物的观察开始。但这并不是使学生停留于单纯的直观性知觉,还必须进一步经由说明,使学生理解事物,认识事物的一般原理,认识事物整体的本质和偶然性。

---

① [日]佐藤正夫著,钟启泉译:《教学原理》,教育科学出版社2001年版,第2—3页。
② 参阅张华著:《课程与教学论》,上海教育出版社2000年版,第31页。
③ 转引自[日]佐藤正夫,钟启泉译:《教学原理》,教育科学出版社2001年版,第3—4页。

由拉特克和夸美纽斯开创的以教学内容和教学方法为中心的教学研究，经由卢梭和裴斯泰洛齐得到了长足的发展。

卢梭(J. J. Rousseau)，启蒙时期法国著名思想家、社会哲学家、教育理论家。他的教育名著《爱弥儿》(*Emile*)是一部教育小说，通过主人公爱弥儿从出生至成人的教育历程，表达了其教育理念和教学思想，展现了卢梭自然主义的课程思想和发现的教学观。

卢梭自然主义课程思想的核心，就在于创造性地发展儿童内部的"自然性"。这种自然性，不是静止不变的，它潜藏着无止境的创造性表现的可能性。因此，教育不能无视儿童的本性与现实生活，而必须遵循儿童的"自我活动"，采取适应儿童的"年龄发展阶段"的方法。卢梭把受教育者的身心成长分为四个时期。认为教育既须适应受教育者身心成熟的阶段，还须适应众多受教育者的个性差异与两性差异。一是幼儿期（初生—5岁）的教育。遵循自然法则，必须采取锻炼主义，使之饥饿、涸渴、疲劳，锻炼儿童的身体。二是儿童期（5—12岁）的教育。卢梭称这个时期为"理智睡眠期"。这个时期儿童还不能思考，主要应发展儿童的"外部感觉"。他主张要培养真正的勇气，使之体会自由的喜悦，由此开始个人生活。三是少年期（12—15岁）的教育。这是以智育为中心的教育期，这一时期应广泛发展智力，满足儿童理智方面的要求，使之将确凿的知识同生活的需要结合，来加以掌握。四是青年期（15—20岁）的教育。这个时期为"激动和热情时期"，是学习自己与他人关系的时期，这个时期主要实施道德教育，使之受到正确教育，从自爱到他爱，由此进而发展为人类爱。卢梭非常重视"直接经验"，他强调"世界以外无书籍，事实以外无教材"，在他看来，观察和经验所得的知识最正确，印象最深刻，是构成系统的概念、知识、思想和价值体系的基础。

卢梭的自然主义课程思想，在教学上表现为发现教学论，其基本观点：第一，发现是人的基本冲动。他认为人天性好动，在此基础上发展出好奇心，好奇心是人寻求知识、发现知识的动力。正是在天然的好奇心的驱使下，人不断探究、发现与他息息相关的事物。第二，发现教学的基本因素是兴趣与方法。卢梭认为好的教学就是发现教学，发现教学的基本构成要素即"学问的兴趣"和"学问的方法"。这两个要素是获得知识、发现真理的工具，而不是知识、真理本身。第三，活动教学与实物教学是发现教学的基本形式。儿童在具体活动中，主动地观察与思考，其身体和心灵获得和谐发展，在这个过程中，他们发现了世界，也认识了自我。第四，发现教学指向培养自主的、理性的人格。在卢梭看来，发现教学是有指导的，但教师的指导是建立在儿童自发、自主的基础之上的，指导的目的是培养儿童健全发展的自发性、自主性，教学就是创设问题产生的情境，就是为儿童提供自主选择的机会。他同时认为，发现教学还指向培养学生的理性，对于学习的知识教师不要告诉学生而是引导他们自己理解，让他们自己去发现，从而培养学生正确运用其理智的习惯。卢梭的教学研究抓住了现代教学研究的基本问题，影响了两个多世纪的教学改革。

裴斯泰洛齐(J. H. Pestalozzi)，瑞士民主主义教育思想家、教育改革家。深受卢梭的影响，在长期的教育改革实践中，他创造性地发展了卢梭的教育思想，形成了自己的课程教学思想体系。

裴斯泰洛齐在自然主义课程思想基础上，形成了基础教养理念下的直观课程体系。他断言，人格的统一的形成，是以头、心、手的和谐发展为基础的。一切人生来就具有精神的、技术的能力和素质，这种智力的、情操的、身体的三种能力和素质，不仅有赖于自然的发展，而且要同自然发展构成一定的关系，进行人为的、方法上的援助指导。这就是基础教养的理念——智育、德育、体育。使这三者不致片面和偏颇，而达于统一和均衡，以培养和谐的人生。智育即认识事物，要从直观开始，这种直观，是就数、形、语分别地具体地展开的。一是数的直观课程。是运用小石、手指、豆子之类，首先学习数和数的关系，然后运用替代实物的点和线的计算表，运用将正方形分割成1/2、1/4、1/8……的分数表，进行指导。二是形的直观课程。按照测量术、绘图术、书写术的顺序进行。亦即利用并熟悉测量术,以正方形组成种种几何图形,以提高关于形的判断力,以此为基础,正确、直观并忠实地描写事物,进一步以这种能力为基础,学习书写文字。三是语言的直观课程。按照音、单词、词汇的顺序进行。音的教学,首先教声母,然后教子音;单词,从自然、社会、人文领域的重要名词开始,再到名辞集;词汇的教学从名词、形容词的变格开始,到进入基本句型。这种直观课程,旨在从单纯要素开始,形成渐次复杂的概念。情操、技术的直观也是如此。

裴斯泰洛齐主张教学的心理学化。在西方教育史上,虽然从亚里士多德起就提出了教育中的心理问题,夸美纽斯和卢梭也都主张要根据儿童心理发展的规律开展教学,但首次明确提出把心理发展的研究作为教学总原则的基础的是裴斯泰洛齐,他因而成为启蒙时期教育心理学化的重要代表。他指出:"我长期地寻找一个所有这些教学手段的共同的心理根源。因为我深信,只有这样,才可能发现通过自然法则本身决定人类发展的形式。很显然,这种形式是建立在人的心理的一般组织之上的。……教学的原则,必须从人类心智发展的永恒不变的原始形式得来。"[1]这就是说,教学研究必须建立在心理学研究的基础之上,教学原则必须根据心理规律得出,只有把教育、教学"心理学化",教育、教学才能依循人的发展的自然法则进行。裴斯泰洛齐的教学思想是夸美纽斯、卢梭教学思想的总结和深化,成为启蒙时期课程教学思想的集大成者,对后世产生了深远的影响。

二、19 世纪课程与教学研究的发展

经过 17 世纪"科学革命"的时代而建立起来的近代自然科学,渗透到研究的教育制度中,是在 19 世纪。这一时期,世界资本主义发展到自由竞争的最高阶段,垄断组织还处在萌芽状态。伴随着产业革命的进行,有计划地研究教育科学技术知识和体系的必要性越来越大,在各个教育阶段,开始重新审视人文学科为中心的教育内容,近代科学工作者被引入学校教育。课程与教学研究进入功利主义时代。

英国实证主义哲学家、社会学家斯宾塞的《教育论:智育、德育和体育》(Education: Intellectual, Moral and Physical),是由他在 1854、1858、1859 年陆续发表的四篇教育论文汇编而成的。他的科学课程思想中以他的第一篇论文《什么知识最有价值》(What Knowledge is of Most Worth,1859 年)为中心展开。他认为,对于人来说,能够"正确地约束在一切环境之下,一切方面的行为",过"完满的生活",是最重要的课题。教育的作用就是使人们为过"完满生活"作好准备。他提出,为人类的种种活动作准备的最有价值的知识是科学知识。他在《什么知识最有价值》一文中,阐明了截然不同于传统的古典主义教育思潮的这一新观点。他说,什么知识最有价值?一致的答案就是科学。这是考虑到所有各方面得来的结论。为了直接保全自己或是维护生命和健康,最重要的知识是科学。为了正确地完成父母的职责,正确指导的是科学。为了了解过去和现在国家的生活,使每个公民能合理地调节他的行为所必不可少的是科学。同样,为了各种艺术的完美创作和最高欣赏所需要的准备也是科学。而为了智慧、道德、宗教训练的目的,最有效的学习还是科学。在斯宾塞看来,科学作为学校的课程内容,对学生来说,也具有最大的价值。

斯宾塞强调,在学校课程中自然科学知识应占最重要的地位;学习自然科学,是所有活动的最好准备。他主张依据人类生活的五种主要活动组织课程。他提出的课程体系分为五大部分。一是生理学、解剖学,这是阐述生命和健康规律,维护个人的生命和健康,使之保持充沛精力和具有饱满情绪的知识;二是读、写、算以及逻辑学、几何学、力学、物理学、化学、天文学、地质学、生物学、社会学等,这是与生产活动有直接关系的知识;三是心理学、教育学,这是正确地履行父母的职责,更

---

[1] 转引自张华著:《课程与教学论》,上海教育出版社 2000 年版,第 44 页。

好地教养自己的子女所需要的科学知识；四是历史、社会学，这是合理地调节自己行为所必须的知识；五是了解和欣赏自然、文化、艺术知识的科目，这是闲暇时间休息和娱乐所需要的知识。

确立起西方近代史上最严整的教育学、教学论体系的是赫尔巴特。赫尔巴特（J. F. Herbart），德国哲学家、心理学家、教育学家。他有选择地继承了前人的教育研究遗产，他的贡献主要在于对前人的超越。

赫尔巴特认为，为了培养"善良的人"，即忠于普鲁士君主制的人，课程的编制应以作为认识对象的"客观文化遗产"的各门科学为基础，并以发展人的"多方面兴趣"为轴心，设置相应的学科。一是经验兴趣——了解事物"是什么"的兴趣，相应地应设自然、物理、化学、地理等学科，使学生获得对自然的认识；二是思辨兴趣——进一步思考事物"为什么"的兴趣，相应地应设数学、逻辑学、文法等学科，以锻炼学生的思维能力；三是审美兴趣——对各种事物、自然界、艺术品和"善行"的体验和美的评价的兴趣，相应地应设文学、图画、音乐等学科，以培养学生艺术鉴赏力和审美情感；四是同情兴趣——在人际交往中产生的兴趣，相应地应设本国语、外国语（古典语与现代语）学科，以培养友爱、谅解精神；五是社会兴趣——在人际交往中建立广泛的兴趣，相应地应设公民、历史、政治、法律等学科，以培养群体合作精神；六是宗教兴趣——认识人与神的关系的兴趣，相应地应设神学。在赫尔巴特看来，"道德"由五种观念所决定，这就是内在的自由观念、完善观念、善意观念、法权观念、正义观念。这些观念是不变的，人类倘若过有秩序的生活，就得培养这种道德品质。多方面兴趣正是培养这种道德观念的基础。可见，赫尔巴特试图抓住人的心理积极性，为设计有效地实现教育目的的课程体系提供心理学的依据。这种课程体系比"文艺复兴"以来以希腊文、拉丁文为主体的"古典人文主义"课程体系有较大的变化，具有了"新人文主义"课程的特征，有着积极的意义。

在教学上，赫尔巴特提出了"形式阶段说"。他认为，教学是一项塑造儿童心灵的艺术。教师不是卢梭所说的那样是自然之助手，而是儿童观念的提供者、"多方面兴趣"的控制者。对心灵施教就是建设心灵。知识不再是心灵的装饰品，而是心灵的要素。知识建设并形成心灵而心灵的建设是一项比任何工程都更复杂、更精细的工作。为了探索心灵施教、心灵建设的复杂的程序和艺术，赫尔巴特确立了其教学的"形式阶段"理论。第一阶段是"明了"，即清楚、明确的感知教材；第二阶段是"联合"，即把新的观念与旧的观念结合起来；第三阶段是"系统"，即把已建立起的新旧观念的各种联合与儿童的整个观念体系统一起来，概括出一般概念和规律，以形成具有逻辑性的结构严整的知识系统或观念体系；第四阶段是"方法"，即将业已形成的知识系统应用于各种情境，使之进一步充实和完善。这四个阶段是学生掌握新知识、新教材所依循的心理顺序，因而也是教学应依循的阶段顺序。赫尔巴特认为，不论教授何种主题，不论主题范围是大是小，都必须遵从这个顺序。这个教学的"形式阶段"理论一定程度上提示了教授新知识的规律，也非常易于操作，因而在实践中应用很广。

赫尔巴特第一次提出了"教育性教学"的理念。他认为教学的终极目的是形成人的德性"善的意志"，这种"善的意志"是自由、完美、友好、正义、公平五种道德理念的统一，他的主知主义心理学认为，人的心灵是统一的，人的观念、情感、"善的意志"不可分割，这个心灵的统一体是在观念和观念体系的基础上建构起来。这样作为知识传递的过程的教学和作为"善的意志"之形成的道德教育就是统一的，这就是"教育性教学"。在赫尔巴特看来，没有任何"无教学的教育"，正如没有任何"无教育的教学"，教学形成思想之环，而教育则形成品格。也就是说，教学中如果没有进行道德教育，那么教学只是一种没有目的的手段；道德教育如果没有教学则是一种失去了手段的目的。赫尔巴特把实现教育的终极目的与传授文化知识视为同一个过程，从而在历史上第一次揭示了"教学的教育性"规律，第一次把教学与道德教育统一起来，对后世影响深远。

真正推动课程与教学研究实现现代转向的是杜威。约翰·杜威(John Dewey)，美国著名的哲学家、心理学家、社会学家，20世纪最伟大的教育哲学家。他的课程与教学思想是建立在其实用主义或经验主义哲学基础之上的。

杜威的经验主义课程。杜威认为，当时课程最大的弊端是与儿童生活不相沟通，不沟通的原因：一是儿童生活与成人经验中数种社会目的的不同；二是分类的科目是历来科学研究的成果，不合乎儿童的经验；三是儿童的世界狭小而偏于个人，课程所示的世界则遥远而不切己；四是儿童的生活连贯而一致，课程则分门而别类；五是儿童生活为切实的、感情的，课程分类标准则为抽象的、逻辑的。因此，杜威主张改造课程，使能真正适于儿童的生活。杜威的课程编制特别强调两点：第一，儿童和课程的关系不是互相对立，而是互相关联的；第二，学校科目相互联系的中心点，不是科学，不是文学，不是历史，不是地理，而是儿童本身的社会活动。在杜威看来，儿童的心理经验与学科中所包含的逻辑的经验是一个过程的起点与终点，只有在经验的基础上才能使儿童与学科真正统一起来。儿童与学科的统一即心理的经验与教材各个知识分支恢复到它由以抽象出来的原来的经验，这个过程就是教材的心理化。心理化了的教材就变成儿童的教材，逻辑的经验就变成儿童直接的和个人的经验，从而可以和儿童既有的经验进行相互作用。教师的使命就是把学科教材解释为儿童的生活经验，并指导儿童经验不断生长，最终使儿童的经验达到学科教材所包含的成熟的逻辑经验的水平。当课程统一了儿童心理的经验与学科中所包含的逻辑的经验时，这种课程就是"经验课程"。杜威毕生倡导并实施的经验课程形态是"主动作业"。在杜威看来，作业是复演社会生活中进行的某种工作或与之平等的活动方式。这是着眼于儿童经验的发展，对社会生活中的典型职业进行分析、归纳和提炼而获得的各种活动方式，如商业、烹饪、缝纫、纺织、木工等。主动作业具有三个特点：第一，它适合儿童经验生长的要求。不能把主动作业与借助某种技能获得外部实利等同起来。主动作业不仅使儿童获得手工的技能和技艺的效率，更主要的是获得智力的、道德的和审美的品质。第二，它源于社会生活，充满了具有社会性质的事实和原理，可以代表社会的情境。主动作业使学校的整个精神得到新生，它使学校有可能与生活联系，成为儿童生长的地方。第三，它作为科学地理解自然的原料和过程的活动中心，可以不断指向科学的逻辑经验的发展。

1896年1月，杜威创办的芝加哥大学附属实验学校，具体实践了他的以儿童的社会活动经验为中心的课程编制思想。该校课程不是依据传统的学科，而是依据儿童的需要，以作业为中心组织儿童的学习。他规定实验学校的课程编制要解决四个主要问题：一是怎样做才能使学校与家庭、社区的生活关系密切？二是怎样做才能使历史、文艺、科学的教材对儿童生活本身有真正重要的价值？三是如何使读写算等正式学科的教学在获得的经验之上实施，并同其他学科有机地联系起来，从而使学生产生兴趣？四是如何适当地注意个别儿童的能力和需要？实验学校的全部课程是由与各种作业形式平等的三个方面的理智活动组成，即历史或社会的研究，自然科学，思想交流。杜威的《学校与社会》(1899年)，就是这所实验学校3年实践的总结。他在这里宣告学校教育实现了"哥白尼式转变"，并成为长期支配美国课程发展的一个指导性纲领："现在我们的教育中正在发生的一种变革是重心的转移。这是一种变革，一场革命，一场和哥白尼把天体的中心从地球转到太阳那样的革命。在这种情况下，儿童变成了太阳，教育的各种措施围绕着这个中心旋转，儿童是中心，教育的各种措施便围绕着他们而组织起来。"[1]

---

[1] 杜威著，赵祥麟等译：《学校与社会·明日之学校》，人民教育出版社1994年版，第44页。

【案例1-1】　　　　　　　儿童发展阶段与杜威学校课程

　　初等学校的组织,分三个阶段或时期。可是,这几个阶段要逐步地过渡,以致儿童并不意识到变动。

　　第一阶段从四岁到八岁或八岁半。在这个时期,学校生活和家庭生活的联系当然特别密切。儿童大体上从事直接的社会的外向活动,忙于做事和说话。相对地很少努力进行理智的阐述,有意识地思考,或掌握专门的方法。但由于工作的复杂性和儿童能够担负的责任不断增加,各种明显的问题逐渐出现,使掌握特殊的方法成为必要。

　　因此,在第二个时期(八岁到十岁),重点放在获得读、写、操作、算等等的能力,这不是为了这些能力本身,而是作为更为直接的经验形式的必要的帮助和附属品。在各种形式的手工劳动和科学方面,也更多地有意识地注意做事的正当方式,达成结果的方法,而不同于简单的做事本身。这是获得有关规律的知识和工作技术的特殊时期。

　　第三个时期持续到十三岁。儿童获得的技能,应用于明确的研究和思考方面的问题,进而认识到概括的重要性和必要性。这第三个时期,也是各方面的工作、历史和科学彼此出现明显分化的时期。在儿童掌握每门学科所使用的方法和工作的范围内,他能一门一门地进行学习,在某种意义上,真正使它成为一门学科。要是第一个时期已经给儿童一个共同的多样的背景,要是第二个时期已经带领他们掌握读、写、算、操作原材料等能力作为研究的工具,那么在第三个时期,他们已准备好一定程度的专门化而没有孤立或人为状态的危险。

　　资料来源　[美]凯瑟琳·坎普·梅休、安娜·坎普·爱德华兹著,王承绪等译:《杜威学校》,华东师范大学出版社1991年版,第42—43页。

　　与课程主张相一致,杜威的教学思想集中概括为基于经验的教学。杜威认为,一方面,观念、知识本质上就是经验,经验中包含着主动作用,包含着"做",包含着"行动",所以观念、知识包含着行动。用他的话说:"行动处于观念的核心","认识本身就是一种行动"。另一方面,人的行动是基于观念、知识的,受观念、知识的指引,是观念、知识的运行过程、具体化过程,从这个意义上说,行动就是知识。所以杜威倡导"从做中学","从经验中学"。他强调思维对产生有意义的经验的价值,提出"反省思维"概念。"反省思维"包括五个要素、步骤或阶段,即问题的感觉、问题的界定、问题解决的假设、对问题及其解决方法的逻辑推理、通过行动检验假设。这同时也是问题解决的要素、步骤和阶段,杜威认为这五个阶段的顺序不是固定的,而且这五个阶段中的每一阶段均可进一步展开。为了培养学生的反省思维能力,教学就应当创设"经验的情境",使学生有解决问题的机会。杜威认为,教学不应当是学院式的,而必须与校外和日常生活中的情境联系起来,创设能够使儿童的经验不断生长的生活情境——"经验的情境"。在这种情境中,儿童与环境持续地交互作用。在这种交互作用中,儿童发现问题,并在教师的指导下自己解决问题。教师在指导儿童解决问题的时候要充分考虑并创造性地运用关于反省思维的五个要素或阶段的理论。杜威认为,如果儿童在教学情境中自己提出多种多样的问题,并积极解决这些问题,所提出的解决问题的方法是先进的、多种多样的、富有独创性的,那么,即使教学方式比较一般,其效果也会是好的。教学的艺术是要使新问题的困难程度足以激发思维,或者提供新的四书五经以引起疑难,从而使学生得到启发,产生有助于解决问题的设想。

　　杜威的课程与教学理论总结了西方自古希腊、古罗马以来的教育智慧,并创造性地提出了自己的见解,开启了课程教学研究的新纪元。

三、20 世纪课程与教学研究的新成就

1918 年,美国著名教育学者博比特(F. Bobbitt)出版《课程》(*The Curriculum*)一书,一般认为,这是课程成为独立研究领域的标志。1924 年他又出版了《怎样编制课程》(*How to Make A Curriculum*)一书,其课程开发理论进一步完善。1923 年,美国另一著名教育学者查特斯(W. Charters)出版了《课程编制》(*Curriculum Construction*)一书。查特斯的课程编制理论与博比特具有内在的一致性。这样,截止到 20 世纪 20 年代上半叶,课程这一研究领域最先在美国比较完整地确立起来。博比特与查特斯等人的课程开发理论与实践,启动了"课程开发的科学化运动",他们的课程理论也因而被称为"科学化课程开发理论"。

科学化课程开发理论诞生的社会背景是 20 世纪初美国发生的"社会效率运动"。1911 年,美国"科学管理之父"泰罗(F. W. Taylor)出版了《科学管理的原理》(*The Principles of Scientific Management*)一书,在书中,泰罗系统地确立起其管理理论,这就是所谓"泰罗主义"(Taylorism)。"泰罗主义"的基本假设是:人受经济利益的驱动,因而是可控制的;效率即科学;科学管理即是为了提高生产效率而对人及其工作进行有效控制。"科学管理"的基本理路是:选取从事某项工作的技术娴熟的工人,对其工作加以分析,以确定工人从事该项工作的正确动作流程以及所使用的相应的生产工具;对每一个动作的时间进行研究,以将一项工作分析为细小的操作单位,并确定每一操作单位的效率标准;根据一项工作的效率标准,将工人配置于相应的岗位,并利用经济利益的诱因,以便使每个工人都处于自己最高效率和最大生产能力的状态。"泰罗主义"的基本特征是:效率取向、控制中心,把科学等同于效率,把人视为生产工具。这一管理理论的影响范围超出了企业领域,迅速扩展到社会生活的各个方面,从而在美国社会掀起了所谓"社会效率运动"。该运动自然影响到教育领域,影响到课程领域。

博比特的课程开发理论。课程是什么?博比特在《课程》一书中这样写道:"人们从事(成人)事务所需的能力、态度、习惯、鉴赏力和知识形式将会显现出来而成为课程目标。这些课程目标将是众多的、明确的、详尽的。因此课程是儿童及青年获得这些目标所必须具有的一系列经验。"在博比特看来,课程是儿童及青年为准备完美的成人生活而从事的一系列活动及由此取得的相应的经验。博比特的课程本质观以准备完美的成人生活为出发点,但却落实于儿童的生活和经验。既然落实于儿童的活动与经验,那么,课程的内涵就是广泛的:既包括儿童在社会生活中自然获得未受指导的经验,也包括儿童在学校教育中所获得的受指导的经验。这两个方面是密切联系的,教育应兼顾二者。但博比特认为,学校教育的课程目标应着眼于那些在社会生活中无法自然获得,而必须经由学校教育才能获得的经验,这就需要对这两种经验进行比较分析,才能获得课程目标。博比特的科学化课程开发的方法可总称为"活动分析",就是把人的活动分析为具体的、特定的行为单元的过程与方法。这种方法既是博比特教育本质观与课程本质观的体现,也反映了"泰罗主义"对课程开发领域的影响。博比特认为,课程开发的具体过程包括如下五个步骤:人类经验的分析,具体活动或具体工作的分析,课程目标的获得,课程目标的选择,教育计划的制定。可见,博比特对课程开发过程的分析——"活动分析",恰如泰罗对企业生产过程的分析。因而对博比特而言,课程开发就成为一种"课程工程"(curricular engineering)或"教育工程"(educational engineering),它是"效率取向、控制中心"的。课程开发者以及教师自然就成为"教育工程师"(educational engineer)。

泰勒的《课程与教学的基本原理》是科学化课程开发理论发展的里程碑。拉尔夫·泰勒(Ralph Tyler)是美国著名的教育家、课程理论专家、评价理论专家,他是现代课程理论的重要奠基者,是科

学化课程开发理论的集大成者,被誉为"当代教育评价之父"、"现代课程理论之父"。他于1949年出版的《课程与教学的基本原理》,确立起"课程基本原理",又称"泰勒原理"(Tyler Rationale)。《课程与教学的基本原理》一书也因而被誉为"现代课程理论的圣经"。在这本书中,泰勒开宗明义地指出,开发任何课程和教学计划都必须回答四个基本问题:其一,学校应该达到哪些教育目标?其二,提供哪些教育经验才能实现这些目标?其三,怎样才能有效地组织这些教育经验?其四,我们怎样才能确定这些目标正在得到实现?泰勒并不试图回答这些问题,因为具体的答案是因性质、教育阶段不同而有所差异的。他只是想提出研究这些问题的方法和程序。在他看来这本身就构成了考察课程与教学问题的基本原理。这四个问题可以看作是课程编制过程的四个步骤或阶段,即确定目标、选择经验、组织经验、评价结果。这就是"泰勒原理"的基本内容。泰勒课程原理实际上就是对这些步骤的进一步阐释。其中,确定目标最为关键,因为其他步骤都是围绕目标展开的。所以,泰勒原理又被称为"目标模式"。尽管后来各种课程理论层出不穷,但都是围绕这四个基本问题建构起来的,这四个问题因而被称为课程开发的"永恒的分析范畴",泰勒原理被称为课程领域中的"主导的课程范式"。

20世纪50年代末至60年代末,西方世界发生了一场指向教育内容现代化的课程改革运动,即"学科结构运动",其中心内容是用"学科结构观"重建课程。在这场运动中,诞生了一种新的课程形态——"学术中心课程"。学科结构运动是课程现代化进程中的一座里程碑。所谓"学术中心课程",是指以专门的学术领域为核心开发的课程,其基本特征是学术性、专门性和结构性。该理论认为,知识是课程中不可或缺的要素,强调要把人类文化遗产中最具学术研究性的知识作为课程内容,并且特别重视知识体系本身的逻辑程序和结构,因而通常把学术性作为课程的基本形式。主张以学科的知识结构作为课程设计的基础的理由是:学科结构是深入探究和构建各门学科所必需的法则。学科结构由三种结构组成:一是组织结构,即指说明一门学科不同于其他学科的基本方式,同时也表明了这门学科探究的界限;二是实质结构,即指探究过程中要回答的各种问题,也就是指基本概念、原理和理论;三是句法结构,即指各门学科体系中收集数据、检验命题和对研究结果做出概括的方式。学术中心课程以学科结构为核心构筑现代课程体系,使纷繁复杂的知识信息得以简化、统整和完善,创造了现代化课程的一个范例。学术中心课程的代表人物是布鲁纳(B. S. Bruner)和施瓦布(J. J. Schwab)。

学科结构运动在轰轰烈烈之后,于20世纪60年代末宣告失败。施瓦布在反思学术中心课程失败的基础上,提出了实践性课程开发理论。在施瓦布看来,课程是由教师、学生、教材、环境四个要素构成的,这四个要素间持续的相互作用便构成实践性课程的基本内涵。他主张,课程开发的基本方法应是"审议"。所谓课程审议,是指课程开发的主体对具体教育实践情境中的问题反复讨论权衡,以获得一致性的理解与解释,最终作出恰当的、一致性的课程变革的决定及相应的策略。实践性课程开发是以具体实践情境的特殊需要为核心进行的课程开发,它必然根植于具体实践情境,这种课程开发因此也被称为"学校本位的课程开发"。与施瓦布同时,英国著名课程理论家斯坦豪斯(L. Stenhouse)通过对泰勒原理的反思,提出了课程开发的"过程模式"。他认为,课程的选择是基于内容,而不是基于其所引起的学生行为的具体结果,课程开发的任务就是要选择活动内容,建立关于学科的过程、概念与标准等知识形式的课程,并提供实施的"过程原则"。"过程原则"的本质含义在于鼓励教师对课程实践的反思批判和发挥创造。

自20世纪70年代中期以后,西方课程研究发生了重要的"范式转换",由"课程开发"转向"课程理解"。也就是说,在以前的课程研究主要是围绕"泰勒原理"的四个基本问题展开的,其目的是探讨"怎样有效地开发课程"。20世纪70年代以后,课程研究则拓展了理论基础与研究视界,力图使课程研究体现时代精神的精华,其目的是探讨"怎样理解课程",如"概念重建主义课程范式"等,使课程研究进入后现代探索时代。

"概念重建主义者"把自博比特、查特斯等人的早期科学化课程开发理论到"泰勒原理"以及基于泰勒原理的种种课程研究观点统称为"传统课程理论"。对传统课程理论的批判是"概念重建主义者"对课程理论的重要贡献。他们认为,传统课程理论至少存在三大缺陷。[1] 第一,传统课程理论秉持实证主义科学观,追求课程理论的"客观性",这有违课程理论的学科性质,也使课程理论沦为控制工具;第二,传统课程理论受"技术理性"的支配,课程研究的目的是提供课程开发的"处方"——普适性的程序和规则,这就使课程理论成为"反理论的"、"反历史的";第三,尽管传统课程理论标榜"价值中立",但它却因此而陷入一套保守的、使其政治方向神秘化的价值观念之中,实际上是维持了现行的社会控制体系。但"概念重建主义者"彼此之间的具体课程主张差别很大,大致可以分为两种理论倾向。第一种倾向以现象学、存在主义、精神分析理论为基础,着眼于个体自我意识的提升与存在经验的发展,可称为"存在现象学"课程理论。以派纳(W. F. Pinar)、格鲁梅特(M. R. Grumet)、格林(M. Greene)、休伯纳(D. Heubner)等人为代表。"存在现象学"课程理论的本质追求是"解放兴趣"。其核心是自我反思,通过自我反思的行为以达到解放的目的。这意味着教师与学生能够自主地从事课程创造,能够在不断的自我反思和彼此交往的过程中达到自由与解放。第二种倾向以法兰克福学派、哲学解释学、知识社会学为理论基础,着眼于对社会意识形态的批判与社会公正的建立,可称为批判课程论。以阿普尔(M. W. Apple)、麦克唐纳(J. B. Macdonald)、吉鲁(H. Giroux)等为代表。批判课程理论把课程的本质概括为一种社会的"反思性实践",其基本构成因素是行动与反思,课程就是行动与反思的统一。也就是说课程并不只是一套要实施的计划,它还是由一个蕴含着反思精神的行动过程构成的,意味着课程开发过程是课程创造的过程。

课程研究的科学化是从教学研究中有效分离的结果。20世纪是教育的黄金年代,随着全球范围义务教育的普及,终身教育观念应运而生,教育规模持续扩大,教育质量与教育公平成为教育的品质追求。在这种背景下,"教学什么"的问题日益突出,使课程研究从教学研究中逐步分离出来,同时,诸多教学问题亟须解决,使教学研究进入一个繁荣时期。

这一时期,教学问题扩展到价值领域,并越来越依赖于心理学基础。在深入探讨已有的"教学是什么"、"怎样教学"、"为什么教学"和"教学什么"等问题的同时,提出了"应该怎样教学"的问题,这实质上就是"教学价值"的问题。人们开始反思自身对教学的基本态度,发现了由于受科学主义的影响,人们对教学研究的态度仅仅是"实然"性的,存在比较极端的"科学化"倾向。于是提出教育民主化和教学人文化,开始了对教学的价值追求。另一方面,20世纪是心理学,特别是教育心理学、发展心理学和学习心理学的大发展时期,既满足了教学研究的需要,也有力地促进了教学理论的发展,许多教学流派都是建立在特定的心理学理论基础之上的。

20世纪也是现代教学媒体和教学技术飞速发展和广泛应用的世纪。20年代,美国的教育家设计、制造和使用了教学机器,出现了基于教学机器的程序教学,后来人们把电子计算机技术引入程序教学,创立了计算机辅助教学(CAI)。到90年代,以计算机为核心的多媒体教学技术蓬勃发展起来。90年代中期,互联网飞速发展,网络课程与网络教学迅速崛起。现代教学技术的应用,变成当代教学的主要方式、教学模式,教学设计研究也随之迅速发展。

兴起于20世纪50年代的行为主义教学设计理论,试图把行为主义心理学与教学技术整合起

---

[1] 参阅张华著:《课程与教学论》,上海教育出版社2000年版,第25—26页。

来,把教学设计建立在行为主义学习理论和先进技术的基础之上。行为主义教学设计理论的基本思路是开发一种教学程序系统,以准确分析学习者的行为表现,确定要达到的行为目标,设计教学,以达到预先确定的具体的学习结果。从60年代末期开始直到整个70年代,行为主义在心理学领域的主导地位逐渐被认知心理学所取代,以认知心理学为基础的教学设计理论开始兴盛起来。这一时期教学设计理论的一个重要特色,是对认知策略进行了深化研究。通过对引导内部学习和思维过程的认知策略的研究,获得了诸如问题解决、组织信息、降低焦虑、发展自我监控技能、增进积极态度等方面的一系列具体策略,一些专家不定期研究了元认知及其对教学设计的意义。进入80年代,教学设计研究的一个基本趋势,是把不同的教学设计理论与认知科学和教育技术学的发展综合起来,根据知识和认知过程的特性,开发出适合于具体的、明确限定的结果的最好方式,以对学习情境作出更加灵活的反映。到90年代,各种建构主义理论对教学设计理论产生了重要影响,学习者、媒体与环境的交互作用成为教学设计关注的重要问题,主体对知识的自主建构成为教学研究的重要课题。

第3节 课程论与教学论

从课程与教学研究的历史中不难看出,课程研究尽管古亦有之,但作为科学化理论的课程论的诞生却是20世纪初的事。教学论则不同,作为一个独立研究领域,早在17世纪就确立起来,比课程领域的独立早了整整300年,不过,教学研究科学化的长足发展也是在20世纪。

一、课程论

课程论作为教育学的一门分支学科,其研究领域主要涉及学校课程设计、编制、实施和课程评价等的理论与实践。古德莱德(J. I. Goodlad)认为,课程研究应关注三类现象:(1)实质性现象,指的是目标、学科内容、材料等课程的基本范畴,探究他们的实质和价值;(2)政治—社会现象,关注课程发展的政治和社会过程;(3)技术—专业现象,着重探讨那些使课程得以改良、配置和取代的个人和团体过程。前两个范畴主要关注课程的基本原理问题,最后一个范畴主要关注课程的实践问题。

关于课程论的学科基础,尽管我国学者对课程论的哲学、社会学和心理学基础的研究尚不充分,但一般都把哲学、社会学和心理学作为课程论的学科基础。有的学者除这三方面外,还把课程论的学科基础拓展到科学学、系统学和教育学。有的学者认为课程论的学科基础除了哲学、社会学、心理学以外,还有"精神"基础,即文化基因的问题。把课程论的学科基础拓展到文化层面,进一步深化了我们对课程论学科基础的认识。

关于课程论的学科性质,其认识主要有三种观点。第一,"应用性的实践学科说"。课程论应该是实践性很强的学科,而不是一门纯粹的理论性质的学科。第二,"理论学科说"。课程论不应该仅仅局限于描述性、经验性的范围,应该坚持理论学科的性质。第三,"结合说"。课程论既是理论学科又是应用学科,既要关注课程实践,又要重视理论思辨。在实际的课程论研究中,我国学者大都持这种观点,因为纯粹的理论学科和应用学科难免过于极端。关于课程论的学科性质,究竟应该是"解释性"、"处方性"的,还是"启发性"的,这很值得我们进一步去探讨。

关于课程论的研究对象,主要形成了以下几种观点。第一,"课程说"。课程论研究的对象是"课程"。课程论是关于整个学校课程的学问,是研究课程系统的结构与功能、论述课程系统工程的学科。第二,"课程规律说"。受教育学"旨在研究教育规律、原理和方法"这一观点的影响,提出课程论的研究对象是课程规律,课程论应该探索课程现象较深层次的普遍的规律。这种认识实际上是把课程论作为教育学下位学科进行了演绎，况且也混淆了课程论的研究对象和研究目的。第三，"课程问题说"。受我国教育学界把教育学研究对象界定为教育问题的影响，提出课程论的研究对象是课程问题。有的学者通过讨论宏观和微观的课程问题，认为课程论应研究如下课题：课程与科技革命的关系；课程与我国社会主义现代化建设的关系；课程与教育目的的关系；课程与各地区经济、文化、历史的关系；如何设计全部学校课程的整体结构；如何设计各门课程的知识结构；课程结构与学生认知结构的关系。对课程论研究对象的不同认识，反映出课程论在我国的发展尚未成熟。在对课程论学科研究对象问题的认识上，我国学者尚未形成自己的言说方式和话语系统。

关于课程论的体系结构，学者们从对博比特、泰勒以及古德莱德等人的研究中提出了课程研究既要关注课程的实质性范畴，也要关注课程论的社会政治范畴以及专业技术范畴，并提出了具体的体系结构。理论探讨包括课程本质论、课程价值论、课程认识论、课程结构论、课程类型论、课程改革论、课程管理论等内容构成；课程研制过程，包括课程研制理论、课程规划论、课程实施论和课程评价论等；比较课程论，包括各国中小学课程的比较。实践探索具体包括了课程目标、课程结构、课程类型、课程内容、课程编制、课程实施、课程管理、课程改革等方面内容。此外，学科群的建设也成为课程论学科体系建构的重点，有学者从文化自觉的角度提出课程论的学科群应有如下三个层次：第一层次为理论课程学的范畴，第二层次为课程学的范畴，第三层次为课程专业技术理论。

二、教学论

教学论是学科意义上的教学理论，是对教学研究领域成果的提炼和浓缩。教与学构成的教学"活动关系"是教学的根本矛盾，教学论要研究的基本关系是教与学的关系。教学论在300多年的发展历程中，形成了众多的流派与分支，可归纳为两种基本类型：知识主导型教学论和发展主导型教学论。知识主导型教学论主张教学内容的选择、教学过程的调控、教学方法的运用以及教学形式和教学评价等都要以知识的传授和掌握为中心来安排。发展主导型教学论则相反，坚持教学内容、教学过程、教学方法、教学形式和教学评价等各个要素和各个环节都要以促进学生的发展为旨归。

关于教学论的研究对象。德国克拉因博士认为，教学论是研究教学中智育和德育的统一过程的规律。① 美国教育家布鲁纳认为，教学论所要探求的是教授和学习的理想模式，要指出有关掌握知识和技能的最优方法的法则。② 日本教育家广冈亮藏认为，教学论研究的是"教学过程最优化"③。国内学者的观点也不尽相同。王策三教授认为，教学论必须坚持研究教学的一般规律；④ 徐勋教授认为，教学论的研究对象是教学过程中教与学的双边活动及其客观规律。⑤ 田慧生则指出，探索教学规律是教学论研究的主要目的和最基本的任务，但并不能由此就将教学规律作为研究对象，因为以一般规律作为研究对象，不仅笼统、模糊，而且在具体研究中也无从下手、无法操作。⑥

关于教学论的学科性质。苏联教学论的舶来，让人以为教学论就应当是十分系统和完整的基础理论学科，但是，大量西方教学理论的传入，又给人以十分强烈的应用学科印象。那么教学论是

---

① 参阅李定仁、徐继存主编：《教学论研究二十年（1979—1999）》，人民教育出版社2001年版，第24页。
② 参阅李定仁、徐继存主编：《教学论研究二十年（1979—1999）》，人民教育出版社2001年版，第24页。
③ 参阅李定仁、徐继存主编：《教学论研究二十年（1979—1999）》，人民教育出版社2001年版，第24页。
④ 参阅王策三著：《教学论稿》，人民教育出版社1985年版，第9页。
⑤ 徐勋：《教学理论与教学改革》，载《辽宁高教研究》1987年第5—6期。
⑥ 田慧生、曾天山著：《中小学课程教材改革与实验》，四川教育出版社1997年版，第8页。

一门什么样的学问？王策三先生是"坚持理论科学性质"的代表。他指出，教学论往往与教学法、教学经验等同起来，一些基础理论问题未得到研究，教学实践中许多重大问题也未得到理论上的探讨和说明。他认为，教学论揭示规律，是要通过研究事实，在解决教学问题中，进行观察、实验、分析、综合、抽象、概括等，经过艰苦细致、曲折反复的过程，才可望获得不同程度的成果，并通过建立自己的教学论诸范畴和理论体系具体地、系统地表述出来。徐勋教授没有否定教学论要坚持理论科学的性质，但他认为理论的源泉是实践。他引证西方教学论自拉特克、夸美纽斯直到当今的学者都强调教学论是研究教学艺术、教学技术的学问，是应用科学，而苏联学者一般认为教学论是理论科学，还有学者认为是边缘科学，并以它的对象——教学既是一门科学又是一门艺术为依据，认定教学论兼有理论性和应用性这两个特点。有的学者认为，将教育研究分成纯理论研究和应用研究两大部分过于笼统和简单，主张根据研究的目的将教育研究分为基础理论研究、外推的理论研究和应用研究三类，将教学论定位为外推的理论研究，即既要坚持以理论研究为主，不断提高理论成果的抽象概括水平，又要在已有理论原理的指导下，开展必要的应用研究，解决教学中一些带有普遍性的操作问题。一些学者不满意这种缺少共识的状况，认为正是这种认识上的分歧和模糊性，使我国教学论成为一个既含基本理论，又含教学实践，既有理论研究，又有应用研究的庞杂体系，它面面俱到但任何一面都难以深入到学科内容结构。据此指出，随着现代教学论的发展和教学论学科的不断分化与综合，教学论将因其主要是阐明教与学的原理、揭示教学规律的学科而越来越成为一门理论学科。

若从教学论进一步科学化的角度对其基本要素作出探讨，那么，首先，教学论内容是指关于教学领域的系统性概念化结构，它主要由概念、判断、推理和论证来构成对教学活动的规律性认识，也即教学论的基本范畴体系。系统性是指教学论内容各部分及其它们之间的结构性联系，而不是一种简单的堆砌；逻辑性是指教学论内容各部分在言语表述上要符合逻辑规范，而不是随意的"意见表达"。如果说系统性是对教学论内部或内容上的要求，那么逻辑性就是对教学论外在或形式上的要求。其次，教学研究方法的科学化是教学论科学化的关键标准，它决定着教学理论的正确程度、深度和广度。规范性是指在教学研究方法上要遵循一定的规则与范式，无论是量化研究还是质化研究，这样学术交流才会成为可能；针对性是指在教学研究中要根据研究的类型与具体问题来确定研究方法，而不拘泥于某一类研究方法。最后，教学问题是教学论发展的推动力量，是构建教学理论的最终来源。教学问题的现实性是从时间维度而言的，指教学实践中正在出现或发生的问题；教学问题的真实性是从教学问题的客观性来说的，它相对于虚假的教学问题，教学问题的呈现不是自然的过程，它需要研究者依据一定的规则从纷繁的教学现象中抽离出问题。由于教学问题的现实性与真实性主要由研究者来判定，这就对研究者的素质提出了很高的要求，同时教学问题的现实性与真实性也直接决定着教学理论的客观程度与解释力度。因此，我们是从动态的角度来看待教学论科学化的标准的，即把教学理论看作动态发展的过程，教学理论本身、教学研究方法和教学实践的问题共同构成了教学论科学化的基本要素。

三、课程论与教学论的关系

随着课程与教学研究在我国的兴起，如何看待和处理课程论与教学论两者的关系，成为教育理论界关注的问题。

大教学论观。这种观点从教学论的立场出发，主张将课程视为教学内容，把课程理论当作教学理论的一部分。这是一种传统的观点。其形成原因除历史因素和受苏联影响外，在我国还存在管理体制方面的原因。长期以来，我国推行的是高度集中统一的课程管理政策，基础教育的课程由国家统一制定,在很大程度上受政治和行政权力的影响。教师和教育管理者不过是国家预定课程的具体实施者,关注的是如何教学的问题。只需将"法定内容"有效传授给学生就行了,无需考虑如何设置课程。因此,对教育研究者来说,教学问题的研究完全可以取代课程问题的研究。

大课程论观。把教学看作课程的一部分,把教学理论归入课程理论的范围之内。这一观点认为,课程是一个广泛的概念,是学校教育中的一个大系统,而教学则是一个特殊的现象和子系统,远没有课程那样重要。泰勒等知名学者都是把教学作为课程的一部分来对待的。近年来,我国也有学者持此观点。认为课程作为一种客观存在与教学是不能分离的,课程作为一种教育进程包含了教学过程。课程的属性和类型是多方面的,不仅包含了各类课程,而且也包含各类教学,包括课堂教学、课外教学、模仿教学、陶冶教学等等。同时,随着教师也是课程研制者这一理念被人们所接受,课程包含教学的主体机制实际上也就被确认了。甚至有研究者提出大课程论,强调在体系上应包纳课程论、教学论、分支课程论、分支教学论和教育技术学等五个下位学科,每个下位学科又包含着大量的次下位学科。

一体化的观点。这一观点认为,课程论与教学论两者密不可分,不能孤立地存在,必须综合起来进行整体性研究。如英国的著名课程论专家斯坦豪斯就特别强调课程与教学过程中的一系列相互作用;美国课程论学者坦纳夫妇(D. and L. Tanner)断言,把课程与教学看成是相互孤立的要素,不仅是不可能的,而且会误入歧途。应打破课程与教学之间的分裂状态,把课程与教学综合成一个问题而不是把它们分成孤立的问题来进行研究。我国也有学者认为,课程与教学既有关联,又是各不相同的两个研究领域。课程强调的是每个学生及其学习的范围,教学强调的是教师的行为;课程与教学不是平面和单向的关系,而是相互依存的交叉关系;课程与教学不可能在相互独立的情况下各自运作。我国还有学者从社会发展形态的角度,分析了课程与教学研究相分离的原因,认为将课程作为学校教育的实体或内容,将教学作为学校教育的过程或手段,是工业社会"科技理性"支配下教育"科层化"和"制度化"的结果。由此形成的"制度课程"造成了课程与教学两个领域的相互分离,形成了两者间机械、单向和线性的关系。应当以"解放理性"取代"工具理性",将理解活生生的教学情境置于研究的中心。这样,才有可能打破课程与教学的界限,使课程与教学的界限再一次模糊和融合起来。

并列论。这一主张认为,课程论与教学论应是教育科学下属的两个独立分支科学,各有特定的研究对象和不同的特点,构筑理论体系的相关概念也不相同,需要分别进行深入研究。课程论研究各种形式的课业及进程,教学论研究教与学;课程论涉及课程研制、课程标准、课程管理、课程评价等核心概念,教学论涉及的是教学目的、内容、方法、过程、组织形式及教学评价等核心概念。也就是说,课程是指学校的意图,教学是指学校的实践;课程是为有目的的学习而设计的内容;教学则是达到教育目的的手段。相应地,课程理论主要探讨教育的目标和内容;教学理论主要关注达到这些目标的手段。持这一立场的学者认为,课程论与教学论目前正处于分化期,应当把课程论与教学论看作两门相互独立的教育学科,这有利于课程论和教学论的许多重要问题得到进一步的研究。

有的学者在对教学论与课程论文化溯源的基础上指出,[①]上述关于课程论与教学论关系的观点都存在一个共同的问题:即把课程论与教学论看作是同质文化中的教育理论,即所谓源自"西方"的教育理论。固然,课程论和教学论都来自西方,但西方教育文化传统有英美与欧陆之别,亦即"日耳曼式教育学"与"盎格鲁式教育学"之别。在英美教育文化传统中,教学理论可以说是包含在

---

① 丁邦平:《教学(理)论与课程论关系新探:基于比较的视角》,载《比较教育研究》2009年第12期。

课程论里面的,但源于德国教育文化传统的教学论却不能包含在课程论里。我国主张所谓"大教学论"的学者错误地以为教学论包含了课程论,其实这是因为看到美国课程论中也注重研究教学理论而产生的一种误读;同样,主张"大课程论"的学者也错误地把教学理论等同于教学论,结果导致了课程论包含教学论的错误推论,这无疑也是一种误读。主张课程论与教学论各自平行独立的学者虽然承认了它们各自的生存权利和空间,却又忽视了它们之间的内在联系,更没有看到它们之间在教育文化传统上的区别。例如,教学论与课程论都涉及教学内容或课程问题,但在具体处理方式上却不同。教学论传统强调由教育系统确定教育目的和来源知识(knowledge sources),再由教师把来源知识转化为适合于教学的知识,此外教师还需要自主地选择教学方法和评价方法;而课程论传统则强调由教育系统确立课程机构,由课程机构规定课程内容和评价方式,教师只能自主选择教学方法进行教学。由此可见,在这两种教育文化传统里,课程与教师的关系以及教师处理课程的方式是很不相同的。课程论与教学论整合的主张虽然有其可能性,但这种"整合"的基础并不牢固,因为这不是在课程论与教学论两个学科之间进行充分对话的基础上构建的,而是在消解所谓的"二元对立"的基础上一种生硬的拼盘。

综上所述,就学科理解来说,课程论与教学论之间存在复杂的关系,在学界也没有一个共识。所以,任何执于一种观点的纠缠都是没有必要的,作为学习和研究者,关键在于回到课程论与教学论的文化传统中,把握它们的理论精髓,提高对课程与教学实践的认识。从学科的发展趋势来说,由于课程与教学实践的一体化,不管是课程论还是教学论,也必将走向课程与教学研究的一体化,否则将失去理论研究应有的生命力。

第4节　小学课程与教学论

小学教育是人一生中接受正规教育的最初阶段,是基础教育的奠基工程。小学课程与教学论是研究小学课程开发、教学实践的基本理论,是课程与教学论的学段研究,既有一般课程与教学论的学科特征,也表现出自身的研究个性。

一、小学课程与教学论的研究对象

小学课程与教学研究是围绕学生、教材、教师、环境这些要素的相互作用展开的。小学生是发展中的儿童,其心理特点和发展需要决定了小学教材的生活化、小学教师的引领性和小学教育环境的丰富性。这是小学课程与教学研究的逻辑前提。从研究对象上来看,小学课程与教学论研究主要包括以下内容。

1. 小学课程与教学实践功能的研究

就本体研究而言,小学课程与教学的内涵与一般课程与教学的内涵没有本质区别,是一般课程与教学论的研究内容,小学课程与教学论研究重点要探讨小学教育阶段课程与教学的实践功能和发展意义。小学教育与教育体系内其他教育阶段相区别的独特性主要表现在基础性、全民性、义务性和公益性等方面,而最重要的特性是基础性。长期以来,我们对基础性的理解:一是强调它是整个教育制度的基础,小学教育是为学生升入中学做准备;二是强调培养目标上的"双基",即基础知识、基本技能。这种理解一方面会导致"应试教育"的蔓延,另一方面窄化了小学教育目标。小学教育不是升学教育的基础,而是素质教育的基础,在人类倡导构建学习化社会的时代,它是终身教育的奠基阶段,是为人生的发展奠定基础的。作为基础教育,是为社会所有行业培养人才打基础,它的知识、技能不是为了选拔、升学、择业,而是尽可能为人的身心全面发展提供最有利的条件。

小学课程与教学需要对小学教育"基础性"进行重新定位,把每个学生潜能的开发、健康个性的发展、为适应未来社会发展变化所必须的终身学习的愿望和能力的初步形成等,作为小学教育的重要任务。小学课程与教学的实践功能具体包括:一是为学生打好道德品质发展的基础。进入小学的少年儿童,随着生活范围的不断扩大,会遇到越来越多的道德问题,小学教育工作者应引导学生认识、了解与他们的生活经验相联系的道德观念,并养成相应的道德习惯。二是为学生打好智慧品质发展的基础。小学时期的少年儿童,正是智慧潜力逐步显现并迅速发展的时期,小学教育的一个重要的任务应当放在启迪儿童智慧发展上,知识教学应为智慧发展服务,智慧发展应促进知识教学。三是为学生打好个性品质形成的基础。小学时期是少年儿童的个性倾向开始显露的时期,小学教育应当维护、尊重、发现并培养小学生的个性,使他们养成良好的个性品质。四是为学生打好身体发展的基础。小学是少年儿童身体迅速发展的时期,应当使少年儿童养成锻炼身体的良好习惯,掌握锻炼的基本技能、技巧,以保证少年儿童的健康发展。

2. 小学课程开发原理的研究

小学课程开发包括小学课程体系的建构、课程与教学目标的确定、课程内容与教学方法的选择、课程与教学的组织、课程实施与教学过程、课程与教学的评价等要素,小学课程开发原理就是这些要素的设计、整合与实践的一般规律。当代小学课程开发体现出如下一些取向。一是课程目标更加趋于全面和科学。当代课程理论提升了人们对课程目标的认识,使课程的目标不再局限于人的智力的发展,拓展到情感、个性等目标维度,真正回归到了人的全面自由发展。在各国课程改革的实践中,人们已不仅仅将课程设置看作是接受文化遗产,还看作是学生认识、身心发展、兴趣需要的全面和谐的发展。二是课程的结构更加注重多元化。以往的小学课程主要是普通的学科课程,为了适应学生终身发展的需要,课程注重在学生终身发展的过程规划小学阶段的学习,加强了体育、艺术以及实践活动课程的比例,扩大了学生自主选择学习课程的范围。三是课程的内容更加强调综合化和整合化。由于儿童思维尚未细致分化,当前的课程改革特别强调小学课程以综合化为主,学科知识的传递应以儿童的生活经验为基础,并且要求小学教师应有较广泛的通识知识,能胜任多门学科的教学,能带班,甚至有的可以包班跟进。他们不仅要有能力关怀儿童认知方面的发展,而且要有兴趣和能力关怀儿童的情感精神生活。四是课程组织方式更加灵活。具体表现为课程资源的开放性,课程开发的校本性,教师教学行为的独立性等。这种课程组织思路反映了当代课程理论指导下的课程实践强调适应每一个儿童的有效发展,既促进教育机会均等,又能满足个人发展的需要。

3. 小学教与学互动行为的研究

研究小学儿童,认识他们的发展规律及发展需求,使教学制度和教学方式适应小学生的发展需要。6—12、13岁是小学儿童身心发展速度最快的一段生命时期,他们从游戏学习为主的生活方式进入以课堂学习各门学科为主的生活方式。学校学习生活和交往方式刺激着儿童的突触生长,并且有选择和有一定方向性地形成愈益复杂的"互联网络"。小学儿童的学习潜能和创造力是巨大的,而且,只要具备良好的、有滋养性的环境,他们就会有着惊人的可塑能力。同时,每个小学儿童都是一个独特的个体,他们有相互区别的不同神经活动方向和水平,每个儿童在智力潜能上有不同的优势和发展方向。所以,对儿童应采用多样的教学方式和评价方式。这就要求研究教学行为,充分发挥教学对学生学习的服务与引领价值。教学的作用在于促进学生的主动学习,重在帮助小学生决定适当的学习目标,确认和协调达到目标的途径;指导学生形成良好的学习习惯,掌握学习策略,找到适合自己的学习方法;创设丰富的教学情境,激发学生的学习动机,培养学生的学习兴趣,充分调动学生的积极性;建立一个接纳的、支持性的、宽容的课堂气氛,以及为学生提供各种便利和服务。

二、小学课程与教学论的学科属性

从学科性质上看,课程与教学论应坚持理论学科的性质,但小学课程与教学论作为其分支学科,在坚持其理论学科地位的同时,应兼顾应用性和实践性,体现小学课程与教学的一体化。因此,小学课程与教学的学科属性主要表现在以下几个方面。

1. 理论性

小学课程与教学论要探索小学阶段课程与教学的普遍、一般的规律,它不是简单地描述课程开发、教学实践和课程教学关系,而是要在吸取其诸多相关学科研究成果上,通过分析、综合、抽象、概括等一系列艰苦细致的思维过程,逐步形成其概念、范畴,并建立其理论体系。强调小学课程与教学论具有理论性,对于课程教学论研究具有重要意义。首先,有利于防止课程教学研究的经验主义倾向;其次,有助于小学课程与教学论研究者自觉地提高自己的理论思维水平。

2. 整合性

小学课程与教学论不是小学课程论与小学教学论的叠加,而是课程教学整体性的理论研究。这种整合性研究具体表现在三个层面。第一层面,强调目标与手段的内在连续性。不把课程单纯视为目标与计划,也不把教学单纯视为实现目标或完成计划的手段。强调课程作为经验产生于教学过程之中,同时又引导着教学过程的展开;教学指向经验的产生,又是经验得以产生的情境,内在地孕育着经验的生长。第二层面,强调教材与方法的内在连续性。教材的组织本身包含着方法,而方法总是特定教材的方法,不是教材之外的东西。也就是说,教学内地包含着内容,而学科也必须还原为其产生的具体过程和方法。第三层面,教学本身就是课程开发的过程。课堂情境中教师的教学行为是课程开发的有机组成部分,而课堂上的生成是课程开发的不懈追求,师生互动过程就是共同创生课程的过程,课程管理与评价的重要内容就是教学中的管理与评价。从实践的角度来说,课程教学是完整的实践过程,在这一过程中各种要素有机融合并协同作用,只有把课程教学作为一个整体来研究和理解,才能认识课程教学作为一个有机整体的系统功能,达到探求课程教学一般规律的目的。

3. 实践性

尽管强调小学课程与教学研究的理论性,但并不否定它同时是一门实践性很强的学科。小学课程与教学论同整个教育学科一样,重视教育实践,重视实际课程开发与教学活动。小学课程与教学论的任务不仅仅是反映课程教学实践,而且要指导小学课程与教学改革和实践,帮助教师科学地开发课程、提高教学效率。同一般教育学科不同,小学课程与教学论研究更加重视课程开发与教学活动技术层面的探索,重视小学课程开发与教学设计等实践工具的开发,重视课程教学实践中具体问题解决策略的探讨,具有更加鲜明的实践性。明确小学课程与教学论的实践性,有助于防止经院式研究的误区,建立紧紧依靠小学课程与教学实践的研究思路,努力实现理论与具体实践的有机结合。

三、小学课程与教学论学习和研究的方法

从小学课程与教学论的学科特性出发,作为小学教师或将要走上教师岗位的大学生,学习小学课程与教学论的目的至少有三点。一是全面理解小学课程与教学的基本理论。包括课程与教学的概念、课程与教学的目标、课程开发基本原理、教学设计原理、教学组织与实施原则、课程与教学管理思想等。只有全面掌握这些理论知识,才能提高课程与教学的思考水平,形成课程与教

的理性认知,超越具体的实践,寻求课程与教学行为的合理性。二是系统认识课程与教学的实践行为。包括课程目标选择、课程资源开发、教学内容组织、教学方案设计、课堂教学实施、教学结果反馈等要素。明白这些是相互作用的整体,从而系统掌握课程与教学实践,"既见树林,又见森林",提升对课程与教学的理解能力,并从整体上审视具体的课程开发与教学实践行为。三是促进自身课程开发与教学实践能力的提高。包括国家课程的实施能力、校本课程的开发能力、儿童研究能力、教学变革能力等。课程与教学理论总是指向具体实践的,教师课程与教学能力的提高始终是学习的重要目的。

基于以上学习目的,小学课程与教学论的学习方法要体现以下三点要求。一是理论学习与实践体验相结合。小学课程与教学论是理论性强同时具有鲜明实践指向的学科,学习过程中切忌纸上谈兵,必须理论联系实际。联系实际最有效的方式是参与小学课程与教学的实践,在具体的课程开发活动中领会原理,在特定学科的教学中感悟方法,这样,理论才能鲜活起来,才能实现自主的知识建构。二是知识吸纳与问题探究相结合。课程开发与教学实践都具有一定的情境性,在吸纳一般课程教学理论知识的同时,必须学会具体实践情境中的问题发现与解决。小学课程与教学论的学习要结合自身体验,回归教学情境,提出课程与教学问题,通过具体问题的探究加深对课程与教学理论的理解,提高教育认识水平。三是独立思考与合作分享相结合。任何学科的学习都依赖于独立思考,小学课程与教学论对独立思考要求更高,因为课程与教学的理解具有鲜明的个体性;同时,正是这种个体性,又提出了合作分享的要求,只有广泛地分享同伴的理解、同伴的经验、同伴的智慧,才能拓展自身的思路,提供多种知识参照,提高学习效率。

关于课程与教学论的研究,许多学者对其方法论问题进行了思考。崔允漷教授提出,课程与教学理论研究要确立一种实践旨向,这种实践旨向的课程与教学理论必须具备五种品质:一是课程与教学理论是一种预设的假说,作为一种人为的社会建构,它以一种相对抽象的方式观察世界,提供给人们一种针对课程与教学问题思考的模仿框架;二是课程与教学理论有一定的研究方法,无论是独有的,或是跨领域的;三是课程与教学理论有一套概念系统,其核心的概念需要明确的界定,才能为体系的建立奠定基石,同时为与其他理论的有效交流提供对话的平台;四是课程与教学理论都有情境性,脱离了情境的课程与教学理论是苍白无力的,不同的理论流派分歧和对话起点都在于情境;五是课程与教学理论的合法性在于价值的确立和处于实践环境中的行动力,它通过一种思维框架提供了针对问题的可资参考性,为厘清实践的复杂性赋值增能。[1] 这种实践旨向研究主张反映了课程与教学理论研究的方法转向,体现了对本质主义的超越而走向一种人文价值追求,与后现代课程研究所倡导的"人文—理解"方法在精神上是一致的。汪霞教授认为,"人文—理解"方法首先主张整体认知,把课程与教学置于整体"生态"的层面,不仅注意课程背后的价值和规范,更注意学习者存在经验、学习主动性的创造价值和学习过程中"冲突"的意义。其次,主张对意义的理解,"理解"是人类普遍运用的一种认识客观事物的方式。人对生活的意识是从全部经验中产生的,而不是从科学实证中产生的。课程与教学不是孤立的空中楼阁,学习者也不是脱离现实的天使,课程与教学研究既不能丢弃关联性,也不能失去人的品性,忘却内在的人性现实的情境。最后,主张主客体的互动,通过主动的参与、意识的自我反省、广泛的交流,增强与外界的交互作用,使历史和社会存在的意义不断得以揭示和发展。同时,通过师生间交互主体性的沟通,建立共识

---

[1] 崔允漷:《课程理论研究:一种实践的旨向》,载崔允漷主编《课程·良方》,华东师范大学出版社 2007 年版,第 252—260 页。

性的"理解"。①

> **【提示1-3】　　　　　　　教学方法的研究**
>
> 　　教学方法是指进行教学的计划。在这个方面,属于教师个人的品质已不是分析教学单元,而是选择内容、目标、划分学习的时间段,安排教材以及与学生相互作用的有关计划。教学方法的研究是采用一种"实验"形式(虽然实验的控制水平常常是较低的),根据两种或两种以上的方法对学生的学习或态度所产生的效果进行比较。典型的比较方法是,讲课和讨论相比、发现教学法和注入式或指令性教学相比、语音教学和整字教学相比,还有集体学习和个别学习相比。对教学媒介也能应用这类比较方法把程序教学、电视教学、电影教学、计算机辅助教学相互作比较,或分别把它们与"传统"教学相比较。对特性与处理相互作用(ATIs)的研究也是比较研究的一种,它研究的不是单一的效果,而是教学条件与学生特性间的相互作用。特性与处理相互作用范式就是把学生个人差别引入教学研究的一种方法。
>
> 　　资料来源　中央教育科学研究所比较教育研究室:《简明国际教育百科全书·教学(上)》,教育科学出版社1990年版,第162—163页。

　　围绕课程与教学理论研究实践逻辑的思考,许多学者在探讨质的课程与教学研究方法论问题。黄清等学者认为,质的课程与教学研究方法与传统的量化研究方法和定性课程研究方法之间的根本区别不在于研究内容的变化,也不在于研究手段的改进,而在于研究视角的转向和研究目的的改变。质的研究关注的是课程活动自身的存在,是活生生的课堂生活世界和意义世界,关注有着各自独特境遇和逻辑的课程与教学事件,以及它的处境、它的发展变化和它的最终命运,而不是致力于发现一种先在的、不变的客观规律来解释一切课程现象。因此,就方法论意义而言,质的课程与教学研究处处透露出一种鲜明而强烈的人文精神。这种方法论上的人文精神集中体现在它反对盲目崇尚自然科学客观主义研究范式,反对实证主义原子论和物理主义机械还原论,倡导以人为本的课程与教学研究取向,重视事物的本源性和整体性,尊重人的认识的主观性和多样性等方法论思想。② 课程与教学理论研究如何实现一种实践旨向,裴娣娜教授提出要形成新的课程研究视域,要在课程目标价值取向、课程结构与形式、课程内容选择、课程文化建设、课程实施、课程发展的技术支撑及研究方法论等方面形成研究的新视域。在理论研究层面,重要的突破在于从社会学、文化学的角度对课程问题进行思考,具体涉及是以促进社会发展为根本还是以促进人的发展为根本,是以掌握科学基础知识为主还是使学生获得生活直接经验为主,是强调对中国优秀传统文化的继承与发扬还是批判和超越,是强调现代化、国际化还是强调本土化等诸多问题。研究的难点在于,如何从我国实际出发,在科学主义与人文主义、工具理性与价值理性之间掌握好合理的"度"。③

　　课程与教学的实践属性,决定了小学课程与教学研究始终是浸润在具体的实践活动之中,也就是说,没有脱离课程开发、教学变革等实践活动的抽象的课程与教学理论。小学课程与教学理论研究必然是一种实践性建构,包括课程专业活动中主体的自我认知、专业经验生成、个人化知识积累、问题解决与实践反思等。所以课程与教学研究只能在持续不断的课程与教学行动中展开。

---

① 汪霞:《建构21世纪的课程研究——超越现代与后现代》,载《教育理论与实践》2006年第1期。
② 黄清、靳玉乐:《质的课程研究方法论评析》,载《课程·教材·教法》2004年第5期。
③ 裴娣娜:《论我国基础教育课程研究的新视域》,载《课程·教材·教法》2005年第1期。

课程与教学行动研究成为可能的一个前提,在于课程与教学不是一个封闭的实体,教育工作者为了与不断变化的文化和课程要求保持同步,他们就不得不肩负起提出并尝试解决课程变革问题的任务,课程实施本身就是一个变革和创新的过程。尽管课程实施是课程活动的一个阶段,但它并不是以一种线性方式出现,而是人的相互作用的过程,意味着人们不能屈服于客观性和定量化的要求,而是由个体及其信念、态度所开启的过程,需要教育把个人对现实的建构同其所信奉的生活价值结合起来的基础上去做出判断。所以,小学课程与教学研究在策略上主要是行动研究。

(1) 课程与教学行动研究以教育工作者的课程理解为基础。就当代小学课程与教学来说,需要相关课程主体对课程理念形成个人化的诠释、对课程目标达成形象化的建构、对课程资源建立全面系统的认知、对学生与学习等概念进行必要的重建。

(2) 课程与教学行动研究要强化问题意识。再好的课程设计,其实施过程都是变化不定和难以预料的,必然会出现各种具体实践问题,课程实施者要能以敏锐的眼光发现这些问题,并把握其研究价值,通过具体行动解决这些问题,在问题解决中提升课程与教学的认识水平。

(3) 课程与教学行动研究要广泛开展变革性实践。课程与教学变革是通过不断的行动反思和探索来达到实践行动的改进。麦克尼尔(J. D. McNeil)从复杂性程度的分析提出课程与教学变革有五种类型:"替代"——表现为一种因素取代另一个因素,如新教材使用;"改变"——把新内容、新章节、新材料和新程序引入现有的材料和计划中;"搅乱"——打破原有的课程计划,实施新的课程计划;"重构"——课程体系本身的结构调整;"价值取向改变"——改变课程工作者的基本哲学理念或课程价值取向,导致课程文化的创新。[①] 这些变革形态为我们的课程与教学行动研究提供了参考。

(4) 课程与教学行动研究需要建立对话共同体。行动研究意味着教育者通过成为积极的而不是消极的参与者、通过作为游戏者而不是旁观者来学习,这种学习既是个体批判性实践的过程,也是与他人经验分享的过程。所有的参与者都应意识到个人所做出的独立的贡献对于群体具有重要的价值。从这个意义上来说,课程与教学行动研究是一种学习的方式、一种获取新知的方式,是构造共同体和归属感的过程。课程与教学共同体包括教师、管理者、行政人员、专家、家长以及学生在内。在共同体中研究的主要方式是对话,布里杰斯(D. Bridges)认为,这种作为课程与教学的对话有三种类型:一是与那些具有学科或专业特长的同事之间的讨论,希望可以从中得到教益;二是与学生之间的讨论,希望可以使他们从中受益;三是与同事、学生或家长等人之间进行的讨论,希望在其他人的参与下,能够对某一行动过程做出决定,或对某一行动过程决策做出决定。[②] 可见,从对话共同体的视角来看,课程与教学行动研究还包括在专业共同体中的沟通、合作与经验分享。

关键术语

课程;教学;课程论;教学论;小学课程与教学论

讨论与探究

1. 结合自身的学习经验或教学实践,简述对课程与教学概念的理解。

---

① John D. McNeil. *Curriculum*, *A Comprehensive Introduction* (4th ed.) Glenview, IL: Scott, Foresmen, 1990.

② D. Bridges. *Discussion and Decision-Making*. In D. Bridges & P. Scrimshaw, (Eds.). *Values And Authority In Schools*. London: Hodder and Stoughron, p. 81.

2. 举例说明不同历史阶段课程与教学研究的主要特点,并在学习小组内进行交流。

3. 课程研究的科学化究竟意味着什么?你如何评价课程研究的科学化及其对课程与教学实践的影响?

4. 你认为小学课程与教学论是一门人文学科吗?为什么?

5. 从自己的体会出发,谈谈学习小学课程与教学论的意义和方法。

案例分析

结合第一节里的有关内容,分析以下案例,你认为案例中的"我"是如何理解课程与教学的关系的?你同意其观点吗?你是怎样理解课程(论)与教学(论)之间关系的?

> 当教师以前,我常常会想象我教学生的情景:他们将参加一个测验,然后我依据他们测验的成绩来对教学进行评价。事实上,这种循环过程很少。这仅仅是教学中的一部分,对于学生而言,能否鼓励他们,能否与他们一起享受乐趣,才是在完善教学形式的过程中他们更关注的方面。鼓励、尊重和信任——这些是有区别的。我对我所教的学科——数学有很浓厚的兴趣,同时我也十分关注在学习过程中对学生和对我都有极大推动作用的教学环节。当我从学生那里获得激情的时候,教学过程将会更加出色。
>
> 资料来源　[美]弗雷斯特·W·帕克等编著,孙德芳译:《当代课程规划》,中国人民大学出版社 2010 年版,第 230 页。

进一步阅读的文献

1. [美]丹尼尔·坦纳、劳雷尔·坦纳著,崔允漷等译:《学校课程史》,教育科学出版社,2006 年。

2. 巨瑛梅、刘旭东编著:《当代国外教学理论》,教育科学出版社,2004 年。

3. 李定仁、徐继存主编:《教学论研究二十年》,人民教育出版社,2001 年。

4. 李定仁、徐继存主编:《课程论研究二十年》,人民教育出版社,2004 年。

5. 施良方著:《课程理论——课程的基础、原理与问题》,教育科学出版社,1996 年。

6. [美]约翰·杜威著,赵祥麟、王承绪编译:《杜威教育论著选》,华东师范大学出版社,1981 年。

7. 张华著:《课程与教学论》,上海教育出版社,2000 年。

8. 钟启泉著:《现代课程论》,上海教育出版社,1989 年。

9. [日]佐藤正夫著,钟启泉译:《教学原理》,教育科学出版社,2001 年。

推荐访问网址

1. 人民教育出版社课程教材研究所
http://www.pep.com.cn

2. 中国课程与教学研究
http://www.zgkcjx.cn

3. 小学语文课程研究

http://xy.eywedu.com

4. 小学数学课程研究

http://www.xsj21.com

5. 小学科学课程研究

http://xxkx.cersp.com

6. 小学英语课程研究

http://www.dingjunhua.com.cn

7. 课程理论与实践("urriculum theory and practice")

http://www.infed.org/biblio/b-curric.htm

8. 教学研究(Instruction)

http://www.indiana.edu/~idtheory/methods/mla.html

第2章 小学课程与教学的开发和设计

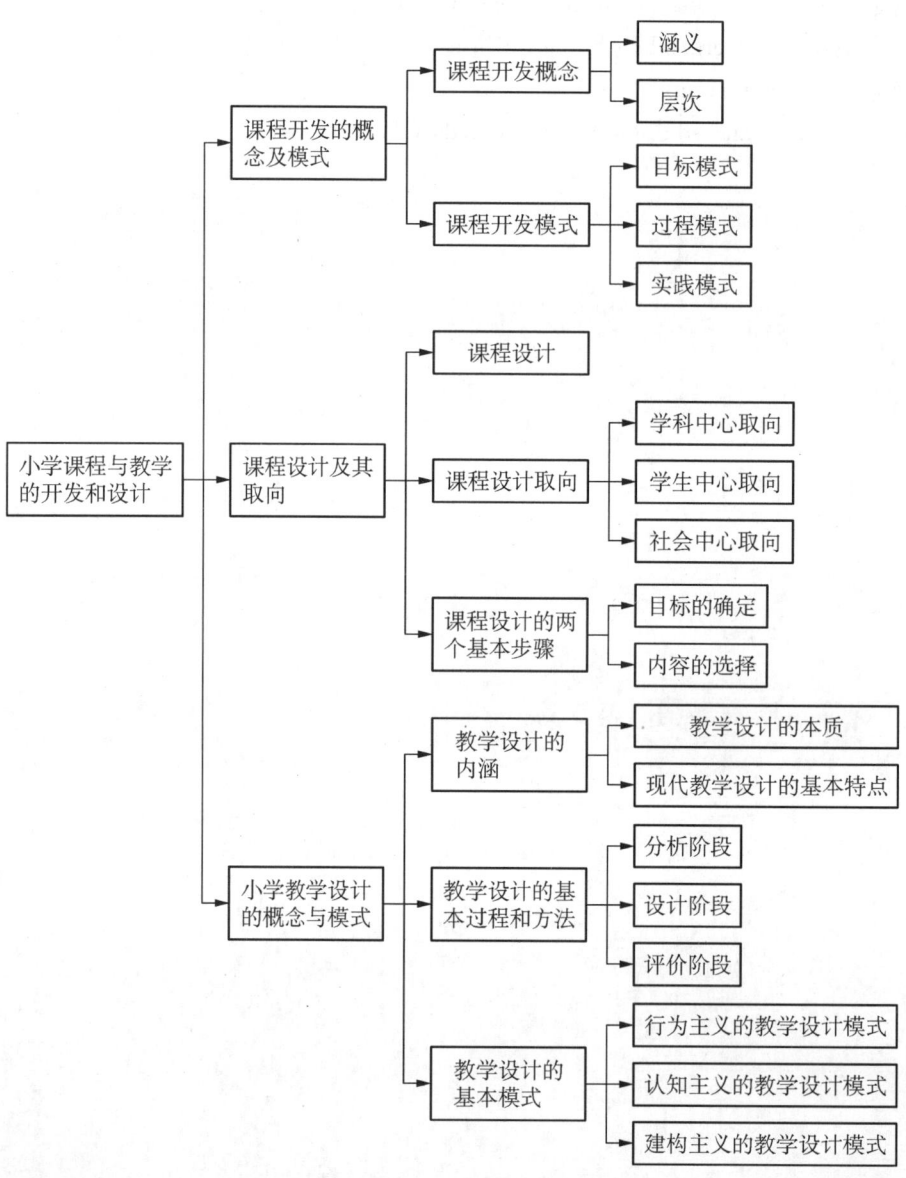

浙江余杭小学开发的"梦想课程"示范课现场

资料来源　http://acamc.blog.163.com/blog/static/45037046200991511264987/

  课程研究所要解决的核心问题就是"应当教给孩子一些什么样的东西",而这直接牵涉到课程理论中的几个核心概念——课程开发、课程设计与教学设计。然而,对这些概念的理解却并不是一个简单的事情。更为重要的是,理解上的偏差往往会直接带来行动上的迷茫、混乱,甚至是谬误。特别是,当前中国第八次基础教育课程改革提出了课程管理权限的下移,地方、学校拥有了更多的课程开发权力,那么,如何开发出对孩子更具吸引力、更具儿童生命的发展价值,同时又更符合本地的经济、文化特色的高质量课程体系呢?这也是课程开发、课程设计、教学设计等领域关注的核心问题。本章将对相关理论进行阐释,并请各位读者就所列出的思考问题,结合理论进行思考、辨析,形成自己的真知灼见和独到见地。

第1节 课程开发的概念及模式

课程开发(curriculum development)是指通过精心计划的活动,开发出一项课程并将其提供给教育机构中的人们,以此作为进行教育之方案的过程。应当说,课程开发是目前课程理论和实践中使用频率较高的一个概念,但也是用得比较混乱的一个概念。① 但另一方面,课程开发也是课程理论和实践领域中最为核心的一个概念,只有正确地理解这一概念,才能使课程改革实践在各个层次走上良性发展的轨道。本节将从理清概念开始,在具体解读课程开发的概念与层次之后,进一步分析课程开发的三种模式。

一、课程开发概念

(一) 涵义

为了改进课程的功能以适应文化、社会、科学及人际关系的需求,就得有持续不断的课程改进活动。所谓"课程开发",就是指借助学校教育计划——课程——的实施和评价,以改进课程功能的活动的总称。

应当说,现实的课程不单是课程的理论研究的反映,它是在一定历史的、社会的、错综复杂的动力关系中形成、展开的。1974年,在日本东京举行的"课程开发国际研讨会上",与会专家就明确提出了"课程开发"的概念及其基本方向。"课程开发"是表示新的课程的编订、实验、检验——改进——再编订、实施、检验……这一连串作业过程的整体,大体相当于课程改造、课程改革之类的概念。总之,课程开发概念意味着伴随科学技术的进步与社会的发展而展开的新课程研究。②

从我国课程改革与研究的历史来看,我国教育学界在20世纪20年代到40年代末,常用"课程编制"或"课程编订"。80年代以后,在一些课程研究的书刊中逐渐开始使用"课程开发"。目前用法也存在着一定的不一致,有的仍然使用"课程编订"、"课程编制",如施良方著《课程理论》,教育科学出版社1996年版;陈扬光著《课程论与课程编制》,福建人民出版社1998年版。有的转向使用"课程开发",如钟启泉、李雁冰主编《课程设计基础》,山东教育出版社2000年版;张华著《课程与教学论》,上海教育出版社2000年版。有的将curriculum development 翻译为"课程研究",但主张使用"课程研制",如郝德永著《课程研制方法论》,教育科学出版社2000年版。

尽管存在着理解、观念、取向上的诸多差异,但笔者认为,目前各国的课程研究者基本上在"课程开发"这一概念上取得了较为一致的认识,即,"课程开发"要考虑历史、哲学、文化、政治、心理学、经济等众多影响因素,更要悉心关注这一过程中所有独特的问题,以及诸如目标、学习经验或内容、组织、教学、评价和课程改革等一般性问题。③ 人们通常认为,课程开发是国家或地方政府政治决策的过程、专家与权威相互作用的过程,它不单是教育学者和课程专家的工作,也是社会各有关方面共同合作的事业。

(二) 层次

1. 从课程开发的任务与结果的视角:宏观、中观和微观

如果从课程开发过程所承担的任务和产生的结果来分析,课程开发大致可以分为宏观、中观、

---

① 钟启泉、汪霞等编著:《课程与教学论》,华东师范大学出版社2008年版,第83页。
② 钟启泉著:《现代课程论》,上海教育出版社2006年版,第361—362页。
③ 张华著:《课程与教学论》,上海教育出版社2000年版,第95页。

微观三个层次。不同层次的课程开发，完成不同的任务，产生不同的结果。

（1）宏观层次的课程开发

宏观层次的课程开发应当解决课程的一些基本理念问题，如课程的价值、目的、主要任务、基本结构等。课程开发的主要结果是基本的课程政策，包括课程宗旨、课程性质、课程目标、选择课程内容的指导原则等，具体表现为由中央政府、地方政府或学区制定的官方文件。宏观层次的课程开发着眼于更加宏观的课程视阈，其主要意图在于为制定专门的标准（大纲）指明方向。从一般的角度来看，宏观的课程开发的主体是国家。在中国、苏联等实行中央集权制的国家中，这种以国家来主导课程开发的现象，体现得尤为明显。

（2）中观层次的课程开发

中观层次的课程开发则关注更加具体的课程标准（或教学大纲）的开发，其主要开发的大纲内容包括：学科的范围、各学科的时间分配、学习目标、学习内容、评价方式、教育管理（包括学校质量管理、教师教学质量管理）等。而作为由地方或学校来加以牵头展开的课程开发，则需要最终提供一个基本的课程指南，表明具体的学科目标。课程指南的内容包括：详细的目的和目标；教学内容的结构和顺序；具体的教学单元，包括内容、问题、考试、测验举例。

（3）微观层次的课程开发

微观层次的课程开发主要是进入教育实践情境之后，由教师根据各种因素对相关情况进行补充、完善以及再设计，针对不同的教育对象、教学情境设计自己的教学活动。课程开发的过程性、动态性在这个层次可以得到更为直观的体现，即所开发的课程并非是放之四海而皆准的标准化模板，而是教师需要根据动态变化的情境，进行课程的理解、课程的研究，进行适应性的课程创生。也正如钟启泉、汪霞等所指出的，"教师需要以课程计划、课程标准为指导，根据自身的风格、学生的基础、教育资源的状况，灵活地制订自己的课时计划，概要地说明课时目标、学习内容、学生的活动、教学方法、评价形式等"[①]。

2. 从课程开发的主体的视角：国家、地方、学校

如果从开发主体来看，则课程开发又可以分为三大类型，即国家课程开发、地方课程开发以及学校课程开发。

（1）国家课程开发

国家课程开发是指以国家为主体，由国家教育行政部门组织的课程开发活动。其主要内容包括制定国家课程政策，对重大课程改革进行决策；制定指导性课程计划；制定国家课程标准（包括教学标准、评价标准）以及必修科目；审查并向全国推荐学科教材；指导、检查地方课程管理工作；审批地方重大课程改革试验；制定升学考试制度，指导升学考试的实施；确定某些课程管理权限的下放等工作。[②]

一般而言，在中央集权制国家，国家课程开发占主导地位，即在全国统一的范围内由国家教育权力机构组织专家决策、编制课程并采取自上而下的"行政模式"来进行课程开发。在课程开发过程中，课程开发的主体是中央教育行政部门或其代理机构挑选、组织起来的学科专家、课程专家等，他们在中央教育行政部门的支持下，组成集中统一的工作组，对中小学课程进行统一的研究和编制，并依靠国家法律或行政文件在全国自上而下地推广。

国家课程开发的范围涉及中小学的课程计划、课程标准、教学材料、考试要求等，所依据的教

---

① 钟启泉、汪霞等编著：《课程与教学论》，华东师范大学出版社2008年版，第86页。
② 王而治：《课程体系三级管理的意义、功能及其运作规范》，载《课程·教材·教法》2000年第5期。

育哲学属于国家本位或社会本位,强调统一的国家意志和整体利益,追求全国范围内的课程基本统一。① 总而言之,由国家主导开发的课程具有权威性、强制性。学校必须遵守;教师是课程政策的执行者。国家对课程实行目标管理、控制。

(2) 地方课程开发

地方课程开发是指,由地方教育主管部门为主导,根据国家有关规定和本地实际,对地方课程的规划、设计、实施和评价进行调控和指导。地方课程开发的范围一般包括:根据国家有关的统一规定和本地区的具体实际,制定各级学校的完整的培养目标,确定课程领域的本地区标准、研制适合本地区的具体课程方案、组织编写相关的教科书和教学指导书。地方课程开发,既是对国家课程的补充,又是学校课程开发的重要依据,对地方或该社区的小学课程实施具有重要的指导作用。

长期以来,在我国的课程体系中,只有国家课程,确定地说,是"官方课程",而无地方课程和学校课程。随着教育体制改革和课程改革的深入,我国从 1986 年开始酝酿的第 7 次基础教育课程改革对地方管理课程的权限做了探讨,并最终在 1992 年颁发的《九年义务教育全日制小学、初级中学课程计划(试行)》中第一次把课程分为"国家规定课程"和"地方安排课程",而后者就是"地方课程"的萌芽。从 2000 年开始的第八次基础教育课程改革,在课程管理政策的改革上迈出了更大的步伐,并明确提出了"地方课程",规定其与综合实践活动、校本课程三者合计占义务教育总课时的 16%—20%,同时规定省级教育行政部门负责"规划地方课程"②。总之,我们在地方课程开发权限上的逐步赋予,使地方教育行政主管部门逐渐地参与到了课程开发工作中来,调动了各地办学的积极性,有利于中小学课程与当地的经济建设和精神文明建设相结合,使课程具有一定的适应性与开放性,更具发展与变革的弹性与活力。

(3) 学校课程开发

学校课程开发又称校本课程开发,是指学校根据自己的办学思想,结合本校的教育教学实际自主进行的课程开发。校本课程开发是国家课程开发和地方课程开发的重要补充,它以充分考虑到教师的工作积极性、学生的认识水平与学习需求、学校的办学条件以及所处社区的经济与文化水平,凸显学校自身特色等为主要特征。

(4) 学校课程开发的一个案例解读——浙江宁波北仑区实验小学的《儿童诗趣》

如前所述,校本课程开发的一个重要策略就是把学校自身的教育传统或已经形成的优势项目

作为课程资源,形成具有学校特色的校本课程开发模式。实际上,由于此类校本课程能够充分地彰显学校办学理念,全面落实学校的目标追求,所以这类校本课程的开发也是进一步提升学校办学特色的途径。

浙江宁波市北仑区实验小学,是一所具有百年历史文化积淀的老校,涌现出了著名儿童文学作家鲁克、李英民、著名翻译家李良民、赵白,留学生文学的先驱、旅美作家崧梨华等在国内,甚至国际上有知名影响力的校友,因此学校围绕着培养学生的创新精神和实践能力,本着"习诗育人"的宗旨,开发"儿童诗"校本课程,通过"熏陶学生的审美情趣,培养学生的想象能力,拓展学生的创造思维",最终达到丰厚其人文素养的目的。

---

① 钟启泉主编:《课程论》,教育科学出版社 2007 年版,第 273 页。
② 郭元祥:《关于地方课程开发的几点思考》,载《课程·教材·教法》2000 年第 1 期。

"儿童诗"校本课程开发的内容,分为三个组成部分:主体课程、相关课程、活动课和主题教育活动。以一、二年级的主体课程为例来说明主题、积淀内容、表达内容和具体目标,见表2-1。

表2-1 一、二年级的主体课程

年级	主题	积淀内容	表达内容	具体目标
一年级	1. 儿歌是根磨牙棒 2. 读诗识字好轻松 3. 一年四季说不尽 4. 大自然是解不开的谜	数字歌(如《凑十歌》等) 摇篮曲(如《摇篮》等) 知识歌(如《雪老头》等) 生活歌(如《小板凳》等) 问答歌(如《什么花》等) 绕口令(如《翻跟头》等)	《一片落叶》 《操场,快乐的天堂》 《有太阳真好》 《动物的聚会》 《摇篮》 《房子真多》 《春天的怀抱》 《海》 《家》	1. 通过"儿童诗"的诵读,帮助学生识字,增加孩子的识字量,并为孩子识字提供语言环境 2. 让孩子感受阅读的乐趣 3. 让孩子体会语言的韵律、节奏等美感 4. 让孩子学会用简短、富有灵性的语言表达身边的事情和感想
二年级	1. 我是明礼的小雏鹰 2. 童真是首动听的歌 3. 与动物成为朋友 4. 世界也是我的	《哈哈镜》 《郁金香》 《做了哥哥不淘气》 《妈妈和娃娃》 《爷爷教育弟弟》 《小老鼠》 《狗熊出门》 《默契的姐妹》	《秋天的画》 《书包鱼》 《祖国在成长》 《爸爸和妈妈》 《鸟的天地》 《春天在哪里》 《真美啊》 《动画片》 《大山》 《对联趣谈》 《字》	1. 通过"儿童诗"诵读进一步增加孩子的阅读量 2. 能够正确、流利、有节奏地诵读"儿童诗" 3. 理解诗的含义和意境 4. 培养学生向往美好情境,关心自然和珍惜生命的美好心灵

在"儿童诗"的课程实施中,该校强调要充分发挥学生的主体作用,鼓励学生积极参与,勇于实践,以促使学生诗情激荡,思绪飞扬,使课堂诗意弥漫。

纵览浙江宁波市北仑实验小学的这个"儿童诗"校本课程,我们认为,它体现了如下三个鲜明的特点:

一、从学校特色和儿童需求出发,依据学校自身的条件和特点,依靠学校的教师和校外的儿童文学作家、教学专家共同开发;

二、把课程的开发与明确学校的教育哲学、形成学校的办学特色紧密结合;

三、主体课程——"儿童诗"教学的设计完整具体、内容丰富,具有吸引力。

二、课程开发模式

课程开发的主要模式有两类,即目标模式和过程模式。但是,随着20世纪60年代以来实践教育理论的日趋兴盛,课程建构的实践模式也对如何编制和开发课程提出了一系列振聋发聩的见解。笔者在本书中将对这三种模式的内涵及其基本思想进行解读。

(一) 目标模式

1. 目标模式的产生

目标模式(objectives model)是将目标作为课程开发的基础和核心,围绕课程目标的确定及其实现、评价而进行课程开发的模式。目标模式是20世纪初开始的课程开发科学化运动的产物,因此,它被看作是课程开发的经典模式、传统模式,其主要代表是"现代课程理论之父"拉尔夫·泰勒(R. W. Tyler)创立的"泰勒模式"。但如果要再往前追溯,则还可从博比特、查特斯等人的思想中找到其产生的最初精神。

目标模式亦被很多学者称为"工艺学模式",它是在美国20世纪早期至中期的科学化思想日趋兴盛的背景下产生的。① "工艺学模式"源于博比特。他将当时的科学管理原则应用于课程设计与开发上。在此工艺学模式下,学校像一座工厂,学生被视为原料,学校依社会需要将学生塑造成一定的成品。这种特殊需要是依据分析成人之实际生活所需的知识、技能、态度、习惯而来的。他将课程工艺学比喻为"铁道工艺学"。计划铁道,必须要先勘察两地之间的状况,最先考虑的是与土地有关的因素。而设计儿童到成人必经的途程远比设计横跨大陆的铁道工程还要复杂。其第一步是分析人性和人之间的事物。这种技术就是活动分析法。活动分析法几经修订,成为需求分析和目标分析,并最终结晶成为今日的行为目标分析。

查特斯是与博比特同时代的美国著名课程论专家,他的课程开发思想与博比特极其相似。但查特斯与博比特的差异主要体现为,前者更强调对"人类工作"的分析,②即指对人类职业领域的分析,这与博比特所强调的"活动分析"要来得更加紧凑。因为博比特的活动分析,不仅要分析职业领域,也要分析非职业领域。

博比特和查特斯共同组成了"课程开发的科学化运动"的早期代表,两人首先在课程领域中引入了科学的思维方式和效率观念。并且,他们所秉持的以分析理想的成人生活为出发点,并以此来进一步开发科学化的、高效率的课程的基本思想,为后来的集大成者——泰勒提供了极其重要的思想基础。

2. 泰勒原理及其贡献

泰勒于1934年至1942年所领导的"八年研究"(the Eight Year Study),虽然是在1929年所产生的经济大危机的背景下为解决美国高中课程质量问题而开展,但其最重要的成果之一恐怕就是直接孕育了泰勒的课程原理。泰勒在1949年出版的《课程与教学的基本原理》,被公认为是现代课程理论的奠基石,是现代课程研究领域最有影响的理论构架。③ 这个原理是围绕如下四个基本问题展开的,即:

- 学校应该达到哪些教育目标?
- 提供哪些教育经验才能实现这些目标?
- 怎样才能有效地组织这些教育经验?
- 我们怎样才能确定这些目标正在得到实现?

泰勒并不试图直接回答这些问题,因为具体的答案是因学校性质、教育阶段不同而有所差异的。他只想提出研究这些问题的方法和程序。在他看来,这本身就构成了考察课程与教学问题的基本原理。实质上,这四个问题可以用更加精炼的话语来重新叙述,即:(1)确定目标;(2)选择经验;(3)组织经验;(4)评价结果。泰勒原理实质上就是对这些步骤的进一步阐释。其中,确定目标最为关键,因为其他步骤都是围绕目标展开的。所以,泰勒原理又被称为"目标模式",由此,我们也可清晰地看出博比特和查特斯对他的影响。

即使后来遭到各方攻击,泰勒依然坚持认为,这四个基本问题是"合适的"、"非常有用的"、"没有理由改变的",因为它们经受住了历史的考验。现代课程开发的理论研究和实践探索可谓蔚为壮观,但都是围绕这四个基本问题建构起来的。这四个基本问题因而被称为课程开发的"永恒的分析范畴"(perennial analytic categories)。"泰勒原理"被称为课程领域中"主导的课程范式"(the

---

① 钟启泉著:《现代课程论》,上海教育出版社2006年版,第363页。
② 张华著:《课程与教学论》,上海教育出版社2000年版,第8页。
③ 施良方著:《课程理论——课程的基础、原理与问题》,教育科学出版社1996年版,第13页。

dominant curriculum paradigm)。①

泰勒《课程与教学的基本原理》一书的影响,从瑞典学者胡森等人主编的《国际教育百科全书》中的评论就可见一斑:"泰勒的课程基本原理已经对整个世界的课程专家产生影响。……不管人们是否赞同'泰勒原理',也不管人们持什么样的哲学观点,如果不探讨泰勒所提出的四个基本问题,就不可能全面地探讨课程问题。"②

3. 目标模式的控制性本质

目标模式在课程理论和实践上的巨大贡献和深远影响是无可争辩的,因为它发展起了一种迄今为止最具权威性的、系统化的课程研究范式。"它提出了一系列较容易掌握的、具体化的、层次化的程序及方法,有利于提高教学过程的计划性、可控性,以及合理安排课程实施计划、教学内容进度,精确地评价教育过程的结果,评价教学方案设计的科学化、合理化程度。"③

但正是这样的一个无与伦比的独特优势,却恰恰构成了目标模式所无法跨越的一个鸿沟与障碍。其科学化、技术化的生长基因决定了"目标模式"总是力图控制课程开发过程,使课程开发过程成为一种理性化、科学化的过程,为课程开发提供一种普适性的程序。张华教授在其《课程与教学论》著作中用了"技术兴趣"作为目标模式的深层价值取向,无疑非常准确地刻画了目标模式的"控制性"本质。④ 因为按照哈贝马斯的观点,技术兴趣(technical interest)亦称"技术理性",它是通过合规律(规则)的行为而对环境加以控制的人类基本兴趣,它指向对环境的控制和管理,其核心是"控制"(control)。

(二) 过程模式

"过程模式"(process model)由英国著名课程论专家斯坦豪斯(L. Stenhouse)提出。斯坦豪斯对过程模式的建构是从对"泰勒原理"的批判开始的。在 1975 年出版的《课程研究与开发导论》(*An Introduction to Curriculum Research and Development*)这部课程论名著中,斯坦豪斯从一个课程设计者的视角对"泰勒原理"进行了详尽而透彻的分析与批判,客观地指出了其局限和贡献。在此基础上,斯坦豪斯建立起其过程模式的理论框架。

1. 对目标模式的反思和批判

在斯坦豪斯看来,将目标模式普遍应用于课程编制,最主要地存在以下两方面的问题与障碍:

第一,目标模式把课程分解成行为目标,与知识的性质和结构有着本质上的矛盾。分解和细化教育目的是行为目标的特征。但在斯坦豪斯看来,知识从根本上来讲关注的是综合。知识不能够还原成行为,尤其不能用预先规定的表现形式来表述,这是由知识的功能所决定的。知识的价值在于激发各种类型和各种水平的理解。而目标取向是试图使行为标准化,即使它们越来越成为公式化的东西,而不是创造性的反应。目标模式还趋于把知识、技能本身作为目的,而不是作为人的发展的手段。所以,斯坦豪斯指出:"把知识的深层结构转化成行为目标,……这是对知识性质的最大误解。"⑤

第二,目标模式误解了改善实践过程的本质。斯坦豪斯认为,目标模式试图通过澄清目的意图来改进课程与教学的实践,这种做法在逻辑上是合理的,但却并不是一种有效的做法。因为正如我们不可能只把横杆提高,不对跳高动作做出评论分析,便可使人跳得更高一样,我们也不能仅

---

① 张华著:《课程与教学论》,上海教育出版社 2000 年版,第 13 页。
② 施良方著:《课程理论——课程的基础、原理与问题》,教育科学出版社 1996 年版,第 14 页。
③ 李方主编:《课程与教学基本理论》,广东高等教育出版社 2002 年版,第 199—200 页。
④ 张华著:《课程与教学论》,上海教育出版社 2000 年版,第 13 页。
⑤ 施良方著:《课程理论——课程的基础、原理与问题》,教育科学出版社 1996 年版,第 175 页。

仅通过强调课程目标,就能改进课程与教学。课程改革的关键在于教师的理解和创造性的工作,关键在于教师对自己课堂环境和学生特点的理解和反思。

综上,斯坦豪斯提出过程模式就是为了解决目标模式在它的理论框架内所无法解决的问题,它对目标模式的批评不是细枝末节的,而深入到对它所依据的价值之致命弱点提出根本性的批判。

2. 过程模式的基本思想

斯坦豪斯在对目标模式进行批判的同时完成了对过程模式理论基础的建构。在他指导的"人文学科课程设计"中,他尝试采取了过程模式的课程编制方式。他从知识和理解的角度陈述宽泛的目的,设计了一种与该目的逻辑相一致的教学材料和教学过程。这样,目的被分析成学习过程或输入,而不是预期的行为结果或输出。过程模式的目的在于编写一种课程说明,阐明存在哪些可能的学习结果,并把这些结果与它们的起因联系起来。

在建构自己的过程模式时,斯坦豪斯以英国教育哲学家彼得斯(R. S. Peters)对知识的辩护作为理论依据。彼得斯认为,知识以及教育本身具有内在价值,因而无需通过教育的结果加以证明。某类活动有其自身固有的完美标准,我们能够根据这些标准而不是依据其产生的后果加以评价。对它的选择是基于内容,而不是基于其所引起的学生行为的具体结果。[①]

所以,斯坦豪斯引用了拉思(J. D. Rath)用以鉴别具有某种内在价值的活动的一套准则作为参考,并认为这些准则中的一部分与知识的特征联系在一起,另一部分则与教育伦理学或教学法原理有关。斯坦豪斯进一步指出,活动内容的选择应以这些准则为基础,不需要依赖于预先制定的目标。另外,他还进一步引进彼得斯"程序原则"的概念,认为教师从事教育活动的各种价值,是体现在他所从事的教育过程之中,而不是在他想要达到的结果之中,因此,教学过程可以脱离预定的目标。程序原则的本质含义在于鼓励教师对课程实践的反思批判和发挥创造作用。

3. 过程模式在小学课程开发中的一个案例解读

如前所叙,过程模式是一种过程性的课程开发思想,它强调课程的实际展开过程是教师关注的重心,并且,也只有在实际的课堂教学情境中,才最有可能生成最具价值的课程内容与课程实际对策。

【案例2-1】　　　　　一个小学数学教师的课后日记

今天,孩子们学习了"比例的意义和基本性质"。在巩固练习时,我出示了第2题:根据比例的意义,判断下面哪一个比能与1/5∶4组成比例。

(1) 5∶4　(2) 20∶1　(3) 1∶20　(4) 5∶1/4

学生独立思考后,做了交流。大部分学生的回答都达到了我预想的答案要求:因为1/5∶4 = 1/20,1∶20 = 1/20,所以1/5∶4 = 1∶20。正当我评价大家的结果正确时,小东在座位上轻轻地说:"我还有一种方法非常简单!""他是不是已经通过预习,会用比例的基本性质来判断了?"我心想,如果他说出来,不是打乱了我下面的教学秩序了吗?(因为接下来我就要让孩子们认识比例的基本性质)于是我只当没有看见,但他还在下面坚持说:"我的方法真的很简单。"看到他那双充满了渴望一吐为快的眼神,我的心软了。要不就让他说说看吧!得到了我允许发言的"命令",小东欢快地起身来说:"1/5∶4比的前项比后项小,而在下面的4

[①] 德根哈特:《彼得斯论知识的性质》,周浩波译,瞿葆奎主编:《教育学文集·智育》,人民教育出版社1993年版,第139—146页。

> 个比中有第 3 个选项是前项小于后项的!"说完得意地回到了座位。
> 　　我回过头来一看,还真是这么回事。他没有根据比例的意义来解题,而是从一种整体的视角,通过观察数字的特点来进行规律性的判断。正所谓"会当凌绝顶,一览众山小",不陷入做题的"陷阱",另辟蹊径,妙!
> 　　此时,我该如何应对这一突如其来的变化呢?我首先对小东的仔细观察和巧妙发现进行了表扬。另外,我向小东和全班其他同学提出了一个问题:"如果今天的题目中出现的比都是前项比后项小的,那你怎样来判断呢?"小东老老实实地回答:"还是得通过计算。"
> 　　最后,我总结道:"今天的题目设计中有这个巧合,我们可以找到解决问题的捷径,但是许多的数学问题还是需要踏踏实实才能完成的。"

　　过程性模式并不是不要对课程进行预设,而应当是目标模式的一种有力补充。学生在真实的课堂情境中经常会出现让教师预料不到的思路、想法,过程模式就是需要教师关注学生的这些奇思妙想与真实感受,这是课程展开的极其重要的资源。江苏省太仓实验小学的校长陆莉玲就曾指出:"作为在教学一线的老师,我们应该更多地去倾听那些在课堂中的'异论',让学生良好的思维品质和求知态度得到认可与锻炼。不管那声音是激扬的还是细弱的,因为更多的精彩就蕴含其中。"[1]

(三) 实践模式

　　实践模式与过程模式产生的时间大致相同,它是由美国课程论专家、生物学家施瓦布(J. Schwab)提出的。实践模式的总体思想最初由施瓦布在《实践:课程的语言》(The Practical: A Language for Curriculum)一文中提出来。后来,施瓦布通过另外三篇论文:《实践2:择宜的艺术》(The Practical 2: Arts of Eclectic)、《实践3:课程的转化》(The Practical 3: Translation Into Curriculum)、《实践4:课程教授要做的事情》(The Practical 4: Something for Curriculum Professors to Do),又对这一模式进行了详细阐述和完善。这样,历经十余年的修改和丰富,实践模式在课程领域引起了极大的反响。[2]

　　施瓦布认为,课程开发的基本方法是"审议","审议"是"实践性课程"的内在要求。课程审议(curriculum deliberation)是指课程开发的主体对具体教育实践情境中的问题反复谈论权衡,以获得一致性的理解与解释,最终做出恰当的、一致性的课程变革的决定及相应的策略。

　　(1) 审议的集体:以学校为基础的"课程集体"

　　课程审议是在主体之间进行的,课程审议的主体自然是"课程集体"(curriculum group)。施瓦布建议以学校为基础建立"课程集体",该集体由校长、社区代表、教师、学生、教材专家、课程专家、心理学家和社会学家等组成。之所以要有这些人参与课程的审议,是因为在施瓦布看来,课程实践探究最终是要导致课程决策体制的变革。具体说来,他主张变革那种"自上而下"的课程决策模式,确立"自下而上"的模式。

　　此外,在课程集体中,由于各人的经验不同、看法不同,集体审议不是一件轻而易举的事情。集体审议的特点,是要求所确认的问题是所有参与者所体验到的或所理解的问题,审议最后作出的行动决定应该是集体共同的决定。

---

[1] 陆莉玲主编:《爱与智慧的诉说》,上海教育出版社2006年版,第177页。
[2] 施良方:《西方课程探究范式探析》,载《华东师范大学学报》(教育科学版)1994年第3期。

(2) 作为一种艺术的课程审议

施瓦布在不同的文章中论述了课程审议的艺术。在《实践：课程的语言》一文中，施瓦布就勾勒出了课程审议艺术的基本类型，如"实践的艺术"(arts of practical)、"准实践的艺术"(arts of the quasi-practical)和"择宜的艺术"(arts of electic)。在《实践2：择宜的艺术》一文中，施瓦布又专门论述了"择宜的艺术"。综观施瓦布的全部研究文献，可以看出，他特别重视"实践的艺术"和"择宜的艺术"。"实践的艺术"包括两种，即"观察的艺术"(arts of perception)和"问题形成的艺术"(arts of problemation)。择宜的艺术是针对具体教育实践情境的特殊性，对不同理论进行选择、修改和超越，使之适合"实践性课程开发"之需要的艺术。

(3) 作为学校本位的课程开发

实践模式是以具体实践情境的特殊需要为核心进行的课程开发，它必然植根于具体实践情境。在这里，课程开发的主体就不是课程专家或学科专家了，"课程集体"或"审议集体"成为了课程开发的主体。在课程集体中，教师和学生是核心，这不仅因为教师和学生直接参与课程开发，而且因为教师和学生本身是课程的构成要素。教师和学生的需要、兴趣及问题是课程审议的核心问题，这些问题是因人而异、因情境而异的，因此，施瓦布理想中的课程开发基地自然是每一所特殊的学校。这种课程开发因而可以称为"学校本位的课程开发"。

第2节 课程设计及其取向

课程设计的基本内涵为何，课程设计存在哪几种不同的取向，如何进行课程设计，这是本节试图阐明的几个核心问题；而课程设计也逐渐进入到课程领域中更加微观层面的理论考量之中了。

一、课程设计

课程设计就是对课程的各个方面作出规划和安排。课程设计是课程理论在应用层面上最重要的范畴之一。一种课程设计的理论，经常会全面地涉及课程目的、课程内容、课程评价、课程结构等各个范畴，在每一个范畴中都提出具体的观点、主张以及实现这些观点和主张的程序、方法，并且经常形成特定的课程设计模式。

关于课程设计(curriculum design)的内涵，从已有的研究和认识来看，可谓众说纷纭，差异明显。其中，影响最为广泛的是《简明国际教育百科全书·课程》中对课程设计的界定，认为"课程设计是指拟定一门课程的组织形式和组织结构"，并进一步指出"决定于两种不同层次的课程编制决策：广义的层次包括基本的价值选择，具体的层次包括技术上的安排和课程要素的实施"。[①]

要理解课程设计的含义，首先应理解"设计"一词。"设计"是指建立在分析与综合基础上深思熟虑的精心规划和预先制定。在《现代汉语词典》中，对"设计"的界定为："是在正式做某项工作之前，根据一定的目的要求，预先制定方法、图样等"。由此可以看出，设计通常以问题的沟通为起点，以解决问题的实施计划或方案为终点。因此，课程"设计"是一项独立于"课程实施"的工作。"课程实施"是"课程设计"的后继阶段。课程设计是指课程的实质性结构、课程基本要素的性质，以及这些要素的组织形式或安排。

根据著名课程学者廖哲勋的观点，"课程设计是按照育人的目的要求和课程内部各要素、各成分之间的必然联系而制定一定学校的课程计划、课程标准和编制各类教材的过程，是课程建设系

---

① T·胡森等编著，江山野编译：《简明国际教育百科全书·课程》，教育科学出版社1991年版，第1页。

统工程的一个组成部分"①。这一界定既指出了课程设计的属性范围,同时兼顾到设计过程中的要素以及设计的结果,比较全面和科学。

二、课程设计取向

课程设计取向是指人们在进行课程设计时,基于自身所具备的哲学思想、价值观、方法论、文化背景以及对人的心理发展认识上的差异所导致的对课程的总的看法和认识。课程设计的价值取向包括三个方面,即学科、学生和社会,这也是课程设计的三大基础。按照课程设计价值取向的不同,可分为:学科中心取向、学生中心取向和社会中心取向。

(一) 学科中心取向

学科中心取向的设计强调从学科门类及分科知识体系出发,以知识为中心设计课程。这种课程设计的思路其实与知识的积累、传承和发展有着密切的联系。人类在漫长的岁月中所积累的学问、知识、技艺等系统知识,反映了人类的集体智慧,并代表着人类的文化遗产。所以,自古以来,知识就被认为是教育内容选择的重要视点,是支撑人类社会的存在与发展的支柱。学科被作为有组织的知识实体,被看作是文明发展中必不可少的部分,这种知识实体还被看作为一个受过教育的人的重要标志。

学科中心取向课程设计的思想基础可归结为永恒主义与要素主义,代表人物有赫钦斯、阿德勒与哈里森。两者的共同目标是培养有理性的、有智慧的人,促进学生智力的发展。从课程的内容来看,两者都会强调,课程内容的重点是过去的和永恒的学科知识,强调让学生掌握永久性的知识、技能和价值观以及经典学科内容。从教学方法来看,学科中心取向必然强调以学科知识为中心,以教师为中心。

应当说,学科中心设计经过上千年来许多教育家的不断修改、完善,已经成为学校教育中最受欢迎的一种设计。从理论上看,学科中心设计以人类文化异常的划分标准组织课程,课程内容即文化遗产,所以学科中心设计是使学生熟知文化遗产要素的最系统、有效的设计形式。而且,通过学习有规律的题材体系,学生也能最有效、最经济地建造自己的知识仓库。

从实践上看,学科知识的体系,是人类智慧的结晶,体系明晰、结构严整,便于学习过程清晰地展开,便于教学过程的管理。而且,学科知识的历史继承性,也标明了这样的知识一定是忠实可靠的,容易得到社会的认可。

但钟启泉教授等认为,学科中心的课程设计也存在着以下几点不足:一是课程目标范围狭窄;二是倾向于割裂知识,从而割裂了学生对知识的理解;三是脱离现实世界所关心的事以及发生的事件,课程内容没有充分反映社会生活的发展变化、出现的问题、面临的挑战、应对的策略;四是对学生的能力、需求、兴趣和阅历缺乏足够的注意,导致教学内容不能适应学生的需求,减弱了学生的学习动机;五是人类知识不断积累,不断增加,特别是在当代科学技术带来的知识分化、综合的变化,知识的陈旧率大大提高。由于新学科不断涌现,在实践上,学科知识中心设计的构想便显得难以应付。科目有无限增长的趋势,结果使得新学科充斥新课程,课程体系显得拥挤不堪。②

(二) 学生中心取向

学生中心取向课程设计的核心思想是强调以学生为中心,一切为了学生的个性发展,关注学生的兴趣、需要和目的,使课程适应学习者,而非学习者适应课程。以学生为中心,意味着师生共同

---

① 廖哲勋、田慧生著:《课程新论》,教育科学出版社 2003 年版,第 260 页。
② 钟启泉、汪霞等编著:《课程与教学论》,华东师范大学出版社 2008 年版,第 99 页。

参与课程的设计及实施过程,在教育过程中,强调每一个学习者都能得到充分自由的发展。

从思想基础来看,学生中心取向的课程设计以进步主义、存在主义以及人本主义为基础。其代表人物有杜威、卢梭、罗杰斯、马斯洛等。西方世界中的这些思想家所持有的核心教育目标就是,为促进民主的社会生活而培养和发展学生的经验,学校教育的展开过程就是民主社会中的个体经历民主经验的实践过程与发展过程。因此,在这一教育目标的指引下,课程内容的选择必然会关注学生个体和集体的经验、兴趣和需要,为学生提供一般的包括情感、社会问题和自我理解的经验。而从课程设计和教学的方法来看,就必然会强调促进学习者的自我激励和支持,并且强调以现实和社会生活经验统一课程内容、活动计划。

从整体上说,尽管学生中心的课程设计在实践层面上采用了各不相同的具体设计方法,但其最为关键的要点有以下几个方面:首先,课程设计抛弃了预先确定目标的做法,学习目标由师生共同确定,充分考虑到教育情境的实际情况(包括学生、环境、条件等)。其次,学生的主体性被提到极高的地位,如内容的选择和组织以学生的兴趣、需要为依据,学习活动由学生自己设计,学习的过程由学生自行控制和把握,学习评价中也包括了学生的自我评价等。第三,以学生为中心的课程设计以学生的需要和兴趣为基础,因而学习的动机是学生内在自发的,而不需要外力去推动,学习成为学生的一种主观活动过程。因此,这种设计着重强调发展个人的潜力和兴趣,充分满足了个性差异的需要。第四,这种设计还从某种程度上排除了学科割裂的倾向。在活动中,学习者总是需要运用综合性的知识去解决活动过程中的综合性问题,而这种活动往往与校外生活的技能相一致。所以,这种设计提高了学生处理问题的能力,使他们更具适应生活的本领。

(三) 社会中心取向

社会中心取向的课程设计,关心的重点是个人和社会生存的问题,课程内容是以社会的问题为基础加以选择和组织的,并几乎总是跨越学科界限的。

社会中心取向的课程设计中的"问题"并非指通常的学科教材设计中围绕学科内容本身所提出的"练习题",而是指更加广泛的、在现实世界中要求人们回答的问题。从社会生活的视角选择课程内容,最早可追溯至19世纪。著名的教育学家斯宾塞(H. Spencer)在当时明确提出课程是为人们在一切社会共有的五项基本领域里有效地起作用作准备的。这五个领域是:直接的自我保全、间接的自我保全、父母身份、公民、闲暇活动。而到博比特以及查特斯的年代,开始从纷繁复杂的社会生活中进行划分,把对未来成人生活、工作生活最重要的知识领域提炼出来,就形成了当时课程学者着重思考的范畴。

综合来看,社会取向的以问题为中心的课程设计,其优点在于:以整合的形式呈现学习内容,打破了科目间的隔绝状态,实现了跨学科的联系;以相关的形式组织教材,教材内容被直接用于解决实际生活中的问题,便于学生发现课程内容的意义和价值,加强了学习者与社会的联系,使社会目标在课程中得到了体现;由于学习者的个体经验和内在需要得到了重视,因此无需外部强加的动机来迫使学习者学习。但是,批评者认为,它在课程的水平和垂直组织方面存在着任意性,所传授的知识缺乏严密的逻辑体系,且容易忽略与生活实际没有直接联系的知识内容,另外还面临师资、教材等方面的困难。[①]

前述的课程设计的三大取向,实质上表征了课程理论的最需要解决的三个端点之间的关系问题,即:学生、学科和社会。很多学者都认为,在进行课程设计的时候,不能以这三个因素中的任何一个为中心,而应以受教育者的各项基本素质全面而有特色的发展为中心,应当树立育人为本的

---

① 钟启泉、汪霞等编著:《课程与教学论》,华东师范大学出版社2008年版,第102页。

课程设计观,这样才能克服片面性,深刻反映社会、学生、学科三因素对课程设计的基本要求。①

三、课程设计的两个基本步骤

根据泰勒原理的描述,前面两个原理(即目标原理和内容原理)构成了课程理论的主体部分,即课程设计原理。当目标和内容设计好之后,使建构好了的课程方案付诸实践,并展开形成性评价和总结性评价,这就进入到课程实施和课程评价部分。由此可见,课程设计活动中的最重要的两个步骤就是:课程目标的确定和课程内容的选择。

(一) 目标的确定

1. 课程目标的基本内涵

课程目标是指导整个课程设计和课程编制过程的最为关键的指导准则。确定课程目标,首先要明确课程与教育目的、培养目标的衔接关系,以便确保这些要求在课程中得到体现。其次要在对学生的特点、社会的需求、学科的发展等各个方面进行深入研究的基础上,才可能确定行之有效的课程目标。课程目标有助于澄清课程编制者的意图,使各门课程不仅注意到学科的逻辑体系,而且还关注教师的教与学生的学,关注到课程内容与社会需求的关系。

当然,课程目标的确定,正是因为需要对学生、社会、学科等方面进行大量研究,并基于此对学校课程进行反思、考察、分析和判断,因此,这是一个艰苦而又复杂的过程。就目前而言,在西方国家盛行的一种课程目标确定的实践形式就是"需要评估",这来源于广义的教学设计领域,它是一种收集、分析信息的过程,目的是要识别个体、群体、机构、社区或社会的种种需求。"在教育领域,需要评估是明确教育需要与确立需要之先后顺序的过程,在课程领域,需要是指这样一种情况:公认的学生行为或态度状况与所观察到的学生状况之间存在的矛盾之处"②。在课程编制和课程设计的过程中,需要评估主要是为确定课程目标服务的。所以,就一般而言,在课程编制中需要评估模式,主要是通过有关人员,特别是学校行政人员和教师、学生和家长,以及课程工作者等,对学生的教育需求进行调查、评估,以便弄清学生特定的教育需求,并确定各种需求之间的先后顺序。③

2. "行为目标"取向的课程目标

课程目标确定时,最实际也是最重要的一个要求就是,目标要尽可能明确而又清晰。那么,行为目标的取向最能满足这种精确、还原、清晰的课程目标的确定要求。行为目标是以具体的、可操作的行为的形式陈述的课程目标,它指明课程与教学过程结束之后学生身上发生的行为变化。

(1) 泰勒原理及其后继者的主要思想贡献

泰勒在《课程与教学的基本原理》一书中指出,人们在实践中易犯这样的错误:一是把目标作为教师要做的事情来陈述,但没有陈述期望学生发生什么变化;二是列举课程所涉及的各种要素,但没有说明希望学生如何处理这些要素;三是采取概括化的方式来陈述目标,但没有具体指明这种希望所能应用的领域。泰勒由此提出,每一个课程目标应包括行为和内容两个方面,最有效的陈述目标的形式就是既指出要使学生养成的那种行为,又要言明这种行为能在其中运用的生活领域。"由于'内容'是所有课程工作者最为关注的方面,而'行为'则往往是被忽视的方面。所以泰勒对课程目标的贡献,是强调以行为方式来陈述目标。"④行为目标历经布卢姆(B. S. Bloom)、马杰

---

① 丛立新著:《课程论问题》,教育科学出版社2002年版,第263—265页。
② 麦克尼尔著,施良方译:《课程导论》,辽宁教育出版社1990年版,第93页。
③ 施良方著:《课程理论——课程的基础、原理与问题》,教育科学出版社1996年版,第104页。
④ 施良方著:《课程理论——课程的基础、原理与问题》,教育科学出版社1996年版,第85页。

(R. F. Mager)、波帕姆(W. J. Popham)等人的进一步研究,越来越趋于具体化、精细化和机械化。

(2) 行为目标编制的优点

行为目标取向的课程目标,其优点就在于它克服了普遍性目标模糊性的缺陷,具有精确性、具体性和可操作性。首先,行为目标为学校教育提供了一个有效的平台。基于这一平台,同类的不同学校之间的教学、同一年级的学科教学都具有了可比性,教师也能够将其教学内容准确地与教育督导、学生家长、学生本人展开交流。第二,有利于教师对教学全程目标和方向的控制。当教学内容以行为目标的形式陈述时,教师对他们的教学任务清楚明了;教师还可以根据其教学活动的具体行为,准确评价教学效果,判断教学目标是否达成,实施教学过程的有效组织。因此,行为目标对于强调基础知识的学习和基本技能的熟练,对于保证一些相对简单的教育目标的达成是有益的。正因为如此,泰勒原理在20世纪的课程开发领域受到普遍欢迎,至今在理科课程设计中仍然有较大的影响。即使在当前学校的课程中,知识与技能目标几乎被等同于行为目标。

(3) 行为目标编制的内在缺陷

行为目标编制时所具有的内在缺陷也很明显。首先,如果目标都以行为方式来叙写,那么,课程就会强调那些可以识别的要素,而那些很难测评、很难被转化为行为的内容就会遭到忽视。其次,只强调行为结果而忽视内在心理过程,违背了学习的真谛,有的学习结果也很难行为化,如美术、价值观、人文学习结果等。再次,事先明确规定课程目标所依据的原理,本身就可能存在疑问。预先确定的外显目标可能妨碍教师充分利用课程教学中偶发的教学机会,限制教师的积极性和创造性。这些都促使课程专家去寻求叙写课程目标的其他形式。

3. "生成性目标"取向的课程目标

生成性目标(evolving purposes,也常被翻译为发展性目标或展开性目标)是在教育情境之中随着教育过程的展开而自然生成的课程目标。它不是由外部事先规定学习者要达到的结果,它关注学习活动的过程。这种课程目标取向总体上强调教育基本上是一个演进的过程,而且它是渐进生长的,它扎根于过去又指向未来,是一个有机的过程。

生成性目标的思想可追溯至杜威。在他看来,目的不应该是预先规定的教育经验,而是教育经验的结果。他说:"教育过程是一个不断改组、不断改造和不断转化的过程","教育过程在它自身以外无目的,它就是它自己的目的。"[①]英国著名课程论专家斯坦豪斯也指出,"教育是参与有价值的活动,而活动本身就有内在标准,依据这种内在标准,活动就可以评估","课程不应该以事先规定的、限制教师行为的目标为中心,课程研究必须建立在对课程研究的基础上,以过程为中心,即要根据学生在课堂上实际的学习情况而展开,教师必须是课程研究的批判者,而不是顺从者。"[②]尽管斯坦豪斯不否认行为目标的价值,但却认为生成性目标更为根本,认为真正的教育是使人类更加自由、更富于创造性,"教育即引导儿童进入知识之中的过程,教育成功的程度即是它所导致的学生不可预期的行为结果增加的程度"[③]。

生成性目标的叙写在一定程度上弥补了行为目标的不足,重视了教师、学生本身的个性特点和发展机会,但亦呈现出过于理想化的倾向,实际的操作和采纳是相当困难的。

4. "表现性目标"取向的课程目标

表现性目标(expressive objectives)是美国课程学者艾斯纳(E. W. Eisner)提出的一种目标取

---

① 华东师范大学教育系编译:《现代西方资产阶级教育思想流派论著选》,人民教育出版社1980年版,第29页。
② 钟启泉主编:《课程论》,教育科学出版社2007年版,第121页。
③ 钟启泉主编:《课程论》,教育科学出版社2007年版,第121页。

向,是指在教育情境的种种际遇中每一个学生的个性化的创造性表现。艾斯纳认为,课程设计的目标有三种不同的形式:行为目标、解决问题的目标和表现性目标。解决问题的目标与行为目标不同,因为解决问题的方式是多种多样的,其重点不是放在特定的行为上,而是放在认知灵活性、理智探索和高级心理过程上。这类目标大致对应于生成性目标。表现性目标实际上就是指人们在从事某种活动结束时有意或无意得到的结果,它是"课程活动的结果"①。艾斯纳认为,使用"表现性目标",人们期望的不是学生反应的一致性,而是反应的多样性、个体性。

艾斯纳给出了一些制定表现性目标的例证,如"解释《失乐园》的意义";"阅读与欣赏《老人与海》";"参观动物园并讨论那儿有趣的事情"。艾斯纳强调,这些目标并不期望指明学生在参加这些教育活动后能做什么,"而是识别学生将际遇的形式"。因此,对表现性目标的评价就不能像"行为目标"那样,追求结果与预期目标的一一对应关系,而应该是一种美学评论式的评价模式,即对学生活动及其结果的评价是一种鉴赏式的批评,依其创造性和个性特色检查其质量与重要性。

表现性目标的优点在于它强调学生的个性发展和创造性表现,强调学生的主体性,尊重学生的个性差异。它与当代人本主义的教育价值观相一致。其缺点在于该目标表述过于模糊,且更强调与人文艺术等学科领域的关联,而在某些学科领域,它难以保证学生能够掌握他们必须掌握的内容。

三种不同取向的课程目标各有利弊。在确定和陈述课程目标时,要根据课程本身的特点和所要解决的具体问题,采取不同的陈述方式。比如在培养"双基"方面,行为目标的表述就比较合适;若要培养学生的创造性,鼓励个性化,发展学生的想象力、综合解决问题的能力等,则表现性目标与生成性目标较为恰切。

(二) 内容的选择

课程内容的选择是课程设计的一个最为关键的问题。与课程目标的选择和确定一样,课程内容的选择也需要考虑学科、学生、社会三个方面的整合与平衡。换句话说,课程内容选择的三个来源分别是:学科知识、当代社会生活经验和学习者的经验。

1. **课程内容的选择要考虑到基础性——从学科知识的角度出发**

课程与教学的基本任务是要使学生有效地掌握人类文化遗产中的精华,并充分发展学生各个方面的能力,以适应未来社会发展的需要。因此,所选择的课程内容应该包括使学生成为社会中一名合格公民所必备的基础知识和基本技能,同时也要包括学生以后继续学习所必须的技能和能力。但是,当代社会信息量激增,要指望学生吸收社会所需要的全部信息已不再可能。我们必须使学生具备丰富自己知识的能力,以及在复杂的社会里辨明方向的应变能力。而掌握一些学科的基础知识和基本技能的过程是培养这些能力的基本途径。

实质上,如何选择基础性的学科知识成为课程知识的来源,一直是课程理论所要解决的核心问题。美国资深课程论专家克利巴德(H. M. Kliebard)曾风趣地说道:人类的欲望无穷,而世界上的财富却有限,为解决这个矛盾,经济学横空出世;知识日新月异、愈积愈厚,而学生的时间和精力终究有限,为解决这个矛盾,课程论应运而生。② 由此看来,学科知识的选择是课程论研究的重要问题之一。

当然,强调课程内容的基础性,并不是不让学生接触一些科学技术的新发展。在条件允许的

---

① 张华著:《课程与教学论》,上海教育出版社 2000 年版,第 178 页。
② 张华著:《课程与教学论》,上海教育出版社 2000 年版,第 192 页。

情况下,让学生了解一些新开发的学科前沿领域是可以的,但学习的重点还是要放在让学生牢固地掌握各门学科的基础上。因为只有基础扎实、适应力强,才能迎合动态社会对人才的需求。

2. 课程内容的选择要考虑到学生的需求、经验与兴趣——从学习者的角度出发

课程内容是为特定教育阶段的学生而服务、而选择的。课程内容的终极指向对象是学生,若其不能被学生同化,成为他们自身的一部分,就永远是一种外在物,对他们将来的行为、态度、个性等不会有什么影响。如果选择课程内容时能够注意到学生的兴趣、需要和能力,并尽可能与之相适应,这不仅有助于学生更好地掌握科学文化知识,而且还有助于他们对学校学习形成良好的态度。所以,课程内容要能有助于学生兴趣、态度、能力等各个方面的发展,要能让学生从发展兴趣的领域中获得探索的满足感,使学生的知识经验与其他令人满意的学习经验联系在一起,以产生情境类化迁移。

【案例2-2】 一个基于学生的需求、经验与兴趣的课程内容选择案例

数学学习与现实生活是密切相关的。学生在生活中已积累了一定的生活经验,教师要善于结合教学内容,以学生熟悉的生活经验为实例,引导学生用数学的眼光去看待生活中的问题,使学生在获取数学知识的同时体验到生活中处处有数学。在教学"位置的确定"这一课时,一位小学数学教师首先抓住课堂现实——学生的座位这一数学素材,让学生根据已有的生活经验,说出自己所坐的位置是第几组第几个,接着教师随意说出几个学生的名字,让学生说说他所在的位置是第几组第几个。然后教师再请学生说出好朋友的位置是第几组第几个,让学生猜猜是谁。在这样的现实生活中学习"第几组第几个",学生倍感兴奋,这不仅增强了学生对数学知识的理解,同时也使学生真真切切地感受到数学就在自己的身边。

3. 课程内容的选择要贴近社会生活——从社会生活经验的角度出发

教育内容脱离社会实际,历来是教育改革家抨击的焦点。从本质上说,课程是社会生活经验的一种反映、一种表达。换句话说,课程内容怎样选择,具体内容怎样以及可能达到怎样的水平,归根到底都是由社会发展水平决定的。

但我们在把握课程内容与社会生活之间的关系时,也要注意一种度的平衡。首先,学校课程内容主要还是以各门学科的基础知识和基本技能为主,每门学科都有其自身的逻辑结构,很难直接与社会实际问题一一对应起来。而如果在课程内容的选择和编制过程中,硬性地以社会问题为中心,不利于学生掌握系统的科学文化知识。其次,学生是社会中的一员,他们终究要走出校门,走向社会。所以,课程内容也应该考虑到让学生了解社会、接触社会,掌握一些解决社会问题的基本技能。因此,即使是在选择学术性学科的内容时,也应该尽可能联系社会需要,以便学生所掌握的知识技能可以较好地发挥社会效用。

综合来说,课程内容应既不能等同于社会生活实践,也不能脱离社会生活实践。在课程的学科知识基础和社会生活经验的张力过程中,保持一种必要的平衡和联系。

此外,当前的现实与未来的现实,也是课程内容选择时需要把握的两个方面。未来是一种预期的状态,是一种愿景、一种趋向、一种彼岸。未来既是可以猜想的,但又是难以把握的。学校课程应该尽力帮助学生更好地觉察未来的各种选择及结果,使学生意识到,未来确实可以是由我们自己的选择造成的。所以,课程内容要有利于促进社会的发展,不仅使学生能适应社会,而且肩负起改造和建设社会的重担。

第3节　小学教学设计的概念与模式

前面主要论述了课程开发与课程设计的概念及其基本方法等,其实课程开发与设计主要解决的核心问题是——教什么。特别是课程设计,更加具体、细化地解决了课程的目标与内容的选择和确定等问题。而教学设计属于教学理论,它所要解决的核心问题是——怎么教,也就是对选择和确定的课程目标和内容,应当如何有效地将它们传授给学生,使学生能理解与内化这些课程。

有学者指出,"课程设计始于对课程目标、内容的描述和分析,教学设计始于对教学工作的描述和分析……课程设计的人员较为多样,可能包括教育行政人员、政府聘请的专家学者、出版社的编辑人员、课程研究人员、教师等;而教学设计的人员相对比较单纯,主要是以教师为主"[1]。这个观点颇具见地。教学理论其实是课程理论的一种自然延续,它更加关注微观领域中的学习与教学实况,更加指向优质教学活动的生成与完善。如果说课程设计是一种内容指向,那么教学设计则可以说是一种方法指向。两者的联系与整合是教学最终获得成功的必要条件。

本节将对教学设计的内涵、过程和基本模式等做一些简要的阐述和分析。

一、教学设计的内涵

教学设计是运用系统方法分析教学问题和确定教学目标,建立解决教学问题、试行解决方案、评价试行结果和对方案进行修改的过程。实际上,对教学活动进行设计的行为,自古有之。由于教学观以及设计者所处教学领域的不同,对教学设计的看法就不同,进行设计的方式也不同。在教学设计作为一门学科诞生之前,教学设计基本上是一种经验性的活动,而当20世纪60年代末至70年代初教学设计成为教育技术学领域的一项现代教学技术的时候,它便是针对教学系统、解决教学问题的一种特殊的设计活动。教学设计既有设计的一般性质,而又必须遵循教学的基本规律。接下来,笔者将从教学设计的本质以及现代教学设计的基本特点两个方面做进一步论述。

(一) 教学设计的本质

教学设计是设计的一种特殊类型,它的设计对象并不是静态的物,也不是机器运转的规则流程,而是充满动态复杂关系的教学系统。从教学设计的本质来考察,可以归纳为如下三个方面:

1. 从方法上看,教学设计是由一套系统化的步骤(或程序)构成的过程。

大多数专家都持有这种观点,典型的有:

肯普(J. E. Kemp)认为教学设计就是运用系统方法分析、研究教学过程中相互联系的各部分问题和需求,在连续模式中确立解决它们的方法步骤,然后评价教学成果的系统的计划过程。[2]

狄克(Walter Dick)与凯瑞(Lou Carey)指出:"'教学设计'一词包括教学系统开发过程的所有阶段(分析、设计、开发、实施和评价),'设计'一词既指整个过程,也指其中一个主要的子过程。"[3]它是帮助教师系统化地准备教学、对教学系统作出决策的方法。

从方法角度给教学设计下的定义以加涅(R. M. Gagné)的表述最为简洁,他认为教学系统就是促进学习的资源和步骤。因此,"对用以促进学习的资源和步骤作出安排,就是教学设计"[4]。

---

[1] 钟启泉、汪霞等主编:《课程与教学论》,华东师范大学出版社2008年版,第110页。
[2] 杨九民、梁林梅编著:《教学系统设计理论与实践》,北京大学出版社2008年版,第14页。
[3] 杨九民、梁林梅编著:《教学系统设计理论与实践》,北京大学出版社2008年版,第14页。
[4] 皮连生主编:《教学设计——心理学的理论与技术》,高等教育出版社2000年版,第2页。

据此,教学设计的本质其实就是一套系统化的安排、设计教学系统的步骤和程序。我国学者大多引用乌美娜教授的定义,"教学设计作为一个系统计划的过程,是应用系统方法研究、探索教学系统中各个要素之间的关系,并通过一套具体的操作程序来协调配置,使各个要素有机结合完成教学系统的功能"[①]。

2. 从实质或最终目的上看,教学设计就是解决教与学这一问题的过程。

帕顿(J. V. Patten)、赖格卢斯(M. Reigeluth)、罗兰德(R. Roland)、戴克斯特拉(S. Dijkstra)等教学设计领域的著名学者从设计科学角度提出了教学设计就是解决教学问题的观点。[②] 那么,我们需要辨明,教学设计问题是一种什么样的问题?很多学者指出,问题有两类:定义完善问题与定义不完善问题,或可称为良构问题与非良构问题。定义完善问题有唯一正确的解,而且,问题的初始条件、唯一解及其有限的解答途径都是事先约定好的。定义不完善的问题则不然,它没有唯一正确的解,在面对可能的无数多的解的时候,谁也难以肯定哪种解为最好。问题的初始条件及作出令人满意的解的过程与标准都是不确定的,人们只是希望获得满足大多数需要(或全部需要)的解。显然,教学设计中的问题是定义不完善的,而且,在教学过程中教学问题也是动态、实时地产生着的,并非所有的信息对教学设计者都有用,也不可能对设计的各种问题在教学前进行详尽的分析。

固定成套的程序难以套用来解决教学情境中实时发生的问题。因此,基于"教学设计即问题解决"这一观点的教学设计模型(如问题解决模型)注重的是提供设计的整体方案和有关问题解决的策略包和知识库,而不同于一般的 ISD(Instructional System Design)程序。设计者要根据问题实际,在策略包或知识库中提取必要的元素组合成具体的解决方案。

3. 从对设计者的要求来看,教学设计是一种融合理性与直觉的创造性过程。

教学设计是一项极富创造性的工作。创造性是教学设计的一个基本特点,同时也是它的最高表现。设计者在周围独特情境的背景中阐明需求、确定潜在策略,依据经验对影响教学设计的因素进行归并或简化,该过程是直觉的、创造性的。当然,既然这是一个创造性的过程,它就不可能自始至终顺利地进行。一个有经验的教学设计者会很快地"悟到"自己的思路是正确还是不正确,这是工作中的直觉。思想的丰富性、问题解决方案寻求中的新颖性以及独特性都来自于设计者的创造性。

(二) 现代教学设计的基本特点

ADDIE(分析-设计-开发-实施-评价;Analyze, Design, Development, Implementation, Evaluation)表达了构成教学设计过程的基本要素。伴随着信息技术的快速发展并向教育领域的全面渗透,以及学习科学对人的学习本质的不断揭示,"学习即感知与环境给养的互惠"、"教学即创设学习环境"已成为学习与教学的主流隐喻。同时,创设学习环境、培育学习者共同体成为设计者新的追求。在这样的背景下,今天的教学设计已凸显了以下几个主要特征[③]:

1. 教学设计是以学习者为中心的

"学习者中心"的教学意味着学习者及其表现(performance)是所有教学活动的焦点。学校课堂中的教授(teaching)或其他教学方式仅仅是使学习者达到某种表现结果的手段。这就是说,原先的"要达到为学习者制定的目标,必须有真人教师存在"的假设就不再成立了。最终确定的教学策

---

① 乌美娜著:《教学设计》,高等教育出版社 1994 年版,第 11 页。
② 裴新宁著:《面向学习者的教学设计》,教育科学出版社 2005 年版,第 86 页。
③ 裴新宁著:《面向学习者的教学设计》,教育科学出版社 2005 年版,第 89—91 页。

略往往是那些能够促进学习者学习的各种方式的混合物。这一从教到学的观念的转变,也导致了教学设计范式的转变,即从教学环境设计走向学习者中心的学习环境设计。

2. 教学设计是目标导引的

界定明确的项目(如教学任务)目标是教学设计过程的中心。目标要反映客户(如学生或教师)对项目的预期,而且要得到所有设计成员的认同。在目标的指引下,要对目标的实现做出清晰的安排和管理,以保证项目的适当实施。目标也是评价一个设计项目是否成功的根本参照。

3. 教学设计关注真实世界中的表现

教学设计的作用并不在于帮助学习者简单回忆信息或者运用某种规则,它关注的是学习者如何能够完成将会在真实世界中所发生的行为。为此,设计者要给学习者阐明学习目标,而且这些目标必须表明期望学生运用所学知识和技能的环境。这样,就要求学习环境和实际任务场景具有高度的一致性。

4. 教学设计强调评价手段的信度和效度

在教学设计的评价环节方面,强调设计者要开发出有效和可信的评价工具;强调评价手段跟学习内容及学习者表现的一致性,以及不同时间对不同个体评价结果的稳定性。在学校情境中,有效性问题其实非常复杂。但是不管怎样,教学设计者仍然可以思考怎样运用有关的知识和技能来提高评价的有效性。可靠性指的是在不同时间把评估程序用于不同的人,所得到的结果应大体一致。显然,如果一个评估程序不稳定,那么其有效性也很成问题。①

5. 教学设计是经验性活动

数据搜集是教学设计过程的基本活动,从一开始的分析阶段到项目的实施阶段,数据搜集贯穿教学设计过程的始终。数据为制定决策提供了合理的依据,也为成功地完成项目奠定了基础。当然,在形成性试用中搜集的数据有助于确定所需进行的修正,实施之后来自现场的数据可表明教学是否有效。尽管数据并不一定总能带来好消息,但却总是"有帮助的",因为它可以为我们的决策提供理性的基础,也可以为我们成功地完成项目提供基础。因此,教学设计过程并不像大多数教学设计模式所蕴含的那样按线性和顺序进行,而是经验的、不断反复的、自我纠正的。②

6. 教学设计是典型的团队协作活动

尽管个体有可能独立完成一个教学设计项目,但今天的教学设计通常需要借助团队的集体努力。较以往而言,由于项目的规模、涉及的学科领域及技术的复杂性已经发生了很大的变化,大多数教学设计项目需要具有不同专业技能个体的共同参与,设置需要用户的参与。学科专家、专业教学设计者、计算机程序员、图形艺术设计师、制作人员、项目管理者等等,往往是一支专业设计团队必不可少的成员。

7. 一个小学语文课教学设计案例的剖析

《一株紫丁香》教学设计反思

内容的主旨:课文《一株紫丁香》通过对儿童在教师的窗前栽下一株紫丁香的描述,唱响了一曲师生间深厚情谊的动人赞歌,借助紫丁香把学生对老师的尊敬之情、感激之情表现得淋漓尽致、感人至深。

---

① R·A·瑞泽、J·V·邓普西主编:《教学设计和技术的趋势与问题》,华东师范大学出版社2008年版,第19页。
② R·A·瑞泽、J·V·邓普西主编:《教学设计和技术的趋势与问题》,华东师范大学出版社2008年版,第19页。

教学的过程：学生通过充分的阅读，体会到紫丁香伸进窗口的绿色枝叶，在风中沙沙作响的绿叶儿，缀满枝头盛开的小花乃至伴随着夜风飘进室内的花香，倾注进了儿童们多少美好的心意。课文中的儿童们让绿色的枝叶陪伴老师，让绿叶为老师唱歌，让小花向老师们张开笑脸，让花香送老师入梦。学生们边读边想、读读说说，从文章的字里行间感受到紫丁香凝聚了孩子们对老师的满腔挚爱，自然体察到学生的深深情谊，朗诵饱含深情，读得入情入境。

学生的提问：在教学接近尾声时，有一名学生提出："花香是用鼻子闻的，怎么能飘进老师的梦里呢？"一个有价值的问题！我心中窃喜。我想：让二年级的学生自己理解，似乎有些难度，还是我来告诉学生吧。可转念一想：学生们已经对课文内容有了充分的理解，"跳一跳"应该能摘到"桃子"。于是，我把这个问题转而抛给学生："你们认为呢？"学生皱紧眉头，沉思片刻。不久，自信的笑容又回到了孩子们的脸上。他们结合自己对课文的了解，通过一番讨论后得出："这里的花香不仅仅指紫丁花的香味，更代表了孩子们对老师的尊敬、感激之情。老师在梦中感受到学生的这番情意，梦才会又香又甜。"我趁热打铁，问："你们猜猜，老师都梦到什么了呢？"学生们纷纷举手，有的说："老师梦到小朋友作业上的字写得端端正正，可棒呢！老师笑得合不拢嘴。"有的说："老师梦到同学们都长大了，有的成了科学家，有的成了医生，有的成了和自己一样的老师，个个都成才了！"学生对老师的尊敬之情、感激之情在学生们对老师的梦的畅想中化为实际的行动，此时，再问学生"你想以怎样的实际行动表达对老师的尊敬、感激之情"已是多余的了。

从这则案例可以看出，本节内容的教学设计过程符合教学设计的几个基本特征。首先，该教学片段要求具有明确的目标导向——以情感人、以情育人，通过《一株紫丁香》的学习，让学生建立对老师的感人情怀。第二，教学的设计过程不完全是预设的，生成的理念体现在课堂展开的实际过程之中。也就是说，教学设计是一种经验扎根的活动，纯粹的理性设计并不能涵盖教学设计的全部内涵。第三，教学设计的过程明显体现了以学生为中心的思想，学生的理解、情感发展是教学设计过程首要关注的要素。第四，教学设计以课堂中真实发生的活动为基本参照，学生的表现、师生的互动在此占据着重要的位置。

二、教学设计的基本过程和方法

尽管教学设计过程中强调直觉、艺术的诸多成分，但从最重要的层面上说，教学设计是一项系统设计，它必须以一种理性的态度，依照一定的程序和步骤加以展开。

在教学设计的历史发展过程中，出现了对教学设计过程、步骤的不同表述（大约有几百种不同的教学设计模型），但笔者认为，史密斯-雷根(P. L. Smith-T. J. Ragan)的三阶段分析更加清楚明了。他把教学设计的过程分为三个阶段：分析阶段、设计阶段和评价阶段。不管哪一种教学设计模型，其实都是这三个阶段的进一步细化。

（一）分析阶段

在学校情境中，由于课程与教学目标已经得以确立，所以分析阶段主要做两件事情，一则学习者分析，再则是任务分析。

1. 学习者分析

对学习者进行分析，这是被很多教师所忽略的一个部分，其实这又是有效教学非常重要的一个步骤。学习者分析通常包含两个方面的内容：学习者当前的状态（知识、技能和态度）和学习者的特征。学习者的当前状态和目标状态的差异构成了学习需要，从学习需要出发设计教学过程，"意味着对进入某一教学活动时的起点行为（entry behaviour）进行细致分析，当学习是一个连续环节时,学生的起点行为实际上就体现为对新任务完成起重要影响的先决智能和情感条件"①。学习者的起点行为是确定教学起点的基本依据之一。学习者特征的分析是确定教学起点的又一基本依据,教学设计者需要关注的学习者特征包括:年龄、性别、认知成熟程度、学习动机、个人对学习的期望、焦虑程度、学习风格、经验背景、社会文化背景、以学习为目标的人际交流等等。

如果以小学生为对象,教师在教学活动时就需要清楚地了解小学生的基本认知特点、情感特点和生理特点。

例如,很多心理学研究者在研究的基础发现小学生的认知特点表现为如下这些方面:
- 从无意注意占优逐渐发展到有意注意占主导地位;
- 注意的范围比较小;
- 注意的集中性和稳定性比较差;
- 注意的分配和转移能力差;
- 随着年龄的增长,小学生知觉的有意性、精确性逐渐增强;
- 随着年龄的增长,小学生记忆逐渐从无意识记向有意识记发展,从机械识记向意义识记发展;
- 小学生的思维同时具有具体形象和抽象概括的成分;
- 学生思维发展的过程中,存在着由具体形象思维向抽象逻辑思维过度的"质变"期,亦称"关键年龄",我国学者研究认为,四年级(10—11岁)是思维发展的"关键年龄";
- 小学生的思维品质在不断发展,思维的深刻性、灵活性、敏捷性和独创性都随年龄的增长而增强。

由此可见,当教师在进行教学设计的时候,需要充分考虑到儿童学习者的这些独特点。比如低年级学生的思维以具体形象为主,要求他们通过表面现象把握事物的本质通常是比较难的,从中高年级开始,学生逐渐学会区分概念中本质的东西和非本质的东西,主要的东西和次要的东西。学会掌握初步的科学定义,学会独立进行逻辑论证。但是,这时的抽象逻辑思维仍然离不开直接经验和感性认识,思维仍具有很大成分的具体形象性。所以,尽量把抽象的、逻辑化的知识以实物、动作、经验的形式表达出来,才能更好地符合学生的心理学需求,从而产生更好的学习效果。

2. 任务分析

教学目标只是规定了一定教学活动完成之后学生应习得的重点能力(或作业水平)及其类型,而没有具体说明这些能力或行为倾向形成或获得的过程与条件。要使教学目标真正起到指导教学的作用,接下来还要对教学任务进行分析。任务分析就是要进一步揭示终点目标(即课堂教学目标)得以实行的先行条件。

对于一线教师而言,要能成为高效的教学设计人员,要能熟练地理解和掌握任务分析技术,深刻领会和把握加涅对学习结果的五种分类类型及其基本内涵是非常关键的。加涅的五种学习结果类型是:言语信息、智慧技能、认知策略、动作技能、情感态度价值观。而在加涅的任务分析理论中,根据智慧技能的发展层级进行剖析,又是其教学事件理论中的最重要的组成部分。加涅认为,在智慧技能领域中,高一层级技能的掌握必须以低一层级技能的掌握为前提,因此,技能的高低顺序就表现为:辨别—概念—规则—高级规则。这也就构成了任务分析理论和技术的基本指导架构。

基于此,教学设计研究者在任务分析的如下三个步骤上意见是一致的,即,(1)确定学生的原有基础,主要可通过学生的作业、小测验或课堂提问、观察学生的反应等方法;(2)分析使能目标,这主

---

① 盛群力:《简论系统教学设计的十大特色》,载《课程·教材·教法》1998年第5期。

要是分析起点能力到终点能力之间所必须具备的前提性知识、技能,从起点到终点之间所需学习的知识、技能越多,则使能目标越多,使能目标即为达到终点目标所必须具备的能力目标;(3)分析支持性条件。支持性条件虽然不是构成新的高一级能力的组成成分,但它有点像化学中的催化剂一样,有助于加快或减缓新能力的出现。比如,学习动机的激发、认知策略的提供等,都可视为促进学习者高级技能获得的支持性条件。

(二) 设计阶段

教学设计阶段主要是以前一分析阶段为基础,根据教学目标、学习者的情况、任务分析的结论等,作出教学方法和教学媒体的选择和使用的决策。因此,教学方法和教学媒体是设计阶段所要考虑的两个方面。但需要指出的是,教学方法与教学媒体密切相关,一方面,教学方法一般都离不开教学媒体的配合,教学方法具有物质性的特点;另一方面,媒体的使用必须贯穿一定的教学方法。因此,教学方法和教学媒体相辅相成,任何一方不恰当,均会影响教学效果。

1. 教学方法的选择和设计

教学方法是为完成教学任务而采用的方法。教学方法是教师和学生为了达到教学目标,由教学原则指导,借助教学手段(工具、媒体或设计)而进行的师生相互作用的活动,它既有教师教的行为,又有学生学的行为,两者相辅相成。大部分教学行为都是外显的,但也有一些是内隐的。采用教学方法的直接目的在于引起学生学习的准备,维持他们的兴趣和注意,以学生可接受的方式呈现教材,强化和调节学生的行为,解决学生的学习障碍。

根据学习结果的分类,人们总结出了相应的具体的教学处理方法。例如,与获得认知类学习结果有关的教学方法包括:讲授法、演示法、谈话法、讨论法、练习法、实验法和实习作业法等;与获得动作技能有关的教学方法包括:示范-模范法与练习-反馈法等;与情感、态度有关的教学方法包括:直接强化法、间接强化法等。①

2. 教学媒体的选择和设计

教学媒体是传递教学信息的工具,它直接沟通教与学两个方面。教学设计中媒体的涵义是广泛的,包括语言、文字、粉笔、黑板等传统媒体和现代电子媒体。

选择教学媒体时,设计者需要综合考虑几方面的因素:第一,学习情境的特征,如在具体的学习情境中,所选的媒体是否有效、易行,是否适合学习、支持学习;第二,媒体的物质属性。"各种媒体之所以不同,就在于它们可以用来呈现沟通的物理特性间的不同,比如说,有的媒体可以呈现视觉的效果,但有的则不能";②第三,学习本身的特色。在选择教学媒体时,教学设计者必须考虑所预期的学习结果。"在这方面,媒体之间最大的不同可能就在于互动的品质。当学习动作技能时,对于学习者无论正确或错误的反应提供适当的回馈,可以说是最能增进教学效果。当学习有空间顺序或时空关系的具体概念或规则时,教学中就有必要呈现图画或影像。例如在学习花的结构或是钟摆的摆动,最有效的呈现方式即以图像的方式,而非文字的描述。"③第四,学习者的实际。在选择教学媒体时,要始终把学习者放在中心地位,使学习者的积极性、主动性得以充分发挥。另外,学习者学习风格的不同,适用于他们学习的媒体也要有所不同。

(三) 评价阶段

教学评价是指以教学目标为依据,制定科学的标准,运用一切有效的技术手段,对教学活动的

---

① 乌美娜著:《教学设计》,高等教育出版社1994年版,第174—177页。
② 钟启泉、汪霞等编著:《课程与教学论》,华东师范大学出版社2008年版,第115页。
③ 钟启泉、汪霞等编著:《课程与教学论》,华东师范大学出版社2008年版,第115页。

过程及其结果进行测定、衡量,并给以价值判断。在教学中,教学评价应该贯穿于教学活动的全过程。教师经常忽略的一个方面是,教学评价起的最重要的作用其实是对已有的教学设计方案进行评价、反思与修正,而这一过程往往通过对学生学习结果的达成与否进行判断。所以,从严格意义上来说,教学评价主要是教学设计成果的评价。正如乌美娜教授所言,"评价是修改的基础,是教学设计成果趋向完善的调控环节"。

实际上,始于20世纪30年代的现代教学评价的一套理论和技术对教学设计成果的评价具有直接指导作用。教学设计成果评价的实质是从结果和影响两个方面对教学设计活动给予价值上确认,并引导设计工作沿着实现预定目标的方向进行。

常见的教学评价手段是常模参照评价和标准参照评价。标准参照评价虽然比常模参照评价更具有人本精神,但仍不能准确表述教育的理想。有学者认为,"教育所追求的真正价值并不是能力本身而是能力的变化,所以教学评价的对象应是学习者的能力变化,而不是学习者的能力水平。教学评价的更理想的手段是基于进步的评价,只有进步参照评价才能真实地反映教育的理想"[1]。这一观点颇具启示意义。

三、教学设计的基本模式

教学设计活动背后,其实反映了各种不同的哲学、心理学取向,根据目前学界的观点,教学实践活动背后通常存在三种不同的哲学与心理学观点:行为主义观点、认知主义观点和建构主义观点。相应地,教学设计模式也就存在三种不同的类型:行为主义的教学设计模式、认知主义的教学设计模式和建构主义的教学设计模式。

(一)行为主义的教学设计模式

早期的行为主义理论对教学设计的产生和发展起到了重要的推动作用。众所周知,二战爆发促使美国许多从事行为实验研究的心理学家和视听领域的专家转而投入军事和工业培训的原理及材料的研究与开发之中。其中最著名的人物是加涅和斯金纳。他们当时依据行为主义心理学的主要研究成果,按照杜威提出的"联系科学"的思想指导,把这些学习理论的研究成果应用到教学材料与活动的开发之中,有力地推动了当时教学设计理论的进一步发展。

1. 行为主义的基本观点

在20世纪70年代之前,就西方、特别是美国的心理学研究而言,行为主义曾长期占据主导地位,原因在于行为主义实际上是心理学"科学化"这一运动的直接产物。在行为主义者看来,由于内在的思维活动或心理过程不可能被直接观察到。因此,为了使心理学的研究达到科学的水平,我们就不应去涉及任何内在的思维活动或心理过程,而应使心理学的研究局限于可见的行为——这事实上也就是"行为主义"这一名称的直接来源。

早期的行为主义者强调在"刺激"和"反应"之间形成联结时,学习就发生了。后期的行为主义者如斯金纳等则更突出地强调了"强化"的概念。根据斯金纳的观点,教学的主要任务就是要使学生形成种种正确的行为反应,并使这些行为反应受到各种刺激的控制。为了实现这一目标,关键就在于适当的强化。这也就是指:第一,通过提供正强化物,可以使相应的行为在长时间内保持在一定的水平上;第二,通过强化的列联,我们又可塑造出较为复杂的行为。[2]

由于斯金纳的学习理论在20个世纪50、60年代一直在西方教育界中占据支配的地位,因此,

---

[1] 钟启泉、汪霞等编著:《课程与教学论》,华东师范大学出版社2008年版,第116页。
[2] 郑毓信、梁贯成编著:《认知科学、建构主义与数学教育》,上海教育出版社1998年版,第12页。

这事实上也就可以被看成行为主义学习理论的核心所在:学习就是行为的改变,而这主要是一种受控的行为。

2. 行为主义教学设计的代表模式

行为主义的教学设计模式中,影响最大、最具有代表性的当推斯金纳的程序教学模式。由于斯金纳在开发程序教学时,借鉴和使用了普莱西(S. L. Pressey)所发明的教学机器,所以斯金纳的程序教学也常被称作"机器教学"。这是一种适用于个别化教学的自动教学模式。

如前所述,斯金纳的新行为主义心理学与早期的行为主义最大的差别在于,前者更强调人类和动物的很多行为并不是简单的刺激和反应之间形成的联结,在周围复杂的世界中,人并不是总在被动地等待刺激,而是积极地操作环境,并在这个过程中不断地改变自己的行为方式。按照这一观点,斯金纳认为人类所从事的大多数有意义的行为都是操作性学习的结果,被动的应答性学习只占人类行为中很小的一部分。

由此,斯金纳的新行为主义心理学强调两个核心概念,一是"操作条件作用",另一是"积极强化"。将这两个核心概念用于教学上就制成了他的程序教学机器,并逐步完善了他的程序教学设计。斯金纳的设计是,把教学内容根据学习过程分解成许多小的项目,并按照一定的逻辑排列好。每一项目事先都要作出解释,然后提出要求学生回答的问题,每个问题都要有正确答案。当学生回答问题后,通过出示正确答案,使他们确认自己反应的正误。反应正确后,再进入下一项目的学习。

程序教学需要遵循的基本原则有如下几点:第一,积极反应原则。程序教学要求学生利用程序教材和教学机器,进行各种读、写、算等学习活动,为了提高学习的主动性,学生要对问题作出积极反应,加上不断的强化,学生始终处于活跃和忙碌的状态。第二,小步子原则。程序教材通常以小步子呈现,即每一步之间的难度增量是很小的,每个小步子出现的顺序都经过了仔细的安排。第三,及时强化原则。对学生的反应要立即给予反馈与强化,因为只有这样,才可以有助于保持和巩固习得的知识,同时也可以增进学生学习的信心。第四,自定步调原则。程序教学是一个个性化的教学方式,学生可以最适合自己的速度进行学习,而不强求统一进度。

实质上,程序教学并不像很多人所批评的那样,完全着眼于对人的行为的有效控制。恰恰相反,斯金纳的程序教学设计中蕴含了诸多鼓励学习者个性张扬、发展学习者个性潜力、尊重学习者主体性等的教育要素,如积极反应、自定步调等。斯金纳的程序教学理论在20世纪的50、60年代风靡全美国,不仅促进了学习理论的科学化,加速了心理学与教育学的有机结合,而且也推动了教学手段的科学化与现代化。在今天信息技术飞速发展的背景下,它对如何利用现代技术改革教学,进一步提高教学质量,仍具有启发意义。

(二)认知主义的教学设计模式

在20世纪早期的科学化浪潮影响下,心理学家在探究人类学习的征途上,着力用科学、实证的方法来表征人类的学习本质,因此,外显的、可见的行为就自然成为当时心理学家借以使用的关键的工具。但行为主义毕竟只重视人类学习的外在表现,而完全忽略人在学习时的内在思维过程、心理过程,这也导致很多心理学家开始认识到,"将刺激-反应联结作为基本出发点,只侧重简单行为的习得,必然导致不能对人在学习过程中所经历的认知转变以及复杂行为的相应转变作出更加深入、全面的探究与思考"。因此,从20世纪50年代开始,心理学界出现了一次"认知革命",即要求从简单行为转向认知过程。由此,行为主义在心理学领域的主导地位逐渐被认知心理学所取代,以认知心理学为基础的认知主义教学设计理论开始兴盛起来。

1. 认知主义的基本观点

认知主义是一种以认知心理学为主体的理论思潮,内涵驳杂多元,其特点是突破行为主义以动物学习行为来描述人类学习的固有范式,而开始以计算机为参照模型,对人的学习的信息加工本质进行系统地重新构划。认知心理学家在对人与计算机进行比较的过程中,将计算机中信息的符号形式等同于人的知识,将基于计算机符号的计算运作等同于人的认知。根据这一思想,学习者是信息加工者,他们接受信息,运用智力操作对信息进行处理、编码,将信息存储在记忆中,然后在需要时对信息进行提取。

从认知主义心理学的观点看,教师被视为信息的施与者,为此,教师应该具有丰富的知识,而学生则是一个空的容器,知识则像用品一样可以由教师传递给学生。因此,最好的教学方法就是讲座和课文的阅读。教学的目的就在于强调学生通过已有的知识结构,通过新旧信息之间的交互去建立相互作用的、有机联系在一起的、统一的信息加工系统和整体的认知结构。

2. 认知主义教学设计的代表模式

认知主义教学设计的代表模式可以列举出很多,但最著名的有赞科夫的教学设计模式、瓦根舍因的教学设计模式、加涅的教学设计模式、布鲁纳的教学设计模式、奥苏伯尔的教学设计模式等等。这里,笔者主要介绍加涅的教学设计模式。

加涅的教学设计理论可以被称为当今教学设计的奠基性理论,他的最大贡献就在于在真正意义上将学习理论与教学理论紧密地联系在了一起,并由此而完整构筑了一体化的基于教学事件分析的教学设计理论。

加涅首先对人的学习做了结果上的分类和层级上的分析,这些研究构成了其教学设计理论的最重要的学习理论基础。加涅首先对人的学习结果进行了分类,他区分了五类学习结果:智慧技能(运用概念符号与环境相互作用的能力)、认知策略(学生用来指导自己注意、学习、记忆和思维的能力)、言语信息(解决"世界是什么"的知识)、动作技能(动手操作的能力)、情感态度价值观(一种习得的内部状态,影响个人对某些事情采取行为的选择)。这五类学习结果之间不存在复杂性、等级性的序列关系,其次序是随意安排的。

加涅提出的学习层级理论是其另一个重要理论基础。加涅认为,学习任何一种新的知识技能,都以已经习得的并且从属于它们的知识技能为基础的,即较为复杂、抽象的知识技能是以较为简单、具体的知识技能为基础的。他认为人有八种基本学习,即信号学习、刺激-反应学习、动作连锁学习、言语联想学习、辨别学习、概念学习、规则学习、问题解决或高级规则的学习。这八种学习之间的关系是有层次的、累积性的,这就是所谓"学习的层级理论"。学生心理发展的过程,除了基本的生长因素外,主要是各种能力的获得及累积过程。因此,学习层级理论还代表了学生智慧技能的累积方式。

上述两种学习理论对加涅进一步构筑其教学设计理论具有重要的意义。根据学习结果的分类,加涅进一步研究了它们各自所需的学习条件(见表2-2)。①

表2-2 影响不同学习结果的学习条件

学习目标分类	学 习 条 件
智慧技能	1.促进先前习得的部分技能的恢复;2.呈现言语线索,使得部分技能的组合有顺序;3.安排好间断复习的时机;4.运用各种前后关系去促进迁移。
认知策略	1.对策略作描述;2.提供各种时机进行各种认知策略的练习,从提出新奇的问题到解决问题。

---

① 张华著:《课程与教学论》,上海教育出版社2000年版,第133页。

续 表

学习目标分类	学 习 条 件
言语信息	1.使用各种印刷符号或语言激活注意;2.为有效编码而呈现一种有意义的前后关系(包括表象)。
动作技能	1.提供言语或其他指导,为执行的路线提供线索;2.安排反复的练习;3.提供直接而精确的反馈。
情感态度价值观	1.在选择某项行动后,对成功的经验进行回忆;2.实施所选择的行动或观察榜样人物实施这一行动;3.对成功的操作给予反馈或观察榜样人物的反馈。

学习层级理论对教学设计有重要的意义,因为每一层级的学习都是以前一层级的学习结果为前提条件的,即前一层级的学习为后一层级的学习作好了准备。这也就是加涅所说的学习的内容条件——学生是否掌握了前一层级的学习内容。这样,教师在设计教学时,可以通过分析前一层级学习的结果确定学生的内部条件,以保证教学工作的顺利进行。因此,加涅认为,学习层级理论为建立一种最有效的教学模式提供了基础。

加涅试图把人学习的内在信息加工过程、学习结果的类型、外部教学事件的提供等多样化的思想融为一体,以搭建其独具特色的教学事件理论。加涅认为,学习的过程就是学生对信息进行内部加工的过程,教学的安排既要以这种内部加工为依据,又要影响这一过程,因此,教学阶段与学习阶段是对应的。加涅认为,人的学习包括八个阶段:动机阶段(学习过程的准备阶段)、领会阶段(即对刺激进行选择性注意的阶段)、获得阶段(即对刺激进行知觉编码后储存进短时记忆,随后再经过进一步编码加工转入长时记忆的阶段)、保持阶段(信息在长时记忆中储存的阶段)、回忆阶段(对习得的知识信息进行提取阶段)、概括阶段(即知识信息的迁移阶段)、作业阶段(即反应发生和行为改变的阶段)和反馈阶段(即对行为的强化阶段)。学习的外部条件就是每一教学阶段中所发生的教学事件,这是教师精心安排的结果。

加涅的认知信息加工心理学思想及其教学设计理论,对于教学设计理论的科学化发展,起到了极其重要的推动与发展作用。同时,以他为代表的认知主义心理学及其教学理论,突破了传统的行为主义不关注学习者内在心理活动的藩篱,重新勾勒了教学设计的理论与实践视野。

(三) 建构主义的教学设计模式

20世纪80年代以来,研究者们在反思行为主义和认知主义的基础上,对学习理论的研究进行了全面的创新。随着社会从工业化社会经由信息社会向着鼓励知识创新、以培养知识创新人才为己任的知识社会转型,强调知识的建构性、社会性、情境性、复杂性和默会性的许多新颖的知识观正在成为创造知识生产与运用新范式的主要动因。相应地,人的学习的建构本质、社会协商本质和参与本质也越来越清晰地显现出来。在此基础上,有关教学的设计思想、策略、方法等也相应地发生了根本性的转变。

1. 建构主义的基本观点

建构主义的本质是一种认识论,但又可进一步演变为对学习的心理学指导思想。有关心理学中建构主义的历史传统可追溯到皮亚杰的图式同化理论、格式塔心理学家有关通过理解学习的研究、杜威的儿童中心的教育主张等。然而,学习是知识的建构成为一种有意识的学习观是最近20年才出现的事情。这源于皮亚杰的认知发生论的认知建构主义,经由激进建构主义的继承和发展,明确指出:知识是由认知主体积极建构的,建构是通过新旧经验间的互动实现的;认知的功能是适应,它应有助于主体对经验世界的组织。由此,"学习是知识的建构"这一观点才得以真正确立。该观点表明,认知不是对某一客观存在的实在发现,即不是去发现本体论意义上的实在,而是在个人的经验世界中主动建构有关世界的知识。为此,凡是有助于解决具体问题或能够提供有关经验世界的一致性解释的知识就是具有"生存力"的知识。一切知识都是个体在认知过程的基础上与经验世界的对话中建构起来的。

根据这一观点,学习包括对理解积极的、自我引导的探索,学习者正是在这一过程中建构自己的知识的。这一观点强调学习者对知识的理解过程就是赋予知识以意义的过程,就是在新旧知识的冲突中原有知识概念发生转变的过程。由此,学习是获取知识的过程,但"知识不是通过教师传授得到,而是学习者在一定的情境即社会文化背景下,借助其他人(包括教师和学习伙伴)的帮助,利用必要的学习资料,通过意义建构的方式而获得"[①]。"情境"、"协作"、"对话"和"意义建构"是学习环境中的四大要素。所以,建构主义非常强调学习的过程,学习者在学习过程中,产生一种与人、事、物的互动和接触,这种互动是一种内化建构的过程。

建构主义提倡在教师指导下的、以学习者为中心的学习,强调学习者的认知主体作用,又不忽视教师的指导作用,但教师已不再是知识的灌输者,而是意义建构的帮助者、促进者,学生也由外部刺激的被动接受者和被灌输的对象转变为信息加工的主体、意义的主动建构者。

2. 建构主义教学设计的一个代表模式——基于知识建构的实践共同体设计

建构主义的学习是教师指导下以学习者为中心的,这样的学习具有如下几个特征:积极的、建构的、累积的、目标指向的、诊断的、反思的。在建构主义思想指引下,建构主义的教学设计模式强调教学应当以学生为中心,在整个教学过程中由教师起组织者、指导者、帮助者和促进者的作用,利用情境、协作、对话等学习环境要素充分发挥学生的主动性、积极性和首创精神,最终达到使学生有效实现对当前所学知识的意义建构的目的。接下来,笔者将介绍一种渗透着建构主义思想的教学设计模式——实践共同体的设计。

基于实践共同体的学习共同体建构是当今教学设计理论中的一个热点,有学者指出,"有关学习共同体的观念已经是许多教育情境中的突出特征","学习共同体的研究与实践成为一种'国际化的运动'"。在追求有效的知识建构的这一全新学习目标的指引下,学习共同体的建构的确承载了人们太多的理想。

在当代的知识观中,由于共同体是知识建构的一个固有的境脉,共享的实践决定了共同体的知识生产功能。实践的共同体中所发生的知识的产生、理解的共享、文化的传承,是学习共同体这一概念的发展所依据的根本理由。

实践共同体的研究结论对现实教育的价值存在于两个方面:一方面,个人的知识建构和身份形成都处于一定的实践共同体中,我们无时无刻不处在实践共同体的境脉中,因此,它构成了理解知识、理解个人学习的基础。另一方面,实践共同体启示我们,为了追求新知识的产生,应该以学习者或者实践为中心培育支持性的实践共同体,提供理想学习环境所必须的社会性参与的类型和质量。教师或培训者只是这个共同体中的一员,他们和学生从各自不同的角度参与到学习的实践中,在参与实践中习得的知识会成为学习者身份的要素,因而是知行合一的。

在进行实践共同体的教学设计时,要把握如下几个方面的设计特征:

第一,实践共同体中的双重学习目标:从认知的成长走向身份的发展。实践共同体认为,成为什么样的人和获得什么样的知识是彼此联系在一起的,"人拥有某种身份,不仅意味着他拥有某些头脑中的知识,更意味着他知道在某种情境下作出某种行动;身份中所镶嵌的,不仅是可以拥有的

[①] 高文编著:《学习创新与课程教学改革》,广东教育出版社2007年版,第56—57页。

知识,更有不能和行动者及其实践分离开来的识知"①。

第二,实践共同体围绕一个知识领域而产生。从本质上讲,实践共同体是一种基于知识的社会结构。这样的知识是实践共同体中的成员所共同追求的事业,是共同体存在的根本原因。由于成员对该知识领域有共同的兴趣,围绕该领域的发展逐渐形成一定的责任承诺和问责关系,从而拥有一种保持共同身份的感觉。赵健博士提炼出了"有效推动一个实践共同体的产生和发展的知识领域的共有特征":

- 来自真实的境脉,有着真实的问题解决需要;
- 对专家成员和新手成员都具有吸引力;
- 不是抽象的兴趣,而是由成员切实经历的关键事件或问题组成;
- 领域中包含的问题或话题与时俱进。

第三,实践共同体依赖于意义协商的活动而维系。共同体中的成员是通过实践而不是外部的规定聚集而成为共同体的。意义协商要求打破传统的"教"与"被教"的身份界限,要求提供给成员互动的工具和机会;允许成员可通过不同的路径进入并形成不同程度的参与。任何一个实践共同体中都有核心参与者,或者我们通常所说的专家、老手或者熟手成员。但是实践共同体对于知识分享和创新的价值更在于一种合法的边缘性参与机制,即允许新手或者一些有兴趣的旁观者从不同角度,以不同的程度参与到共同体的活动中来。

此外,共享的技艺库是共同体演化的过程中逐渐积累的一整套共享的资源,包括:惯例、用语、工具、做事的方式、故事、手势、符号、样式、行动或者概念,这些资源都在共同体存在的过程中产生或采用,并成为共同体实践的重要部分,同时也构成了该实践共同体中的文化特征。这些技艺库成为新手学习者隐性学习所依赖的工具和资源。

【案例2-3】　　　　　　自然课上的专家②
——一个小学情境中的实践共同体设计案例

上海某个小学的A老师开发了两门有机关联、相互交叉的选修课:"现代农业科技"与"组织培养"。

该小学离孙桥现代农业基地较近,所以A老师萌发了开课的想法。开始时,她先让同学们到学校小店里找找什么是绿色食品,略微买点带来。她自己跑到大超市从所有的食品种类中挑选了37种合乎健康食品标准的商品买回来。A老师把有关现代农业的一些话题搜集起来提供给学生:设施农业、基因工程产品、大都市的休闲农业、如何做城市中的农夫、绿色食品等。

孙桥现代农业基地的专家很热心,他们和学校共建了一个实验室,让同学们进行培植试验、植物克隆等等。课程与专家协作的方式通常是:先请进来做介绍;课程进程中就某一个专题请他们援助。例如,在组织培养课上,师生们用专家提供的培养基进行试验,但结果不好,怎么也搞不清怎么回事,于是请他们来指导。事先跟专家说有什么问题,做做分析,专家估计到问题可能是什么,来的时候就带一些化学药品,到实验室现场做给大家看,让大家看到自己原来的问题出在哪里。最后A老师总结出,专家的帮助一定要在学生需要时在火候上提供才有用。

---

① 戴维·乔纳森主编,郑太年、任友群译:《学习环境的理论基础》,华东师范大学出版社2002年版,第71页。
② 赵健著:《学习共同体——关于学习的社会文化分析》,华东师范大学出版社2006年,第103页。

关键术语

课程开发;教学设计;目标模式;过程模式;建构主义

讨论与探究

1. 请从小学的课程中选择一个内容主题,就如何进行目标模式与过程模式的课程开发,进行阐释与分析。

2. 请从小学生的认知特点和情感特点的角度,分析小学阶段的课程开发和设计应当关注的主要方面。

3. 试评价不同的课程设计取向,并基于自身的小学教学经历,对这几种不同的课程设计取向如何在实际课程与教学活动中得以体现进行分析与说明。

4. 分析教学设计的本质是什么?从自身的经历出发,对"教学设计就是教学问题的不断解决"进行例说与分析。

5. 试分析现代教学设计的基本特点,并从自身的教学经历出发,谈一谈应当如何在具体的教学实践中体现这些特点。

6. 试探讨不同类型的教学设计模式之间的内涵差异,特别就小学阶段应当如何进行建构教学设计谈谈自己的认识与看法。

案例分析

根据"课程开发"与"教学设计"的相关理论与思想,对以下案例进行分析。

"放飞"孩子
——来自一堂作文课的点滴感想

习作六是一次话题作文训练课,要求孩子们围绕自己感兴趣的话题搜集资料,展开讨论,并且要整合资料,结合自己的认识,写成一篇习作。可对于四年级的孩子来说,他们所感兴趣的话题是什么呢?为了投其所好,我在同学们中做了一个简单的调查,发现孩子们对环保方面的内容特别感兴趣,尤其是关于保护动物的。这让我想起了生活在美丽的可可西里的濒危动物——藏羚羊。我预感这些"高原精灵"的过去、现在与未来一定会激发孩子们习作的欲望。

我从网上找来几张图片,向同学们简单介绍了"神秘的可可西里"和"藏羚羊",布置孩子们利用课后的时间查找有关资料,当时,同学们还真的挺兴奋的。

都说"社会处处皆语文,哪里有生活,哪里就有语文"。同组的一位老师聊起她看过的一部电影《可可西里》,那原始迷人的自然风光,那震撼人心的屠杀场面给她留下了刻骨铭心的感受。多好的素材啊,我立刻请电脑老师将影片准备好,用了一个中午的时间组织孩子们静静地观看。孩子们的心一时间飞向了可可西里,他们时而欢呼,时而愤怒,时而又屏住呼吸凝神观望……

也许是大量的资料已让他们对藏羚羊有了充分的认识,也许是影片带给孩子们太多的感受。星期五的作文课上,孩子们在自然的口语情境中谈了自己在读资料的过程中感受最深的内容,发表了自己对于这些脆弱生命的极度同情,发出了保护藏羚羊、保护可可西里的声声呼唤。

最后,我请孩子们自主思考,谈自己的习作设想。活生生的内容引发了孩子们多角度的习作欲望:有的准备给那些喜欢穿着打扮的贵夫人们写一封信,要告诉她们披在她们身上的这些象征地位的"沙图什"的真正来历,呼吁贵夫人们不要购买;有的想给盗猎者写封信,劝告他们停止残忍的捕杀,否则藏羚羊将成为继恐龙以后的又一历史回忆;有的孩子想在网上给全国的少年儿童发一封倡议书;有的想写一篇演讲稿,呼吁人们珍爱环境,保护野生动物,让藏羚羊的悲剧不再重演;还有的想以小藏羚羊的口吻写一篇"我要妈妈"的文章,告诉人们藏羚羊家族的悲剧,以引起人们的同情,停止残忍的猎杀行为……孩子们那一个个来自多角度的创作灵感无不让我感受到他们鲜活的学习体验。

进一步阅读的文献

1. [加]大卫·布莱特著,张慧芝等译:《课程设计》,台湾桂冠出版公司,2000年。
2. 高文编著:《学习创新与课程教学改革》,广东教育出版社,2007年。
3. [美]Jon Wiles,Joseph Bondi著,徐学福等译:《课程开发:实践指南》,中国轻工业出版社,2007年。
4. 裴新宁著:《面向学习者的教学设计》,教育科学出版社,2005年。
5. 吴刚平著:《校本课程开发》,四川教育出版社,2002年。
6. 赵健著:《学习共同体——关于学习的社会文化分析》,华东师范大学出版社,2006年。

推荐访问网址

1. K12中国中小学教育教学网
http://www.k12.com.cn
2. [苏州教育博客]学习—发展共同体
http://www.szebolg.cn/index.html
3. 义务教育课程网
http://www.kecheng.net
4. 新思考—综合实践活动
http://ipac.cersp.com
5. 教育技术通讯(教学设计网)
http://www.etc.edu.cn
6. 中国基础教育与发展改革网
http://www.chinacbe.org

第 3 章 小学课程与教学的目标和绩效

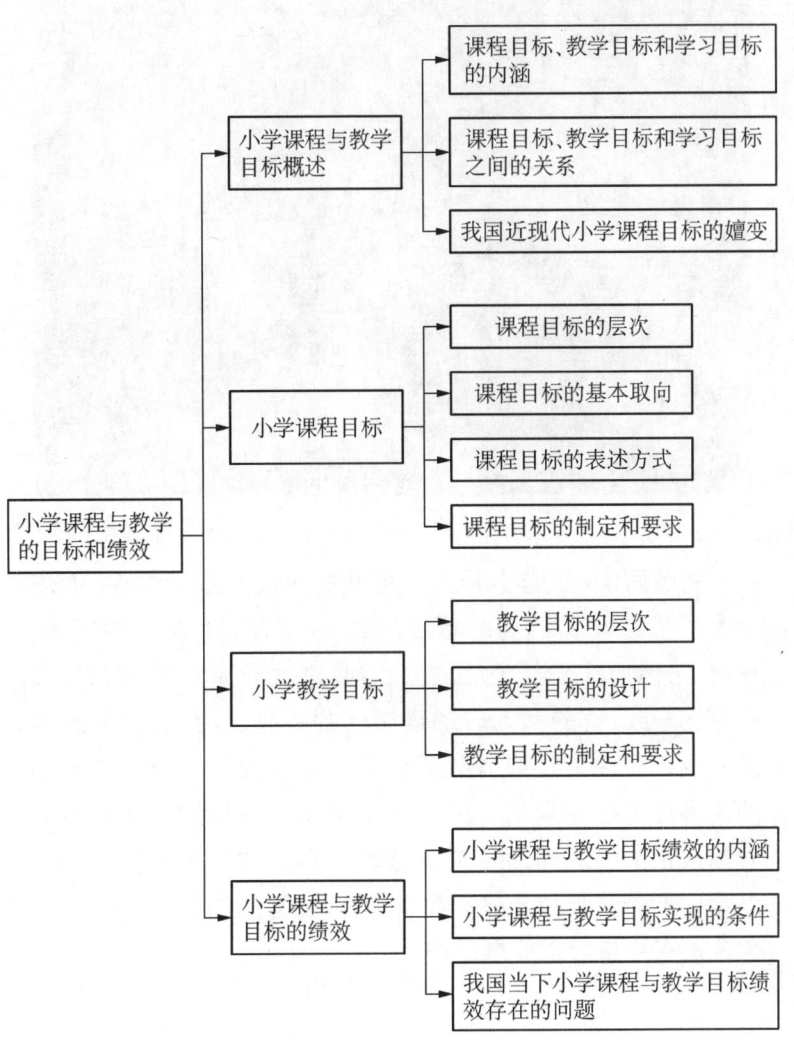

　　各位同学，你们小时候一定曾经有过无数个梦想：有的长大了想当飞行员，有的想当科学家，还有的想当医生等等。可是，当你们真正长大成人之后，猛然发现原来梦想和现实不完全一致，有的和儿时的理想还相距甚远，有的想起来甚至还令人忍俊不禁或者啼笑皆非。你认为儿时理想的社会角色和现实社会角色之间的落差是如何造成的？学校教育对你人生中的这种落差或变化起了多大作用？请仔细回忆儿童时期的梦想和自己受教育的经历，与周围同伴一起分享你在成长中曾经发生的故事。

第1节 小学课程与教学目标概述

一、课程目标、教学目标和学习目标的内涵

通常在课程与教学论中,课程目标、教学目标和学习目标的理论是非常重要的部分,而且经常作为一个相对独立的领域出现。目前,对于上述三个概念之间在层次、内涵和关系的界定研究上还存在较大的差异。在英文中,关于"目标"的单词有"target"、"purpose"、"aim"、"goal"和"objective"等。其中"target"的含义是被瞄准或击中的靶子或标的;"purpose"的中心意思是指人们努力达到或实现内心一直念想的、已经存在的事物,可概括为"意图";"aim"的中心意思是"把某物指向预期的目的或目标,即瞄准但不一定能射中";"goal"是努力指向志在必得的直接目标,像足球射进门有中了得分之义;"objective"是努力争取或设想获得的结果。除了"target"之外,其他四个单词常常与课程(curriculum)一起组合并翻译为"课程目标"。"curriculum aims"往往理解为课程的总体目标,与我国教育领域讨论的"教育目的"或特殊时期教育政策中提出的"教育方针"基本一致;"curriculum goals"比"curriculum aims"更为具体直接,可以作为后者的下位概念,理解为学科的课程目标,是总体课程目标在特定学科领域里的反映和体现,比如"小学语文课程目标"等就属于这一层次;"curriculum objectives"是将"curriculum goals"所指的目标进行分解、细化、具体化,是针对具体课程内的某一单元或某一节课而言的,这一层次与教学目标和学习目标联系紧密,如"小学语文作文教学目标"。本章讨论的课程目标、教学目标和学习目标也是在上述层面展开的。

(一)课程目标

我们知道,教育的基本功能是让人成为人,也就是说,"成"人是学校教育的根本目标与追求。这一目标的实现需要借助课程作为手段、媒介或载体对儿童的发展施加影响,一方面,课程设计以课程目标、课程内容和学习活动方式作为实现教育目的的支持性要素和条件;另一方面,课程存在的价值和意义在于促进儿童身心的发展,尤其是关键时期的发展,以奠定儿童终身学习的学力基础。因此,课程是学校教育领域中具有丰富内涵的且相对独立的研究范畴。

从课程过程的环节来看,课程目标(curriculum aims)与课程内容、课程实施和课程评价共同构成完整的课程开发过程(curriculum development)。在课程开发过程中,课程目标为课程内容的组织和选择提供方向,指导课程实施的过程,为课程评价提供依据,同时课程目标在课程开发过程中又受到课程内容、课程实施和课程评价的影响而需要通过课程设计不断调整。因此,课程目标是课程付诸于实践的方向和归宿,也是课程设计中的一个基本环节。课程设计由课程目标和课程内容的选择与组织两个环节构成,它包含于课程开发之中。

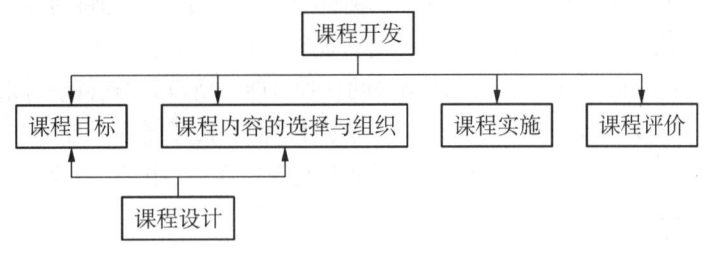

图3-1 课程目标在课程开发与课程设计中的地位

从课程构成的要素来看,为了促进学生的成长和发展,在研制或开发课程时精选人类生活所

必需的知识、经验和超验的信念等要素。比如认知经验要素、道德经验要素、审美经验要素、健身经验要素和劳动经验要素。对于上述课程要素，吕达认为，所谓"认知经验要素"是指青少年学生需要掌握的基本知识、基本技能、基本能力和基本态度观念；所谓"道德经验要素"是指青少年学生需要养成的社会公共道德最基本的价值观和行为规范；所谓"审美经验要素"是指青少年学生需要具备的高尚的、健康的关于审美的基本知识、基本技能和基本观点；所谓"健身经验要素"是指青少年学生需要具备的有益于健身的基本知识、基本技能和良好的运动习惯；"劳动经验要素"是指青少年学生需要具备的关于劳动的基本知识、基本技能、基本观点和热爱劳动的情感。① 因此，从该种意义上讲，课程目标就是在微观的学习活动过程中促进学生对课程要素的重新组织、建构和转化，它与学习目标在课程开发的内在逻辑上具有同构性。

从课程研究的历史来看，在课程论还没有成为一个独立的研究领域之前，早期的人们是从教育目的、教育目标的层面来把握和处理"课程目标"。美国课程论专家博比特(F. Bobbitt)在其被称为课程论诞生标志的《课程》(*The Curriculum*)一书中，着眼于人对未来生活的适应和准备能力，明确提出了以人的能力、态度、习惯、鉴赏和知识构建课程目标的概念，他认为，"人类生活无论怎样的不同，均包含着特定活动的表现。为生活做准备的教育，就是明确且适当地为这些特定活动做准备的。这些活动因社会阶层的不同，无论量有多大、差异有多大，都是可以发掘出来的。这只需要我们置身于事物的世界，并发掘出这些事物所包含的特别成分，它们就将显示出人们需要的能力、态度、习惯、鉴赏和知识的形式。这些就是课程的目标"②。

博比特在他的《怎样编制课程》(*How to Make a Curriculum*)一书中，阐述了他的课程编制模式。具体包括：人类经验的分析、职业分析、派生目标、选择目标、制定详细计划等部分。博比特的课程编制模式提出了课程目标的重要性，在模式的五个步骤中，前面四部分是有关目标的制定和选择的，这些思想对于此后的课程论发展产生了巨大的影响。这个模式存在的缺陷是课程目标的确定和选择完全是从对成人活动的分析入手，由于实现课程所包括的学习活动和机会是严格按照目标设计的，这就严重脱离了儿童的实际状况，将社会当作了决定课程的唯一因素，而悬置了儿童的生活经验对于儿童学习的意义。

随后，在博比特倡导的课程科学化改革运动中，增加了一位极有影响的课程研究领导者——查特斯(W. Charters)。1923 年，查特斯出版了《课程编制》(*Curriculum Construction*)一书。查特斯的课程编制理论与博比特具有内在的一致性。他提出的"功用分析"的课程目标与博比特的活动分析模式有相似之处，重视从分析成人活动得出课程目标，重视目标在课程编制中的作用。他认为，课程目标是由逻辑对应起来的功用和完成该功用的结构两个部分组成。在他看来，课程就像人体的组织和器官一样，其结构决定其功能。

查特斯认为，课程工作者的首要任务"是要发现人们必须做些什么，然后向他们展示如何去做"。由于受到行为主义的影响，活动分析在这里采取了另一种形式。查特斯注重考察学生在学习过程中容易出差错的地方，以便所选择的课程内容能够克服或纠正它们。在这里，重要的不是获得正确的结果，而是充分体验如何通往正确结果的种种可能。所以，在查特斯看来，"编制课程的目的是要克服达到目标时所遇到的困难，而不是要达到目标"。由于学生在学习中所犯的错误和所遇到的困难"在决定课程与教学的重点应放在哪里时起重要作用"，因此，在活动分析法中，他主张采用错误分析法或困难分析法。

---

① 吕达：《课程概论》，人民教育出版社 2004 年版，第 151—152 页。
② J. F. Bobbit, *The Curriculum*, Boston: Houghton Mifflin Company, 1918, p. 42.

此外,在制定课程目标中,查特斯主张应该把理念(ideals)作为课程内容的一个重要组成部分。这一点是不同于博比特的,因为理念不是从对人类活动的分析中提炼出来的。查特斯认为:"教育不仅要向年轻人展示怎样控制目标,而且也要向他们展示应该如何去控制它们。"每个教育工作者都希望把理念注入到学生的生活中去,这就需要了解适用于理念的各种活动,并要分析选择出来的理念在学生活动中运用的情况。因此,查特斯认为,课程是由理念和活动这两者构成的。在编制课程时除了重视对成人社会活动的分析外,还考虑和论证了其他因素,课程编制应考虑各类社会人士对课程目标的看法,应了解学生的需要。他将理念作为目标;强调系统知识,要求教材对生活有用,能够激发学习者的学习动机;强调通过功用分析直接得出的课程目标可能无法将某些学科包括进去,但由于这些学科与应用学科存在相互联系,所以仍然需要。简言之,查特斯的课程编制模式是:"首先必须制定目标,然后选择课程内容,在选择过程中,必须始终根据目标对课程内容进行评价。"查特斯把制定课程目标的过程归纳为以下7个步骤:(1)通过研究社会背景中的人类生活确定教育的主要目标。(2)把这些目标分析成各种理念和活动,然后再继续把它们分析成教学工作单元(working units)。(3)按其重要性的程度加以排列。(4)把对儿童有很大价值、但对成人价值不大的理念和活动,提到较高的位置。(5)删除在校外能学得更好的内容,然后确定在学校教育期间能够完成的最重要的内容。(6)收集处理这些理念和活动的最佳做法。(7)根据儿童心理特征安排内容,以便用一种适当的教学顺序让儿童顺利获得它们。

泰勒(R. W. Tyler)在《课程与教学的基本原理》中提出,每一个课程目标均应包括行为和内容两个方面。换言之,课程目标的制定既能使学生养成一种具体的行为,而且要指明这种行为可能运用的生活领域。由于课程工作者对于课程内容的过度关注,往往忽视了课程主体的行为表现,因此,泰勒特别强调以行为方式来陈述课程目标。但是,泰勒的行为课程目标同时提出一个问题:以行为方式呈现课程目标时,这一行为是儿童在学习过程中自然习得还是成人(主要指教师)对儿童行为的期待或预备?

美国学者艾斯纳(E. W. Eisner)认为课程目标是指学生从事某种活动后所得到的结果。由于他强调课程目标的独特性和首创性,关注学生在活动中具有某种程度首创性的表现性行为,因此,这种结果绝非事先规定的结果,而是学生对环境适应性应激反馈的一种表现性结果。

到了当代,人们对课程目标涵义的揭示越来越深入。奥利瓦(P. F. Oliva)分别从中观和微观两个层次定义课程目标:"课程目标(curriculum goals)就是用没有成就标准的一般性术语表述的趋向或结果。课程规划者希望学生在完成了一个特定学校或学校系统的课程计划的部分或全部后达到这一趋向或结果。"而"课程结果(curriculum objectives)就是用具体化的、可以测量的术语表述的趋向或结果"[①]。由此可见,课程目标是课程规划者预设学生学习的趋向或结果,该学习趋向或结果用一般性的、抽象的术语来表达;课程结果是指向学生学习活动展开之后的学习趋向或结果,该学习趋向或结果用具体化的、可以测量的术语来表达,在内涵上与学习目标一致。

黄政杰从学校课程的计划性和组织性出发,把课程目标与学习结果统一起来,他认为课程目标是"课程设计的方向或指导原则,是预见的教育结果,是学生经历教育方案的各种教育活动后必须达成的表现"[②]。简言之,在黄政杰看来,课程目标就是儿童习得行为的表现形式。廖哲勋也从教育目的的视角提出"课程目标是一定阶段的学校课程力图促进这一阶段学生的基本素质在其主动发展中最终可能达到国家所期望的水准。换言之,课程目标是一定学段的学校课程力图最终达

---

① P. F. Oliva, *Developing the Curriculum* (3rd ed.) Boston & Toronto: Little, Brown and Company, 1992, p. 259-261.
② 黄政杰:《课程设计》,台湾东华书局1991年版,第186页。

到的标准"①。

由上可见，小学课程目标有三层涵义：一是把课程目标与教育"成"人的基本功能联系起来，致力于儿童健全人格的发展；二是注重儿童知识和经验的习得，夯实儿童的学力基础，发展儿童的基础性学力；三是通过儿童与环境之间的相互作用进行自我调节，在丰富儿童对世界的认知方式的基础上，养成良好的生活习惯，端正学习态度，促进儿童自我意识的发展和学习行为的转变，达到"知行"统一。

（二）教学目标

对于教师而言，使用教学目标有助于引导、调控和评价教学的过程。它能够提供一个更为清晰的方向，并克服那些尚未考虑清楚的模糊思想。换言之，它能帮助教师选择合适的内容、教学策略、学习资源和评估方式，也能让教师向校长、家长和教育主管部门及教育督导人员说明其应负的责任。

教学目标是教学过程中师生预期达到的学习结果和标准，也可以被理解为教师教与学生学的目标。有人认为教学目标的内涵是有层次差异的，"教学目标可以是一门课程或一门学科的，这样的目标一般用非常概括的语言陈述，在英文中是用'goal'来表述。而教师设计教案时常用到的教学目标是用非常具体的语言陈述的，在英文中是用'objective'来表述的。后一种目标的功能主要是指导教学方法、技术、媒体的选择与运用，指导教学结果的测量与评价，指引学生学习"②。正如前文所述，后一种教学目标更接近于学习目标的内涵。

教学目标是指教学活动所预期达到的质量规格和标准，它与学校课程目标一样，都是学校培养目标的重要组成部分。它是为实现课程目标达成教育目的而设置的主要目标。简言之，教学目标是进一步细化、具体化的教育目的。从课程设计者、开发者、研制者或管理者的角度来说，教学目标是"学生学习所要达到的结果"；从教师的角度说，教学目标是课程目标细化后在教学中设计的意图及体现，是"教的目标"；从学生的角度说，教学目标是学生通过努力可以达到的标准或习得的结果，是"'学'的目标和'习'的结果"。

在课程目标确定后，要用一种最有助于学习内容和指导教学过程的方式来陈述教学目标。在泰勒那里，课程目标、教学目标和学习目标是完全一致的。他认为最有效的教学目标是"既指出要使学生养成的那种行为，又言明这种行为能在其中运用的生活领域或内容"。也就是说，每一个教学目标都应该包括"行为"和"内容"两个方面。一般来讲，"内容"是教师教学中最为关注的课程问题，"行为"则往往成为容易被忽视的教学问题。所以泰勒对教学目标理论的贡献就在于他强调以行为方式来陈述教学目标，从而为研究课程目标的实现与教学行为之间的相关性提供了方向。因此，到了布卢姆(B. S. Bloom)这一代美国学者那里，他们从测量和评价的角度阐述"以行为方式陈述教学目标"的理论依据，提出以下主张：第一，应当用学生外显的行为来陈述教学目标。因为制定教学目标是为教学提供可操作性的依据和便于客观地评价，而不是去表述教学的理想、愿望。只有具体的、外显的目标才具有可操作性和可测量性。用一个公式表示的话，那就是："目标—行为—评价技术—测量问题。"第二，教学目标是有层次结构的。教学目标应当由简单到复杂按序排列，后一类目标建立在前一类目标的基础之上。用一个公式来表达的话，那就是："A 式行为类→AB 式行为类→ABC 式行为类。"第三，目标分类学是超学科内容的。不论哪一门学科、哪一个年级，都可以把目标分类学的层次结构作为框架，加入相应的内容。

---

① 廖哲勋：《课程学》，华中师范大学出版社1991年版，第84页。
② 皮连生主编：《学与教的心理学》（修订本），华东师范大学出版社1997年版，第226—228页。

1962年,马杰(R. F. Mager)在他关于行为目标的经典性著作《制定教学目标》(*Preparing Instructional Objectives*)中也提出了教学目标的构成。他认为,教学目标必须包括三个组成部分:第一,学生外显出来的行为表现;第二,能观察到的这种行为表现的条件;第三,行为表现公认的准则。

由上可知,无论是布卢姆还是马杰他们都要求教学行为目标具有外显性、具体的可操作性和可测量性以及明确的可评价性,而教学情感目标由于主体性参与和价值预设凸显其体验性和内隐性的属性。

【案例 3-1】　　　　　　教学目标的性质
　　　　　　——以人教版小学语文第一册《雪地里的小画家》为例①

教学目标:1.会读 11 个生字词,会写"儿"、"用"和"鱼"三个字,认识两个偏旁"虫"和"目";2.能借助汉语拼音正确流利地朗读课文,背诵课文;3.了解课文内容,知道并描述小鸡、小鸭、小狗、小马这四种动物的爪(蹄)子的不同形状以及青蛙冬眠的特点;4.通过感受冬天冰雪世界的晶莹剔透,体验大自然的美好。

1. 外显性。通过"会读、会写、会认、会背、会说"的具体行为将教学目标外显化。这些外显的行为在实际课堂教学情境中可以借助观察作为评价的依据。
2. 可操作性和可测量性。小学低段语文的教学重点要落实在"口语教学"上,它不仅是培养儿童语感的手段,也是发展儿童情感能力的基础和环节。通过教师示范、分组朗读、黑板抽查书写等教学手段,了解教学目标的完成情况。
3. 可评价性。对该节教学目标中的五个外显行为的测量,可以参照不同性别的儿童在朗读节奏、书写笔画顺序、偏旁造字、口语表达清晰度等公认的准则评价儿童该节课的学习结果。
4. 体验性和内隐性。通过朗读课文,体验韵文富有童趣而纯正的儿童语言特点,将热爱自然、亲近自然的情感潜移默化地积淀在幼小的心灵里;对自然对冰雪世界的切身感受,进一步拉近了人与自然的关系。不仅拓展了儿童的活动范围,而且丰富了儿童与世界之间的联系。

(三) 学习目标

学习目标又称作学习结果,是指学生在参与学习活动之后能够习得的经验以及发生重组之后生长的经验,这些经验可以引起行为、能力和心理倾向的比较持久的变化。这些变化不是因成熟、疾病或药物引起的,也不一定表现出外显的行为。不同学习理论流派因为对"行为"理解的不同而对学习目标的阐述存在差异。

刺激——反应学习理论流派主张学习目标是教育者通过环境刺激引起受教育者行为的变化。这种变化是通过一种强化的手段使受教育者(学习者)的行为得以塑造或矫正而趋于一种合适的行为。

认知学习理论认为,学习目标是教育者根据学生已有的心理结构,提供适当的问题情境,在学习者解决问题的过程中掌握一般的原理,促成学习者能够将学到的内容迁移到解决新问题的情

---

① 资料来源:林艳红,雪地里的小画,http://www.docin.com/p-230435.html

境中。

认知——行为主义学习理论也称作折中主义学习理论。该学派认为学习目标是教育者提供环境,使学习者在解决新的问题情境中,通过试误或顿悟逐渐养成良好的习惯,获得认识个体和世界关系的认知结构。

在人本主义学习理论学派看来,学习的终极目标是成为一个完善的人或完整的人(the whole person)。因此,具体的学习目标是在教育过程中,教育者为儿童提供充分的学习机会,使学习者在学习过程中不断习得认识自我的经验,这些经验能够帮助学习者发现他自己独特的品质,发现自己作为一个人的特征并努力成为自己想成为(becoming)的人。

由此可见,学习目标是学习者通过学习活动企图实现的学习效果,它与个体求知和"成"人的学习愿望与需求交织在一起。因此,学习目标的确定与知识、道德和人格层面的课程目标其内在逻辑是一致的。确定学习目标需要考虑学习者的学习需要、学习动机和学习效能感等因素,本章将在后续部分作较为详尽的介绍。

二、课程目标、教学目标和学习目标之间的关系

课程目标、教学目标和学习目标是关系十分密切的三个概念,它们之间既有区别,又有联系。首先,从课程目标到教学目标、学习目标是一个从概括到具体,从抽象到具象,从少数到多数不断转化、呈现、增加的过程,三者都是教育目的和培养目标的具体化、客观化,都是以教育目的为总目标,以培养目标为具体指导,把学习目标作为最后的学习结果,在各自范围内提出适应社会、适应学科、适应学生发展的教育教学要求,它们都具有"内容"和"行为"两个方面的表征,为课程、教学和学习的开展提供了方向、标准和评价依据。其次,课程目标为教学目标和学习目标的制定确立总的方向,对教学目标和学习目标的制定起着调控作用;教学目标和学习目标体现课程目标的具体要求,即课程目标通过教学目标而实现,通过学习目标而兑现。第三,三者的制定主体往往不同,一般来说,课程目标由国家和课程专家制定,主要通过文本形式体现制度层面的课程理想和课程要求;教学目标和学习目标则属于实践层面,教学目标主要由教学工作者特别是教师来完成,它不仅是课程目标的细化和具体化,而且是建立在对社会、学科和学生等方面充分了解和深入研究的基础上制定的,它不仅要考虑国家和社会的要求,更要考虑学生的个性特点及学生身心发展阶段的规律;学习目标主要由教师和学生通过协商完成,教师在充分了解学生学力水平的基础上提出专业建议,与学生一起追求课程目标和教学目标的客观化和现实化。第四,三者的数目因其概括性的不同而有差异。通常而言,课程目标的数目要少于教学目标的数目,教学目标的数目要少于学习目标的数目。

三、我国近现代小学课程目标的嬗变

(一)民国时期小学课程目标的演进

中华民国成立后,临时大总统孙中山任命蔡元培为教育总长。1912年9月2日,教育部公布教育宗旨:"注重道德教育,以实利教育、军国民教育辅之,更以美感教育完成其道德。"9月28日,教育部公布《小学校令》规定:"小学教育以留意儿童身心之发育,培养国民道德之基础,并授以生活所必需之知识技能为宗旨。"①

在教学上提出了应该遵守的基本原则。比如各科教学都注意道德教育:"凡与国民道德有关

---

① 陈学恂:《中国近代教育史教学参考资料》(中册),人民教育出版社1987年版,第187页。

事项,无论何种科目,均应注意指示。"

重视生活上实用知识技能的传授:"知识技能宜择生活上所必需者以教授之,务令反复练习,应用自如。"

重视适应儿童身心发展程度:"儿童身体宜期其发达健全;凡所教授,必适合儿童身心发达之程度。"

注意分别适应男女生的差异:"对于男女诸生,应注意其特性及将来生活,施以适当之教育。"

注意各学科之间的联系:"各科目教授之目的方法,务使正确,并以互相联络以资补助。"①

1922年11月7日公布的《学校系统改革令》规定的教育宗旨(时称"教育标准")为:(1)适应社会进化之需要;(2)发挥平民教育精神;(3)谋个性之发展;(4)注意国民经济力;(5)注意生活教育;(6)使教育易于普及;(7)多留各地方伸缩余地。② 据此,1923年6月制定公布了小学课程标准。

国民政府1929年4月公布的教育宗旨是:"中华民国之教育,根据三民主义,以充实人民生活,抗植社会生存,发展国民生计,延续民族生命为目的,务期民族独立、民权普遍、民生发展,以促进世界大同。"③

随着教育法规和《国民学校法》的制定与颁布,学校发展走上制度化建设的道路。国民政府时期小学课程标准几经修订。1948年公布的第二次修订小学课程标准规定的课程总目标为:"小学要遵照《国民学校法》第一条:'注重国民道德之培养,及身心健康之训练,并授以生活必需之基本知识技能'的规定,在课程中分别实施。"细则如下:

(1) 关于国民道德之培养的规定:发展中国民族固有的国民道德;培养爱护国家,协和世界的公民理想。

(2) 关于身心健康之训练的规定:锻炼强健的体格,培养康乐的精神。

(3) 关于授以生活必需之知识技能的规定:增进理解,运用数学和科学的基本知识技能,训练劳动生产与有关职业的基本知识技能。④

由此可见,这一时期的教育目的十分重视传统教育和现代教育元素的整合,目的在于培养共和国合格的公民。

(二) 1949年以后小学课程目标的变迁

1949年9月中国人民政治协商会议通过了《中国人民政治协商会议共同纲领》,其中规定了中华人民共和国的文化教育政策,指出"人民政府的文化教育工作应以提高人民文化水平,培养国家建设人才,肃清封建的、买办的、法西斯主义的思想,发展为人民服务的思想为主要任务",提倡爱祖国、爱人民、爱劳动、爱科学、爱护公共财物为中华人民共和国全体国民的公德。

1957年,毛泽东在《关于正确处理人民内部矛盾的问题》中提出了使受教育者在德、智、体几方面都得到发展,成为有社会主义觉悟、有文化的劳动者的教育方针。

1958年,毛泽东提出"教育必须为无产阶级政治服务,必须与生产劳动相结合"的教育工作方针。同年,中共中央、国务院发布《关于教育工作的指示》明确指出"教育目的是培养有社会主义觉悟有文化的劳动者"。在"大跃进"思潮的影响下,"教育大革命"在全国兴起,体力劳动被强调到不适当的地步,各级各类学校的师生员工离开学校到工厂和农村参加生产劳动,学校正常的教学秩

---

① 中国第二历史档案馆:《中华民国史档案资料汇编》(第三辑·教育),江苏古籍出版社1991年版,第447页。
② 中国第二历史档案馆:《中华民国史档案资料汇编》(第三辑·教育),江苏古籍出版社1991年版,第102—103页。
③ 教育部教育年鉴编纂委员会:《第二次中国教育年鉴》,商务印书馆1948年版,第2页。
④ 教育部教育年鉴编纂委员会:《第二次中国教育年鉴》,商务印书馆1948年版,第209—210页。

序遭到破坏。到了60年代初,中共中央提出了调整、巩固、充实、提高的八字方针以扭转局面,学校恢复了正常的教学。可是不久,又发生了十年动乱的"文化大革命"。

1978年,我国《宪法》中关于教育目的的表述为:"我国的教育方针是教育必须为无产阶级政治服务,教育必须与生产劳动相结合,受教育者在德育、智育、体育几方面都得到发展,成为有社会主义觉悟、有文化的劳动者。"党的十一届三中全会以来,改革开放及社会主义现代化建设事业的发展对教育事业提出了新的要求。国家制定了以经济建设为中心方针主导下的教育目的:"坚持德智体全面发展、又红又专、知识分子与工人农民相结合、体力劳动和脑力劳动相结合的方针。"

1982年五届人大五次会议通过新的《中华人民共和国宪法》规定"国家培养青年、少年、儿童在品德、智力、体质等方面全面发展",以此作为教育目的的表述。

1985年,全国教育工作会议在北京召开。会议讨论了《中共中央关于教育体制改革的决定》,提出要"为90年代以至下世纪初叶我国经济和社会发展大规模地准备新的能够坚持社会主义方向的各级各类合格人才",规定"这些人才应该有理想、有道德、有文化、有纪律,热爱社会主义祖国和社会主义事业,具有为国家富强和人民富裕而艰苦奋斗的献身精神,应该不断追求新知,具有实事求是、独立思考、勇于创造的科学精神"。

1986年六届人大四次会议通过的《中华人民共和国义务教育法》规定:"义务教育必须贯彻国家的教育方针,努力提高教育质量,使儿童、少年在品德、智力、体质等方面全面发展,为提高全民族素质,培养有理想、有道德、有文化、有纪律的社会主义建设人才奠定基础。"

1995年八届人大三次会议通过的《中华人民共和国教育法》规定"培养德、智、体等方面全面发展的社会主义事业的建设者和接班人"为我国的教育目的。

1999年6月,中共中央、国务院《关于深化教育改革全面推进素质教育的决定》指出:"实施素质教育,就是全面贯彻党的教育方针,以提高民族素质为根本宗旨,以培养学生的创新精神和实践能力为重点,造就'有理想、有道德、有文化、有纪律'的、德智体美等全面发展的社会主义事业建设者和接班人。"随后,启动了新一轮基础教育课程改革——国家第八次课程改革。这次课改确立了基础教育课程的总目标:要使学生具有爱国主义、集体主义精神,热爱社会主义,继承和发扬中华民族的优良传统和革命传统;具有社会主义民主法制意识,遵守国家法律和社会公德;逐步形成正确的世界观、人生观、价值观;具有社会责任感,努力为人民服务;具有初步的创新精神、实践能力、科学和人文素养以及环境意识;具有适应终身学习的基础知识、基本技能和方法;具有强壮的体魄和良好的心理素质,养成健康的审美情趣和生活方式,成为有理想、有道德、有文化、有纪律的一代新人。

第2节 小学课程目标

一、课程目标的层次

随着课程研究的深入,课程目标被作为一种越来越明确、越来越具体的研究对象,并且被区分为不同层次。20世纪70年代,美国著名课程论专家蔡斯(R. S. Zais)将课程目标区分为三个层次,分别为"课程目的(curriculum aims)"、"课程目标(curriculum goals)"和"课程结果(curriculum objectives)"。[①] 奥利瓦在其著作《课程开发》(Developing the Curriculum)中,从宏观到微观将课程目标分为五个层次,它们依次是:"教育目的"(educational aims),"课程目标"、"课程结果"、"教学目

[①] R. S. Zais, Curriculum: principles and foundation. New York: Harper Collins Publishers, 1976, p.306-307.

标"(instructional goals)和"教学结果"(instructional objectives)。[1]

《教育大辞典》(增订合编本)从儿童所处一定的教育阶段出发对课程目标进行解释和分类,提出课程目标"主要有四类:(1)认知类。包括知识的基本概念、原理和规律,理解思维能力。(2)技能类。包括行为、习惯、运动及交际能力。(3)情感类。包括思想、观念和信念,如价值观、审美观等。(4)应用类。包括应用前三类来解决社会和个人生活问题的能力。其特点:(1)整体性。各类目标彼此关联,并非彼此孤立。(2)连续性。较高年级的目标总是较低年级目标的继续发展和深化。(3)层次性。技能和情感的目标需要在知识的基础上培养和形成,知识的记忆比其理解低一个层次,知识的应用比其理解高一个层次。(4)积累性。没有低年级目标完成的积累,就难以达到高年级的目标"[2]。

我国在第八次课程改革中实施了"三级"课程管理政策,把课程目标分为"国家课程目标"、"地方课程目标"和"学校课程目标"。国家课程目标主要反映一个国家对未来公民的总体的、普遍的教育要求,它具有统一性的特征,其制定根据不同阶段教育的性质与基本任务,需要依据公民所要达到的共同素质要求。

地方课程目标是指导地方课程编制的原则,决定了地方课程内容的选择与组织,并且为其实施和评价提供了基本的依据,它在一定程度上是对国家课程目标的补充,主要反映农村地方或城镇社区发展的实际对学生素养发展的基本要求,因此,地方课程目标的制定应结合小学阶段儿童身心发展的实际,加强学生与家庭、社会现实和社区发展历史的联系,为儿童了解社区、接触社会、关心社会创建学习机会,通过综合实践学习活动的设计与开展,培养儿童的社会责任感。

学校课程目标是进行学校本位课程开发的依据和基础,它是国家课程目标和地方课程目标的完善和补充。学校课程目标的制定主要依据学校具体特点、特长和条件,体现学校在三级课程结构中进行自主开发和自我完善的课程发展模式。由于学校课程目标以学生学习需要为前提,紧贴学生最近发展区,因此,赋予教师课程开发权力,尊重教师的开发精神和创新能力,在一定程度上可以促进教师实现"被动接受"到"主动发展"的课程角色的转变。

我国新一轮课程改革中提出课程三维目标:一是知识与技能,这是要求学生掌握各门学科的基础知识和基本技能;二是过程与方法,注重学生学习的经历,包括认知方式的尝试、习得知识技能的过程以及人格养成的途径,关注学习者在学习过程中运用潜意识习得内隐学习的经验;三是情感、态度和价值观,更加关注从学校隐性课程存在的价值及其取向发展儿童的精神力量。

在学校课程设计中,根据课程表现的形态以及课程指向的不同学习结果或学习效益,可以分为显性课程目标和隐性课程目标。显性课程目标是通过教学实施可以实现的显而易见的行为目标,如认知目标和技能目标;隐性课程目标在课程实施过程中是不易或不能直接看出的,如与情感、态度、思想、观念、信念等意识方面相关的价值灌输目标。

二、课程目标的基本取向

所谓课程目标的取向就是在确定课程目标时研究者持有的指导思想或预设的价值观。这种指导思想或价值观最终以某种潜在或显在的方式决定着最终的课程目标及其表现形式。由于课

---

[1] P. F. Oliva, *Developing the Curriculum* (3rd ed.) Boston & Toronto: Little, Brown & Company, 1992, p. 257.
[2] 顾明远:《教育大辞典》(增订合编本),上海教育出版社1998年版,第898页。

程目标总是一定的教育价值观在课程领域的具体化,教育目的、教育宗旨等一类价值性因素总是要渗透其中的,因此,不同的价值取向形成了不同模式的课程目标。美国课程论专家舒伯特(W. H. Schubert)把课程目标划分为四种典型的不同取向:普遍性目标取向、行为目标取向、生成性目标取向和表现性目标取向。

(一)普遍性目标取向

普遍性目标是基于教育理想、社会政治经济发展状况、意识形态以及人的实践经验需求等引发出的课程一般宗旨,它体现的是普遍主义的价值观。普遍主义一致认为,世界上存在着某种普遍的伦理规则或标准,其可以广泛地适用于一切人类及所有时代,因此,普遍性课程目标取向坚信课程目标能够并应当运用于所有的教育情境,它给出的课程目标是一般性的宗旨或原则而不是具体细化的目标,人们常常根据自己的理解对这些目标加以解释,以适应具体教育情境的需要。例如中国传统教育关于"格物、致知、诚意、正心、修身、齐家、治国、平天下"的信条,既是教育宗旨,也是课程目标。

普遍性目标的优点在于:适用范围广,灵活性强,教师可以根据具体实践来理解和设计课程目标。普遍性目标取向的缺陷在于:一是目标缺乏内涵上清晰的界定,容易引起歧义;二是目标受日常经验所局限往往缺乏科学根据;三是目标缺乏逻辑上周全考虑,具有较大的随意性。

(二)行为目标取向

行为目标是以具体的、可操作、可观测行为的形式来陈述的课程目标,它以课程与教学活动结束后学生行为变化为指向,其产生和流行主要源于20世纪初科学主义思潮和行为主义心理学的影响。科学主义强调客观性和可观测性,强调活动的程式化和规范化,强调精确性和量化,这些对于课程目标确定的影响与行为主义心理学关于人的行为的客观性、可观测性、具体性、可操作性研究一起,要求目标要用外显的客观性行为来表述。

行为目标形式的优点是:明确、具体、可观察和测量。其缺陷为:首先,并非所有的课程目标都可以预设,也不是所有的课程目标都可以有外显为行为的。真正有价值的知识、信念、道德理想未必都能够在短时期内从学生行为中显示出来,因此,如果课程目标都采取行为目标的形式,那么教学就会趋于强调那些可以明确识别的要素,而对于很难测评、不容易转化为行为的内容或隐性价值就会因被忽视而在课堂教学淡化或消失;其次,行为目标将学习分解为各个独立的部分,认为各个独立的部分是可以分别对待的,这就破坏了学习的整体性,不利于从价值观、情感、态度、欣赏、审美情趣等整体层面全面发展儿童的个性;第三,行为目标取向过于强调目标,忽略了实现目标的过程与方法,从而在实现目标过程中出现了师生行为的异化。

(三)生成性目标取向

生成性目标也称作"形成性目标"和"生长性目标",它是在实际的教育情境中随着教育过程的展开而自然生成的课程目标。生成性目标最根本的特征是过程性,即目的是在过程中内在地被决定的,而不是外在于过程被规定、强加或引导。

生成性目标的渊源最早可以追溯到杜威的"教育无目的论"。杜威认为,课程目标不是课前已经安排要讲授的抽象概念体系,而是课后儿童发生重组、改造和生长的经验结果。换言之,课程目标存在于教育过程之中,而不是教育过程之外,课程的目标就是不断促进儿童经验的生长。塔巴(Hilda Taba)也坚持课程目标的过程性主张,在她看来,"教育基本上是一个演进的过程,而且,它是渐进地生长的,它扎根于过去而又指向未来,从这个意义上说,它又是一个有机的过程。在此过程的任何阶段上,我们能提出的目的,不管什么也不能把它们看成是最终目的;也不能将它们武断地插到后面的教育过程中。目的是演进着的,而不是预先存在的。目的是演进中教育过程的方向的性质,而不是教育过程的某些具体阶段的或任何外部东西的方向的性质。它们对教育过程的价值,在于它们的挑战性,而非一种终极状态"①。人本主义课程理论对教育无目的的观点发展到极致。罗杰斯认为,凡是可教给别人的东西,相对来说都是无目的的,即对人的行为基本上没有什么影响。能够影响一个人行为的知识,只能是他自己发现并加以同化的知识。因此,课程的功能是向每位学生提供有助于个人心智生长、个性自由发展的、有内在奖励的学习经验。

生成性目标强调课程目标的过程性、生成性和情境性,消除了过程与结果、手段与目的之间的二元对立,同时可以为学生创设丰富的开放性学习环境,使得课程目标隐藏在情境之中。但是生成性目标取向也存在以下的缺陷:一是生成性目标的采纳或运用要求教师拥有相当程度的专业训练经历和较高的专业水平,而在实际的教育过程中提出这些目标,对于教师而言难以达到这些要求;二是教师在工作中倾向于将复杂的问题简单化,不愿意投入额外的劳动采用难以把握的生成性目标;三是采用生成性目标,对于学生而言则失去了任务驱动和目标导向,使得学生难以预先知道什么知识对自己最有价值,从而使得学习活动的组织具有一定程度的盲目性和随意性。

(四) 表现性目标取向

表现性目标是指学生从事某种活动后得到的结果,它关注的是学生在活动中表现出来的某种程度的首创性反应,而不是事先规定的结果。表现性目标是美国学者艾斯纳在批判行为目标的过程中提出的一种课程目标形式。与统一性的行为目标不同的是,表现性目标强调课程目标的独特性和首创性,旨在激发儿童的创造潜能和个性发展。艾斯纳认为,在课程与教学设计和评价中,应该准备行为目标、解决问题的目标和表现性目标这三种类型的目标(如图3-2所示)。

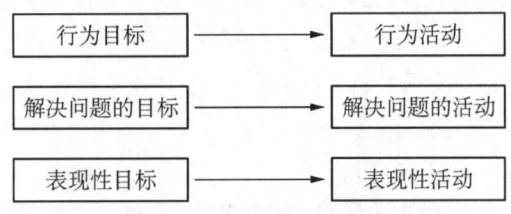

图 3-2 艾斯纳三种课程目标类型②

表现性目标并不指明学生经过一种或多种学习后要达成的行为,而是描述教育的际遇:判别学生学习的环境、处理的问题、从事的任务,但不指明他们从际遇、环境、问题或任务中学习了什么。表现性目标犹如在课堂中教师向学生发出的邀请,一起探索、追随或集中争论他们特别感兴趣或对他们来说特别重要的问题。它是唤起性的,而非规定性的,意在围绕一个主题,运用先前的技能理解其意义,拓展和深化相应的技能与理解,并使其具有个人表达的特点。因此,在表达性目标中,教师期待的不是学生一致性的反应,而是多样性的、个性化反应。

由此可见,表现性目标强调学生在学习过程中的个性发展和创造性表现,强调学生的自主性与主体性。换言之,该目标取向关注学生在活动中自由表达的学习冲动,它能够使课程目标适合于学生的个性差异,有利于激发学生的求异思维和独创性,实现教育价值追求"成"人的旨趣。当然,表现性目标难以起到行为目标所能起到的对教育活动的导向作用,难以保证学生掌握他们所必须掌握的内容。

---

① 瞿葆奎主编:《教育学文集·教育目的》,人民教育出版社1989年版,第625页。
② 丁念金:《课程论》,福建教育出版社2007年版,第83页。

【提示 3-1】　　　　　　　　　　教育无目的论

杜威(John Dewey)是19世纪末、20世纪初美国著名的教育哲学家,他以实用主义哲学为指导,全面阐释了教育的本质。在他看来,"教育即生长、生活、经验持续不断的改造";他提出的"儿童中心主义"、"学校即社会"、"从做中学"的教育原则,成为构建与传统"课堂中心、教科书中心、教师中心"的三中心相对立的"活动中心、经验中心、学生中心"的现代教育理论模式。尤其是他的"教育无目的"理论对当时美国乃至世界各国的教育理论和实践产生了深远的影响。

杜威认为,"教育本身无目的。只是人,即家长和教师等才有目的"。不存在有"教育过程以外"的目的,教育目的只存在于"教育过程以内","教育的过程,在它自身以外没有目的,它就是它自己的目的"。简言之,在教育活动中,儿童的本能、冲动、兴趣所决定的具体教育过程就是教育的目的。与此对应的是,杜威将社会、政治需要所决定的教育总目的看作是"教育过程以外"的目的,并指斥其为一种外在的、虚构的目的表现。

在杜威看来,这种外在、虚构的"目的"(ends)具有静止的性质,始终是一种固定的、欲达到和占有的东西。它存在于教育活动之外,使教师和学生所从事的活动变成了为获得某个东西而采取的不可避免的"手段"(means),活动失去了自身的意义,变得无关重要。这种外部的目的观将"手段"和"目的"进行了分离,"与目的比较起来,活动只是不得不做的苦事";相反,从活动内部产生的目的作为指导活动的计划,既是目的又是手段,其间的区别只是为了方便。"每一个手段在我们没有做到以前,都是暂时的目的。每一个目的一旦达到,就变成了进一步活动的手段。当它标示我们所从事活动的未来方向时,我们称它为目的;当它标示活动的现在方向时,我们称它为手段。"在活动的内部目的里,手段和目的实现了有机统一,活动也相应地成为一件令人愉悦并值得做的事。

杜威在其"教育无目的论"中,指出了教育外在目的的缺陷,并阐释了其必然带来的危害。他说:"如果家长或教师提出他们'自己的'目的作为儿童生长的正当目标,这和农民不顾环境情况提出一个农事理想,是同样荒谬可笑的。"如果教师将这种外在的教育目的强加于儿童,必然导致:一方面,教师由于受各种外在因素的支配,他的思想不能和学生的思想以及教材紧密相连,同时,他的智慧亦得不到自由运用;另一方面,学生常常会处于两种目的冲突之中,即:符合他们当时自己经验的目的和别人要他们默认的目的,因而会感到无所适从。

在上述有关教育目的理论的基础之上,杜威指出了良好教育目的应该具备的几个特征:第一是客观性,所确定的目的必须是现有情境的产物;第二是灵活性,目的必须能够随环境条件的改变而随时调整;第三是非完成性,即良好的教育目的必须确保活动的自由开展。杜威认为:教育的外部目的是固定的、呆板的,不能保证活动的继续进行,因而决非他所赞同的教育目的。

资料来源　教育无目的论,http://baike.baidu.com/view/1653756.htm

综上所述,普遍性目标、行为目标、生成性目标和表现性目标各有自己的优势和局限。因此,在设计课程目标时,应结合课程类型对四种取向的目标进行整合,使课程目标既适应学习情境,也促进学生在与情境的互动中行为的转变和个体学习经验的持续生长。

三、课程目标的表述方式

（一）行为目标的表述方式

最早关于行为目标如何表述的研究是泰勒提出的"双向分析表"的叙写方法。泰勒认为，有效的行为目标表述，必须指明学生身上应该产生的"行为改变"以及所应用的"生活领域或内容"，即"行为"和"内容"两方面必须兼顾。因此，为了能够精确而又清晰地表述目标，采用一种二维图表的形式常常是有效的①（如表3-1所示）。

表3-1 泰勒关于生物学课程目标二维图表的用法例证

		目标的行为方面						
		1.理解重要的事实和原理	2.熟悉可靠的信息来源	3.解释资料的能力	4.运用原理的能力	5.研究和报告研究结果的能力	6.广泛和成熟的兴趣	7.社会态度
目标的内容方面	A.人类有机体的功能 1.营养	×	×	×	×	×	×	×
	2.消化	×		×	×	×		×
	3.循环	×		×	×	×		×
	4.呼吸	×		×	×	×		×
	5.生殖	×		×	×	×		×

资料来源 ［美］拉尔夫·泰勒著，施良方译：《课程与教学的基本原理》，人民教育出版社1994年版，第38页。

二维图表是将特定阶段具体学科期望学生达到的目标分解为"目标的内容方面"和"目标的行为方面"，再分别将"目标的行为方面"和"目标的内容方面"进一步分解为若干层次或部分形成二维图表，在"行为"（行）和"内容"（列）交叉处做上标记，表示某行为方面适用于这一特定的内容领域。这样，图表上的标记就清楚地指明了这个学科特定阶段的学程要培养哪几种行为，而且还联系每一种行为指出该行为所适用的特定内容或经验领域。

20世纪60年代，马杰认为行为目标的表述或叙写除了"行为"和"内容"两方面外，还应包括"表现"、"条件"和"标准"三大要素。②"表现"是指可以观察的、外显的、学生在学习的终点可表现的；"条件"是指行为表现所需要的主要条件或背景，包括时间的限制、使用的材料和设施、特别的指示和说明等；"标准"是指衡量学习者的行为表现成功与否的标准。在马杰的三要素基础上，进一步发展形成目前广泛使用的四个要素"ABCD"表述方式。

所谓的ABCD分别是四个要素的英文字首字母，含义分别是：A是指学习者（audience），目标表述要有明确的行为主体学习者，也就是目标表述的主语；B是指行为（behavior），要说明通过学习之后学习者应该能够做什么，是目标表述句子的谓语和宾语；C是指条件（conditions），要说明上述行为在什么条件下发生，是目标表述句中的状语；D是指程度（degree），即明确上述行为的标准。③

因此，在表述行为目标时，行为主题、行为动词、行为条件和要求的程度是不可缺少的四个要素。但是，并不是所有的目标呈现方式都要包括这四个要素，只要不会引起误解或多种解释，有时

---

① ［美］拉尔夫·泰勒著，施良方译：《课程与教学的基本原理》，人民教育出版社1994年版，第37页。
② R. F. Mager, *Preparing Instructional Objectives* (2nd ed.) Belmont, California: Pitman Learning, 1984, p.21.
③ 转引自钟启泉主编：《课程论》，教育科学出版社2007年版，第132页。

为了表述简洁,也省略行为主体或行为条件。这里列举一个运用 ABCD 表述行为目标的例句:"在交际中(条件)(省略了学习者)注意(行为动词)语言美,抵制不文明的语言(表现程度)。"在表述行为目标时,要注意描写行为的动词要具体,与可观察、可操作的行为相对应。如使用"给出定义、指出、选择、列举、背诵、转换、区别、解释、归纳、摘要、证明"等动词,避免使用比较宽泛不能确指的知道、了解、掌握、运用等词语。在采用 ABCD 表述行为目标时,常见的行为动词及分类如表 3-2 和 3-3 所示。

表 3-2 编写认知领域行为目标可供选用的行为动词

教学目标分类	特 征	可参考选用的动词
知识	对信息的回忆	为……下定义、列举、说出(写出)……的名称、复述、排列、背诵、辨认、回忆、选择、描述、标明、指明
理解	用自己的语言解释信息	分类、叙述、解释、鉴别、选择、转换、区别、估计、引申、归纳、举例说明、猜测、摘要、改写
应用	将知识运用到新的情境中	运用、计算、示范、改变、阐述、解释、说明、修改、订计划、制定……方案、解答
分析	将知识分解,找出各部分之间的联系	分析、分类、比较、对照、图示、区别、检查、指出、评析
综合	将知识各部分重新组合,形成一个新的整体	编写、写作、创造、设计、提出、组织、计划、综合、归纳、总结
评价	根据一定的标准进行判断	鉴别、比较、评定、判断、总结、证明、说出……价值

资料来源 乌美娜:《教学设计》,高等教育出版社 1997 年版,第 144 页。

表 3-3 编写动作技能领域行为目标可供选用的行为动词

教学目标分类	特 征	可参考选用的动词
知觉能力	根据环境刺激做出调节	旋转、屈身、保持平衡、接住(某物体)、踢、移动
体力	基本素质的提高	提高耐力、迅速反应、举重
技能动作	进行复杂的动作	演奏、使用、装配、操作、调节
有意交流	传递情感的动作	用动作表达感情、改变脸部表情、舞蹈

资料来源 乌美娜:《教学设计》,高等教育出版社 1997 年版,第 144 页。

【提示 3-2】 小学课程目标不同学科的行为动词选择

类型		学习水平	小学语文、数学、科学课程标准中所用的行为动词举例		
			语文	数学	科学
结果性目标	知识	了解	读准、会写、认识、学会、会说、学习、写下、熟记、背诵	读、写、会用、认识、说出、识别、了解、辨认、描述	了解、知道、描述、说出
		理解	理解、展示、拓展、使用、分析、区分、判断、获得、表现	知道、表示、会画、确定、找出、获得、读懂	区别、说明、解释、估计、理解、分类、计算

续 表

类型		学习水平	小学语文、数学、科学课程标准中所用的行为动词举例		
			语 文	数 学	科 学
体验性目标	知识	应用	评价、掌握、运用、懂得、联系上下文	分类、选择、比较、排列、理解、解释、判断、预测、推断、估计、设计、检验、运用、掌握、处理、推导、证明	比较、检验、判断、预测、估计、验证
	技能	模仿	讲述、表达、阅读、复述、朗读、写出、倾听、观察、转述、推想、揣摩、想象、选择、扩写、续写、改写、发现、借助、捕捉、提取、收集、修改	口算、计算、测量、观察、操作、实验、调查、笔算	实验、测量、观察、操作（具体为加热、冷却等）、计算
		迁移			想象、演示、尝试、试验、联系
		独立操作			测量、会、学会、运用、调查
	过程与方法	经历（感受）	感受、尝试、体会、参加、发表意见、提出问题、讨论、积累、体验、策划、分享、制订、沟通、收藏、合作、组织	体验、感受、交流、解决问题、经历、发现、探索、感知、交换意见	观察、经历、亲历、体验、感知、学习、调查、探究
	情感态度价值观	反应（认同）	喜欢、有……的愿望、体会、乐于、敢于、抵制、有兴趣、欣赏、感受、愿意、体味、尊重、理解（别人）、辨别（是非）、品味、关心、同情	体会、欣赏、感受	关心、关注、乐于、敢于、勇于、善于
		领悟（内化）	养成、领悟	养成、树立	形成、养成、具有、具备

资料来源　朱慕菊：《走进新课程——与课程实施者对话》，北京师范大学出版社2002年版，第60—61页。

(二) 表现性目标的表述方式

表现性目标的表述只是指出学生学习的项目或问题的意义，并不指定学生学习的结果如何。换言之，表现性目标并不期望学生在参加教育活动后能做什么，而是识别学生在活动中将会遭遇或际遇的存在形式。例如，表现性目标的陈述可以是：(1)阅读并解释《丑小鸭》的意义；(2)考察与欣赏《群鸟学艺》的重要意义；(3)拨弄钟表考察时针和分针之间的关系；(4)通过使用身边简便的材料制作三维框架；(5)参观动物园并讨论那里发生的事情。

表现性目标十分重视学生学习的体验性。根据学生在学习过程中"经历"的种类，描述学生自己的心理感受、体验，或者明确安排学生表现的机会，师生可以获得学习评价所需的材料或数据。由此可见，用于表述表现性目标的动词往往是体验性的、过程性的，指向无需结果化的或难以结果化的课程目标。如"用不同的物体和方法制造声音，描述自己对这些声音的感受"等。

四、课程目标的制定和要求

(一) 课程目标的制定

虽然课程总目标与教育目的或培养目标的内涵具有逻辑上的一致性，但是当课程论作为一个独立的研究领域,它势必要力求回答关于课程目标制定的依据和原则问题,而不是简单地从教育目的或培养目标进行推衍。泰勒在《课程与教学的基本原理》一书中,阐述了制定课程目标基本依据的三个来源:学生的需要、社会生活的需要和学科的发展。

1. 学生的需要

促进学生的身心发展是课程的基本职能。课程编制者要时刻关注有关学生的各种研究,尤其是有关学生的认知发展、兴趣和需要与情感形成、社会化过程与个性养成方面的研究,以及关于学习发生条件等方面的研究。简言之,就是课程编制者在确定课程目标时应该具备丰富的学生知识基础。

由于课程要把人类认识和改造世界的经验结晶有效地传递给下一代,这就意味着学生在校期间要吸收大量信息。研究表明,信息的成功获得需要许多过程发挥作用,如感觉登记、选择性注意、加工速度以及在环境的各个方面搜寻和利用信息的有效策略。而儿童在认知方面表现出与成年人不一样的特点,例如,与成人相比,儿童在感觉登记的性质和操作上要差些。因为成人在感觉登记时会采用一种序列编码的策略,把感觉登记的信息及时转移到短时记忆中,而儿童则没有运用这种策略。儿童最初加工信息的速度比成年人要慢些,因为,成年人比儿童更能利用部分信息来推论或猜测刺激是什么;年龄小的儿童控制自己注意过程的难度要大些,因为小学生区分相关刺激与无关刺激的能力有限,能引起成人注意的线索,不一定会引起儿童的注意;而且还有一些因素导致儿童不能利用他们能够利用的记忆策略,例如小学低年级学生不能利用分组或分类的方式来帮助记忆,如此等等。① 事实上,即使是成年人在某一特定时刻也只能加工有限数量(7±2)的信息。如果超过这个数量,后面的信息挤进去了,前面的信息就被遗忘了,根本无法得到深加工(思维或认知重组)。所以,要是一味要求学生在短时间里获得大量信息,不给他们留有加工或思考的时间,不仅不利于他们吸收信息,而且还会导致他们养成不加思考机械记忆的习惯,进而对学习产生厌倦感。

2. 社会生活的需要

学生的发展不仅包括个性心理和生理的发展,而且还包括自我意识(即群性)的发展。简言之,学生的发展总是与社会发展交织在一起的。对社会的研究涉及内容极为广泛,在课程领域里通常采用的方法是把社会生活划分为若干有意义的方面,再分别对各个方面进行研究。博比特运用活动分析法将社会生活分为语言、卫生保健、公民、社交、娱乐、家庭和职业七个方面;泰勒介绍了一种可行的分类是:(1)健康;(2)家庭;(3)娱乐;(4)职业;(5)宗教;(6)消费;(7)公民。而美国弗吉尼亚州课程研究会曾经使用了一个更详细的关于社会生活的划分:(1)生命的保护与维持;(2)自然资源;(3)物品与劳务的生产及生产赢利的分配;(4)物品与劳务的消费;(5)物品与人员的沟通与运输;(6)娱乐;(7)审美冲动的表现;(8)宗教冲动的表现;(9)教育;(10)自由的范围;(11)个体的整合;(12)探索。② 上述分类不一定适合我国国情,但其分类方法值得借鉴,而且可以从对社会生活的具体分类的需要来确定学校课程目标。由于上述分类过度强调了课程的社会适应功能,忽略了课程对社会生活的批判和改造方面的作用,因此,在一定程度上忽略了课程的相对独立性。

将社会生活的需求转化为课程目标是一项十分复杂的工作,要真正做好这项工作还需注意以下问题:③

---

① 转引自施良方著:《课程理论——课程的基础、原理与问题》,教育科学出版社 1990 年版,第 386—397 页。
② 丁念金著:《课程论》,福建教育出版社 2007 年版,第 76 页。
③ 李方主编:《课程与教学基本理论》,广东教育出版社 2002 年版,第 119—120 页。

第一,要对"学校课程能够满足的社会需求"和"学校课程只有通过社会上其他机构的合力才能完成的社会需求"做出明确的区分。学校课程的功能是有限的,人的发展除受学校课程的影响外,还受社会其他多种因素的影响。比如,在良好公民道德素养形成的过程中,学校课程不可否认是一个重要的因素,但形成良好的公民道德素养仍需社区、家庭、社会机构或组织等诸多因素合力共同影响。

第二,课程目标的确立除了应该关注现存社会实然需求的研究外,还应对未来社会生活的应然或可能需求进行研究。课程不仅是帮助儿童适应未来生活做好准备的手段,也是对当下现实生活进行理性批判、反思和不断改造或改进的利器。因此,在确立课程目标时,有必要以"自由、平等、博爱、民主"等普世价值观作为判断课程目标价值合理性的尺度。

第三,在将社会生活的需求确定为学校课程目标的过程中,还应该注意维持儿童个性和群性的平衡发展。这不仅关系到儿童身心健康的发展,而且有助于促进儿童在"知识、道德和人格"层面得到整体发展。

3. 学科的发展

学科课程的主要职能体现在传递其他社会经验难以获得的知识,而学科本身是知识最主要的支柱。与课程目标联系最为密切的是学科的功能。一般而言,学科知识具有两方面的功能。一是造就该学科领域内从事高深研究的学科专家,也称学科本身的特殊功能,为了实现这种功能,学科知识必须以由基本概念、定律或定理构成的严密知识体系展示出来;二是学科能起到的一般的教育功能,主要针对一般公民个人生活或社会生活的需要。由此可见,课程目标包括了学科的特殊功能和一般功能。

在确定课程目标的过程中,人们往往过于强调学科的特殊功能而容易忽视学科的一般功能。这种由学科专家主导的课程编制容易导致对儿童认知领域的过度开发,从而忽视儿童在道德和人格方面和谐发展。因此,在确定课程目标的过程中,既要认真听取学科专家的建议,同时也要顾及课程专家的设想,从课程的工具价值和目的价值出发选择有助于促进儿童在"知识、道德和人格"全面发展的课程目标。

由于学生、社会、学科三个要素在课程发展中是交互起作用的,对任何单一因素的研究结果都不足以成为课程目标的唯一来源。如果过度强调某一方面,则可能走向极端。课程史上出现过的学生中心课程、社会中心课程和学科中心课程就是这类典型例子,到后来基本上都是以失败而告终的。

(二)制定课程目标的要求

1. 基础性与发展性相统一

首先,要树立课程目标的层次意识,将小学课程目标分为基础性课程目标和发展性课程目标。其中基础性目标旨在使学生不仅在读、写、算、听、说等方面得到全面发展,而且在与同伴群体的交往中学会"关心"、"关爱",丰富学生与世界的"关联"性,培养学生健康、良好的自我意识,初步养成儿童参与未来公民生活的基本素质;其次,基础性目标面向所有学生,是统一的、最低限度的,具有规范性的内容标准与能力标准,要求全体学生通过学习普遍都能达到;第三,发展性目标旨在使儿童内部的潜能得以展现,促进儿童健全人格的养成与发展,它把发展儿童的主体性和自主学习能力放在首位,为儿童充分感受成功学习的体验创建丰富的学习机会。因此,发展性目标旨在营建有意义学习发生的学习情境,更加关注课程目标实现的可能性。

2. 外显性与内隐性相结合

课程目标的表述通常包括内容和行为两个维度,这是通用的行为目标的表述方式,该类目标也称作具有外显性的结果性目标。正如前文所述,外显的行为目标难以体现或概括人的情意、个性品质等内隐的价值。因此,课程编制在明确目标行为化的基础上,不仅要重视其外显性目标的编排、叙写和落实,还应特别关注课程目标与学生的文化、精神生活实际的关联度,重视课程体验性目标的设计,使儿童在学习过程中,不仅能掌握一定的知识和技能,而且在情感、态度和价值观等层面也得到全面发展。

3. 学科特殊功能与课程一般功能相统一

学科的教育功能包括学科的一般教育功能和学科的特殊教育功能两方面。学科课程目标的一般功能与教育"成"人的追求旨趣,在逻辑上是一致的。而学科的特殊教育功能是由学科内容的特殊性、学科方法的独特性和学科课程组织的差异性决定的。学科内容的特殊性受制于学科课程目标的规定性;由于学科方法的独特性与学科自身的知识结构和内容逻辑密不可分,因而,学科内容和学科方法决定了学科课程组织的不同形式。

通常一门学科的特殊教育功能是其他学科所不具备的,或者相对而言表现出一种较弱的教育功能。一方面,某一学科的特殊教育功能体现在对本领域专业特殊人才培养的功用上;另一方面,它还表现在对一般社会成员或公民共同具备的基本素养的特殊培养功用上。因此,在课程编制中,如何发挥学科的特殊教育功能和一般教育功能是学科存在意义上价值争议的具体体现。只有学科的教育功能得以兑现,那么课程的一般功能才能实现。如果片面强调个别学科的特殊功能,则会因为课程"成"人目标意识的淡化或缺失而影响课程一般功能的发挥,不利于学生健全人格的发展和养成;与此同时,如果忽视了学科的特殊教育功能,学生会因为学习情境的缺席,或者缺乏具体学科内容的支持而丧失认识自我的机会,从而导致学习者在教育"成"人旨趣的背后其主体性的迷失。

第3节 小学教学目标

一、教学目标的层次

教学目标是课程目标的进一步细化,在方向上对教学活动设计起指导、调控的作用,为教学评价提供标准和依据。在西方,一般把教学目标区分为终极目标和直接目标:终极目标是为受教育者将来从事各种社会性活动要实现的目标;直接目标是为学生掌握从事各种社会活动时所需的知识技能、活动工具、行为方法方面所涵括的具体目标。

按照教学活动内容设计的需要,教学目标可以分为学科目标、单元目标和课时目标。学科目标是指某门学科在教学上总体要达到的结果;单元目标是指对某一门学科结构中各个组成部分的具体要求;课时目标是指每课时提出的具体要求。

美国学者布卢姆等按照认知学习领域、情感领域和动作技能领域对教学目标进行分类,他把认知领域由简单到复杂、由低级到高级依次分为六个层次目标:(1)知识,指对先前学习过的材料的记忆;(2)理解或领会,指能把握材料的意义;(3)应用或运用,指能将习得的材料应用于新的情境;(4)分析,指能将整体材料分解成它的构成成分并理解组织结构;(5)综合,指能将部分组成新的材料;(6)评价,指对材料作价值判断的能力。

克拉斯沃尔(D. R. Krathwohl)和布卢姆等人依据价值内化的程度对情感领域的教学目标进行分类,由低到高共分五级:(1)接受或注意,指学生愿意关注特殊的现象或刺激;(2)反应,指学生主动选择参与特殊活动并感受到满足;(3)价值评价,指学生将特殊的对象、现象或行为与一定的价值标准相联系;(4)价值观的组织,指将许多不同的价值标准组合在一起,克服它们之间的矛盾冲突并开始建立内在一致的价值体系;(5)价值或价值体系的性格化,指个人具有长时期控制自己的行为以致发展了性格化生活方式的价值体系。

辛普森(E.J. Simpson)把动作技能分为七类,依次是(1)知觉,指运用感官获得信息以指导动作;(2)预备或定向,指对稳定的活动的身心准备;(3)有指导的反应,指复杂动作技能学习的早期阶段;(4)机械动作,指学习者的反应已成为习惯,能以某种熟练和自信的水平完成动作;(5)复杂的外显反应,指包含复杂动作模式的熟练动作操作;(6)适应,指技能的高度发展水平,即学习者能修正自己的动作模式以适应特殊的装置或满足具体情境的需要;(7)创作,指创造新的动作模式以适合具体情境。

二、教学目标的设计

在设计教学目标时,应依据课程目标、结合学科内容学习的特点,根据教学目标编写的基本要求,选择恰当的教学目标编写方法。

(一) 教学目标编写的基本要求

在通常的教学设计的实践中,我们习惯使用马杰的三因素法和ABCD四因素法进行编写。在我国第八次新课程改革中,提倡三维课程目标的融合,即知识与技能目标、过程与方法目标、情感、态度与价值观目标。因此,在编写教学目标时,也可以此为依据,构建"知识、能力和情感(或体验)"的三维教学目标体系。以小学语文为例,其三维教学目标体系构成如下:

认知目标。小学语文教学,要通过字、词、句、段、篇的教学和朗读、默读、复述、背诵的训练,使学生掌握常用的词语;理解句子的意思;能给课文分段,归纳段落大意,概括课文的主要内容和中心思想;学习作者观察事物,思考问题和表达思想的方法;能正确流利,有感情地朗读课文,比较熟练地默读课文,能背诵和复述指定的课文;能读懂少年儿童阅读的书报。这些目标要求随年级的升高而提高。

能力目标。着眼于逐步培养学生的自学能力,使学生在阅读实践中学习独立思考,学习怎样读书,使学生的听、说、读、写等能力得到全面提高。

情感(或体验)目标。指导学生通过语言文字的感悟,正确理解课文的内容,体会文章蕴含的思想感情,学会审美,使学生的情感、态度、价值观等得到人文渗透和滋养。

(二) 教学目标编写实例

【例1】 根据教学目标系统的层级划分,在教学设计中教学目标的编写是单元目标或课时目标,一般情况下,可以将教学目标分解成:认知目标、能力目标和情感目标。我们以小学语文四年级(上)的一篇课文《卡罗纳》为例进行教学目标的编写。

(1) 认知目标:认识5个生字;找出全篇课文的关键词。

(2) 能力目标:能准确、有感情地朗读课文,读懂课文内容的意义;懂得在别人遭遇不幸时,以同情和体贴表达关爱之情。

(3) 情感(或体验)目标:抓住人物语言、动作、神情的描述,通过品读、批注、交流,感受师生对卡罗纳的真切关爱之情。

【例2】 新课程教学目标的编写,提倡知识与技能、过程与方法和情感、态度与价值观三维目标的有机融合,我们以小学科学《磁铁有磁性》为例,教学目标的编写具体如下:

(1) 知识与技能:知道磁铁能吸引铁制的物体;知道磁铁能吸引铁制物体的性质叫磁性;知道磁铁隔着一些物体也能吸铁,同样一块磁铁上的不同位置磁性强弱不同。

(2) 过程与方法:用实验方法研究磁铁能吸引哪些材料的物体;根据材料设计实验,研究磁铁隔着玻璃杯、水、空气、纸片、布片、铝片等能不能吸铁;体会随着实验条件的变化,磁铁隔物吸铁的本领是如何变化的。

(3) 情感、态度与价值观:通过小组探究学习,培养学生的合作精神;通过孩子认真实验,获取证据,用证据来检验推测得出结论,培养儿童严谨的科学精神;通过实验器材的整理,培养日常生活有序的自理能力。

【提示3-3】   **教学目标叙写中常见的错误**

在分析一般教学目标时,格劳伦德(N. E. Gronlund)建议应该避免下列常见的错误:

1. 描述教师表现而非学生表现。如增加学生的阅读能力——这个例子并不能够清楚地显示教学的意图结果。如改写为:学生会朗读课文;背诵第二段,能够解释××的现象或原因等等。

2. 叙写学习过程而非学习产物。"获得"、"学习得到"、"发展"等着重学习过程的描述而非学习的预期结果。

3. 罗列学科内容。

4. 在每一个一般目标内包括成果一类的、在短时间内很难完成的学习成果。如认识科学方法并有效地应用。

泰勒也曾批判过上述叙写目标时常犯的错误,他还指出了另一个常犯的错误,即只叙述理想的学生行为,而忽视行为所应用的生活领域或内容。

资料来源   N. E. Gronlund, *How to write and use instructional objectives* (4th ed.) New York: Macmillan Publishing Company, 1991;李子建、黄显华:《课程:范式、取向和设计》,香港中文大学出版社1996年版,第216—218页。

三、教学目标的制定和要求

(一) 教学目标的制定

由于学科教学目标指称比较宽泛,通常包括课程教学目标、单元教学目标、课时教学目标和知识点教学目标,[①]因此,本节所述的教学目标特指单元教学目标和课时教学目标或介于二者之间的"节教学目标"。考虑到课程、教学和学习三者之间的关系,在确立教学目标时应该考虑学科课程目标、学校教学资源和学生的智力及学力水平。

1. 学科课程目标

学科课程目标既是课程总目标的反映和具体化,也是确定课堂教学目标的方向、依据和评价标准。从小学课程目标的功能来看,相对于儿童的学习和发展而言,课程总目标的一般教育功能和学科课程目标的特殊教育功能在儿童"成"人目标的追求上是一致的。因此,在确定教学目标的过程中,要关注学科课程目标与课程总目标之间的关联度,同时充分考虑学科自身的特殊性,并思考如何在教学设计和课堂实施中落实课程目标。由此可见,教学目标的确立不仅要围绕学科课程目标而展开,它本身就是课程总目标具体化之后的有机构成部分。

2. 学校教学资源

学校教学资源的外延比较宽泛,它包括教学材料、教师资质和课程实施的支持条件。从教学

---

① 李方主编:《课程与教学基本理论》,广东教育出版社2002年版,第135页。

材料来看,教科书是最重要的教材,它依照课程标准的目标和内容规定与要求编写而成,为教师理解课程目标提供了一种最为直观的文本;从教师资质来看,教师的专业知识、专业技能和专业精神决定了教学目标的选择能否满足社会对学校教育的需求、能否适应学生学力水平的差异以及教师能否选择适切的教学内容精心组织学生有意义的学习。简言之,教师资质是确立适切教学目标的必要条件。从课程实施的支持条件来看,学校教学设施等硬件设备的配置以及社区、家庭和学校文化等课内外课程资源的开发与整合程度,也制约了课堂教学目标的选择和确立。

3. 学生的智力和学力水平

一般认为,学生的智力水平存在着差异且呈正态分布,因而学生的学业成绩也必然存在着差异且呈正态分布。然而,布鲁姆提出的"掌握学习理论"认为,学生的智力水平与学业成绩之间并不存在必然的正相关,在班级群体中,两端的学习者与其余的学习者的能力倾向存在着差异,而对于这两者之间大约90%的学习者来说,能力倾向预示着学习速度,而不是可能达到的学习水平。因此,提供足够的时间与适当的帮助,95%(5%的优等生加上90%的中等生)的学生能够学好任何一门学科,达到高水平的掌握。

对于学力,原本有两层含义,一是指业已习得的现实的学习能力,二是指潜在的未来的学习能力,两者是不可分割的统一体。前者属于"基础性学力",后者属于"发展性学力"。所谓"基础性学力"就是主观上(主体)以记忆力为主、思考力为从,客观上(客体)伴随着要求这种智力因子起作用的基础性内容的部分。而"发展性学力"是以"基础性学力"为前提的,相对来说,"发展性学力"具有"开放性"的一面,一般所谓的要素间关系的统整、变更视点而进行的再建构等问题的解决及创造性思考,构成了"发展性学力"的主要部分。因此,"基础性学力"和"发展性学力"是同一概念范畴的两个侧面,它指向学生发展的不同层次,较低层次的"发展性学力"是较高层次的"基础性学力"。[①]因此,相对于儿童的学习和发展而言,教学目标既是以追求儿童的智力发展为旨趣,同时也是儿童学力发展层次的规定性内容标准构成中不可或缺的一部分。

(二) 制定教学目标的要求

1. 交互性

教与学是统一于师生相互交往的双边活动,它是师生为了达成共同目标而展开的具有目的性的认识活动。教学活动的交互性主要体现为以下三个特征:一是指教学是师生之间有意义对话的活动,对话的本质是教学主体对课程意义的释读、理解、追问和转化过程;二是指教学是师生之间交往的道德事件,这一事件内在地规定了教学主体的平等性,教学方式的民主化,教学内容的公共性(或可讨论性);三是指教学是教师帮助学生在生活世界和科学世界之间建立关联性的学习活动,是师生共同探究真理的活动。因此,教学绝不是教师的独白,而是师生之间共同的对话、交往和探究。

2. 量力性

教学目标的确立在课堂层面实施主要遵循量力性原则。所谓量力性原则,主要有以下三个层面的含义:一是教学目标的设计要充分考虑学生现有的智力水平和学力水平,包括学生已经具备的知识、经验和技能基础;二是在课程标准、教学标准和评价标准之间把握教学要素设计的平衡,要充分考虑学校课程实施的实际,包括教师资质、学生基础和教学条件,力求体现课堂教学的适应性、适切性和发展性;三是教学目标应具有一定的难度和弹性,并要求学生在一定时间内完成,体现教学任务的适度挑战性,创建儿童在"最近发展区"成功学习的机会。

---

① 钟启泉编著:《现代课程论》,上海教育出版社2003年版,第278—279页。

3. 统整性

教学目标的制定是一个复杂的教学要素优化设计过程，这一过程应充分关注课程综合化、教材立体化和教学内容呈现多样化的课程组织和教学设计问题。所谓课程综合化，即小学课程设计要善于整合课程实践范型，超越学科课程内容之间的界限，重视从儿童经验出发，通过活动设计，发展儿童自主探究概念意义的学习能力，帮助儿童实现知识和经验的统整，科学世界和生活世界的统整，认知和实践的统整；教材立体化不仅集中体现了不同版本的教材对课程标准的理解层次和解读视角，还充分利用现代信息技术的支持，建立了基于网络不同版本教材的相关资源链接，为更加精准地把握和确立教学目标提供丰富的范例；教学内容呈现多样化是教师针对儿童多元认知的特点，力保儿童在课堂教学中获得更多介入学习的机会，而展示或示范的一种课堂演绎方式，教学内容呈现多样化可以丰富儿童认知世界的方式，帮助儿童建立良好的自我意识。由上可见，教学目标的确立也是一个系统的优化教学设计过程。

第4节　小学课程与教学目标的绩效

作为绩效评价目标管理理论的创始人，美国管理学家德鲁克（Peter Druker）在1954年提出该理论的雏形。经过五十多年的不断发展，绩效目标评价已成为当今世界上通行的管理方法，西方国家将该理论广泛应用于学校、医院及政府机构等非赢利组织。该理论的核心是：以目标指导行动，在目标明确的条件下，围绕确定的目标和实现目标而开展一系列的活动，并对自己的行动负责，结果用绩效评价来考核，以求不断改进工作和学习。本节运用上述理论对小学课程和教学的目标制定，从教育目的、学校任务、教师素质、督导评估等因素展开分析。

一、小学课程与教学目标绩效的内涵

课程既是实现教育目的的手段，也是实现教育"成"人功能的工具。小学阶段是儿童一生发展中可塑性极强的关键时期，考察学校课程实施的目标绩效最终在很大程度上依赖于学生学业成绩的变化和身心发展的水平。因此，对小学课程目标和教学目标的绩效进行分析有助于我们反思学校教育"成"人的可能性和局限性。

（一）小学课程目标绩效的内涵

小学课程目标的绩效是指小学课程目标的制定和实施可以实现国民教育目的以及对于制定学科课程与教学目标能够起到的导向作用和评价功能。一般包括以下三个层面的涵义：一是小学课程目标体现或反映学校教育的"成"人功能，即以"知识和技能；过程与方法；情感、态度和价值观"的课程三维目标规定、引导和促进学生在"知识、道德和人格"层面的整体发展；二是小学课程目标调控学科课程与教学目标的合理制定和实施，在宏观的教育目的与微观的学习目标之间起到中观目标的连接、过渡、调控和引导的功能；三是小学课程目标中隐含的价值预设反映了时代精神、社会进步及人文关怀，体现学校课程对于儿童学习与发展的特殊意义。

（二）小学教学目标绩效的内涵

小学教学目标的绩效是指教学目标的设计、实施和评价反映了课程目标的内容标准要求，师生共同追求教学目标的实现过程凸显了教学目标的实现程度，且这一教学过程目的在于促进儿童高效而有意义的课堂学习发生。一般而言，小学教学目标的绩效包括以下三个层面的涵义：一是教材编写人员根据课程内容标准和儿童的年龄特征拟定一定难度的教学目标，且根据教学目标组织教材内容，编纂教科书；二是教师根据教科书的内容和学生的学力基础设计适切的教学目标，在

课程与儿童之间寻求有意义的连接;三是师生在追求教学目标实现的教学过程中,对教学目标实现的程度取决于儿童学习结果的习得与掌握。

二、小学课程与教学目标实现的条件

正如前文所述,从课程目标、教学目标到学习目标的实现,不仅仅是概念的内涵与外延变化的问题,而且是国家层面的教育目的在学校层面逐渐现实化的过程。其间存在许多可能的因素影响学校课程目标和教学目标实现的程度。因此,探讨这些因素如何在课程目标和教学目标的制定、实施和评价过程中发生作用,可以进一步理清小学课程与教学目标实现的条件。

(一) 小学课程目标绩效的实现条件

如果从宏观上考察教育目的,其内涵和外延与课程总目标是完全一致的;如果在课程理论的视野中探讨课程目标的现实化问题,课程标准的研制和学科课程目标的制定与确立以及教育督导机构对学校层面课程工作的督促与指导,则成为实现小学课程目标的必要条件。

1. 小学教育目的的合理性、合规律性与合目的性

学校课程目标是教育目的的反映和体现,教育目的具有的合理性、合规律性以及合目的性的内在属性,在某种意义上规定、制约和引导学校课程目标制定、实施和评价的方向。

首先,小学教育目的的合理性体现在培养目标实现的可能性、制定和实施培养目标的可行性以及学校教育自身难以克服的局限性。由于教育目的的确定往往会受到哲学观念、人性假设和理想人格等观念和价值取向的影响,同时受到社会文明发展阶段和现实的制约。而且制定教育目的的人与实施培养目标的人之间因自身知识和经验的差异,在实际操作中会带上一定程度的主观色彩。因此,教育目的的确定和培养目标的落实之间存在一个落差,这种落差恰恰是制约小学课程目标绩效的重要因素之一。加之,由于学校组织建制、运作、管理方式的特殊性,决定了这一机构在发挥教育功能时自身难以克服的局限性,因此,在确立学校教育目的时,如何限定学校教育范围,在整合社会教育和家庭教育优势的基础上确立合理的小学教育目的,这是一个有待长期关注和研究的课题。

其次,小学教育目的的合规律性体现在对儿童认知方式的尊重、身心发展的特点与规律的把握以及对儿童个性发展的培育和引导。在小学阶段,童年早期的兴趣常常是短暂的,到了童年中期则是一个对现实世界中的任务持续注意的时期,但幻想仍然存在,但其地位与早期相比已有显著下降。儿童开始关注周围世界是如何运转的,他们把相当大的兴趣放在对风俗习惯、工具、历史文化知识的学习上,而且这一时期他们已经内化了来自家长和教师那里听到多次的禁忌,并获得一种被期望感,且大多数儿童都不会辜负这种期望,于是游戏规则和他们获得的课堂纪律变得重要起来。儿童有时会以一种神圣的顺从来对待这些规则,但有时他们又对规则发生争论而重新协商规则。[①]儿童的心理特点为小学教育目的的确定提供了依据,当然儿童的心理特点也存在个体差异,这种差异不仅体现在年龄阶段上,而且表现在不同性别的儿童的行为中。因此,在确定教育目的时,只有尊重儿童的认知方式、适应儿童心理特点,这样教育目的才能在教育活动中起着引导、调控、评价儿童个性发展的"灯塔"作用。

第三,小学教育目的的合目的性既要反映学校教育与世界普世文明价值的对话,又要体现对传统文化价值的继承与发展。一方面,通过"自由"、"平等"、"博爱"以及"法治"等的学习,让"民主"与"科学"的精神深深植入儿童的心灵,着重培养具有国际视野的现代公民人格;另一方面,对传统

---

① [美]特里萨·M·麦克德维特等著,李琪等译:《儿童发展与教育》,教育科学出版社2007年版,第22—23页。

文化中"仁义礼智信"与"温良恭俭让"等道德价值的继承和发扬，引导儿童通过个人修身提高道德修养的水平，为成长为一个具有传统文化血脉与身份的现代中国人奠定文化基础。

2. 小学课程标准的研制原则

课程标准又称作课程纲要，它是根据课程计划按学科分别编写的一种有关教学内容的指导文件，它规定学科的课程目标、内容范围和教学活动上的基本要求。因此，从某种意义上讲，小学课程标准既是编辑和审查小学教科书的依据，也是教师理解课程、设计教学的根据，同时还是国家考试中心和社会专业团体对学校课程实施效果进行评价的参照依据。

作为一个关系到课程与教学目标绩效的纲要性文本，小学课程标准在研制中要体现以下三个原则：

一是坚持学科性和综合性的统一，一方面要通过课程目标、教学内容、教学方式和课堂评价等层面显示不同学科课程的特色；另一方面又要结合儿童认知发展的特点和身心发展的规律，对不同学科内容、教学方式、学习评价方式等进行整合，满足儿童的学习需求，比如小学语文三年级有一篇《夸父追日》的课文(人教版)，首先通过语文学科教学，能够达到正确、流利、有感情朗读故事的要求；在品读语言文字中感受故事的神奇，体会夸父追求光明的决心、不喜欢甚至惧怕黑暗的人的本性以及坚持不懈勇于探索未知世界的科学精神，并积累课文中的优美词语等。其次，以"夸父追日"为主题题材，在数学课中设计"夸父能否追日的计算"，在科学课"认识宇宙"一节了解"夸父追日"的荒谬，在美术课中描绘"夸父追日"的景象，在戏剧社团排练"夸父追日"的情境等等。同时，也可以根据学生学习的需要超越学科的界限布置学习任务，比如在科学实验课结束后，可以布置学生完成一篇作文，描述整个实验操作过程及个人在实验中的感受等。

二是坚持基础性与发展性的统一，一方面在传统的3R即"读、写、算"方面奠定扎实的学力基础，同时帮助儿童学会现代教育的3C即"关心、关切和关联"技能；另一方面，要理清"基础"与"发展"的辩证关系，懂得基础是发展的前提和条件，发展是基础的目的和归宿，基础与发展统一于学生的全部学习活动过程中。简言之，没有学习的发生，儿童就丧失了发展的基础、前提和条件。

三是坚持规范性与艺术性的统一，在小学课程标准的编制中体现课程的游戏属性。游戏属于儿童有意义的学习模式，它有两个重要的元素：游戏规则和游戏结果。游戏规则是显明的，它规定了游戏双方参与机会的公平；游戏结果是未知的，它承诺游戏过程的公正。在童年早期，儿童对规则的学习是通过想象学习(幻想性学习)和协商学习进行的，这对小学课程内容标准的研制从另外一个角度提供了应该参照的原则。

3. 教育督导的专业化

随着学校专业化发展的进程加快，给教育督导的专业资质、视导规范和督导流程提出了明确的专业化要求。所谓教育督导专业化，就是指教育督学经过长期的督导专业训练和自主学习与完善，具有先进的教育督导理念，具有与现代教育督导要求相适应的专业知识结构和督导技能，能够对学校层面实施的课程与教学改革发挥督促、指导、顾问的作用与功能，进而形成一支严格遵守督导流程、坚持督导原则和督导规范，有助于促进学校专业化发展的督导专业团体。

我国目前教育督导制度设计中的一个严重问题是教育督导行政化，这一制度缺陷带来的问题是教育督导队伍的成员资质构成行政化、督导内容政策化、督导任务和目标法规化，难以在真正意义上解决学校在课程教学改革与发展中出现的专业问题，为学校专业化发展提供咨询和指导。换言之，教育督学仅仅发挥了督"政"的职能，而无法担当督"学"的职责和导"学"的功能。

(二) 小学教学目标绩效的实现条件

我们知道，与宏大、抽象而空洞的教育目的相比，教学目标则显得细致、具体而直接。实现教学目标的关键是依靠专业化的教师团体,但是,也与国家教科书制度设计和课堂教学的特质密切相关。

1. 教科书制度

在建立了公共教育制度的国家里,政府为保证公民在一定程度上平等地接受最基本的教育并保证基础教育的质量水准,而建立了教科书制度。教科书制度主要包括教科书的编写、发行、认定(审定)与供应四个方面。

一般而言,学校使用的教科书都是由专门的部门或机构根据国家或权威教育机构制定的教学大纲(或课程标准)以及学术研究成果,有计划地进行编写、出版和发行。在欧美等发达国家,教科书通常由民间出版社组织编写和发行,把教科书的选择权留给学校及任课教师。通常上述国家或地区制定相应法规以规范教科书制度,使得教科书的编写、认定(审定)和选用互相分离,从而避免了教科书背后因为巨大的经济效益对利润的追逐而忽视了编写质量。

我国当前的教科书制度存在的问题主要体现在以下三个方面:一是教科书编写、审定和使用没有出现真正意义上的分离,加剧了教科书的编写主体——出版社之间的恶性竞争;二是出版社垄断教科书编写和发行的市场格局没有改变;三是缺乏配套的法律法规保障教科书制度的执行,使得行政体制下采纳的教科书编写、审定和发行的"一纲多本"机制成为出版社之间为争夺利益而分配的"一杯多羹"格局。

2. 教师专业化

教师专业化是教师职业发展的趋势,也是时代和社会变迁对教师资质提出的要求。教师专业资质主要包括以下三个层面:一是专业知识,这意味着教师必须经过长期的学科专业训练、教育心理学及专门的基本技能训练才能取得准入资格;二是专业技能,即教师应该具有为学生和社会所公认的复杂知识技能权威和影响力,有正式的专业组织对教师行业服务、培训及资格认证进行管理;三是专业精神,一方面,教师应该具有以奉献和服务精神为核心理念的职业道德;另一方面,教师应该具有充分的自治、自主和自律性,能够独立从事专业活动,不受专业以外的影响而做出判断。

教师专业化是实现教学目标的必要条件,通常教师是通过教学设计、实施和评价环节实现教学目标。因此,课堂教学是检验教师专业水平的试金石。一般而言,教师的课堂教学存在三种典型的教学范式:一是"经院式",这种教学仅仅限于"传授"知识,教师只是照本宣科,毫无创新精神;二是"师徒式",这种教学的特点完全是以教师为中心,具有个人色彩的传统;三是"苏格拉底式",从教育的意义上看,教师和学生完全处于一个平等的地位,教学双方均可自由地思索,没有固定的教学方式,只有通过无止境地追问而感到自己对真理竟一无所知。[①]因此,苏格拉底式的教师总是在教学中想方设法激发学生对探索求知的责任感。

3. 让课堂成为以学习为中心的学习共同体

学校是以学生为主体、以学习为中心的地方。儿童天生具有巨大的学习潜能。从嗷嗷待哺到独立自主,是学习造就了儿童"成"人的理想和追求。因此,让课堂成为以学习为中心的学习共同体,可以促进教学目标的现实化。

课堂作为一个担负着特殊社会功能和文化使命的班级教学组织,是一个由教师和学生组成的学习共同体。所谓学习共同体,是指一个由学习者及其助学者(包括教师、专家及同伴群体等)共同构成的团体,团体成员在学习过程中经常进行沟通、交流,并分享各种学习资源,共同完成一定的学习任务,形成了相互影响、相互砥砺、相互依存的人际联系。教师和学生在课堂中的教学活动,既是一种生活世界活动,更是一种立足于生活世界基础之上的以课堂教学内容为载体的专业世界

---

① [德]雅斯贝尔斯著,邹进译:《什么是教育》,三联书店1991年版,第7—8页。

活动。学习共同体所倡导的是,不强迫学生削足适履地适应已经设计好的教学序列,强调具有不同背景文化的学习者利用各自的专长,相互合作,互相支持,共同完成其共同确定的学习目标。由此可见,在学习共同体中,师生彼此通过对话、交往、反思性实践,共同分享一种价值、追随一个愿景、建立一种关系、表达一种观念、坚守一个信念,从而实现个体生命的自由本质。

教育是在人与环境之间创设了有意义的影响元素,这种有限度的影响根源于教育始终受制于人遗传素质的可能性,而具有丰富意义的学习环境可以在一定程度上激发儿童巨大的学习潜能。因此,在以学习为中心的课堂教学中,创建丰富的学习环境,既是兑现儿童学习权利的基本诉求,也是儿童自主学习和发展的内在需要,还是帮助儿童实现教育"成"人的理想和追求。所谓丰富的学习环境,主要有以下三层含义:一是学习组织的多样性,这里的学习组织多指学生社团。学生社团是学生自治的学习组织,也是学校课程制度设计中的学习共同体。这一学习组织的存在和运作,打破了学生年龄、性别、班级的界限,使得兴趣发展和培养成为共同体成员追随的课程愿景,在学校教育的范围内,可以最大程度保障学生自主选择和自由表达的学习权利。在某种意义上讲,学生社团也是社会团体的雏形。儿童在学生社团的学习经验就是未来公民结社的基本技能。儿童在学生社团中习得的领袖才能、合作技能、表达能力和沟通技巧是儿童赢得未来社会竞争的基础性学力,它作为一种潜在的教育力量,引导儿童不断地尝试、判断、选择、超越自我,最后成为自己心想成为的人。因此,这也是从人道主义的立场审视儿童健全人格养成的有效途径。

二是学习方式的个体差异性以及学习结果表达的合法性。由于遗传素质的差异性,儿童的认知方式具有不一致性,因此,在有限度的课堂教学中,儿童的多元认知难以得到充分的尊重和发展,而在自主学习中却可以被合理地表达;儿童在认识自我过程中,不断地寻找世界与自己之间可能存在丰富的关联性,因此,为儿童表达学习结果提供一个公共领域或空间平台,是学校教育应该承担的教育责任,也是培养儿童健全人格的有效途径之一。

三是自主设计学习活动的选择性。未来的课程是计划的课程与协商的课程交织在一起生成的课程。这意味着在学校生活中,学生可以带着学习任务自主设计学习活动,这种学习环境的开放性保障了儿童学习方式的选择性,它是发展儿童创新能力的条件,也是个体自主发展不竭的动力和源泉。

三、我国当下小学课程与教学目标绩效存在的问题

上文分析了我国小学课程目标与教学目标绩效的内涵以及实现的条件,阐明了教育目的是确立学校课程目标的依据以及实现学校课程目标的方向,提出了教师专业化是实现课程与教学目标的关键因素,并指出当下小学课程与教学目标绩效评估专业化程度不高的现实问题。接下来将继续对小学课程与教学目标绩效存在的问题进行分析。

(一) 教育目的虚化

我国当下的教育目的历经时代变迁和政治风云,多次修改而成,它在本质上属于教育方针,深受国家教育政策的制约和影响,因此,在某种意义上造成了学校教育目的的虚化。这种虚化主要表现在以下三个方面:一是在教育目的中一些宏大宽泛的描述不仅与现实教育的环境严重脱节,而且难以发挥对学校教育的引领、指导、调控和评价功能;二是缺乏对教育的文化传承及"成"人功能的认识,道德教育实效性差,公民教育观念淡薄,造成中国教育本土化缺席且国际化程度不高的现状;三是忽视小学阶段儿童的身心发展特点与规律,提出了不切实际的、通过学校教育根本无法实现的空洞教育目标。

教育目的的价值预设与一个国家对教育的重视程度相关。澳大利亚把国家的未来与每个公

民的素质紧密联系起来。每一位未来的公民要想在一个受过教育、公正、开放的社会里享有富裕而又有价值的生活,就必须拥有必要的知识、理解能力、技能以及价值观念,而高质量的中小学教育是实现这一蓝图的关键。因此,澳大利亚第十次教育、就业、培训和青年事务部长级会议对中小学教育目标提出了明确的要求,特别是要求学生毕业时具有以下八方面的素质:(1)分析和解决问题的能力与技巧,能够交流思想和信息,筹划和组织各种活动,并与他人合作;(2)要有自信心、乐观向上、尊重自我、高度的责任感等良好的个人素质,这是他能在未来的家庭、社区以及单位同事间当好角色的基础;(3)有能力在道德、公理以及社会正义等事件中做出自己的判断并承担责任,有能力对已知世界作出判断,思考事物的发展规律,对自己的生活做出理性的、有根据的决策,并对自己的行动承担责任;(4)理解并尊重澳大利亚政府体制和公民生活,成为积极向上、有知识的公民;(5)拥有与就业相关的技能,以积极进取的态度了解工作环境、职业选择以及就业渠道,作为就业与培训、继续教育、就业以及终身学习的基础;(6)成为新技术,特别是信息和资讯技术方面充满自信和创新精神、富有成效的使用者,了解这些技术对社会的影响;(7)了解并关心自然环境的保护,掌握有助于生态环境可持续发展的知识与技能;(8)拥有必要的知识、技能和正确的态度,建立和维持一种健康的生活方式,以创造性地利用好空闲时间。

(二)教师专业化程度不高

在我国大中小学校教师的专业技术职称评定上,中小学教师工作的专业属性受到贬低和排斥,比如小学高级教师相当于中学一级教师或大学讲师。换言之,大学教师的初级职称相当于小学教师的高级职称。由此可见,小学教师职业的专业属性的社会认可度较低,直接导致小学教师专业化动力不足。主要体现在以下三个方面:一是小学教师社会地位较低,一方面导致了优秀毕业生不愿意选择小学教师作为职业,另一方面,造成小学教师的职业规划丧失了专业发展的追求;二是小学教师的相对学历较低,许多人误认为从事小学教师这一职业无须专门训练,凡中学生即可胜任;三是小学教师终身学习意识不强,许多教师情愿教得辛苦,也不愿停下来通过理论学习提高自己反思教育实践的能力,寻求问题解决的路径,长期以往就会逐渐被"大家都这样"的"温水煮青蛙"的环境而同化。

小学教师专业化动力不足,决定了这一职业的社会声望较低,最终影响小学教师的社会地位,导致教师职业化不充分,从而使得教师专业化陷入无限恶性循环的怪圈。事实上,教师职业化在达到一定程度之后,会自发地形成教师行业协会,而教师行业协会通过维护教师权益,督促教师履行专业职责,目的在于为了维护行业声望,增强教师对协会组织的认同,极大地推进教师职业向专业化方向迈进。相反,如果教师专业化水平低下,就会成为教育行政管理部门抓住教育权力不放的借口和理由,从而阻碍教师专业自主和行业自律,使得广大教师成为受制于行政管理体制的附庸品和传声筒。

(三)以"应试教育"主导学校课程文化范型

众所周知,在华人社区一直存在"以考试定终身"的传统,这种以熟读《四书》、《五经》实现"朝为田舍郎暮登天子堂"人生理想的甄选方式,几千年来未有实质性的改观,始终成为读书人通过读书改变命运的上升通道。但是,这种以纸笔测试的方式发挥选拔人才的功能,实践证明作用是十分有限的。当下,在各级各类中小学中,以"应试教育"主导的学校课程文化范型,已经渗透到学校各个部门的组织机构中,直接威胁到学校教育目标关于"谁来培养"以及"培养什么样的人"的问题,而且已经到了严重损害广大师生身心健康发展的地步,主要表现如下:一是校长人格分裂,现在的小学校长在迎接上面的检查和评估时,采用"两手齐抓两手硬"的应对策略,即一手通过文艺节目汇演展示素质教育的成果,一手通过抓升学率向社会展示优质教学质量。二是教师和学生评价唯分数论,在考察教师工作绩效时,把学生考试分数作为唯一的绩效考核指标;在推荐优秀学生评选时以学生考试成绩作为唯一指标,这些现实生活中的评价标准已经远离了学校教育目的和教育宗旨。三是整个社会被迫卷入应试教育的黑幕,这里的"黑幕"即指凡参与应试的主体彼此不知道对手或对方在备考上做到什么程度,每一个应试主体把对方当成想象中的对手,就像盲人运动员赛跑,即使自己已经跑在前面,还要拼命往前赶,其间没有谁告诉他(她)实际上的位置。四是中小学师生心理问题严重。试想:一个缺失心理健康的教师怎样善待一个身心正常发育的儿童;同样,一个有严重心理行为问题的儿童如何与同伴正常相处,怎样让父母放心他(她)在学校的学习与生活。上述问题迫切需要我们给予高度的重视。

关键术语

课程目标;教学目标;学习目标;绩效管理

讨论与探究

1. 试根据我国不同历史阶段的教育目的或方针,设计相应的学校课程目标。
2. 以小学语文、数学或科学为例,列举该学科体验性目标可能使用的行为动词,并一起讨论。
3. 以小学某一学科某一节课为例,讨论教师应该如何设计教学目标。
4. 试查阅脑科学研究的文献,分析其成果对未来确立学校课程目标的影响。
5. 你认为影响学校课程与教学目标绩效的因素还有哪些?试做出简要分析。

案例分析

根据教育目的、课程目标和教学目标之间的内在逻辑,分析影响课程改革目标的因素以及评价课程改革的成效。

20世纪50年代的美国课程改革运动

20世纪50年代,美国与苏联进入冷战时代。当时盛行麦卡锡时期的强烈反共产主义的情绪以及对俄国斯大林极权主义的极力反对,因而使得人们敌视进步主义的学校教育。冷战时期,任何有关进步主义的词语,包括"改革"、"社会公正"、"民主"和"进步主义"等都可能被怀疑为"反美主义"。1957年,苏联卫星发射成功,这使得进步主义和传统派之间无休止的争论暂时平息了下来。俄国人成为冷战忧虑之源以及可能在太空打败美国人的、无时不在的共产主义威胁,这只能说,美国的学校失败了。许多公民认为,只有强制提高学业标准和提供严格的课程,特别是科学和数学,才能恢复美国在世界秩序中的正当地位,确保民主的优越性。于是,中学毕业的标准和大学入学门槛提高了,全国的数学家和科学家把他们的精力转移到为小学和中学开发新的严格的学科课程上。

从杰尔姆·布鲁纳的新认知学习理论和让·皮亚杰的发展理论中可以看出,"新"数学、科学和社会科计划要求学生围绕学科的中心概念,学习不断深化的"螺旋式"课程。布鲁纳认为,如果课程反映了学科的结构和探究过程,那么处于认知发展各阶段的孩子都能够以某种心理结构形式学习每一门学科中最重要的学科理论。

资料来源 [美]珍妮·奥克斯等著,程亮等译,《教学与社会变革》,华东师范大学出版社2008年版,第119页。

进一步阅读的文献

1. [美]阿姆斯特朗著:《当代课程论》,中国轻工业出版社,2007年。
2. 董奇主编:《理解脑——走向新的学习科学》,教育科学出版社,2006年。
3. [美]E·詹森著,梁平译:《基于脑的学习——教学与训练的新科学》,华东师范大学出版社,2008年。
4. 李秉德主编:《教学论》,人民教育出版社,2001年。
5. 施良方著:《课程理论——课程的基础、原理与问题》,教育科学出版社,1996年。

推荐访问网址

1. 课程在线

http://www.curriculumonline.gov.uk

2. 课程杂志

http://www.edu.gov.on.ca/eng/curriculum

3. 课程与教学杂志

http://www.joci.ecu.edu/index.php/JoCI

4. 国际课程探究

http://ojs.library.ubc.ca/index.php/tci

5. 终身学习研究中心

http://cllr.ccu.edu.tw

6. 课程网

http://www.kecheng.net

7. 英国国家课程在线

http://curriculum.qcda.gov.uk/index.aspx

第4章　小学课程与教学的内容和选择

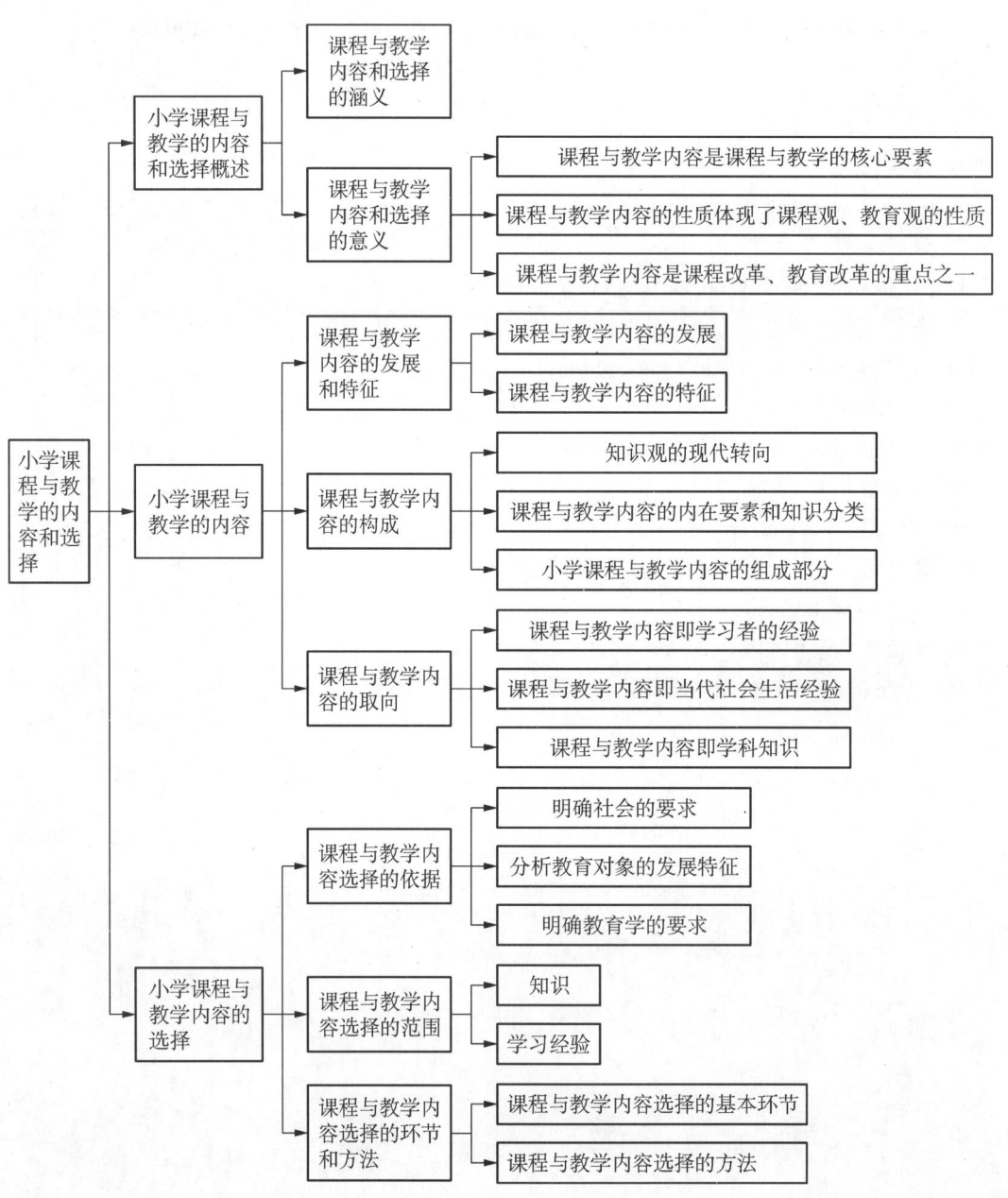

　　画面上的小朋友正兴趣盎然地描绘她心爱的作品,作为小学教师的您,可能对这样的情境是十分熟悉和亲切的。

　　课程与教学的内容是什么?如何选择?课程与教学的内容又是在教学过程中不断生成的,教师和学生都是生成的主体。在教育教学的每时每刻,这些问题都会让您思考,让您兴奋,也让您困惑。请您写下自己的认识,并与其他教师讨论。在阅读书刊中比较,您一定会得到许多新的感悟和启发,也可能产生新的问题和想法。由此,请您阅读这一章内容。

《基础教育课程改革纲要(试行)》明确指出:改变课程内容"难、繁、偏、旧"和过于注重书本知识的现状,加强课程内容与学生生活以及现代社会和科技发展的联系,关注学生的学习兴趣和经验,精选终身学习必备的基础知识和技能。[①] 显然,课程与教学的内容和选择,可以从学生、社会、学科三方面做出分析,而时代性、基础性是基本原则。课程与教学的内容和选择是课程与教学理论的核心之一,是构成课程与教学论的基本要素。

第1节 小学课程与教学的内容和选择概述

早在1859年,英国教育家斯宾塞(H. Spenser)就发表了"什么知识最有价值"("What Knowledge is of Most Worth")的文章,第一次明确地提出了课程与教学内容选择的问题。1949年,美国课程研究专家泰勒(R. Tyler)在他的名著《课程与教学的基本原理》(*Basic Principles of Curriculum and Instruction*)中提出了"怎样选择有助于达到教育目标的学习经验"这一原理,此后,课程与教学的内容和选择问题成为课程与教学论的基本问题之一。对于课程与教学内容及其选择,不同的人会有不同的观点,从而导致对课程内容和选择的不同。这种不同反映了人们在课程与教学方面不同的价值观、结构观和设计观。但是,任何从事课程与教学的人,都不可避免地要对课程与教学的内容和选择进行研究。

一、课程与教学内容和选择的涵义

课程与教学的内容是一个有分歧的概念。不同的课程观、教学观,会对课程与教学的内容有不同的认识。从课程的视角看,课程内容是根据课程目标,有目的地从人类的经验体系中选择出来的一系列比较系统的直接经验和间接经验的总和,并按照一定的逻辑序列组织编排而成的知识体系和经验体系。从教学的视角看,教学内容是根据教育目的、学生的认知特点,从人类长期的认识过程中而积累起来的文明和文化的成果中选择出来的知识系统,表现为各门学科中特定的事实、观点、概念、原理和问题,以及处理它们的方式,并在教学过程中,通过师生的相互作用与教学过程中的生成,学生所真正学习到、体验到的内容。

课程与教学的内容一旦确定,课程与教学的其他一切活动便可以随之展开:课程与教学的设计是关于课程与教学内容的组织与安排;课程与教学的目的是选择和决定内容的依据;课程与教学的评价是关于课程与教学内容产生结果的价值判断;课程与教学的开发是课程与教学内容的形成与发展;课程与教学的实施是课程与教学内容的教学实践。所以,课程与教学内容和选择是课程与教学开发的基本环节之一。

二、课程与教学内容和选择的意义

任何课程与教学的理论和改革,都不可避免地面临课程与教学内容和选择的问题。

课程与教学内容和选择是课程与教学的核心要素,是课程内在结构的有机组成部分。课程与教学内容的性质体现了课程观、教育观的性质。课程与教学内容和选择是课程改革的重点之一,任何一次课程改革都把课程与教学内容的变革作为课程改革、教育改革的重要组成部分。

(一) 课程与教学内容是课程与教学的核心要素

没有内容的课程与教学是不存在的。从课程与教学的内在结构来看,课程与教学的内容不是单

[①] 钟启泉、崔允漷、张华主编:《〈基础教育课程改革纲要(试行)〉解读》,华东师范大学出版社2001年版,第4页。

一的知识体系或文化选择,它是根据特定的价值取向、课程标准和教育目标经选择和组织的内容体系,而且,随着科学技术的进步、社会的发展、教育的改革,这种内容体系也在不断地发展、演化。

课程与教学内容的合理化程度,必然影响着人才培养的质量规格。课程与教学内容的内在结构,也直接决定了学生发展的素质结构状况。因此,设计合理的课程与教学内容是课程与教学设计中的核心问题。

课程与教学的内容也影响着教与学的活动方式。教学过程中教学方法的选择、教学组织形式的采用,尤其是学习方式的确定、教学模式的运用、教学媒体的设计和教学情境的创设等方面,都必须考虑课程与教学内容的性质及其要求。直接经验和间接经验的教学在教学过程的设计上具有本质的区别。因此,课程与教学内容是课程实施的关键。

(二) 课程与教学内容的性质体现了课程观、教育观的性质

从对课程的各种理解中,可以看到人们对课程与教学内容的性质、类型、呈现方式及其深广度的认识是不同的,导致了人们对课程本质、课程性质和教育本质理解的差异。亚瑟·K·埃利斯(Arthur K. Ellis)在《课程理论及其实践范例》一书中列出了一系列的课程定义,无论课程是处方还是经验,在多达16种定义中,[1]我们都可以看出,课程与教学的内容取向是理解课程的重要方式。在课程范式实现从课程开发到课程理解的今天,可以把课程理解为历史文本,政治文本,种族文本,性别文本,现象学文本,后结构主义的、解构的、后现代的文本,自传/传记文本,美学文本,神学文本,制度文本,国际文本等等,这种种理解课程的方式,也无一不是以课程与教学的内容为依据的。在学校课程的众多形态中,包括学科课程、经验课程、分科课程、综合课程等等,也无不通过课程与教学内容的性质及其组织方式来体现的。

要全面实施素质教育,尽管涉及的问题很多,情况也很复杂,但其核心问题和关键环节之一,是课程与教学内容的改革。课程与教学内容集中体现了教育思想和教育观念,是实现培养目标的施工蓝图,是组织教育教学活动最主要的依据。

【案例 4-1】　　我国义务教育课程标准实验教科书小学《科学》教材(三至四年级)内容体系[2]

统一概念	册次	单元标题	教学内容
性质与功能	三年级上册	亲历科学(Science)(全套起始课) 认识自己(My Body)(三年级开门课) 动物和植物(Animals and Plants) 土壤(Soils) 水(Water) 空气(Air) 食物与健康(Food and Health)	17个课题 6个单元评价和1个综合评价
	三年级下册	常见材料(Materials) 声(Sound) 光(Light) 电(Electricity) 磁(Magnet) 信息与通信(Information and Communication)	19个课题 6个单元评价和1个综合评价

---

[1] [美]亚瑟·K·埃利斯著,张文军译:《课程理论及其实践范例》,教育科学出版社2005年版,第11—15页。
[2] 《基础教育教材建设丛书》编委会编著:《中小学教材的编写出版》,人民教育出版社2003年版,第233—234页。

续表

统一概念	册次	单元标题	教学内容
运动与变化	四年级上册	运动的世界(Moving World)(本册开门课) 动物的运动(Animal's Movement) 位置与运动(Location and Movement) 力与运动(Force and Movement) 昼与夜(Day and night) 交通运输(Communication and Transportation) 展示会(Exhibition)(本册结束课)	19个课题 5个单元评价和1个综合评价
	四年级下册	变化的世界(Changing World)(本册开门课) 天气(Weather) 物质的状态(States of Matters) 生长与变化(Growing and Changing) 有趣的世界(Interesting World) 农业与技术(Agriculture and Technology) 展示会(Exhibition)(本册结束课)	23个课题 5个单元评价和1个综合评价

（三）课程与教学内容是课程改革、教育改革的重点之一

纵观任何一次教育改革、课程改革，课程与教学内容的改革都被作为改革的重点之一。整个20世纪对课程与教学内容和选择起决定作用的主要是科学技术，"唯科学主义"成为支配20世纪教育改革、课程改革的主导价值观。其结果就是课程与教学内容越来越脱离儿童的生活世界，越来越远离儿童的经验。而且，在科学技术高度发达和广泛应用的时代，科学技术对社会的负面影响也引起了人们的日益重视。因此，我国当前的基础教育课程改革在课程与教学内容上关注基础性和时代性，显现出生活化、综合化等新的趋势。

时代性是指课程与教学内容和选择体现当代社会进步和科学技术的发展，反映各学科最新的成果和发展趋势，并根据时代发展的需要及时调整、更新。

基础性是指课程与教学的内容需要打好所有学生成长和发展的共同基础，同时也为每一位学生的个性成长和发展奠定不同的基础。基础性强调掌握必须的适应学科当前发展趋势和有利于发展学生智能的基本知识及技能，注重培养学生浓厚的学习兴趣、旺盛的求知欲、积极的探索精神、坚持真理的态度；注重培养搜集和处理信息的能力、获取新知识的能力、发现和提出问题的能力、分析和解决问题的能力、交流与合作的能力。

课程与教学内容与现实社会和学生生活联系起来，在保持课程与教学内容学术性的前提下，增添时代的气息和生活的活力。正如杜威(John Dewey)所指出的："学校必须呈现现在的生活——即对于儿童本该是真实而生气勃勃的生活。像他在家庭里、在邻里间、在运动场上所经历的生活那样。"[1]例如《品德与生活课程标准(实验稿)》根据小学低年级儿童身心发展的特点，按照儿童生活的逻辑，依据"儿童与自我、儿童与社会、儿童与自然"三条轴线和"健康、安全地生活，愉快、积极地生活，负责任、有爱心地生活，动脑筋、有创意地生活"四方面进行内容的选择和编制，彻底珍视童年生活的价值，承认儿童的生活与成人生活的等价性，尊重他们现实的生活及其兴趣、需要、游戏等的独特价值，而不仅仅把它看成为一般意义上的手段或工具。可见，我国的新课程是对课程生活化的体现。

---

① [美]约翰·杜威著，赵祥麟等译：《学校与社会·明日之学校》，人民教育出版社1994年版，第6页。

> **【提示 4-1】　　　　　　杜威学校的课程与教学内容**
>
> 杜威及其夫人在"杜威学校"为学生设计了四大类直接经验的课程内容,课程内容如下:
>
> 手工制作类的课程内容,如木工、金工、缝纫、烹调、园艺等;
>
> 语言社交类的课程内容,如游戏、俱乐部、表演等;
>
> 研究与探索类的课程内容,如历史研究、自然研究、专业化活动研究等;
>
> 艺术类的课程内容,如乐队活动、乡村音乐会等。
>
> 在杜威看来,选择这些直接经验形态的课程内容的目的,不是为了让儿童"消遣",也不是为了获得"职业技能",而是为儿童"提供一种研究的途径",是儿童生活的需要。
>
> 资料来源　钟启泉主编:《课程论》,教育科学出版社 2007 年版,第 157 页。

对于课程与教学来说,分析和综合是认识世界的两种不同方式,原本没有孰优孰劣的区分。与此相应,学校课程中的分科和综合都有其各自存在的理由,也都有其优势和不足。在小学阶段,课程的综合化,可以促进学科之间的交融,改变课程结构过于强调学科本位、搞学科封闭的倾向,促进生活、体验与学科的统一,促进师生合作,促进学习共同体的建立。课程综合化,对于改变课程过于注重知识传授的倾向,改变课程过于偏重书本知识的现状,改变过于强调接受学习、死记硬背、机械训练的现象,改变学生负担过重、作业过多的状态,具有积极的作用。从小学三年级开始设置非学科的"综合实践活动"课程,其目的之一就是恢复儿童生活的完整性,帮助儿童在生活世界中选择感兴趣的探究主题,过有价值的生活。一至二年级的《品德与生活》,三至六年级的《品德与社会》、《科学》和《历史与社会》,以及《艺术》课程都是综合课程。同时,各分科课程也都在尝试综合化的改革,强调学科知识同社会世界的交汇,理性认识与感性经验的融合。注重各学科知识之间的相互渗透、相互影响,关心科学技术与社会的联系,关注学科的最新发展趋势,努力创设有利于学生自主学习、探究学习和合作学习的情境,让学生在体验中理解知识的产生、形成和发展的过程,同时获得知识与技能,得到积极的情感体验,实现学生的个性发展。

第 2 节　小学课程与教学的内容

"站在巨人的肩膀上"这个隐喻同样适用于学校课程。丹尼尔·坦纳(Daniel Tanner)在《学校课程史》(History of the School Curriculum)一书中写道:没有课程史的知识,留给我们的会是现在不完整的知识,因为现在的知识毕竟是过去经验的总结。如果现在要比以往做得更好的话,我们就需要理解和依赖于我们先辈们的贡献。[①] 从学校课程史的视角认识课程内容,它是发展的,多元的,多形式的。从教学的视角看,教学内容包括:传授各门科学的知识素材;发展技巧和能力;形成正确的世界观;培养良好的社会道德的态度。[②] 而科学、能力、世界观和态度都是在不断地发展和变化的。

小学课程与教学的内容,在满足德育、智育、体育、美育和劳动技术教育等全面发展的教育要求下,其内容应包含认知性课程内容、道德性课程内容、健身性课程内容、审美性课程内容以及劳动技术性课程内容。当然,从总体上看,课程与教学的内容构成是由直接经验和间接经验两种性

---

① [美]丹尼尔·坦纳、劳雷尔·坦纳著,崔允漷等译:《学校课程史》,教育科学出版社 2006 年版,第 7 页。
② [日]佐藤正夫著,钟启泉译:《教学原理》,教育科学出版社 2001 年版,第 62 页。

质的知识要素构成的。

课程与教学内容的基本来源是"学习者的需要"、"当代社会生活的需求"、"学科的发展",相应地,课程与教学内容的基本取向即是"学习者的经验"、"社会生活的经验"和"学科知识"。

课程与教学内容还需要正确处理一些重要关系才能使课程与教学的内容得到有效的落实,使课程的实施顺利有序地开展。

一、课程与教学内容的发展和特征

正式课程的形成,大体是在19世纪以后。课程形成的历史是比较新的,构成课程基础的学科本身的历史都是古老的。概述课程与教学内容的历史进程,可以揭示其本质,也有利于说明今天课程与教学的内容。

课程与教学内容不能简单地等同于科学知识本身,也不能等同于正常的生活经验,但又要考虑到学科知识体系和学生的认知特点及需要等。即课程与教学内容具有自身的性质。

(一)课程与教学内容的发展

课程与教学内容的发展大致经历了传统课程、古典课程、课程近代化、课程现代化等几个阶段。

1. 传统课程的建立

在中国古代,早在学校教育产生之初就创立了"六艺"教育。所谓"六艺"是指礼、乐、射、御、书、数六门课程。礼、乐是"六艺"教育的主干,礼与乐互为表里、不可分割。礼的教育承担着政治宗法、伦理道德、礼仪交往等方面的教育和行为习惯的培养等项任务。乐在古代是艺术的总称,其中包括音乐、舞蹈、诗歌等多项表演艺术。射,是射箭的技术;御,是驾御战车的技术。书,指识字和著文。数,是数术的简称。"六艺"教育的实施,使我国古代教育形成了文武兼备、诸育兼顾的特点,成为我国教育史在其创始之初最光辉的一页。

古希腊的学校课程则主要是所谓的"七艺",即七种自由艺术,由文法、修辞、逻辑学、算术、几何、音乐、天文学等七门学科组成。其中,文法、修辞、逻辑学三科谓之"三艺",属文科课程。其余四科谓之"四艺",主要是理科课程。"三艺"不仅有助于学生掌握在公众面前进行雄辩的技术,而且也是提高儿童智力的有力手段。"四艺"中尤其注重算术、几何。数学不仅具有实用价值,而且是启迪智力的有效学科。天文是当时代表自然科学的唯一学科。

2. 古典课程的兴衰

智育、体育、美育、德育四者均衡的课程的出现,是在14—16世纪的文艺复兴时代。在文艺复兴时期,用希腊语、拉丁语撰写的古典,被称为人文学科,这种人文学科呈现了取代过去的"宗教"、"道德"的态势。作为智力学科,依然是"三艺"占优先地位。当然,这里重视的"三艺"与中世纪的"三艺"截然不同,它具有崭新的内容。文法不是教会式、烦琐式的,而是古典拉丁语、希腊语的文法;辩证法的教学也不再是神学上的课题,而是以柏拉图(Plato)与西塞罗(Marcus Tullius Cicero)的对话为典范,摄取生活中有益的问题;修辞学不再是写信、做笔记,而是古典意义上的修辞学,即内容充实、形式完美的雄辩术练习。

在文艺复兴以后,由于多方面的因素,人文主义课程逐渐衰落。近代科学文化的发展,促使社会摆脱古代文化的羁绊。近代母语的发展,使拉丁语逐渐丧失了地位。机械技术、科学技术及制造业的发展,促使自然科学、数学进入课程。与发扬爱国主义精神紧密相关导致了历史课程,在航海时代又有了地理,以及公民科、社会科的出现和对体育、艺术学科的重视,古典课程已被适应工业化时代所需要的课程所替代。

【提示 4-2】　　　　　　　　六艺、七艺、三艺、四艺

六艺教育起源于夏代,商代又有发展,西周在继承商代六艺教育的基础上,使它更为发展和充实。西周不论是国学或是乡学,都以六艺为基本学科。孔子继承西周的教育传统,吸收采择了有用学科,又根据现实需要创设新学科,仍以"六艺"为教学内容,但对学科做出了调整,充实了内容。后世认为孔子删定六经(诗、书、礼、乐、易、春秋),六经或称六艺是孔子的教学科目。后人称"孔子为万世师表,六经即万世教科书"。

"七艺"最初是昆体良(M. F. Quintilian)所倡导的一般教养的内容。由文法、修辞学、辩证法、算术、几何、音乐、天文学等七门学科组成。文法旨在精通作为教会语的拉丁语,尤其是要准确地理解圣经的表达和韵律;修辞学旨在掌握有效地、明确地传递上帝语言的能力;辩证法是旨在掌握"揭穿邪异教徒的狡猾,反驳邪异教徒那些披着伪善语言的歪论所不可欠缺的教养和能力";算术是"理解圣经中一切数字的寓意、解释圣经的诸多教条"所需要的;几何用之于建筑寺院;音乐是"关于音的韵律的学问",它在完成教会职务上极其重要;天文学是"虔信者重要的论证手段",尤其是天文学的分支——占星术,是"复活节和其他祭日所需要的"。七艺是中世纪用于教学的所谓七种自由艺术。

其中文法、修辞学、辩证法为"三艺"(trivium)。算术、几何、天文学、音乐为四艺(quadrivium)。

资料来源　孙培青主编:《中国教育史》,华东师范大学出版社 2005 年版,第 22—37 页。
皮锡瑞著:《经学历史》,中华书局 2009 年版,第 19—26 页。
[日]佐藤正夫著,钟启泉译:《教学原理》,教育科学出版社 2001 年版,第 68—69 页。

3. 课程近代化的新阶段

19 世纪末,美国推行课程改革运动,这种新型的课程要求同儿童的心理特征与社会要求相适应。20 世纪初,德国出现了几种类型的合科教学。随后,美国也出现了打破传统学科的框架,试图采取大单元的方式将课程统整起来的动向,出现了融合课程、广域课程、专题课程等。这些课程是这一阶段新型课程的代表。此外,在 20 世纪初的美国形成的"课外活动"(extra-curricular activities)的概念,是这个时期课程改革的重要特色。进入 20 年代,在学科课程与课外活动相统一的基础上形成了崭新类型的课程。[①]

【提示 4-3】　　　　　　融合课程、广域课程、专题课程

融合课程

融合课程是由有着内在联系的不同学科组成的、具有一定体系的综合学科。例如,在 19 世纪的美国高中,植物学、动物学、生理学、解剖学是独立设置的,20 世纪初,这几个科目融合为生物学。此外,音乐与体育可融合为唱游,物理与化学可融合为理化。真正的融合课程是不同科目内容的有机结合,而不是不同科目内容的混合。

广域课程

广域课程是由若干学科组成的具有广阔领域的综合课程。在美国,广域课程发祥于高等学校。1914 年,阿姆荷斯特学院创设了一门名为"社会和经济制度"的学程,这可能是美国最

---

① 钟启泉编著:《现代课程论》,上海教育出版社 2003 年版,第 17—22 页。

早的广域课程。最早的完整的广域课程诞生在 1923 年至 1925 年的芝加哥大学。该课程由下列学程组成:反省思维概论、世界和人类的本质、社会中的人、艺术的意义和价值。美国中学的广域课程起始于 1916 年社会科学委员会所倡导的"民主问题"的学程。20 世纪前半叶,美国中小学的典型的广域课程有社会科、普通科学、普通艺术、健康和体育、普通数学和语言艺术。

专题课程

专题课程是非常灵活的,可以从许多资源中汲取所需的内容。有时候,信息来自传统的学科,而有时候来自其他非正规的课程资源。通常,所选择的主题与重要的议题、问题、难题或者利益问题有关。

资料来源　廖哲勋,田慧生主编:《课程新论》,教育科学出版社 2003 年版,第 49 页。
　　　　　[美]David G. Armstrong 著,陈晓瑞主译:《当代课程论》,中国轻工业出版社 2007 年版,第 154 页。

4. 课程的现代化改革

从 20 世纪 50 年代末至 60 年代,出现了源于美国理科课程改革世界性的教育改革运动。改革学校制度,以便最大限度地发掘尽可能多的儿童的智慧潜能,如增设学校,保障儿童具有起码的基础学力;适应科学技术的要求,开设多样化的职业课程。改革课程,把现代的科学、技术、文化的成果更完整地、及时地反映在学科结构之中。其中比较典型的有美、苏、日等国的理科课程改革。这一场推动了几乎所有发达国家教育界的课程革新被称为"科学教育革命"或"科学教育的文艺复兴运动",是一场声势浩大的课程现代化运动。

【案例 4-2】

我国义务教育课程标准实验教科书《科学》五年级上册,"新材料"一节中对现代科学技术内容的渗透。

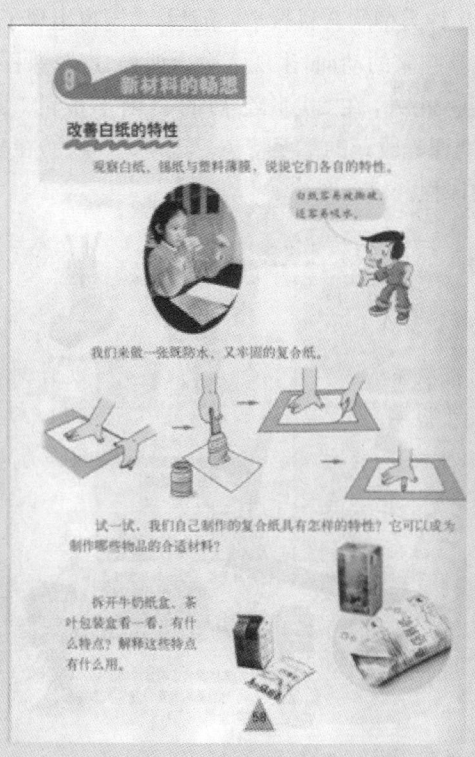

资料来源 义务教育课程标准实验教科书《科学》(五年级上册),教育科学出版社 2006 年版,第 58—60 页。

(二) 课程与教学内容的特征

课程与教学内容既要考虑到学科知识体系,又要考虑到学生的认知规律和需要。课程与教学内容的特征,除了科学性、思想性的基本要求外,还有其他的一些特征。

1. 预成性

课程与教学的内容在开展教学活动之前,就已经确定存在了,而不是由教师和学生根据自己的主观愿望、兴趣爱好随意决定的,也不是可以随意改变的。课程与教学内容的确定是一件十分严肃而慎重的事,往往是由政府部门指定或政府部门所设专门的审定机构认可的,由出版部门组织专家学者编制的。既有严格的规定,也有规范的程序。

课程与教学内容的预成性和外部规定性是需要也是必要的,但也不可避免地会有缺陷。正如杜威所指出的:"即使是用最合逻辑的形式整理好的最科学的教材,如果以外加的和现成的形式提供出来,在它呈现到儿童面前时,也失去了这种优点。"[1]这种不足,主要可以通过教学过程中的生成来弥补,教师和学生是课程生成的主体,但这种生成也不是脱离课程与教学内容而随意地达成的。生成作为一种独特的学习过程,也并非是无条件的。从内部条件看,首先学生头脑中必须具备一定的知识基础;其次,生成需要有动因;第三,生成必须有"空间"。从外部条件看,问题情境和人际情境是生成所不可缺少的。[2]

【案例4-3】　　　　从课堂教学中的突发事件生成课程[3]

数学三位数连加时,先让学生根据情境列出算式:85+143+126=?

师:这道题该怎样列竖式计算呢?请小朋友们开动脑筋想一想。如果需要,也可以和小伙伴们商量商量,等有了办法再在小组里动手试一试。

我巡视着,也寻思着:学生们列出的几种算式应该和我课前想到的一致吧!转了一圈,果然不出我所料和我想到的一样。于是顺着预设的方案,我请学生来展示具有代表性的三种竖式:

师:自己比较一下,你们认为哪种竖式更简便呢?(我相信学生肯定会和我一样选择第③种的,因为我认为这是"显而易见"的。)

生1:我觉得第②种竖式计算起来比较简便。

生2:我也觉得第②种竖式比较简便。

一连两个学生都认为第②种竖式比较简便,这大大出乎我的预料。于是我启发道:还有不同的想法吗?

生3:我觉得第③种比较简便。

我终于松了口气,正想进一步比较,以达到强化的效果。谁料又一个声音响起:"老师,我也认为第②种竖式算起来比较简便!"

老实说,我没想到会这样。为了尊重学生的选择,也为了了解他们真实的想法,我问道:能说说你们认为第②种竖式简便的理由吗?

生4:老师,第③种竖式写起来比较简单,但是个位、十位上都有三个数相加,我记不住中间的结果,容易出错。而第②种竖式每次只要算两个数相加,这样我就不大会错,而且只要在前两个数相加的结果228下面再加上126就等于354,整个竖式只要多写一个228,也不太繁。

生5:我也是这样想的,我们以前就是先加前面两个数,算出结果后再加第三个数,而且我

---

[1] [美]杜威著,赵祥麟等译:《学校与社会·明日之学校》,人民教育出版社1994年版,第130页。
[2] 庞维国:《课堂中的创新学习:生成论的视角》,载《华东师范大学学报》(教育科学版)2009年第4期。
[3] 刘云燕、王景主编:《新课程热点问题探究与校本学习》,中国轻工业出版社2006年版,第62—65页。

也认为这样算比较容易正确。

29个学生中竟然有十五六个学生赞成选择第②种竖式,而且不无道理,这可怎么办?离我预设的方案有些远了。照他们的意思,这第③种竖式没多大意义,就不用学了。那肯定不行,但我还是肯定了学生的想法,说:"你们的想法很有道理。但我们也应该听听选择第③种竖式的小朋友是怎样想的吧!"

生6:我觉得用三个加数列成一个竖式连加也不太难,我一直算得很快、很正确。

师:第③种竖式真的难算吗?为什么有的小朋友觉得不太难呢?俗话说:明知山有虎,偏向虎山行!我们偏要向这个困难挑战,说不定会找到一些好的方法呢!有没有勇气自己试一试?

"有!"学生们高呼。

于是我请学生试着用第③种竖式来计算四、五、六年级一共捐书多少本:$178 + 194 + 236 = ?$ 在交流中学生发现,个位上可以先算 $4 + 6 = 10$,再算 $10 + 8 = 18$,这样比较简便;十位上先算 $7 + 3 = 10$,再算 $9 + 1 = 10$,最后算 $10 + 10 = 20$,写0向百位进2。把"凑满十"的两个数先算,使三位数连加的计算变简单了。这个"窍门"的发现使原来不喜欢第③种竖式的小朋友兴奋不已。

我趁热打铁地请学生做"想想做做"第1题。有个学生在计算 $586 + 117 + 208 = ?$ 时,发现了一个新的窍门:个位数上的数分别是6,7,8,只要把8中的1给6,这样个位上可以看成是3个7相加,三七二十一,个位上相加很容易得出21这个结果;十位上,先算 $8 + 2 = 10$,再算 $10 + 1 = 11$。这一发现,更坚定了学生"学习"列一个竖式进行连加的信心。

这堂课,从偏离教师预设方案到成功达到教学目标这一过程,耐人寻味。课堂教学中,当实际生成与课前预设不相符合时,教师不能把学生的思维强扭过来,而应在教学目标的指引下及时调整自己的预设,自然妥帖地引导学生提升固有的认识。

现在有些计算教学,为了体现算法多样化,允许学生选择自己喜欢的方法来计算。但是每一种算法的思维含量是不同的,有的方法是停留在原来的认识水平上,学生并没有新的发展。如三位数连加,如果不学习今天的知识,学生也能用前两种竖式的形式来计算,但是其思维的层次和第③种竖式不同。本课的目的就是要通过学生学习第③种竖式来计算三位数连加,引导学生把思维水平提高一个台阶,形成计算技巧,从中培养学生的观察能力和多种策略解决问题的意识。所以这时就需要教师充分发挥引导作用,在预设和生成之间寻找一个平衡点,使之达到和谐统一。

面对学生的实话实说(选择第②种竖式),虽出乎意料,但我并没有不知所措,而是鼓励学生向困难挑战。同时,告诉学生三位数连加的竖式计算有一些小窍门,把学生的注意力吸引到寻找"窍门"上来,精彩的事实说明学生的潜能是无限的。学生们亲身经历探索数学奥秘的过程,感受到了探索和发现的乐趣,获得了成功的体验。更重要的是,当学生今后面对困难时,不会轻言放弃,不会轻易躲避,而会以积极的态度去寻找合适的方式来解决问题。这种体验比仅仅会计算这道题要有价值得多!

2. 适应性

课程与教学内容必须适应儿童的需要,适应儿童的年龄特点、认知发展水平和知识基础,为儿童的充分发展,为全体儿童的发展服务,同时也要贴近儿童的经验和生活世界。课程与教学内容最终要被儿童所接受并内化成他们自己的认识,因此,"可接受性"是不可忽视的。我国课程与教学内容中所存在的"难"的问题是导致儿童对学习不感兴趣的原因之一。小学课程与教学的内容,并不是简单地适应儿童的爱好和兴趣,而是应以儿童的经验和生活背景为基础,调动、保持和发展儿童的兴趣爱好,调动学生明显的和潜在的学习能力,让学生学会学习,尤其是学会通过生活进行学习,同时学会生活,学会发展。

3. 基础性

人类所创造的文明与文化的成果是十分丰富的,儿童不可能学习和掌握全部人类文化遗产,所以,只有那些被选择并经改造为基础知识和基本技能的内容,才能成为课程与教学的内容。教育的目的,是为了促进学生个性的发展,以适应未来社会发展的需要。因此,课程与教学内容的基础性,既要体现学科知识的基础性,又要体现学生成为未来合格公民所必备的基本能力以及进一步发展所必需的技能。学科知识的基础性,要求反映学科发展所必不可少的基本知识、原理、规律和理论等,是那些最具迁移性、适应性、概括性,对了解和掌握一门学科最必需的知识。是有价值的、与活跃的学科发展前沿与学科发展趋势相关联的那些内容,而不是陈旧的、落后的、失去了发展活力的内容。这些内容也对学生进一步学习和从事各种职业都有用,或为日后的工作、生活作准备,或对学生充分发展和终身发展具备作用。但个性发展决不能被理解为片面发展,终身发展所需要的基础也决不是平均基础。

在当今科学技术迅猛发展、知识剧增的时代,学科发展很快,课程与教学内容不能简单地追随科学技术的发展,一味地添加新知识。这种只用"加法"不用"减法"的方式,不但徒然地加重了学生的负担,而且也不利于学生掌握知识、发展智能。

4. 时代性

时代性是指课程与教学内容要与现代社会和科学技术的发展相联系,关注学科发展、科技前沿和现实生活。要及时更新,反对陈旧偏狭。尤其是对于各科目,要从原来百科全书、面面俱到式的学科本位体系,演变为兼顾学生、社会、学科三个方面,精选课程与教学内容。同时,科学技术的发展是越来越高级、越来越复杂,人类对世界的认识越来越深刻,因而,最新的科技成果,学科发展的最新趋势不是可以简单地纳入小学课程与教学内容之中的。时代性必须与基础性、适应性相协调,有机地配合,要通过多种途径、多种渠道、多种方式进行。此外,要研究并适当地吸收科学技术的新观点和新方法论,用新的观念指导课程与教学内容体系的更新,从而培养学生的能力。

教学不可能也不必要简单地重复人类认识史、科学发展史,也不应该简单地重演科学家科学发现的全过程。课程与教学的内容要反映时代的面貌、时代的要求。例如,在当今的信息时代,信息技术是儿童的必备知识与技能,因此,各国都十分强调并很早就将信息技术纳入小学课程与教学的内容之中了。在今天,即使是不发达国家,在最偏僻的地区,任何一个学校和每一个儿童,都必须学习现代科学技术。

二、课程与教学内容的构成

知识是课程与教学的基本要素,不涉及知识问题的课程与教学是不存在的。任何一次课程改革都反映了人们对知识的理解和处理。什么是知识?课程与知识是什么关系?这是课程与教学内容所必须回答的。而当代知识论的发展,又引起了知识观的转变,也对知识类型产生了新的认识。

(一) 知识观的现代转向

我国的新课程确立起新的知识观,课程知识不再只是具有普适性的简单规则和既定结论,学生生活及其个人知识、直接经验也成为课程与教学内容的有机构成。教师也不仅仅是"教教材",而是与学生一起探索"学生正在经验到的一切"。学习作为建构新知识的活动,不仅有个人见解的表

达,而且还有群体合作的行为,师生之间真诚的对话与沟通。新课程背景下知识本质观的转向体现了这些特征:

1. 从本体论的知识观转向主体论的知识观

哲学认识论认为,知识是人类认识的成果。这种本体论的知识观为教育理论和教育实践提供了普遍的"世界观和方法论",但它难以作为教育理论工作者和教育实践工作者直接拿来并加以应用的知识观,因为教育理论工作者和教育实践工作者不以"知识"为直接的研究对象和活动目的,而以"学生及其发展"为研究对象和活动目的。因此,教育理论工作者和教育实践工作者知识观的建构需要从本体论视野转向主体论视野。

所谓主体论视野,不是从知识的产生过程与产生结果来论知识,而是从学生的发展过程与发展结果来理解知识。主体论的知识观强调的是学生作为知识再生产的主体,知识再生产的过程、方式、目的和价值,与人类一般的认知过程相比较具有其独特性。用本体论的知识观讨论主体论视野下的知识问题,学生所面临的知识是一种积累而成的"知识仓库",这样,学生学习知识的过程,就是"接受"现成的知识,通过记忆背诵就可以实现的。即使是在教师引导下所进行的"知识再生产",也只能是"打开知识宝库"了。

本体论的知识观认为知识是"客观的真理",是"价值中立"的。这种知识观无视教育中人的主体性和人认识的交往性,忽视了学生在获取知识的过程中获得"情感、态度和价值观"的意义。

新课改强调以"为了每个学生的发展"为根本出发点,注重知识对学生成长发展的意义。《基础教育课程改革纲要(试行)》中明确要求:"改变课程过于注重知识传授的倾向,强调形成积极主动的学习态度,使获得基础知识与基本技能的过程同时成为学会学习和形成正确价值观的过程"以及"改变课程实施过于强调接受学习、死记硬背、机械训练的现状,倡导学生主动参与、乐于探究、勤于动手,培养学生搜集和处理信息的能力,获取新知识的能力、分析和解决问题的能力以及交流与合作的能力"。因此,主体论的知识观,反映了学生主体发展的内在要求,是新课程所大力倡导的。

2. 由静态的知识观转向动态的知识观

传统的哲学认识论所阐述的知识观试图揭示的是知识的客观性、绝对性、终极性、中立性、实证性、确定性、普遍性和一致性等特点,认为知识作为人类认识的成果是客观事物的属性与联系的反映,是客观事物的主观映像,是一种静态的知识观。

这种静态知识观在教育活动中隐含着两个基本假定:第一,客观性的、确定性的和普遍性的知识是可以通过传递的方式灌输给学生的,而且传递得越多越好。第二,知识的掌握是至高无上的,知识占有量的增长实现着人的发展。因此,在教学中,知识的传授是第一位的,教学的"过程"和"情境"的意义被漠视,被排斥,教学过程只是一种知识加工的过程,而学生所谓对知识的掌握,也主要在于记诵、生吞活剥、死搬硬套、机械训练。

动态的知识观用发展、变化的观点把握知识的本质和性质,用辩证性思维、复杂性思维、生成性思维的观点看待知识,认为知识应具有文化性、不确定性、境域性、默会性和价值性等特点。课程与教学内容是要包含知识,但并不等于课程就是知识,教学就是知识的授受。

课程是儿童通过反思性实践而建构人生意义的活动,儿童是在动态的反思和创造的过程中成长和发展的,知识为儿童提供了反思和创造的对象,是一种必要的"素材"。学科知识所提供的内容是与人类群体的生活经历和认识过程,以及学生个体的"生活经验"和"认知过程"相一致的内容。这样的内容不是通过灌输、传递就可以获得的,而需要通过反思人类的生存状态,以及个人的生活方式,通过儿童的认知去理解才可以获得的,在这种获得的过程中,也凸显出"情境"中的体验与意义生成,体现出过程的价值。

【案例4-4】　　　　　把音乐整合到课程中——简单机械①

了解摩擦力是简单机械课的重要组成部分。为了探索摩擦力的特性,学生们可以用砂纸"发明"各种各样的乐器。尝试不同材料是探索过程中的一部分:尝试使用不同类型的砂纸打磨金属或石块,依靠摩擦发出的声音来判断打磨效果。亲自动手操作让学生了解有关摩擦力的第一手知识;把各种不同材料进行组合,让学生认识到普通东西也可以有新奇的用法——这是创造性的本质要素之一。

尽管大部分学生都能理解并进行这样的操作,但有创造力的孩子通常有更不寻常的做法。在一节课上,我用不同型号的砂纸做成几条斜坡,让学生们用这些斜坡检验不同重量的玩具车的滑行效果。班里的一个孩子决定把重物挂在车的底部,然后报告说不同重量的车子、不同类型的砂纸会发出不同的声音。这样在学习摩擦力和坡度的同时,孩子们也学到了声音的特性。

简单机械课上的另外一项内容是学习杠杆原理。许多学生都或多或少见过钢琴。为了激活他们原有的知识,可以让孩子们写下头脑中的钢琴工作原理。接下来,根据实际情况,带孩子们进行一次参观钢琴商店或钢琴工厂的实地考察,丰富了他们的背景知识。Feldhusen和Renzulli都肯定了实地考察的作用。另一种方法是邀请一位钢琴技师到课堂上让他用学校的钢琴为学生进行专业讲解。

齿轮也是一种重要的简单机械。尽管管弦乐器上没有使用齿轮,但钟表和节拍器发条上都有齿轮。让学生伴随着机械运动的节奏感受音乐的节拍,就能通过简单机械掌握一种非常重要的音乐要素。

(二)课程与教学内容的内在要素和知识分类

从总体上看,课程与教学内容是由直接经验和间接经验两种性质的知识要素构成的。但不论是直接经验的知识,还是间接经验的知识,作为课程与教学的内容,都包含有一定的内在要素。而课程与教学内容的核心是知识,知识的类型是有差异的,而且不同的理论又有不同的知识分类。

1. 课程与教学内容的内在要素

一般来说,任何形态的课程与教学的内容都应包含五种基本的经验要素,认知性知识或经验要素、道德性知识或经验要素、审美性知识或经验要素、健身性知识或经验要素、劳动技术性知识或经验要素。

认知性知识或经验要素是指直接指向学生认知领域素质发展的内容。它包含学生必须掌握的关于自然、社会和人的发展规律的基础知识,是学生个体发展必须具备的理论知识。理解和把握这些理论基础知识可以促进学生智力和能力的发展。认知性知识对提高学生的认识活动能力具有重要意义。

道德性知识或经验要素是指直接指向学生的品德领域素质发展的内容。它包含品质各方面的知识和经验。道德性知识或经验具有强烈的社会性和思想性。课程与教学内容中必然显性或隐性地包含着一定的道德性知识或经验。

审美性知识或经验要素是指向学生审美素质发展的内容。主要包括审美知识和观念,以及学

---

① [美]Mervin D. Lynch & Carole Ruth Harris 著,胡清芬、陈桄译:《培养中小学生的创造性——理论与实践》,中国轻工业出版社 2005 年版,第 202—203 页。

生个体的审美体验。在此基础上形成学生正确的审美观,高雅的审美情趣,以及感受美、识别美、鉴赏美和创造美的能力。

健身性知识或经验要素是指向学生身体素质发展的内容。主要包括正确的健身知识、生理卫生知识,良好的健身习惯以及健身经验。

劳动技术性知识或经验要素是指向学生劳动技能素质发展的内容。包括基本的生产劳动知识和技术、技能以及劳动经验。劳动技术性知识要素既包括专门的生产劳动知识,也包括内含于认知性知识要素之中的生产劳动知识和技术。

由于各种课程与教学内容的内在要素在一定的课程中所占的比例和地位不同,便构成了不同类型、不同性质的课程,如德育课程、智育课程、体育课程、美育课程、劳动技术课程等,它们在一定程度上反映了不同类型的课程在内容和内在结构上的差异。①

2. 课程与教学知识的类型

课程与教学知识的类型是十分复杂的,依据不同的标准,可以把知识划分为许多类型。认知心理学、哲学等对知识的分类也是不一样的。课程与教学内容中所选择的知识类型不同,对学生能力的发展价值也是不同的。这里我们只介绍布卢姆(B. S. Bloom)教育目标分类中所做的知识分类。

1956 年出版的《布卢姆认知领域目标分类手册》被认为是 20 世纪影响最大的四本著作之一。2001 年,由一批著名的课程与教学专家、教育心理学家和测量评价专家与有经验的中小学教师合作,并经多年集体工作完成了本书的修订版。在修订版中,确定了一般的知识类别:事实性知识、概念性知识、程序性知识和反省认知知识。表 4-1 概括了这四种知识及其有关的亚类。

表 4-1 知识维度的主要类别和亚类

主要类别与亚类	例 子
A 事实性知识——学生通晓一门学科或解决其中的问题所必须知道的基本要素	
A_A 术语知识 A_B 具体细节和要素的知识	机械的词汇、音乐符号 主要自然资源、可靠的信息来源
B 概念性知识——能使各成分共同作用的较大结构中的基本成分之间的关系	
B_A 分类或类目的知识 B_B 原理和概念的知识 B_C 理论、模型和结构的知识	地质学年代周期、商业所有权形式 毕达哥拉斯定理、供应与需求定律 进化论、国会结构
C 程序性知识——如何做什么,研究方法和运用技能、算法、技术和方法的标准	
C_A 具体学科的技能和算法的知识 C_B 具体学科的技术和方法的知识 C_C 决定何时运用适当程序的标准的知识	用于水彩作画的技能、整数除法 面谈技术、科学方法 用于确定何时运用涉及牛顿第一定律的程序的标准 用于判断采用特殊方法评估商业代价的可行性的标准
D 反省认知——一般认知知识和有关自己的认知的意识和知识	
D_A 策略性知识 D_B 包括情境性的和条件性的知识在内的关于认知任务的知识 D_C 自我知识	把写提纲作为掌握教科书中的教材单元的结构的手段的知识,运用启发式方法的知识 特殊教师实施的测验类型的知识,不同任务有不同认知需要的知识 知道评判文章是自己的长处,而写文章是自己的短处;对自己知识水平的意识

资料来源 [美]L·W·安德森等编著,皮连生主译:《学习、教学与评估的分类学》,华东师范大学出版社 2008 年版,第 26—27 页。

---

① 钟启泉主编:《课程论》,教育科学出版社 2007 年版,第 146—151 页。

事实性知识是分散的、孤立的内容元素——"点滴信息"的知识。包括术语知识、具体细节和元素知识。相比较而言,概念性知识是"较为复杂的和有组织的知识形式"的知识。它包括分类和类目、原理和概念、理论、模型和结构的知识。

程序性知识是"如何做事的知识",其中包括技能、算法、方法的知识和用于确定和（或）验证在某一专门领域和科目中"何时做什么"是适当的标准的知识。最后,反省认知知识（Metacognitive Knowledge)是"一般认知知识和有关自己的认知的意识和知识"。其中包括策略性知识、包含背景和条件知识在内的认知任务知识以及自我知识。

（三）小学课程与教学内容的组成部分

小学课程与教学内容一般包含与前述内在要素相对应的五部分内容:认知性、道德性、健身性、审美性和劳动技术性课程与教学内容,即满足智育、德育、体育、美育、劳动技术教育等方面发展教育要求的课程与教学内容。这些内容具体涉及以下领域:

关于自然、社会和人的基本知识主要包括各门科学的基本事实、基本概念、基本原理或基本理论等方面的书本知识。小学各门学科课程的内容主要涉及这些方面初步的理论知识。

关于认识活动方式的能力和技能主要包括一般智力技能和各种基本操作能力方面的内容。发展智力技能方面的内容,包括发展学生的观察能力、记忆能力、思维能力、想像能力、创造能力等方面的内容。发展各种具体的动作技能方面的内容,包括身体运动技能、艺术活动技能、操作各种简单生产和生活工具的能力、初步的科学实验技能等。

关于发展实践活动能力的经验。主要包括发展初步的组织能力、自我管理能力、自我调控能力、自我评估能力、语言表达能力、审美能力、品德行为能力以及分析解决实际问题的能力等方面的经验。

根据课程与教学内容的性质,以上这些小学课程与教学内容又主要可分为间接经验和直接经验两大类。学科课程的基本内容是以间接经验与理论知识为主,活动课程的基本内容是以直接经验为主。根据课程与教学内容要实现的目标不同,以上这些内容又可分为知识和能力两大类。小学课程与教学内容的内在结构就是通过不同的性质、不同类型的内容之间的相互关系来体现的。课程与教学内容选择和设计的根本目的在于优化内容的内在结构。①

三、课程与教学内容的取向

如何决定课程与教学内容？杜威描述了三个关键因素:学习者的特征,社会目标与价值,知识和学科内容。与此相对应,课程与教学内容的取向是学习者经验、当代社会生活经验和学科知识。

（一）课程与教学内容即学习者的经验

在考虑学习者特征是如何影响课程决策时,需要权衡学习者的有关信息,使得在为所有学习者提供共同教育经验与为个体学习者提供特殊需要的教育经验之间保持合适的张力。因为没有两个学生能有完全一致的发展,不同学生的智力、社会情感和身体成熟并不是等同分布的,他们各自具有不同的生物钟。②当课程的目标指向学习者的需要时,学习者的经验就成为了课程的主要内容。在课程发展史上,凡是倡导经验课程的课程流派大都把学习者的经验置于课程内容的核心或重要地位。

儿童是一个不断发展的个体。皮亚杰（J. Piaget)的研究表明,不同年龄阶段儿童的思维也有

---

① 钟启泉主编:《课程论》,教育科学出版社 2007 年版,第 153—154 页。
② ［美］Peter S. Hlebowitsh 著,张德芳、孙杰译:《学校课程设计》,中国轻工业出版社 2006 年版,第 34 页。

质的不同,具体运算被认为是小学年龄段儿童教育的必需阶段。

维果茨基(L. S. Vygotsky)引用认知发展的理论来说明社会互动对思维发展的影响,儿童通过发展内部言语学会思维。根据维果茨基的理论,当学习环境一直处于在成人的帮助下儿童能够完成自己的任务水平时,认知发展就会产生,即"最近发展区"。小学教师需要经常运用这一思想来调整阅读教学,鼓励儿童阅读既不太容易也不太难的书籍,并且要有足够的挑战性,从而来获得帮助。维果茨基的理论还强调了语言在学习中的重要性和使用丰富语言参与帮助儿童建构自己进行世界描述的重要性。值得重视的是,最近发展区坚持把学习过程变成一种社会过程。当儿童在其环境中同人们互动时,认知过程才能最好地运作,而且语言使用的机会也会和他们的发展一致,并建立起他们的内部语言和思想。

埃里克森(E. Erikson)认为在理想的状态下,儿童在不同的发展阶段都要完成本阶段特定的任务,否则,在后续的发展阶段中儿童将会显现出自我怀疑等问题。埃里克森认为6—12岁的儿童必须面对"成就感与自卑感"的挑战。当这些儿童由于他们的行为而受到赞扬时,他们就有了成就感;同时,当他们从成人那儿获得太多的预示他们行为不适当的信息时,他们的自我成就感就降低,从而产生自卑感。对处于这一年龄阶段的儿童来说,他们的主要任务就是发展被高度关注和能够获得尊重的技能,从而增强他们的自我价值实现感。①

学生是主动的参与者,是课程的开发者。学习是学生主动行为的结果,当然,学生的学习行为是有差别的。同一班的学生会有不同的学习经验,专心学习的学生和心有旁骛的学生两者之间的学习经验必定不同。课程内容的要旨是提供能引发学生学习兴趣的材料,而不只是提供学生所面对的事物而已。必须清楚了解学生的兴趣以及背景,什么情境会引发学生的何种反应,因此,教师的重要职责在于创设适当的情境,安排合适的学习经验,激发学生的内在动机。学习者主要不是被动地接受别人提供的现成课程,而是根据自己的需要和目标,与教师和其他学习者共同开发自己的课程。学生利用现有的知识、技能、活动与兴趣,帮助自己解释及内化新知识与发展新技能,在应用新知识于新情境的时候,涉及到积极主动地重现知识而不是单纯的记忆使用。学习是一个主动的历程,学习者是主动的个体,主动地探索生活世界、尝试发现新的事物。

儿童创造着社会生活经验。儿童不只是接受社会生活经验,为社会生活经验所熏染,而且还创造着社会生活经验。儿童不是等待明天踏入社会生活后生活,他们今天就实实在在地生活着。儿童在社会生活中具有主体地位,是社会生活经验的创造者之一。儿童是要学习成人的成熟经验的,但成人的经验只有经过儿童的选择、认同和再创造的过程,才能真正促进儿童的社会化进程,否则只会给儿童的发展带来悲剧。②

小学课程与教学的内容是为小学教育阶段的学生选择的。如果这种内容不能被学生所接受,不能被他们同化,那么,课程与教学内容将成为一种外在物,对学生的成长不会产生影响,也不可能激发学生的学习兴趣。

【提示4-4】　　　　　　　课程与教学内容:儿童中心

1762年,卢梭(J. J. Rousseau)在其旷世名著《爱弥儿》(*Emile or On Education*)中就说过这样一句话:"在万物的秩序中,人类有它的地位;在人生的秩序中,童年有它的地位;应当把

---

① [美]David G. Armstrong 著,陈晓端译:《当代课程论》,中国轻工业出版社2007年版,第56—57页。
② 张华著:《课程与教学论》,上海教育出版社2000年版,第207—208页。

> 成人看作成人,把孩子看作孩子。"在这里,卢梭明确提出了他的"儿童权利宣言",确立了儿童在人类社会中的独特地位与价值。1916 年,杜威在其教育哲学经典著作《民主主义与教育》(Democracy and Education: An Introduction to the Philosophy of Education)中提出了"教育即生长"的著名命题。他指出:"常态的儿童与常态的成人都在不断生长。他们之间的区别不是生长和不生长的区别,而是各有适合于不同情况的不同的生长方式。关于专门应付特殊的科学和经济问题的能力的发展,我们可以说,儿童应该向成人方面发展。关于同情的好奇心,不偏不倚的敏感性和坦率的胸怀,我们可以说,成人应该像儿童一样生长。这两句话都是同样正确的。"杜威在这里确立起儿童和成人在主体价值方面的平等性,明确指出:在人格的某些方面,成人应当向儿童学习。不论卢梭还是杜威,他们都确立起儿童在社会生活中独特的成人无法取代的价值,都认为把成人的社会生活经验强加于儿童是教育的悲剧。
>
> 资料来源 张华著:《课程与教学论》,上海教育出版社 2002 年版,第 207—208 页。

(二)课程与教学内容即当代社会生活经验

课程与教学内容既能够满足社会需求又能够满足学生个体的需求,是课程与教学内容选择的一个重要问题。教育是一种社会性事业,人是具有社会性的人,课程与教学内容以当代社会生活经验为取向是毋庸置疑的。但是社会生活经验纷繁复杂,社会对课程的影响既有积极的也有消极的,在课程与教学发展史上,主要存在三种典型的观点,即"被动适应论"、"主动适应论"和"超越论"。

1. 被动适应论

教育的目的是为了使儿童适应现实生活,学校课程必须选择、组织有助于实际生活所要求的知识、能力、态度的教学内容。在第一次世界大战后,科学化课程开发运动的早期倡导者博比特(F. Bobbitt)和查特斯(W. W. Charters)等人主张将当代社会生活经验作为课程的主要内容。博比特认为,教育的目的是要求"能在现实的社会生活中有效地活动","为构成成熟的成人生活的活动或是应当构成的活动,作好准备。"他调查了多方面的材料,将人类活动划分成几个主要领域,作为课程的具体目标。查特斯将这种目标分成更细致的项目,从中选择重要的部分以构成活动课程。

但教育总是滞后性的,儿童将来可能碰到或必然碰到的问题不可能都完全考虑周全。被动适应论忽视了教育的主动性,也忽略了儿童与成人的差异,把成人的社会需要等同于儿童的需要。而且,儿童也不只是明天走向社会后才投入社会生活,儿童今天在学校中也实实在在的在参与着社会生活。

要造就真正有能力参与社会生活的人,课程不能只是单纯地个别罗列实际生活问题,而必须有系统、有计划地发展有效解决这些问题的基础——科学的、一般的知识,并把它与实际生活问题结合起来,加以组织。

2. 主动适应论

主动适应论认为个人与社会是互动的、有机统一的,教育与社会是互动的、有机统一的,学校课程不仅适应着社会生活,还不断改造着社会生活。20 世纪的课程理论中,典型的主动适应论包括经验自然主义课程理论和社会改造主义课程理论。

杜威坚决反对传统教育中个人对社会的被动适应,他认为这是把教育上的"社会"因素与服从教师的人格等同起来、与服从记诵教科书里的概念等同起来。针对被动适应论,杜威指出:"如果所谓适应是指使个人准备去适应当前的社会安排和情况,那目的就不在于使个人'适应'社会制度。

当前的社会安排和情况还没有稳定和健全到足以证明这样的程序是正确的。目的是在于加深和扩大社会接触和交往以及共同生活的范围使学校成员有所准备,让他们将来的社会关系是有价值的、有成效的。"①杜威认为儿童与社会是相互作用的。个人只是在积极适应社会、改造社会的时候,才称其为个人。社会只有在积极适应个人、满足个人需求的时候,才称其为社会。儿童与社会是相互促进、相互适应的。学校教育应谋求个人因素与社会因素的平衡与协调。在儿童与社会的关系问题上,杜威反对二元论哲学:"我认为受教育的个人是社会的个人,而社会便是许多个人的有机结合。如果从儿童身上舍去社会的因素,我们便只剩下一个抽象的东西;如果我们从社会方面舍去个人的因素,我们便只剩下一个死板的、没有生命力的集体。"②杜威强调教育是生活的过程,而不是将来生活的预备。

杜威对传统旧教育中"无儿童"的现象提出批评,"消极地对待儿童,机械地使儿童集合在一起,课程与教学法的划一。概括地说,重心是在儿童以外。重心在教师,在教科书以及在你所喜欢的任何地方和一切地方,唯独不在儿童自己直接的本能和活动。"杜威针对性地提出:"现在我们的教育中正在发生一种变革社会重心的转移。这是一种变革,一场革命,一场哥白尼把天体的中心从地球转到太阳那样的革命。在这种情况下,儿童变成了太阳,教育的各种措施围绕着这个重心旋转。儿童是中心,教育的各种措施围绕着他们而组织起来。"③

杜威倡导以"主动作业"为基本形态的"经验课程",可实现学校课程对社会生活的主动适应。杜威摒弃了被动式的书本学习,发展了将木工、金工、编织、缝纫、烹饪一类作业活动置于中心地位的课程。这类作业是儿童在日常生活中所熟悉的,因而对他们来说十分有趣,另外,在这种学校的生产性劳作中就会自然地形成社会组织,使所有儿童彼此分工,并理智地积极合作展开活动,在活动中、在与教师和其他学生的互动中,获得社会情感、社会态度和社会价值观。

社会改造主义课程理论是社会改造主义教育哲学的课程主张,社会改造主义教育哲学是在杜威的经验自然主义教育哲学的基础上发展起来的。其代表人物布拉梅尔德(T. Brameld)主张,教育不仅仅应该帮助个人适应社会,更重要的是使他们参与社会。社会改造主义课程理论强调课程建设要关注社会焦点问题、反映社会政治经济变革的客观要求,课程学习深入到社会生活中去,教育的根本使命是通过社会改造达到"社会一致"。社会改造主义课程理论主张把重视个人经验的课程改造为重视集体意志统一的课程,把指向当前社会经验的课程改造为指向未来社会经验的课程。④ 与杜威的经验自然主义课程理论相比较,社会改造主义课程更强调课程通过对当前社会生活经验的改造而指向社会的未来发展。因此,社会改造主义课程理论受到一些未来学派的推崇,未来学派主张的课程内容着重于环境污染、财富和水资源分配、人口的增长问题、自然资源的不平等利用等。

3. 超越论

20世纪70年代以来,受现象学、存在主义、哲学解释学、社会批判理论、后现代主义等哲学思潮的影响,课程与教学内容与当代社会生活之间的关系被重新审视。尽管主动适应论相对于被动适应论来说,在课程与教学内容和社会生活之关系的认识上有了重大的历史性进步,但是,不论是杜威的经验自然主义课程理论还是改造主义课程理论,都没有从根本上改变教育和课程的工具地

---

① [美]梅休、爱德华兹著,王承绪等译:《杜威学校》,华东师范大学出版社1991年版,第408页。
② [美]约翰·杜威著,赵祥麟等译:《学校与社会·明日之学校》,人民教育出版社2005年版,第5页。
③ [美]约翰·杜威著,赵祥麟等译:《学校与社会·明日之学校》,人民教育出版社2005年版,第41页。
④ 张华著:《课程与教学论》,上海教育出版社2000年版,第203页。

位,都没有能真正确立起教育的主体地位。

超越论认为,学校课程不是对社会经验的被动选择,不是被动地传递某些流行的社会生活经验的工具,学校课程就是社会生活经验。儿童在生活,教师也在生活,儿童与教师的交往是整个社会生活经验的有机构成。超越论课程与教学内容观的提出,使学校课程与教学的主体地位得以确立,认为学校课程与其他社会生活经验的关系就是一种对话、交往、超越的关系。学校课程应主动选择社会生活经验,并不断批判与超越社会生活经验,而且还不断地建构新的社会生活经验。在教育上,超越论认为,教育是教育者与受教育者这两类主体通过交往而形成的学习共同体。教育是社会的一种群体主体,它和社会的其他群体主体(如政治、经济、文化等)之间的关系是一种"交互主体的关系",即主体间的每一方都是作为平等的、独立的主体而相互作用的,而不是客体与主体之间的关系,即工具与工具的使用者之间的关系。学校教育变为真正的"生活世界",课程与教学则是对话和个人经验提升的过程。正如多尔(W. E. Doll)所描述的:它是生成的,而非预先界定的;是不确定的,但都是有界限的;它探索"产生于上帝笑声回音的迷人的想象王国";它由"局部普遍性"不断扩大的网络所构成。①

【提示4-5】　　　　　　　　课程与教学内容:社会中心

社会中心课程观认为,社会因素是制约课程的最终决定因素,课程设计应该主要考虑社会的需要。这种观点可以简称为"社会决定论"。

"社会决定论"否定了学生因素对课程的独特制约作用,看不到学生的需要、对学生身心发展的规律和水平对课程结构、分科教材体系以及教材水准的制约,其更深层次的问题是忽视学生的主观能动性,而这恰恰是学生对课程具有独特制约作用的根本原因。中国传统的教材之所以具有"深"、"难"、"重"的弊端,就是因为在"社会决定论"思想的影响下忽视乃至否定了学生因素对课程的独特制约作用,看不到学生的主观能动性,将学生视作被动接受知识的"容器"。

"社会决定论"也否定了文化科学知识对课程的独特制约作用。该观点实际上忽视了这样两个基本的事实:第一,知识具有区别于社会因素的本质属性,如广延性、积累性和可继承性等,这些属性都是社会因素所不具备的,因此,知识因素和社会因素是制约课程的两个相对独立的因素;第二,文化科学知识是课程内容的主要源泉之一,课程与知识具有必然的、直接的内在联系,知识对课程的制约是客观存在的,是不以人的意志为转移的。

资料来源　廖哲勋、田慧生主编:《课程新论》,教育科学出版社2003年版,第80—81页。

(三)课程与教学内容即学科知识

课程与教学内容中需要一定的知识或学科知识,这是无可否认的。而什么样的学科知识应该被纳入课程与教学内容之中,却并不容易确定。泰勒在他的大作《课程与教学的基本原理》一书中指出:"向学科专家提出的问题应该是这样的:'你这门学科对外行或一般公民有什么贡献?'学科专家倘若能够回答这样的问题,就能作出重大贡献。"②施瓦布(Joseph J. Schwab)认为学校课程计划必须紧紧围绕学科知识,他指出简单地将当前的研究成果从有关学科专家那里移植、镶嵌到小学和中学的课程计划中去的做法是危险的。他认为由于新知识的发展是如此之快,以致尝试将目前

---

① [美]小威廉姆·E·多尔著,王红宇译:《后现代课程观》,教育科学出版社2004年版,第250页。
② [美]拉夫尔·泰勒著,施良方译:《课程与教学的基本原理》,人民教育出版社1994年版,第20页。

"最好信息"置于课程之中的做法将使学生承受太多的信息很快过时的压力。因此,施瓦布认为每个学科都有自己独特的建构知识的方法,所以学校课程开发者就应该将他们的注意力集中于如何向在校学生教授这些方法的问题上。① 日本学者佐藤正夫认为:"普通教养的课题在于打基础,以便使所有儿童能在将来接受各种职业专门教育,能够参与各种职业生活及公民生活。也就是说,发展儿童各方面的基础能力,培育一切优秀的素质和能力,以便进入人类思维和行为的所有重要领域,是普通教养的任务。为此,在普通教养中要使儿童熟悉科学的基本知识,即各个知识领域中最基础、最本质的内容。"②

课程与教学内容如何选择学科知识? 在当今知识经济时代,科学技术发展与社会变革不但迅速而且复杂,知识更新周期空前缩短,课程与教学内容的容量是有限的,儿童学习的期限也是有限的,由此,课程与教学内容与学科知识之间的关系是课程与教学理论的重要问题之一。

从上述论述中,我们不难看到,儿童教育是要满足多方面需求的,但又要让儿童习得"最基础、最本质的内容",这就需要我们在选择学科知识时,一方面要尊重各门学科知识内在的逻辑体系,但又要充分关注到儿童的培养目标,尊重儿童身心发展的内在需要。

自从人类进入20世纪以后,科学技术迅猛发展,新的科学技术成果层出不穷,不仅改变了人们的工作方式、生活方式、交往方式,而且还改变了人类对世界认识的观点和方法,全面地支配了社会生活和人的精神领域。技术理性逐渐成为社会的主导价值观,科学的价值被日益强化并被认为是价值中立的。科学领域的思维方式和研究范式渗透到艺术、道德等领域。教育的终极目标指向人内在的真善美的统一,科学求真,但科学中也具有美和善;艺术求美,但艺术中也包含真与善;道德求善,但道德中也包括真与美。

学科知识的体系与探索这种知识的过程方法具有内在的统一性。这里的过程是指科学研究的经历和途径,方法是指研究工作中所运用的不可缺失的"程序"或"法则"。任何一种知识的形成或出现,都包含着新的思想方法。如果剥离了学科知识体系与探究这种知识的过程方法,导致的结果就是儿童以为学习知识只需记忆与复述,这样,思维被记忆替代,理解被背诵置换。阿普尔(M. Apple)尖锐地指出:人们在从事课程选择的时候,常常是从某些学科领域中裁剪出某些现成的结论,然后根据可接受性原则再进行加工改造,最后编成分门别类的教材。至于为什么从事这些结论的研究,这些结论的获得过程,在获得这些结论的过程中所经历的种种曲折,不同科学工作者、不同科学团体对某一结论所进行的种种针锋相对的争论、冲突和斗争等等,全被排除在课程内容之外了。学生所接触到的是一些似乎确定无疑、风平浪静、一帆风顺、不存在任何对立与冲突的"客观真理"。这样的课程,只会形成学生对既有结论的确信无疑,形成对书本的崇尚,这种教育的功能不是对个性的发展与解放,而是对个性的控制和压抑,对创造性的窒息。③

上述三种取向的课程与教学内容,都有其合理性和局限性,都是在不同的时代、针对不同的社会要求和对儿童的认识而提出并实施的,带上了时代的烙印,是不同的哲学观、教育观、社会观、儿童观和课程观在课程与教学内容中的体现。但是,在课程发展史上,不管是主张哪一种课程与教学内容取向的学者,也不是只看到了一种取向而完全否定了其他取向的存在或考虑,只是各种流派的学者在思考课程与教学内容时有一定的侧重和明显的倾向而已。学习者的经验、当代社会经验和学科知识,在对儿童的身心发展中,在发展与解放学习者的人格中,都是不可缺失的。实际上,

---

① [美]David G. Armstrong 著,陈晓端译:《当代课程论》,中国轻工业出版社2007年版,第62页。
② [日]佐藤正夫著,钟启泉译:《教学原理》,教育科学出版社2001年版,第203页。
③ 转引自:张华《美国当代批判课程理论初探(下)》,载《全球教育展望》1998年第3期。

不论学科知识,还是当代社会生活经验,都只有转化为学习者的经验才可能成为相应的课程目标,才能使学习者得到真正的发展。

【提示4-6】　　　　　课程与教学内容:学科中心

　　学科中心是指以文化遗产和科学为基础组织起来的各门学科最传统的课程形态的总称。各门学科各具固有的逻辑和系统,是独立地、并列地编成的。古希腊罗马时代作为自由民的一般文化课程——"七艺",近代夸美纽斯(J. A. Comenius)倡导的"泛智主义"实学学科(本国语、近代外国语、经验科学)等等,都是适例。这些以近代学科为基础的学科课程,是在这样的背景下,综合了必须授予儿童的丰富的文化内容,而形成并发展起来的:一是近代科学的建立,二是以卢梭为代表的对于儿童心性的发展及其训练的认识,三是伴随近代学校的建立,社会和家庭对于学校教育的期待和要求。

　　正如赫尔巴特(J. F. Herbart)指出的,这种课程是"从易到难"地排列教材的。这是符合儿童的发展阶段的特征的,而且注重科学体系。

资料来源　钟启泉主编:《现代课程论》,上海教育出版社2003年版,第241页。

第3节　小学课程与教学内容的选择

　　课程与教学内容的选择和处理是课程与教学内容中的核心问题。课程与教学内容的选择是一个理论问题也是一个实践问题,课程与教学内容的选择必然会涉及到课程观、知识观、教育哲学、课程社会学及教育学、心理学的理论等等,也不可避免地要涉及意识形态及文化问题,此外,课程与教学内容的选择具有政治性和个人性。而实践作为一种实际知识,具有内在的价值,通常也是形成理论知识的基础。从后现代的观点看来,课程与教学内容的选择应回归到生活世界,从生活世界中选择学生个体现有的生活经验,获得对现实世界的真实理解和体验,从中逐步认识自己存在的价值和意义,成为现实生活的主体。课程与教学内容是开放的、不确定的、充满对话精神和生命活力的。

一、课程与教学内容选择的依据

　　课程与教学内容的选择在很长的时期内,不少学者把重点放在课程与教学目标的制定上,认为只要目标得以确定,课程与教学内容的选择和目标相一致,问题就解决了。其实,问题并不是如此简单的,在选择课程与教学内容时,除了要考虑到与目标的一致性外,还要考虑到其他的方方面面:课程与教学内容对社会和学生的价值,内容本身的有效性,能否被学生所接受,是否与学校教育的基本任务相符合等等。课程与教学内容的选择是有一定的依据和原则的,而不能随心所欲凭个人意志而确定。

　　课程与教学内容的选择要有基本的依据,即要明确社会的要求、分析教育对象的发展特征、明确教育学的要求,这三个方面同时也分别构成了课程与教学内容选择的社会学基础、心理学基础和教育哲学基础。

(一)明确社会的要求

　　课程与教学内容的选择,从课程社会学的视角看,不只是一个技术问题,本质上它是意识形态的抉择,是一种文化的选择,是社会控制的一种形式。一般而言,主流的意识形态是作为社会规范的、合法的、全体成员必须遵从的意识形态而出现的,也常常作为课程与教学内容选择的首要标准在课程与教学相关文件中得到反映。即便是依据"社会现实"或"社会需要"来选择课程与教学内容,这些"现实"或"需要"也是反映了主流意识形态和社会控制的特征。同时,课程与教学内容本身也体现了社会主流意识,体现了社会控制的中心。当代的学校教育,就中小学而言,世界各国的课程设置基本相同,但课程与教学的内容却千差万别,尤其是社会科学、人文科学类课程与教学的内容更是差异显著,这其中的决定因素除了国家、民族之间的差异以外,意识形态的作用是不能忽视的。它不仅控制着社会所认可的知识范型,而且控制着知识的具体内容。从课程与教学内容的社会本质来分析,社会控制的主要方面在于对课程与教学内容的控制。任何一种知识,无论其社会价值和本体价值有多大,要想成为课程与教学的内容,必须符合主流意识形态,满足其社会控制的目的,否则就很难或根本不可能进入课程与教学的内容之中。① 正如阿普尔指出的:"如果我们不是自欺欺人的话,我们就必须承认课程领域植根于社会控制的土壤之中。……从历史角度来看,有一组关于学校价值和控制的特殊假设——常识性规则——强烈地影响着早期的课程工作者。他们不仅假定组织化社会必须通过保存一些有价值的相互作用和价值形式来维持自身(一种关于社会控制的相当普遍和完全可理解的'虚弱'感),而且它们也已深深嵌入自己的意识形态观,即一种'强烈的'控制感。这里,一般而言的教育尤其是学校中课程的日常价值被看作保存现有社会特权、利益和知识的基本因素,这些特权的维持以牺牲弱势群体为代价。"②

科学技术革命也丰富了课程与教学内容,例如在课程与教学内容的设置上强调学问中心,强调自然科学课程与社会科学课程之间的平衡。在课程与教学目标和内容的设计和开发中,必须考虑对学生科学精神和人文素养的培养、知识与能力的培养、主动性与创造性的发挥、联系社会现实和教育情境的构建、主体意识的提升与情意素质的培养等等。

(二) 分析教育对象的发展特征

小学阶段是儿童心理发展的重要转折时期,在教育的影响下,小学儿童的认知能力、个性特点都在不断地发展变化,其发展过程表现出明显的协调性和过渡性特点。

小学儿童的学习表现出这个年龄阶段所特有的特点。这一阶段儿童的学习动机更多地与学习活动本身直接联系,与学习兴趣发生联系或为学习兴趣所左右。小学儿童的学习兴趣,在教学的影响下,在知识经验不断发展的情况下,不断地发展变化。在小学的学习活动中,儿童初步形成一定的学习态度。

小学儿童的思维在这一时期也有了进一步新的发展。在整个小学时期内,儿童的思维逐步过渡到以抽象逻辑思维为主要形式,但仍带有很大的具体性。而且,这种思维发展的"转折"在何时实现,主要取决于教育的效果,而且在发展过程中,存在着不平衡性。特别是在这一阶段,小学儿童的抽象和概括能力,在教学的影响下有了很快的发展,比较能力、分类能力也逐渐有了发展。儿童掌握概念是一个主动的、复杂的过程。小学阶段儿童对概念的理解逐步深刻化,逐步丰富化,逐步系统化,而且三者的发展是相互制约、彼此联系的。同时,思维的敏捷性、灵活性、深刻性和独创性都得到了发展。儿童的个性、社会性、品德也都得到了发展。③

当代智力理论的发展,也为我们理解小学阶段儿童的心理发展提供了多种依据。特别值得关

---

① 吴永军著:《课程社会学》,南京师范大学出版社 1999 年版,第 150—159 页。
② [美]迈克尔·W·阿普尔著,黄忠敬译:《意识形态与课程》,华东师范大学出版社 2001 年版,第 55—56 页。
③ 林崇德:《发展心理学》,人民教育出版社 1995 年版,第 270—344 页。

注的有加德纳(H. Gardner)的多元智力理论,斯腾伯格(R. J. Sternberg)的成功智力理论,梅耶(J. D. Mayer)等人提出的情绪智力学说,帕金斯(D. Perkins)的真智力理论和塞西(S. J. Ceci)提出的智力发展的生物生态学(生态智力)理论等。

小学时期儿童的发展特征还是课程与教学内容选择的重要条件和理论依据。不同的儿童发展阶段都需要有相应的课程与教学内容设置。尽管对儿童不同的发展阶段的认识有不同理论,但总体上还是有共识的,小学课程与教学内容的选择就是要着眼于儿童的知识经验和各种各样的能力的发展。

(三) 明确教育学的要求

当代课程与教学内容的选择上,主要受到传统的文科教育、进步主义教育、学科结构论、新行为主义、人本主义等教育思潮的影响,而这种影响作用的表现又具有多样性与统一性。多样性表现在每一个教育哲学流派对教育中某些问题的看法是不一致的,有些甚至是对立的,但在现代的具体运用中,人们往往又是吸收各家的优点而避开其局限性,把各种教育哲学流派的合理成分继承下来并加以综合运用,统一于课程与教学内容的选择、开发和设计之中。

20世纪,随着科学技术的进步,现代社会发生了巨大的变化。各国在解决自身的教育问题时,涌现了各种各样的教育思潮。针对这些教育思潮之间的对立情况,日本教育学者森昭从五个侧面作出了分析:在教育目的上,有个人目标与国家目标的对立;从教育内容说,有注重实用学科的唯实主义和推崇古典学科的人文主义的对立,或者说,主张教授适应儿童的发展的内容的心理主义与主张教授注重文化遗产体系的逻辑主义或科学主义的对立;从教学方法说,有侧重儿童的主动性与侧重教师的文化传授的对立;从儿童的发展观说,有尊重儿童自发发展的自然主义与强调形成有价值的人格的理想主义的对立;从学校论说,有视学校为传授知识的场所与视学校为儿童生活与作业的场所的对立,或者从学制说,有拥护双轨型学制与要求单轨型学制的对立。但我们也应看到,在现代的教育思潮中出现了诸多共同的趋势,如都强调教育的"人本化"、"系统化"、"开放化"、"终身化"等,都深刻地影响着现代课程与教学内容的变革。①

现代学校论和课程与教学内容的选择也是密切相关的。现代各国学校改革的着眼点在于"个人自我实现"的"学校人本化",这是对"学问中心课程"观点的批判,教育向着人的主体意识的提升而重视人自身解放的方向发展。学校"人本化"的主要观点有"非学校论"、"开放学校论"、"自由学校论"。这些观点指导下的课程与教学开发,都以不同的方式和要求强调着课程与教学开发过程中主体的主动性、积极性、内容的人性化、学习研究方法的主动操作与体验、内容的主体建构与反思等等。但现代学校论对于形成儿童的真正的学力却带来了致命的弱点。②

教育哲学思想纷繁多歧,值得关注的有理想主义、存在主义、批判课程论、要素主义、永恒主义、经验主义和改造主义等,这些教育哲学思想,对于人性、教育价值、世界观和知识观、学校与社会、教学过程中教师的作用等的研究,都对课程与教学内容产生深刻的影响。我国当前正在推进的基础教育课程改革,其中课程与教学的目标、内容、方法、评价等设计与开发,对于当代世界上各种教育哲学流派、教育思想中的合理内涵,都有吸收和体现,并根据我国课程与教学的实践而实施和发展。

二、课程与教学内容选择的范围

学校原来被认为是传授知识的场所,这一观点今天已受到严峻的挑战;今天因为科学技术的

---

① 钟启泉著:《现代课程论》,上海教育出版社2003年版,第326—342页。
② 钟启泉编著:《学科教学论基础》,华东师范大学出版社2001年版,第159—209页。

发展,课程与教学内容必须不断"翻新";教育目标的发展,导致课程与教学内容的变化和更改;现代教育技术被整合到课程与教学之中,大大改变了教与学的理念、内容、方式和方法;科学哲学观的现代发展,导致人们对知识的认识有了根本的变化,从而影响到课程与教学内容中的知识观与教学观;建构主义理论的出现,极大地改变了人们对教与学的观点,尤其改变了对知识习得的认识。因此,在课程与教学内容的选择中,要注意到选择的范围和准则,并且要综合考虑,统筹兼顾,而不能执其一端,不及其余。

课程与教学内容选择的范围是一个复杂的问题,人们对它的认识也是逐步提高的。塞勒(J. G. Saylor)和亚历山大(W. M. Alexander)认为课程与教学内容主要包括人从经验中获得的事实、观察结果、资料、知觉、感性、设计和解决问题的方法,以及将经验重组形成的理念、概念、通则和计划等。这种范围的确定,主要涉及到的是知识,而忽略了技能和情意等维度。马什(C. Marsh)认为课程与教学内容的范围应是知识、技能、价值和态度,知识通常以基本概念、原则及事实为主,技能的面很广,如思考和研究技能,沟通技能等。塔巴(H. Taba)则将选择范围概括为知识和学习经验。这里我们也主要从这两方面进行阐述。

(一) 知识

知识是一个很复杂的概念,要确切地下一个定义也很困难。对知识的认知,是一个哲学命题,而哲学家对于"什么是知识"有着各种各样的回答。综观各种观点,我们认为"知识"概念具有这样一些特征:第一,知识是一套系统的经验;第二,知识是一种被社会选择或组织化了的经验,而不是纯粹个体的精神产品;第三,知识是一种可以在主体间进行传播的经验,传播的过程既可能是显性的,也可能是隐性的,因此,任何知识都是可以通过不同的学习途径获得的;第四,知识是一种可以帮助人们提高行动效率,更好地达成行动目的的经验。

现代教育改革的核心问题之一就是选择什么样的课程与教学知识的问题,其他的许多教育问题都可以通过这个问题表现出来,影响课程与教学内容知识选择的因素很多,其中,主要的因素有知识的性质和知识的类型。

1. 知识的性质和课程与教学内容的选择

对知识的性质的看法,构成了课程与教学观的重要内容。

现代知识的性质主要有客观性、普遍性、中立性以及绝对性、终极性、实证性、确定性、符合性、一致性等特征,其中客观性、普遍性和中立性是基本的特性。知识的客观性表明它是独立于我们自身的"实体"存在的;这种知识是可以检验的;感觉经验提供证据;这种知识必须自圆其说;这种知识具有一种"非人格性"和"公共可传达性"。普遍性是指一种知识的陈述,如果它是客观的,那么它同时就是超越各种社会和个体条件限制的,是可以得到普遍证实和接纳的。中立性也叫做"价值中立"或文化无涉,即知识是纯粹经验的和理智的产物,只与认识对象的客观属性和认识主体的认知能力有关,而不与认识主体的性别、种族以及所持的意识形态等有关。这种对知识的性质的认识,导致现代课程与教学的核心内容是科学知识,现代课程与教学内容具有一种不言而喻的知识霸权。因此,现代教学过程是一种知识控制过程。

后现代知识的性质主要有文化性、境域性、价值性。文化性是指知识的性质不可避免地受到其所在的文化传统和文化模式的制约,与一定文化体系中的价值观念、生活方式、语言符号乃至人生信仰都不可分割。境域性是指任何的知识都是存在于一定的时间、空间、理论范式、价值体系、语言符号等文化因素之中的,任何知识的意义也不仅是由其本身的陈述来表达的,而且更是由其所位于的整个意义系统来表达的;离开了这种特定的境域,既不存在任何的知识,也不存在任何的认识主体和认识行为。后现代知识的价值性认为,所有的知识生产都是受着社会的价值需要指引的,价值的要求已经代替求知的渴望成为后现代知识生产的原动力;所有知识本身是体现着一定的价值要求的;所有的知识在传播过程中都是受着权利因素制约的,都是社会总体权利实践的一部分。随着后现代知识性质的转换,建立在后现代知识性质基础上的新的课程与教学观正在形成。由此而反思和改革科学课程,开发本土课程,加强人文课程,在教学过程中反对知识霸权。

2. 知识的类型和课程与教学内容的选择

人类的知识多种多样,知识分类法也是各种各样。但一般把知识划分成自然知识、社会知识和人文知识,这三类知识在许多方面都呈现出明显的差别,从而影响到相应的课程与教学实践。

"自然知识"是一种"描述性的知识",旨在通过一定的概念符号和数量关系反映不同层次自然界所存在的一些"事实"和"事件"。在反映的过程中,认识者尽量遵循已有的研究范式,以便使自己的研究能够为某一知识共同体所接纳,成为一种具有"主体间性的知识"。自然知识重要的在于跟踪当前的发展,自然知识也具有一定程度的"普适性",自然知识一般诉诸"经验"和"逻辑"的证实、证伪或证明。因此,自然课程与教学内容主要是一个个自然科学研究的成果,包括了若干基本的科学事实以及从这些科学事实中所概括和提炼出来的概念、命题、原理和公式等。从教学的模式看,当前更倡导探究学习与合作学习。"社会知识"是一种"规范性的知识"或"策略性的知识",旨在借助于一定的理论传统和价值立场,对"社会事实"或"社会事件"的现状或发展趋势进行系统化、类型化或模型化的分析,并得出或暗示有关的实践建议或策略。社会知识的发展方式是阶段性的,社会知识具有鲜明的文化性,社会知识诉诸某一具体社会实践效果的证实。因此,社会课程与教学内容主要是一些有关社会生活的理想、结构、制度、生活方式,它们一般通过一些基本范畴、命题、结论或行为规则体现出来。从教学的模式来看,宜采用"实践教学"的模式。"人文知识"是一种"反思性知识",旨在通过认识者个体对于历史上所亲历的价值实践的总体反思呈现出认识者个体对于人生意义的体验。人文知识具有非常明显的"个体性"、"隐喻性"和"多质性"。人文知识的增长方式是"螺旋性"的,具有超越文化限制的"个体性",人文知识诉诸个人生活世界的"证实"。由于人文知识的特殊性,人文课程与教学内容的选择应突出"典型化"、"个体化"、"生活化"等标准。在教学上而言,宜采用"讨论课"的形式,切忌"灌输"或"绝对化"。[①]

(二) 学习经验

学习经验不等同于学科知识,也不等同于教师所从事的活动,它通常是指学习者与外部环境的互动与交互作用。因为,学习是一个主动的过程,学习者是主动的学习个体,他们通过主动地探索生活世界,尝试学习新的内容、发现新的事物。在选择课程与教学内容时,不但要确定知识内容,提供学生所面对的事物,还要选择学习经验,提供学生主动学习的机会。

应充分了解学生的学习背景、兴趣爱好,分析引发学生反应的学习情境,创设合适的情境,激发学生的学习行为。通过学习经验,将社会文化的内涵转化为最适宜于学习者学习的形式,如选择具体的经验或符合现代生活的经验,让学生藉以发现抽象概念和法则。针对学习者学习的步调,妥善规划,使不同能力学习者都能学有所得。学习经验是使内容变成科学,使目标成为可能的基础。所以,应重视选择生动有趣的学习经验,促进学生自主的、个性化的学习。

选择学习经验要强调学习者在学习的过程中扮演着生动角色这一事实,只有当学习者能表现某种特定行为的一致性并成为学生日常生活的一部分时,才能真正学到这种行为。要帮助学生了解学用结合的方法,构建适合于学生能力与兴趣的各种情境,以便为每个学习者提供有意义的经验。

---

① 石中英著:《教育哲学》,北京师范大学出版社 2007 年版,第 119—145 页。

把学习经验作为课程与教学内容选择的一个重要方面,突破了"课程内容是知识的输送系统"的观念,也突破了"课程内容是外部施加给学生的东西",因为,"学生是否真正理解课程内容,取决于学生的心理建构。从某种意义上说,学生已有的认知结构的情感特征对课程内容起着支配作用,他们是受学生控制而不是学科专家支配的。知识只能是'学会'的,而不是'教会'的"[1]。

三、课程与教学内容选择的环节和方法

当前,世界各国课程改革的一个重要趋势是尊重学习者的主体意识、呼唤学习者的个性发展,强调学习者的探究与自主学习。这样的课程价值观必然要求以学习者的经验作为课程与教学内容的主导趋向。以学习者的经验为核心整合学科知识,整合当代社会生活实践,是体现时代精神的课程与教学内容选择取向。要实现这样的选择取向,需要遵从选择的基本环节和运用合理的方法。

(一) 课程与教学内容选择的基本环节

以上我们全面地分析了课程与教学内容选择的理论基础、依据、范围等问题,在此基础上,可以得出课程与教学内容选择的基本环节(或模式):

(1) 确定课程与教学内容的价值观

确定课程与教学内容的价值观,其核心问题是回答"什么是受过教育的人"。培养目标是什么。

(2) 确定课程与教学的目标

课程与教学目标是教育目的和培养目标的具体化,也是课程与教学价值观的具体化,这是课程与教学内容选择的关键。

(3) 确定课程与教学内容的基本取向

课程与教学内容的基本取向主要包括学习者的经验、当代社会生活经验和学科知识三个方面。不同的课程与教学理论有不同的取向,因此,对这三方面之间关系的认识与处理取决于特定的课程与教学的价值观和学生观等。只有处理好这三者之间的关系,才能使课程与教学内容的选择合乎要求。

(4) 确定具体的课程与教学内容

确定课程与教学内容,即确定与特定课程价值观和课程目标相适应的课程与教学内容要素,形成课程与教学内容的主要表征形式——教材。当然,教材的编制还将涉及到其他很多因素,但课程与教学内容的选定,是教材编制最基本的条件,是教材编制的基础。

(二) 课程与教学内容选择的方法

在论述课程与教学内容选择的范围时,我们确定为知识与经验。在选择课程与教学内容时,不仅要按照选择的环节执行,也要运用便利的方法。除了调查、访问、观察、实验等方法以外,可以运用概念图进行知识的选择,运用工作分析法和流程图进行经验的选择。[2]

1. 概念图的运用

概念图的运用可以帮助我们整体掌握并理清自己选择的知识概念,并在选择的过程中引发思考和灵感。概念图产生于1972年,是诺瓦克(Joseph D. Novak)和戈文(D. B. Gowin)根据奥苏贝尔(D. Ausubel)的认知理论发明的一种可视化工具,用来描述一个人的概念知识,引导学生将新学习的概念与已有的概念图式沟通。由于概念图不是从定义出发,而是强调从事物的关系中把握概念本身,关注的是事物的整体性和复杂性,因此,利用概念图可以建构出特定知识领域的结构。这

---

[1] 汪霞著:《课程理论与课程改革》,安徽教育出版社2007年版,第175—176页。
[2] 黄光雄、杨龙立著:《课程发展与设计:理念与实作》,台湾师大书苑公司2004年版,第191—195页。

样,利用概念图可以使我们便利地确定课程与教学的内容,选择出恰当合适的知识概念。概念图也可以看作人们将企图描述的概念,将它有关的属性、征状或涉及的概念加以整体的用图形方式进行呈现。图4-1以小学生"镜子"主题为例,用概念图来协助知识概念的选择。

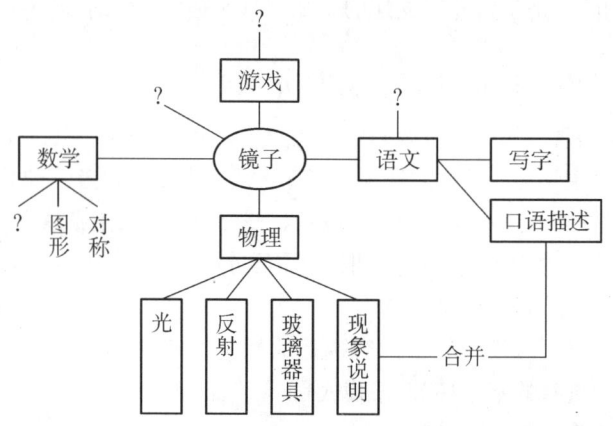

图4-1 镜子知识选择的概念图

概念图不仅呈现个别的概念知识,还可以表现出概念间的联系,甚至是一些原理、原则的说明。

2. 工作分析法的运用

经验的选择也可取用大纲、表格及图示等方法,但这些方法较偏向于静态的描述,缺少动态的过程。因此,经验的选择,为了要将操作的动作、技能、过程、涉及的判断等加以呈现,除了上述方法外,在较为限定及详细地描述经验时,可以用工作分析或流程图来选择及确定具体的内容和动作。图4-2是小学数学两位数减法运算过程的流程图。[①]

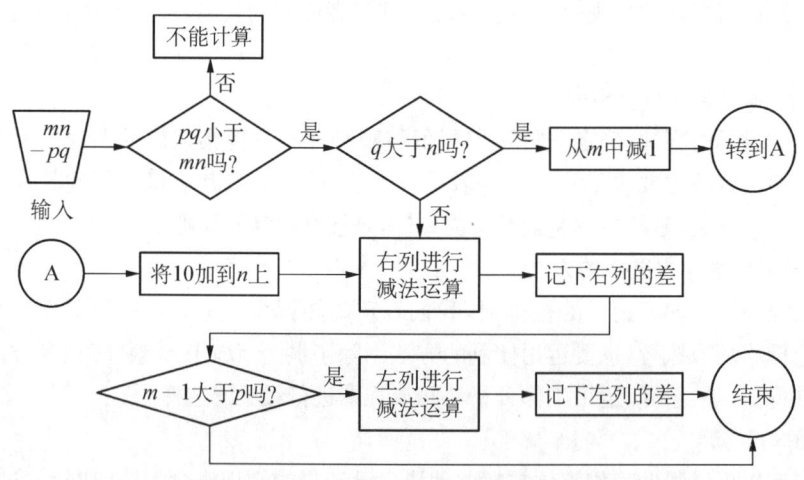

图4-2 两位数减法运算流程图

关键术语

课程与教学内容;课程与教学内容选择;社会生活经验;学习者经验;学科知识

---

① [美]加涅等著,王小明等译:《教学设计原理》,华东师范大学出版社2007年版,第139页。

讨论与探究

1. "课程与教学内容集中体现了教育思想与教育观念,是实现培养目标的施工蓝图,是组织教育教学活动最主要的依据。"这样,教师在教学中主要的任务就是落实已经确定了的内容吗?新课改提倡课程与教学内容的生成性,如何在教学的过程中处理"生成"问题?请你举出一些典型的案例。

2. 在你看来,一般情况下社会对课程与教学内容的影响是积极的还是消极的?为什么?

3. 后现代知识观有哪些特点?这些特点如何在小学课程与教学内容中体现?请你以实际例子加以说明。

4. 当前智力理论的发展对我们理解小学阶段儿童的心理发展提供了多种依据,但这些理论是多元化的。请你选择其中一种理论,说说它和课程与教学内容之间的内在联系。

5. 选择目前我国正在实施的小学课程中的某一科目,分析它的内容的构成和内容选择的取向、依据及范围。如果你是教材编写者,你将如何选定教材的内容呢?

案例分析

根据知识的性质和类型,请分析以下案例。

揭开知识的神秘面纱[①]

记得听过一节小学三年级的语文课,课文的题目是"矛和盾的集合"。课文讲的是坦克的发明过程就是矛和盾优点的集合过程,说明"谁善于把别人的长处集于一身,谁就会是胜利者"的道理。在文章的学习过程中,教师让学生反复诵读以下这段文字:"1916年,英军的坦克首次冲上战场。德国兵头一回见到这庞然大物,吓得哇哇直叫,乱成一团,一下子退了十公里!"这段文字写出了坦克的威力。并且,教师还让学生看了一段一群坦克出现在战场上的场面,看完之后,再次请学生朗读这段文字,感受这段文字的魅力。学生们反复朗读了十几遍之多。为什么这段文字能够体现出坦克的威力?显然是因为作者所使用的如"吓得哇哇直叫"、"乱成一团"、"一下子退了十公里"等生动形象的语言。也正因如此,教师才带着学生们反复体会这些语言。

为什么要学生反复学习和体会这些语言?仅仅是因为这些语言生动吗?如果教师仅仅停留在帮助学生学习这些生动的语言,那这些生动的语言就成了没有概念、方法和价值支撑的现象,自然也就成了学生们崇拜作者写作能力的神秘物。教师的教和学生的学都不到位。可是,除此之外,还有什么值得学习的?小学三年级的学生还可能理解更多吗?

这使我想起从美国带回来的《K-8年级连续性的记叙文写作评估表》(K-8 Continuum for Assessing Narrative Writing)。它特别强调学生在写作时"要描绘不要说",即通过"想象"在脑海中形成图景(Written in scenes produced through envisionment),先用图画讲故事然后再走向用文字讲故事。也就是说,先要求用图画写文章,然后再用文字写文章。这里的"想象(Envision)"不同于通常所说的"想象(Imagine)"。前者是在心中形成一幅画(to picture in the mind),后者则是指在心里形成一种理念(form an idea in the mind)。也就是说,图画是文字形成的前提。因此,美国的记叙文写作评估要求在低年段不允许学生用文字写文章,而

[①] 季苹著:《教什么知识——对教学的知识论基础的认识》,教育科学出版社 2009 年版,第 105—106 页。

是先用图画画出故事。如果我们的教师和学生清楚地知道这个道理,就知道为什么要学习那段描述性的文字了。这段文字之所以生动,正是因为作者首先在头脑中画出了坦克出现在战场时的画面。

不仅如此,这还让我想起了悬念大师希区柯克。他的作品之所以给人以悬念,就是因为他从不直接(平时说的"正面")描写事物的可怕、恐惧,而是间接地(平时说的"侧面")描写看到该事物的人们的恐怖的神情。这是为什么?道理很简单,间接描写能够增加人们在没有看到事物时对事物的想象,就犹如人们对"鬼"的想象一样。正是因为没有见到过,所以才有自由想象的空间,可以说,恐惧在插上想象的翅膀之后会在人的心中无限膨胀。这使我想起,在课上老师曾放过的一段一群坦克出现在战场的场面:奇怪的外表,轰鸣的声音。这时,可以请学生们简单地用语言描述一下,然后再请学生们将这种直接的描写与作者的描写对比并思考:哪种描写方法更好。这个问题至少是可以让小学三年级的学生思考的。

进一步阅读的文献

1. 黄光雄、蔡清田著:《课程设计——理论与实际》,南京师范大学出版社,2005年。
2. [美]M·P·德里斯科尔著,王小明等译:《学习心理学——面向教学的取向》,华东师范大学出版社,2008年。
3. 石中英著:《教育哲学》,北京师范大学出版社,2007年。
4. 钟启泉主编:《课程论》,教育科学出版社,2007年。
5. [日]佐藤正夫著,钟启泉译:《教学原理》,教育科学出版社,2001年。

推荐访问的网址

1. 中国教材网
http://www.zhgjc.com/index.jsp
2. 中国教育曙光网
http://www.chinaschool.org
3. 中国人民大学书报资料中心
http://www.zlzx.org
4. 中国教育在线
http://www.eol.cn
5. 中国教育和科研计算机网
http://www.cernet.edu.cn
6. Clearinghouse on Educational Policy Management
http://eric.uoregon.edu
7. Education Funding Council for Wales
http://www.niss.ac.uk/education/hefcw
8. Education at a Glance
http://www.oecd.org/els/edu/EAG98/index.htm

第 5 章　小学课程与教学的组织和类型

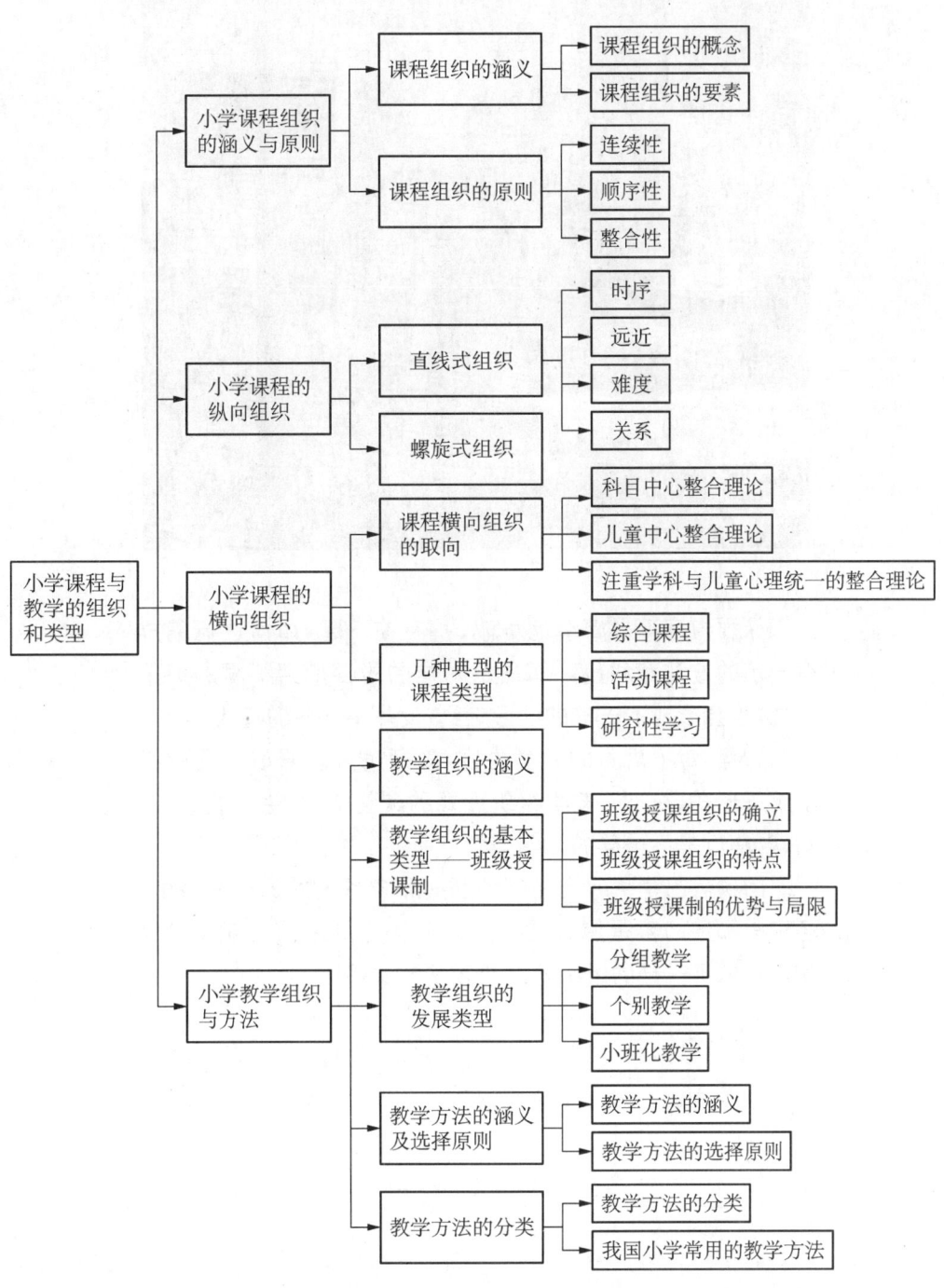

　　课程内容不是简单地堆砌、拼凑在一起，如何进行编排有一定的方法和原则。即便是同样的内容使用不同的编排方式，也会形成不一样的学习感受，发挥不一样的育人功能。

　　同样，对于相同的教学内容，教师也可以采取不同的教学组织形式，在不同教学组织形式的课堂中，学生的经历、认知、收获也是不一样的。

　　回顾自己学生时代经历的那些印象深刻的课程与教学，还记得那些内容是怎样编排的吗？还记得课堂上老师曾经使用过的不一样的组织方式或教学方法吗？

第1节 小学课程组织的涵义与原则

在课程开发过程中,当我们选择了必须提供给学生的知识、技能、观点、原则和活动后,就要把这些内容元素加以整理,对它们进行排列、整合,分成一定的时序、段落。这些工作是课程开发的必要环节。20世纪以来,众多的课程论专家都非常重视课程组织的问题,有过很多详细的论述。课程组织同样决定着课程开发的质量。

一、课程组织的涵义

在课程编制中,"组织"(organization)是一个重要的问题,它如同系统的结构,影响着要素的排列顺序,左右着系统功能的发挥。也就是说,经选择的课程内容如果不加以组织,将是混乱不堪、支离破碎、不易学习的,难以产生教育的功效。美国著名课程论专家麦克尼尔(J. D. McNeil)曾把课程组织(curriculum organization)比喻成智慧的"编织机",将零散的课程要素编织成课程智慧的彩缎,以更好地促进人的发展。

(一)课程组织的概念

1923年麦克默里(C. A. McMurry)在《怎样组织课程》(*How to Orgaize the Curriculum*)一书中,正式提出了"课程组织"问题,他针对传统课程内容拥挤、支离破碎、远离儿童生活、旧内容出不去、新内容进不来、与儿童的身心发展不一致等弊端,对理想课程作了如下概括:"课程组织是用这样一种方式呈现这个世界最好的要素,以便激发儿童活动自然正确的发展。"自此,"课程组织"问题便正式成为课程论领域的一个重要问题。后来,泰勒在"八年研究"及以后的实际工作中继承并发展了前人的课程开发理论,将课程组织作为研制过程的一个环节。泰勒认为:课程组织是在学习经验选择后把学习经验组织成单元、学程和教学计划的程序。泰勒提出的课程组织的含义以及组织课程的一系列原则,对课程理论的完善以及课程开发的实践都产生了深远影响。

我们认为课程组织就是在一定的教育哲学观指引下,依据儿童的心理特征,将课程要素或学习经验进行恰当的编排与整合,使其在动态运行的课程系统中产生合力,以便有效实现课程目标的过程。这一过程也是促进课程资源整合的过程。

课程组织是针对课程要素进行的编排与整合,那么什么是课程要素呢?

(二)课程组织的要素

课程组织的要素亦可称为课程要素或组织要素。古德莱德(J. I. Goodlad)等人曾打比方说:"组织要素可以比作一座高楼大厦中的钢筋结构,尽管看不见,但对大厦的强固是极为必要的。"[①] 很多课程论专家都提出过系统的课程组织要素,归结起来包括以下几个方面:

1. 概念

概念是指陈述具有共同特征的事、物或理念的名词。概念的选择要依据目标,通常选择最有用的概念,即能组织并综合许多特定事实和理念的概念。某些概念例如社会、变迁、改革、经济资源等都适用于不同的学科领域,可通过各种学习加以发展。当然,每一概念的作用不同,其抽象程度也因年级、科目和单元而异。

2. 原理

原理是指对两个或两个以上概念间关系的说明,即概念间所衍生的关系或原则。如"直角三

---

① 张华著:《课程与教学论》,上海教育出版社2000年版,第230页。

角形斜边的平方等于两条直角边的平方和"这便是一个原理。课程的组织需要依据各门科学中诸如此类的原理,通过精心设计的学习活动帮助学生探讨有关的问题,以理解原理的正确性,或加以修正。原理能使学生了解世界,探讨理念蕴含的相互关系。但是,课程设计人员与教师应该使学生了解原理不是理所当然的,只是一种要加以验证的叙述而已。只有个人了解原理所代表的相互关系,原理才有价值。

3. 技能

技能包括技巧、能力与习惯。技能不仅使课程具有连续性,也有助于课程的相关性和统整性。技能是课程实施和持续展开的关键,因此它成为课程组织的重要构成要素。举例来说,阅读不仅是理解和交流的前提,还有助于对课程内容进行归纳和总结。所以,许多阅读技能不仅为课程提供连续性和顺序性,也有助于课程的统整性。

4. 价值观

价值观指关于价值的一定信念、倾向、主张、态度的系统观点。哲学价值观是支配人们行为的基本力量,也是支配课程组织的核心要素。不分阶级、种族、性别、宗教的平等价值观与民主的信念皆可作为学校的课程组织要素。这项组织要素是各学校、各年级的课程学习都需加以强调和重视的,而且这种重视不但体现在社会学科中,其他各门学科的组织和学习概莫能外。

在实际的课程组织中,就是要依据不同的课程目的、学科特点和预期的学习结果来确定要素的选择和侧重点。

二、课程组织的原则

课程组织不仅要确定主要的课程要素,还要进一步确定把这些要素组织在一起的原则。课程组织有两种功能:第一是学生学习动机的引发,且基于学生的心理发展来安排学生的学习经验;第二是使学习经验产生最大的累积效果,达成教育目标。课程组织的原则就是达成课程组织功能的保障。杜威在《经验与教育》(*Experience and Education*)中谈到:学习经验应该具有连续性与整合性,也就是他认为设计有效的课程,需要遵循经验的连续性(continuity)与整合性(integration)原则。泰勒针对如何组织与呈现课程内容的问题提出了三个基本原则,它们是连续性(continuity)、顺序性(sequence)和整合性(integration)。

(一) 连续性

连续性是课程组织的"广度"(scope)范围之内的水平组织,是指直线式地陈述主要的课程要素。所谓"连续性"(continuity),是指将选出的各种课程要素在不同学习阶段予以重复。例如,在数学课程中,先学习的公式、定理在后继学习中重复出现,以不断得到巩固。它有助于学生获得机会进行更多、更复杂的学习,处理更艰深的材料,进行更精确的分析,理解更深广的概念,并进行相关推理与应用的学习,培养更精细、更敏锐的态度和感悟。连续性标准强调的是课程要素的重复。

(二) 顺序性

所谓"顺序性"(sequence),是指将选出的课程要素根据学科的逻辑体系和学习者的身心发展阶段,由浅至深、由简至繁地组织起来。顺序性是课程"深度"(depth)范围之内的垂直组织规则,使学习的机会建立在前一个学习经验或者课程内容之上,但却是对同一课程要素作更深、更广、更复杂的处理。对于应该如何处理课程要素的加深和拓宽的问题,有的学者主张依据学科内容的逻辑顺序,有的学者主张依据学习者的心理发展顺序,还有的学者认为课程组织可以把逻辑顺序与心理顺序统一起来。

(三) 整合性

所谓"整合性"（integration），是指针对所选出的各种课程要素，在尊重差异的前提下，找出彼此之间的内在联系，然后整合为一个有机整体。整合性是课程经验"横"的联系：第一，学生经验的整合。每个学生的需要、兴趣、经验等都是一个独特的有着内在联系的统一体，这个统一体就是每一个学生的人格整体。在学生不断学习和发展的过程中，新学习的经验要与既有的经验在交互作用中不断整合起来，学生的经验由此不断生长，人格也不断完善。第二，学科知识的整合。通过课程的水平组织，使不同的学科知识在差异得以尊重的前提下互相整合起来，消除学科之间彼此孤立甚至壁垒森严的对立局面，以使学科知识良性发展，使学习者的学习产生最大限度的累积效应。第三，社会生活的整合或称"社会关联"（social relevancy）。课程内容以社会生活的需要为中心整合起来并将社会生活视为具有内在联系的整体。①

第 2 节　小学课程的纵向组织

纵向组织基本上有两种编排方式，一是直线式编排，另一个是螺旋式编排。两种形式究竟何者更为科学，更加符合学生的认知特点，理论界一直争议不休，许多观点各执一端。因此，我们认为有必要对这个问题进行重新认识从而引导人们更好地从不同的维度去设计课程，提高课程的效用。

一、直线式组织

"直线式课程"（linear curriculum）是将一门学科的内容按照逻辑体系组织起来，其前后内容基本上不重复。直线式课程组织在我国学科课程的组织中依然是主流。这种课程组织的优点是能较好地反映一门学科的逻辑体系，能够避免课程内容不必要的重复。其缺陷是不能恰当体现学生认知发展的特点，也不利于及时将学科发展的前沿成果补充到课程内容中。

直线式课程组织的方式多种多样，最常见的包括：②

(一) 时序

时序——由古至今或由今至古。例如中国历史科课程是由史前时期开始，逐步介绍夏、商、周以及秦朝统一全国，结束战国争雄的局面，然后是按时代，让学生学习汉唐盛世。这种按时序安排的形式，在历史教材中最为常见。历史的发展是有脉络的，历史事件是一件影响下一件的，由古至今地学习，可以让学生看到历史事件的因果关系、时代的改变以及历史事件的发展等。例如，宋太祖赵匡胤统一全国，建立宋朝后，为什么要杯酒释兵权呢？为什么要强化禁军呢？难道他不知道这些政策对全国的军事力量有不良的影响吗？事实上他的政策与唐中叶开始的藩镇割据、中央政府未能有效管治有关。如果学生没有认识到唐中叶以来藩镇割据的局面以及五代十国的混乱，便不太可能深入地了解宋太祖的施政理念。同样地，其他地方的历史也是这样。希特勒法西斯之所以能在 20 世纪 20 年代末逐步兴起并获得德国人的支持，与第一次世界大战后英、法、美等国处理战败国的策略有着密切的关系。学生若能按顺序地学习这些历史，他们在学习上思路会更清楚一些。在历史学习中，起因与影响是主要的概念，有顺序地学习能帮助学生掌握这个基本概念。

按时序由古至今并不是历史科必然的组织形式，如前所述，由古至今的编排有它的好处，因为

---

① 张华著：《课程与教学论》，上海教育出版社 2000 年版，第 251 页。
② 林智中、陈健生、张爽著：《课程组织》，教育科学出版社 2006 版，第 68 页。

学生可以容易地看到时间的顺序和历史事件之间的联系。但是,从学生兴趣的角度来看,学习的效果可能不及由今至古的编排。一般来说,学生对身边有关的事物较有兴趣,对不少的小学生来说研习历史就像是"听故事",在疏离感影响下,学习动机较弱。因此,有些历史教师会采取由今至古的策略,利用近期的时事或身边的景象为入手点,带领学生追溯其历史源头,从而增加学生的学习兴趣以达到教学效果。

(二)远近

远近即由远至近或由近至远。教师以学生身边的事物开始,逐渐推演到离学生生活较远的层面。比如现行义务教育《品德与社会》的课程标准,分为6个主题即:(1)我在成长;(2)我与家庭;(3)我与学校;(4)我的家乡(社区);(5)我是中国人;(6)走近世界。学习内容基本上是沿着学生生活范围不断扩大的思路展开的,这样组织构建内容的优势在于它符合一般状态下学生生活和认识发展的特点,有利于从学生的生活切入,基于他们的经验开展学习,帮助学生逐步从身边的事物开始,学习关注周围和更广泛领域的社会现象、事物,形成社会理解和认识等。

(三)难度

难度指由易至难。在传统的中文教学中,我们认识到学习语文的结构是由字词开始,然后是句子、段落,最后是篇章。所以,在幼儿园,大多数是教单字、单词。到了小学,才开始教学生写句子。这种结构是以较易的课题为入手点,在学生掌握一定的基础后可再进一步。

对小学数学学科来说,我们一般都会先教加法,然后是减法,再是乘法,最后是除法。这种结构本身就是按概念的难度和关系来展示的。乘法的本质是快速的连加法,5乘3的意思,就是5+5+5,如果学生没有学好加法的概念,到了学习乘法时,便会不知所措。

(四)关系

关系是指由部分至整体或由整体至部分。在这个序列安排方式下,可再分为由整体到部分,由部分到整体。前者可以由以下例子说明:

健康教育课程:

(1) 什么是健康人生(带出健康的概念,心理健康、生理健康等)

(2) 影响健康的因素(包括饮食、休息、环境和学习,以及家居清洁、休息、社交活动、工作压力等)

(3) 人类所需的营养和饮食习惯(食物金字塔、零食对身体的影响、过胖的成因、节食的可能影响等)

(4) 家居环境的清洁及安全

(5) 空气污染的问题

(6) 定时作息的重要性

(7) 如何选择朋友和与家人相处

(8) 使用药物

(9) 选择合适的运动和养成运动的习惯

以上这个例子,显示了如何先由整体的介绍,然后逐步地深入展示各有关环节的具体认识、概念以及技能的拿握,从而建构整体的宏观概念。完成课程后,学生应能全面地说出构成健康人生的各个概念,并且应用到自己的日常生活中去,以达到健康生活的理想。

二、螺旋式组织

"螺旋式课程"(spiral curriculum)是在不同学习阶段重复呈现学科知识的概念结构,同时随着学生认知能力的不断成熟,学科内容不断拓展与加深。这种课程以促进学生的认知能力发展为目的。螺旋式课程组织的优点是能够将学科逻辑与学生的心理逻辑较好地结合起来,其缺陷是容易造成学科内容的臃肿和不必要的重复。美国著名心理学家、教育学家布鲁纳是螺旋式课程的重要推动者。布鲁纳着眼于培养儿童的卓越智力,倡导早期学习,主张教授学科的基本结构。为了尽可能快地发展儿童的智力,布鲁纳提倡课程组织要以与儿童的思维方式相符合的形式,尽可能早地将学科的基本结构置于课程的中心地位,随着年级的提升,使学科的基本结构不断拓展与加深。他认为:课程内容排列应采取螺旋式的形态,即小学低年级到中学阶段的教学,对于同一种基本概念,采用螺旋式数次反复上升排列。

例如,《理科》课程这样安排[①]:一年级,学习小动物,如兔子或鼹鼠的基本需求。二年级,学习植物的基本需求。三年级,学习与动植物有关的生态系统。四年级,学习与人类有关的生态系统。五年级,学习作为不同系统的动植物。六年级,学习物理系统——作为一个系统的地球。七年级,学习家庭实用化学。八年级,学习城镇物理学。九年级,学习生物学。十年级,学习化学。十一年级,学习物理学。从该计划来看,生物学在一年级、二年级、三年级、四年级、五年级、九年级重复呈现;物理学在六年级、八年级、十一年级重复呈现;化学则在七年级、十年级重复呈现。这是典型的螺旋式课程。再有,我国现行的《义务教育数学课程标准》将课程内容分成数与代数、图形与几何、统计与概率、综合与实践四个部分,在一至三年级、四至六年级、七至九年级三个学段"重复"呈现,当然第二、三学段学习的内容是在前一学段基础上的跃迁。这样的编排也是一种螺旋式课程。

直线式课程与螺旋式课程是两种不同的课程组织,二者各有优缺点,彼此具有相对独立性。直线式可以避免不必要的重复;螺旋式则容易照顾到学生认识的特点,使其加深对学科的理解。而两者的长处也正是对方的短处。其实,直线式课程和螺旋式课程对学生思维方式有不同的要求:前者要求逻辑思维;后者要求直觉思维。逻辑思维是按直线一步一步地思考问题,注重构成整体的部分和细节,它只是接受确切的和清楚的内容;直觉思维是要在理解细节之前先掌握实质,它考虑到整个形式,以隐喻方式运演,能做出创造性的跳跃,两者各有其特点。对不同性质的学科而言,这两种组织方式具有不同的适应性。与此同时,还应认识到这两种课程组织方式又存在内在的联系,彼此间具有互补性。螺旋式课程由直线式课程发展而来。在课程组织过程中,这两种组织方式很难截然分开,常常交替存在。

第3节 小学课程的横向组织

课程内容的横向组织,主要指向不同学科之间的横向整合。其关键点在于:课程编制工作者在编制课程时必须考虑到各门学科内容之间的横向联系,做到各门学科内容相互呼应、相互配合;课程编制工作者打破原有的学科界限和传统的知识体系来重新组织课程内容。

一、课程横向组织的取向

由于课程内容在变化,对儿童的研究在深入,教育观、课程观在演化,人们的认识水平在不断提高,各种课程整合理论逐渐形成。我们将它们进行梳理,其中影响比较大的有以下几类。

[①] 张华著:《课程与教学论》,上海教育出版社2000年版,第244页。

(一) 科目中心整合理论

科目中心整合理论诞生于19世纪,主要针对学校科目割裂知识的弊病。它立足于学科,旨在建构学校科目之间的有机联系。科目中心整合理论包括以下两种典型主张:一种是齐勒的历史中心整合论,主张把所有学科划分为以"历史、文学、宗教"为核心的三个系列,第一系列是自然学科,第二系列是语言和数学,第三系列是地理、体操、技能和唱歌,在课程水平结构层面、学科主题知识结构层面和教学活动层面建构和实现着以"历史"为中心的课程整合;另一种主张为麦克默里的地理中心整合论,主张把传统上仅仅对儿童道德发展的关心扩大到把儿童培养成良好的公民,包括身体、社会及道德各方面,把地理学科作为知识科目结构中的核心,强调课程整合的关键是选择和确定适当的组织中心,从而把不同科目知识协调成为一个单独的学习项目。

(二) 儿童中心整合理论

儿童中心整合理论是美国在引进、学习和借鉴学科中心整合理论的过程中,批判性地与美国教育、课程改革实践相结合的产物。人们站到儿童的立场上,对儿童的发展满怀同情和浪漫的理想,形成了一切从儿童出发,以儿童为中心的课程整合理论。这类整合理论影响比较大的有帕克的儿童中心整合论和杜威的儿童经验中心整合论两种。帕克认定儿童应该是被规划和组织起来的学校教育工作的中心,学校课程应当尽可能从儿童的实践活动中引申出来和整合起来,课程整合的中心必须是儿童;杜威认为课程就是要实现从儿童的经验进入成人的经验的机制,这种机制只有以儿童经验为中心、从儿童的经验出发才能建构起来。

(三) 注重学科与儿童心理统一的整合理论

儿童中心整合理论在美国流行了整整半个世纪,这种理论解放了儿童,但却是以牺牲学生的学业成绩为代价的。20世纪50年代,苏联的卫星率先上天,震动了美国朝野。人们追寻落后的原因,追到了教育上。在批判"儿童中心"课程整合理论的同时,对"科目中心"课程整合理论也进行了反思。于是提出并实施了注重学科与儿童相统一的课程整合理论,其主要代表也有两种:一种是布鲁纳的结构中心整合论,该理论认为现代化的课程就是要把科学知识的结构转化为学科的结构,以学科的结构去适应和促进儿童认知结构的发展,课程要整合的就不仅是科目之间的有机联系,更重要的是整合学科的结构与儿童的认知结构,所以,课程整合的中心应是"学科结构";另一种是人本主义的认知-情意整合论,该理论认为人的存在就是认知与情意相统一的整体人格,认知学习与情意学习必须统一;学习是以内部动机为基础的,课程内容必须同学生的要求、兴趣、爱好相适应;学习是一种探究活动,重点应从教材转移到每个学生的学习过程;学生是作为一个完整的人而存在的,教育内容必须同社会合拍。[①]

二、几种典型的课程类型

在课程的横向组织结构中,按照课程设计的不同性质和特点形成了以下几种主要的课程类型:

(一) 综合课程

综合课程(integrated curriculum)又称统整课程,是指把若干相关学科内容加以筛选、充实后按照新的体系合而为一的课程形态。现代意义上的综合课程开始于20世纪20年代,当时西方国家开始出现大范围课程——即把两门以上相关的科目合并成单一的大范围课程。到60年代,这种课程类型在西方国家进一步发展成综合性课程。综合课程的研究和尝试在二战之后达到高潮,在原来发展的基础上更新观念,成为当代课程实践和理论发展中一个重要的课题。在我国,当前义务

---

① 钟启泉编著:《现代课程论》,上海教育出版社1989年版,第157页。

教育阶段的《品德与社会》《科学》《艺术》等，都是综合课。根据对课程内容综合的程度与水平，我们可以把综合课分成三种类型：

（1）相关式。一组相互联系、相互配合、照应、穿插进行的学科被称为"关联课程"。例如：音乐课上老师给同学们介绍"鼓的艺术"，不同的鼓声传达不同情绪，不同场合中鼓声节奏不同；美术课上老师也以"鼓的艺术"为主题，让学生感受鼓声中的线条与色彩；当《品德与社会》课中老师讲到节约用水与环境保护问题时，老师在数学课上就以每分钟水的流量为题，让学生进行应用题的计算。

（2）合科式或拼盘式。把两门或两门以上相邻学科的内容糅合在一起从而形成一门新的学科。例如在设计《社会》课时采用学科板块式设计，整个科目分三学年。第一学年学习"人类生存的地理环境"，首先介绍中国的疆域、人口、自然环境、自然资源、农业、工业、交通等内容，然后是"全国地理加乡土地理"和世界地理。第二学年学习"人类社会的历史发展"，采用中国史、世界史合编的方式，使学生在世界的整体背景下学习中国历史，同时融合进社会发展简史的内容。第三学年学习"当代人类社会的状况"、"观察社会的正确立场、观点和方法"，介绍新中国40年发展历程、我国现代化建设的基本路线、国际环境以及当代社会面临的共同问题，"做社会的主人"。在这一课程的设计中，每个学段仍然以一门学科内容为主，适当拓宽、融合其他相关知识，但我们仍然能看到原有学科的主线。

（3）广域式。以重大社会问题或者科学概念、科学观点或观念为组织核心进行编排的综合课程。例如在设计《理科》课程的时候，设计者从媒体及社会生活中选择了40—50个常见的热点或焦点问题，如家用燃气、酸雨、无铅汽油、噪声、核电站、南浦大桥、男孩与女孩、光纤通讯、矿泉水、居室环境等。将这些问题组织进八大领域：燃料与能源、材料与资源、健康与生命、通讯与信息、交通与航天、粮食与农业、环境与生态、科技与生活。采用问题解决的方式开展教学，让学生亲自体验某个科学论题的由来和过程。

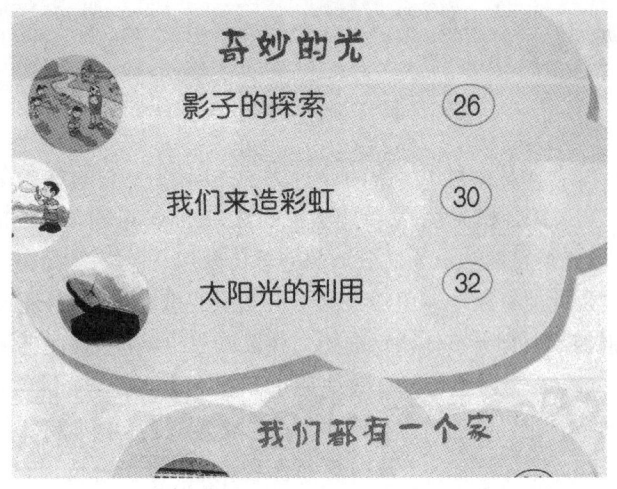

我们看到这本义务教育二年级《品德与生活》的教材里的一个单元——"奇妙的光"。在这个单元中涉及到物理知识、生物知识、历史知识以及生活常识等。学生在累积知识的基础上，可以通过动手操作、尝试活动等方式丰富理解、加深体验，进一步了解生活中时时伴随着我们的现象——光。

综合课是相对于传统的分科课程提出来的,它的意义在于:

(1) 综合相关学科,重建学生的认知结构,培养学生的能力。综合课强调加强学科间的整合和统一,强调自然知识和社会知识的总体效应,使学生认识各种现象、因素间的联系及相互制约的关系。因此能有效地避免学科课程中知识的重复和割裂,还原世界本来面目,给学生一个整体观念,增强他们对世界整体认识的能力和横向思维的能力,促进知识的迁移。

(2) 综合课程可以有效地通过学科合并,减少学科门类和内容以减轻学生过重的课业负担。因而在一定程度上可保护学生的身心健康,提高学习效率。

(3) 综合课有利于及时更新课程内容,将新科技、新事物及社会发展的新现象吸收到课程中来。由于综合课的编排顺序不以某一学科的逻辑顺序为主要线索,不必特别强调前后知识的系统性、逻辑性,因此易于更新与拓展。

(4) 综合课有利于打破传统的教学与评价方式。综合课按学生的心理顺序设计课程,便于在教学中联系学习者的生活实际,容易唤起儿童学习的兴趣、参与意识;同时也可以采用包括形成性评价、表现性评价等在内的多种学业评价手段与方法,有利于学生的全面发展。

但是综合课在实施的过程中也存在很多难点,比如综合课涉及知识面广,要求课程设计者与课程实施者要有综合的知识结构。也有人认为由于综合课逻辑结构不严密,与分科课程相比会降低学习者知识掌握的系统性。

(二) 活动课程

活动课程(activity curriculum)又称"经验课程"(experience curriculum)、"学生中心课程"(student-centered curriculum)。它是从学习者的兴趣和需要出发,以学习者的活动为中心设计的课程。

活动课程可以说有着悠久的历史,自从学校教育产生之后,"活动"一直是学校教育教学的一种重要形式。法国的卢梭和瑞士的裴斯泰洛齐等在他们各自的教育实践中都曾经谈到并实践了"活动"课程。到19世纪末,在批判传统教育的进步教育运动中,杜威及其门徒从理论与实践上首次系统地提出和阐明了"活动或经验课程"。其显著特征是以学生为中心和出发点,以学生的兴趣和需要为基础来选择和组织课程,从本质上打破了学科逻辑组织的界限,使课程切入学生的生活。活动课程在国外学校教育的各个层次曾被普遍使用。近些年,我国各地也不同程度地开始了活动课程的探索。

我国1988年制定的《义务教育全日制小学、初级中学教学计划(试行草案)》第一次把课外活动以课程的形态纳入课程设置表,称之为"活动"。在国家教育委员会1992年重新修订颁布的《九年义务教育全日制小学、初级中学课程计划(试行)》中,对这项改革进一步加以肯定。自从1992年义务教育"课程计划"颁布后,特别是1994年《活动课程指导纲要》试行后,活动课程成为我国基础教育课程理论研究和实验的热点问题。

活动课程在实施的过程中具有如下特点:

(1) 以学生的活动为主,充分发挥学生的主体作用和创造性。可以让学生独立组织,也可以师生共同参与,教师的作用是引导、咨询、帮助。

(2) 突破原有课堂教学的时空限制,其实施可在课内、课外,也可在校内、校外。

(3) 内容不受学科教学大纲限制,可以是学科的延伸,可以是学科的综合,还可以是对学科和学生知识经验的超越,及时吸取新信息,学习新技术。

(4) 学生可以人人参加、自愿选择,以满足他们各自的兴趣爱好和发展的需要。

活动课程是学校实现教育目标的主要途径之一,是校本课程体系的有机组成部分,对拓展学生的知识结构、培养学生自学能力、完善学生个体差异、调动学生兴趣、提供尝试与体验的机会,培养学生脑手功能协调发展,有着课堂教学不可取代的重要价值。

【提示5-1】　　　　义务教育课程改革方案中的综合实践活动

我国2001年颁布的《基础教育新课程改革纲要(试行)》中规定,"从小学至高中设置综合实践活动并作为必修课。其内容主要包括:信息技术教育、研究性学习、社区服务与社会实践以及劳动与技术教育。强调学生通过实践,增强探究和创新意识,学习科学研究的方法,发展综合运用知识的能力。增进学校与社会的密切联系,培养学生的社会责任感。"2003年出台的《普通高中课程方案(实验)》规定普通高中的综合实践活动缩减为研究性学习、社区服务和社会实践三个内容,而专门设置了技术领域,整合信息技术与通用技术。

综合实践活动是作为必修课程出现的,小学自三年级开始设置,每周平均3课时,小学占总课时的12%,初中占10%。

20世纪90年代以来,世界课程改革的总体趋势体现出了向儿童的生活和经验回归,体现课程综合性的特点,在此基础上各国都设立了相应的课程,名称虽然各异,但所体现的理念则大体相似。如日本的"综合性学习时间",英美等国的"设计学习"(project or design learning)和我国台湾的"综合活动"等。而综合实践活动之所以能进入基础教育课程结构也适应了我国课程改革的现实需要。综合实践活动是在原来活动课程的基础上产生的新型课程类型。它融合了以前分开开设的科技、文体、劳动与技术、社会实践等各类活动课程,借鉴了综合课程的思路,挖掘、利用和重组了学校、社区和全社会的资源。它的设置更加规范、目的更加全面、功能更加完善,也更有利于学生的发展。综合实践活动的出现不仅给了学生参与、探究、理解社会问题的机会,符合了学生的需要、兴趣和特长,也促进了学生综合分析、探究、解决问题的能力的发展,促进了课程结构的综合化。

资料来源 马云鹏主编:《课程与教学论》,中央广播电视大学出版社 2005 年版,第 147 页。

(三) 研究性学习

1. 研究性学习的含义

研究性学习是综合实践活动的重要部分,是指学生在教师指导下从自然、社会和生活中选择和确定专题进行研究,并在研究过程中主动地获取知识、应用知识、解决问题的学习活动。研究性学习强调学生通过实践增强探究和创新的意识与能力,形成一种积极的、自主的、合作的学习方式。在研究性学习中学生从知识的被动接受者成长为探索者,发展发现问题、提出问题和分析问题的能力,培养学生的创新意识和能力,使学生保持独立的持续探究的兴趣,获得参与研究、社会实践的体验,增长社会经验,并且学会分享、尊重与合作。

2. 研究性学习的特点

(1) 研究性学习活动中所要学习研究的问题,既不是教材规定的,也不是教师指定的,而是同学们从自身生活和学习活动中发现而提出来的,是他们感受较深、很感兴趣,并愿意投入精力去研究解决的问题。研究性学习既赋予了学生选择学习内容的权利,也要求学生承担达成课程目标的义务。当学生感到背负一种责任时,他的主观积极性便得到极大的调动,自主学习、积极探究就有了强劲的内在动力。因此研究性学习是一种主体性建构过程,是知识与学生经验的自主建构过程。

(2) 研究性学习强调以学生的自主性、探究性学习为基础,学习方法类似于科学研究方法。研究性学习不同于学科知识的传授,不能只是坐而论道,要实践,要活动。科学研究中重要的是能发现问题,能制订一套方案去解决问题,思考、计划、查资料、理论探讨、收集数据、分析整理、归纳总结、写报告、写文章等。在研究性学习中学生在老师的指导下,模拟科学研究的程序与方法。在规定的时间内,采用学生个人或小组合作的方式自己提出问题,自己设计解决问题的方案,自己动手实践探索,自己解决研究中遇到的各种问题等。让学生亲身经历探究过程,体验、感受探究过程,在实践中创新。

(3) 研究性学习中所要解决的问题,往往不是单一学科知识所能解决的,而是要综合运用多个学科的知识才能解决。因此,它的综合性很强,有效地激活了学生的知识储备,促使学生综合地运用各学科的知识去解决问题。也就是说,研究性学习问题的解决具有综合性。研究性学习的这一特点有利于从小培养学生科际整合的意识、素质与能力。

(4) "研究"在研究性学习中的作用是培养研究意识与能力。在大学和研究所,研究是为了揭示新的规律,为了推动社会生产、社会生活的发展,有无新发明创造是衡量大学、研究所的研究活动有无价值的唯一标准。在中小学的研究性学习课程中,研究不是目的,只是完成其培养目标的一种重要手段。是为了培养学生的创新意识与能力,而不是要求所有学生的研究结果都一定要达到有所发明、有所创新的标准。虽然大多数学生的研究结果都显得非常稚嫩,有的只是重复已有的结论而已,个别的甚至连结果都没有。但这并不妨碍对开设研究性学习这门课程的作用和价值的肯定,因为和外在显现的研究结果相比,学生内心对社会和知识的感悟、体验和理解,学生在能力和素质方面的提高,是更为重要的东西。

因此,中小学研究性学习课程是面向全体学生的必修课,而不是只为少数优秀学生开设的课程。它以激发学生主动探索的积极性,培养学生的创新精神为追求目标。有条件的地方可鼓励学生介入学科前沿的研究,要求学生的研究结果有科学性,但并不要求每个学生的最后研究成果都必须创新。这是对研究性学习重要的课程定位。

3. 研究性学习的实施步骤

研究性学习一般分为五个阶段:

阶段一:确定选题。选题是学生提出的,是来自生活的,是可研究的。

例如,青岛育才学校研究性学习选题:

- 家教给我们带来什么问题?
- 关于班级干部作用的问题。
- 双休日同学们在忙什么?
- 我们手中的钱是如何消费的?
- 关于追星族的问题。
- 同学们最喜欢哪些电视节目?

阶段二:制定计划。计划中要有明确的研究目标,收集资料的方法和工具以及学生研究小组的分工。

阶段三:收集资料。可通过图书馆、网络查询、参观访问、实验操作等方式,并做好研究记录。

阶段四:总结整理。是学生的知识与具体的现场经验结合、重组的过程,不断结合资料获得结论。研究性学习结果的形式多样,它可以是一篇研究论文、一份调查报告、一次口头报告、一本研究笔记,也可以是一项活动设计的方案。

阶段五:交流、评价。观念、方法的交流,智慧的分享过程。这也是学生研究与成人研究区别的体现。评价主体可以是学生自我评价、小组评价与教师评价相结合。研究性学习的真正价值不在于创造,而在于让学生体验研究过程,学会研究,因此,研究性学习的评价既关心研究的结果更关心研究的过程;既要考虑学生参与活动、达成研究性学习目标的情况,又要关注学生在某一些方面的特别收获,顾及学生的个别差异;既要着眼于对整个小组的评价,又要注意到个人在课题研究中所承担的角色、发挥的具体作用及进步的幅度。

【案例5-1】 研究性学习设计案例

小种子,快快长大吧(适用于小学低年级)[①]

主题目标

1. 了解种子发芽、成长的过程及所需的基本条件。初步学会观察、记录植物生长的方法。

---

① 熊梅编著:《综合实践活动开发与设计》,高等教育出版社2006年版,第304—330页。

2. 能够积极和小组同学配合,动脑筋解决遇到的各种问题。
3. 形成积极的生活态度,能够去关爱生活中的各种植物,和它们成为朋友。

活动建议

1. 活动内容:

(1) 查找生活中常见的花草资料,了解这些植物的一些特点和习性,选择自己最喜欢的植物,根据本地的气候和条件,确立最后种植的植物名称。

(2) 交流讨论种植活动的意义,准备相关的工具和备品。有些材料可以利用家里闲置的,或亲自动手用生活中的各种废旧物制作。

(3) 交流讨论种植过程中要做的工作,以及这些工作按照什么顺序安排最合理,确立最合理的种植程序,提示相关要注意的问题。

(4) 分小组进行种植活动。

(5) 分阶段对小苗苗的成长过程进行观察记录。

(6) 解决种植过程中遇到的各种难题。

(7) 开展庆祝小苗苗长大的联欢会,对小苗苗说自己的感受和收获。

(8) 活动延伸:认识和了解生活中的各种植物以及它们为人类所做出的贡献,和自己喜欢的植物交朋友。

2. 活动范围:

学校、家庭、种植角、图书馆、因特网

3. 活动方式:

以学生自主合作探究的亲自体验的学习方式为主,交流、讨论为辅。

4. 组织形式:

个人、小组、班级

5. 课时分配:

总课时为 12 课时

1—3 课时　种植活动的相关准备工作

4—5 课时　种植活动

6—8 课时　观察记录活动

9—10 课时　解决种植中遇到的各种难题和自己发现的各种好办法

11—12 课时　和生活中各种植物交朋友

活动指导要点

1. 活动前提示:

(1) 教师要指导学生如何查找资料,如何用自己的语言对资料进行简单的整理。

(2) 对于种植需要的相关工具,不提倡买,引导学生动脑筋用生活中的废旧物制作。

2. 活动中的指导:

(1) 教师首先要引导学生对种植的过程和方法展开讨论,针对大家提出的不同方案,商讨合理的种植方法。让学生了解更多种植花草的学问。

(2) 在观察植物生长变化的过程中,要注意指导学生运用正确的观察和记录的方法,做好观察记录,能够把自己的发现及时地记录下来。

(3) 在照顾花草的过程中，由于学生自身经验的缺乏，难免会遇到各种难题，此时教师的指导要细致、及时、有效。不仅要让学生主动思考解决问题的方法，还要养成采取最佳途径解决问题的意识，提高做事的效率。这种培养不要急于求成，要给学生一个循序渐进的过程。

(4) 种植活动要持续很长一段时间，所以在教学中，教师要及时地督促，灵活地利用教学时间，让学生能够坚持记录和学习，保证教学的效果。

3. 活动后的总结：

(1) 总结整理一段时间的学习资料，对整个教学过程有一个把握和了解，学生的感受可能会更深。

(2) 在种植花草的过程中，教学内容可以适度的扩展和延伸，了解生活中植物对于人们生活的重要性，和它们交朋友，更好地关爱它们。

4. 评价要点：

关注学生在活动中的参与积极性，能够主动去和别人合作，共同来解决遇到的各种难题，同时，针对实际情况，能够提出自己不同的见解和想法，关注的重点不是对于花草知识性的掌握，而是学生情感的培养，能够有一种和植物共生的意识，保护植物，珍爱所有的生命。

【案例 5-2】 研究性学习设计案例

叶子的世界真美妙（适用于小学低年级）[①]

主题目标

1. 带领学生走进大自然，观察叶子，了解叶子的形状、结构特点。通过查找资料，培养学生捕捉信息的能力。

2. 了解有关叶片标本的知识，学做叶片标本。

3. 了解叶子对植物生长的作用并初步知道与生物有关的某些知识，对学生进行美的教育。发挥学生的想象力和创造力，用叶子创作出风格多样的作品。

活动建议

1. 活动内容：

(1) 观察并收集叶子，上网、看书或询问老师、专家，查找叶子的相关知识。

(2) 小组内交流所获信息，以竞赛的形式促进了解。

(3) 观看叶片标本，了解其制做过程，学做标本；以叶子为原料，创作作品。

(4) 把自己的作品拿到班级、年组进行展览，并汇报创作意图。

2. 活动范围：

图书馆、因特网、学校、家庭、树林、花园等地方。

3. 活动方式：

以参与、观察、制做为主，调查、宣传为辅

4. 组织形式：

个人活动、小组活动、全班活动

[①] 熊梅编著：《综合实践活动开发与设计》，高等教育出版社 2006 年版，第 304—330 页。

5. 课时分配:

共计三周

第一周:观察、收集叶子,了解叶子的相关知识。

第二周:学做叶片标本,创作叶子作品(如叶画、叶子之最等内容多样的手抄报,摄影图片展,叶帘饰品等)。

第三周:叶子作品展,在班会课上汇报自己的创作意图。

活动指导要点

1. 活动前提示:

到户外观察、收集叶子,选择自己感兴趣的内容研究。搜集资料,图片、画画、摘录笔记,也可拍照等。

2. 活动中指导:

(1) 学生搜集到的资料拿到小组内交流,对于书上、网上下载的文字材料要指导其阅读。可以举办"叶子世界知多少"个人、小组擂台赛,拓宽孩子们的视野。

(2) 对收集的叶子要加以分类整理,提示制做标本的注意事项;对学生的创作的作品及时给予肯定,因势利导,激发学生的创作热情。

(3) 汇报作品的形式要别具一格,可采取导游贯穿、个人展示、群星现艺等方式。整个过程要注意实践能力和语言能力的培养。

(4) 把搜集到的材料、创作的作品或贴或挂在你认为最合适的地方,让叶的生机走进我们的生活,美化我们的环境。

3. 活动后总结:

教师对学生在活动中的表现要给予充分肯定。通过这次活动,使学生明白:作为自然的主人,要用我眼观察自然,用我心感受自然,用我手美化周边环境,这样,我们的生活才会更加美好。

4. 评价要点:

评 价 卡 片

评价方式 \ 评价内容	资料的收集	标本的制作	创作的作品
学生自评	☆☆☆☆☆	☆☆☆☆☆	☆☆☆☆☆
小组互评	☆☆☆☆☆	☆☆☆☆☆	☆☆☆☆☆
教师评价	☆☆☆☆☆	☆☆☆☆☆	☆☆☆☆☆

注:关于"评价内容",以涂星的方式来评价各项的满意程度。

【案例5-3】 研究性学习设计案例

调查陌生人的职业(适用于小学高年级)[①]

主题目标

1. 通过对旅途、行程、走访亲友过程中接触到的陌生人采访、调查,了解社会中各种各样

[①] 熊梅编著:《综合实践活动开发与设计》,高等教育出版社2006年版,第304—330页。

的职业,促进学生思考工作的意义和将来的职业选择。

2. 通过对不同职业、不同年龄的人的接触和交流,培养学生的交流能力,与人合作的能力、信息索取的能力。

3. 开发和利用"十·一"黄金周的学习资源。

活动建议

1. 活动内容:

(1) 在"十·一"黄金周的旅行和平日的行程中采访所接触到的陌生人的职业。

(2) 在家中采访邻居、采访亲朋及其他客人的职业。

(3) 参加课外辅导时,采访所接触到的陌生人的职业。

(4) 填写调查卡,或制作调查手册。

2. 活动范围:

旅途中、家庭、社区等公共场所

3. 活动方式:

调查、访问、设计、制作

4. 组织形式:

个人活动、小组活动

5. 活动时间及具体安排:

(1) "十·一"黄金周期间:访问、调查,思考与陌生人之间的谈话,并作记录。

(2) 假期结束后的综合实践活动时间:借助照片、录音、录像等资料进行活动交流。

(3) 指导填写调查卡片。

活动指导要点

1. 活动前提示:

(1) 活动的目的是了解社会上各种各样的职业。

(2) 采访、调查时要认真倾听,并善于思考,获得更多的感受和体会。

(3) 要体现良好的修养和礼仪。态度谦和,语气温和,举止有礼。

(4) 所提的问题要:

① 在提问前要列一个简要的提纲;

② 提问要围绕访问、调查的目的进行;

③ 尽量不触及采访对象觉得尴尬的问题,以获得别人的合作与帮助;

④ 问题要连贯,切忌重复发问。语言要灵活、简洁、丰富、流畅,使人听后乐于回答。

2. 活动中指导:

家长作为活动的指导者,要给予支援。

3. 活动后交流和总结:

(1) 交流

① 交流调查对象。(典型的在班级交流,其他的在小组中交流)

② 交流调查内容。(典型的材料,独特的内容到各班巡回交流)

③ 交流调查感受。

④ 发表倾听后的感受。

(2) 指导教师总结

① 肯定和表扬学生在活动过程中表现出的努力。

② 引导学生关注在活动过程中正确的提问方式,有价值的问题,独到的发现和真实深刻的感受。

③ 鼓励学生在活动的过程中认真倾听、善于思考的学习品质。

4. 评价要点:

评 价 表

评价方式 \ 评价内容	主动思考 付出努力	认真倾听 积极思考	良好的修养 文明的礼仪
学生评价			
小组互评			
家长评价			
教师评价			

注:用"优秀""良好"、"一般"、"较差"来评价各项程度。

第4节 小学教学组织与方法

同样的课程内容使用不同的教学组织形式或不同的教学方法,会给学生不同的学习经历,使其获得不一样的收获。在教学组织与方法中我们要考虑学生与课程的关系,学生与环境的关系,学生与教师的关系以及学生与学生的关系。

一、教学组织的涵义

教学组织是指教学活动中师生相互作用的结构形式。或者说,是师生的共同活动在人员、程序、时空关系上的组合形式。这一概念的涵义是:首先,教学组织围绕一定的课程目标、课程内容而设计,不同的课程目标、课程内容需要有不同的、与之相适应的教学组织形式。其次,从表现于外部的特点来看,教师和学生都要服从一定的组合形式。学生是以个别形式还是以集体形式参加教学活动,教师在各种形式的教学活动中起着什么作用。第三,存在着师生的互动,教学作为学生在教师指导下的认识活动和自我发展活动,存在着教师与学生之间直接或间接的指导与被指导的关系。第四,在这种相互作用中,包括了教学内容、教学方法、教学手段和教学程序、步骤在时间和空间上的集结或综合。

采用合理的教学组织,有助于教学任务和教学内容的有效落实和完成。教学组织形式是教学活动的基础,它具有重要的能动作用。教学组织表现了师生的互动,反映的是师生之间、学生之间的交流、交往方式,蕴藏着多方面的教育内容和精神生活内容,对学生的个性、情感和学习态度会产生不可忽视的影响。也可以说,教学组织为学生个性、情感等的发展提供了可实现途径。在学校教学活动中,教学组织从来就不是单一的、不变的。教学的组织形式应服从作息时间和规章制度,但是每节课的时间可以是30分钟、45分钟或者90分钟,学生人数可以固定,也可以经常变动。同时教师和学生相互配合的方式可以通过直接或间接的接触实现。

二、教学组织的基本类型——班级授课制

班级授课组织是以固定的班级为基础,把年龄大致相同的学生编排在一个班级,由教师按照固定的课程表和统一的进度,主要以课堂讲授的方式分科对学生进行教育的教学组织。从19世纪后半期以来,班级授课逐步成为全世界范围内广泛采用的、最基本的教学组织。同时,它也是我国学校教学的基本组织形式。

(一)班级授课组织的确立

班级授课组织产生于近代资本主义兴起的时代。15世纪末,在科学技术的推动下,社会生产力迅速发展。在欧洲,工商业日益繁荣昌盛起来,新兴的资产阶级崛起。为适应社会生产力发展对学校教育在培养人才上的需要,推动生产力进一步发展,资产阶级要求扩大教育规模,增加教学内容。于是一些教育家适时地提出了"普及教育"的主张。同时,由于大机器生产的发展和科学技术的进步,也拓宽了人们的眼界,给教育家们以崭新的启迪,希望寻求一种与大工业生产的要求相适应的新的教学组织。正是基于上述背景,班级授课组织应运而生。16世纪,西欧开始出现了班级授课制的萌芽。17世纪夸美纽斯总结了捷克兄弟会的学校教育经验和自己的教学实践,提出了班级授课制,并最早在理论上进行了阐述。夸美纽斯认为一个老师同时教多个学生是完全可能的,但要具备适当的条件。他阐述的条件大致可以概括为以下几点:(1)根据儿童的年龄和知识水平编班;同一个班级的学生学习相同的内容,进度也相同,这样就可以一个教师教很多学生。(2)教学应有计划、有组织。学校的教学应该有学年的划分,同时开学,同时放假,学年开始时,学生同时升入一个年级,开学以后不再招生,在学期中,也不能随便退学,每班教学按已有的计划进行。(3)教学采用上课的形式。上课要有一定的目标,拟定每年、每月、每日所应达到的教学计划,按计划进行教学。(4)每个班应有同样的课本,采用同样的教学方法,同样的功课,使学生的注意力都集中在同样的教学目标上。(5)每天上课分上、下午进行,各二小时,共计4小时,另外的时间为自学,星期六下午不上课,星期日放假。

由于这种教学组织理论适应了资本主义经济发展的客观要求,提高了教学效率,从19世纪后半叶开始,许多国家都开始确立服务大众的国民教育制度,班级授课组织因此得到了广泛普及,自此,这种教学组织形式在实践中确立起来。

中国最早采用班级教学是在1862年,清政府在北京开办的京师同文馆,用来培养"译员"、"通事"的外国学校最初只设英文馆,学生10人。后来清政府废科举,兴学堂,班级授课制在我国学校中开始被广泛采用。

(二)班级授课组织的特点

班级授课制的产生迄今已有三百多年的历史,几个世纪以来,一直为世界各国学校教学所普遍采用。尽管近百年来屡遭批评和否定,但班级授课制仍作为一种传统的教学形式被保存下来,并不断得到发展。其特征表现为:

(1)按年龄和知识水平将学生编班

把学生按照年龄阶段和知识水平分别编成固定的班级,即同一个教学班学生的年龄和知识程度大致相同。班级是进行教学的基本单位,每班的人数比较固定,通常是30—50人。这与个别教学大不相同。个别教学时,也可能面向一群学生,但不是固定的班级,学生彼此年龄和程度各不相同。

(2)把教学内容按学科和学年分解为小的教学单元——课

课是教师教学的基本单元。首先将教学内容按学科和学年进行划分,以确定各年级要掌握的

内容。然后在此基础上,按照具体的教学内容及实现这种教学内容的教学手段、教学方法分成更小的部分。各部分内容分量不大,彼此间相互承接,又具一定的完整性。这每一小部分的教学内容和教学活动就叫做"课",教学通常就是一课接着一课地进行。

(3) 教学在规定的课时内进行

每门学科的总课时数、学年课时数、周课时数,一般根据固定的课程计划来确定。各班的课时表规定每日的课时安排。每节课的时间可以是 30 分钟、45 分钟或 50 分钟,但都是统一和固定的。课与课之间有一定的间歇和休息。

(4) 教学场所较为固定

班级授课在教室、实验室进行,场所是固定的。课堂中的座次也是相对固定的,但学生的座次安排可采取不同的形式,如可采用秧田式、圆桌式、马蹄式和会议式。

(三) 班级授课制的优势与局限

1. 班级授课制的优势

班级授课制是在机器大工业生产的社会背景下形成与发展的,具有适应社会需求的特征,具体体现为:

(1) 扩大教学规模,提高教学效率,有利于培养大批相同智能结构的人才。在班级授课制的教学组织中,一个教师可以同时教三四十个学生,这与个别教学相比,教学效率取得了惊人的提高。这样,在教师数量不变的情况下,可极大程度提高教学规模,在有限的财力及教育经费的情况下,满足社会对大量人才的需求。

(2) 有利于发挥教师的优势,突出教师的主导作用。在班级授课制的课堂上,教师统一组织教学,统一安排课程内容的学习进度与程序,有利于教师控制课堂,有计划、有系统地把知识传递给学生。节约时间、提高效率,使学生在学习上少走弯路。

(3) 有利于发挥班集体的教育作用,促进学生个性健康的发展和学生的社会化进程。学生在学校不仅是为了获得知识,也是形成健康个性,完成社会化的过程。班级授课制中有固定的班级,一定数量的学生,必然形成相对稳定的集体。集体有共同的奋斗目标,在追求这个共同目标的过程中形成集体的影响力量,班集体也有利于建立与巩固学生的组织性和纪律性,在集体中还有一定的组织制度的管理机构,培养学生承担各种职责,另外集体舆论也是一种无形的教育力量。

(4) 有利于知识的传授,确保学生获得系统连贯的知识,保证教学质量。班级授课制是按国家统一课程标准,编制统一课本,实行以分科课程为主的教学。大部分科目都是按知识的逻辑体系进行排列的,这有助于学生知识掌握的系统性和连贯性。

2. 班级授课制的缺点

但是班级授课制也存在很多弊端,以致从19世纪末开始,人们一直试图改革班级授课制,这些弊端表现为:

(1) 学生的独立性与自主性受到很大限制。教师是教学的组织者,只有在教师的有效组织下,班级教学活动才能顺利地进行,离开了教师的指导教学就无法真正地进行下去。但班级授课制的这一特点也给教学活动带来一个不可避免的缺点。教师课堂的设计、组织和控制极大地限制了学生的独立性,什么时候学习,学习什么,以什么样的速度学习,这些都由教师来安排。这样根本谈不上发展学生的独立性与自主性。

(2) 学生主要是接受性学习,难以反映学生的实际需求,不利于培养学生的创新精神和实践能力。班级授课制更适合讲授式的教学内容,这种学习往往重接受、轻创造,重理论、轻实践,重结果、轻过程,学生的探索机会和实践机会少得可怜,难以为每个学生提供体验、尝试的机会。不重视学生创新精神和实践能力的培养。这样,我们的教育培养出的人更多地拘泥于成见而缺乏创新,更多地依赖于书本而不发展自己的判断,更多地计较着记了多少现成的知识而忽视自己能力的培养,严重地缺乏探索精神、创新意识和实践能力。

(3) 教学时间和教学内容预先设计,难以顾及学生的个体差异,难以利用教学过程的生成性资源。班级授课制这一教学组织形式,教学时间和教学内容都是预先设计好的。某个具体时间进行什么样的内容,学生应该掌握到什么程度,为了实现一个什么样的目标,在课程标准和教学计划中都有明确而详实的规定。班级授课制为学生准备了统一的教学进程表、统一的教学评价标准、统一的课程内容,这样利于管理,但不利于学生个性的培养,也难以根据不同学生课堂上的不同需求与表现及时调整教学内容与进度。

三、教学组织的发展类型

(一) 分组教学

分组教学亦称多级制或不分级制。按学生的能力水平或学习成绩分成不同组进行教学的一种组织形式。分组教学产生于19世纪末,随着资本主义国家义务教育的实施和推广,资产阶级的现代教育派认为,传统的班级组织形式已不能适应学生之间的个别差异,遂提出了按智力或学习成绩分组的教学组织形式。人们对这种分组形式有不同的看法。有人认为,它能照顾学生的学习水平和能力的差异,适应每个人的实际情况和需要,有利于人才的培养。也有人认为,它会给各类学生的心理造成不良的影响,例如,它可以使智商高于正常水平的学生产生骄傲情绪,尤其会使那些智商低于正常水平的学生受到歧视,从而自暴自弃,乃至使他失去进一步接受高级教育的机会。

1. 分组教学的类型

目前,在美、英、法、德等国实行的分组教学大致分为外部分组和内部分组两类。一般说来,外部分组就是打破传统的按年龄编组的班级,而采用按学生的能力或学习成绩编组形式;内部分组就是在传统的按年龄编组的班级内按学生的能力或学习成绩编组。

外部分组的形式有两种,一种是跨学科能力分组,即把某一年级的学生按他们"智力"高、中、低或"测验成绩"好、中、差分为平行的若干组,教师对各组授予不同的课业;另一种是学科能力分组,即根据某一年级的学生某门学科的学习能力或学习成绩分成各种不同水平的组,教师对各组授予不同的课业。通常,这种分组只在数学、自然科学及外语等较难教学的学科中实行,而其他学科的教学,仍在原班级内进行。

内部分组也有两种基本形式,一种是以不同学习内容和不同学习目标分组,即一个单元的班级教学后,立即进行调验、分组,施以不同的教学,继而又测验、进行新单元的班级教学,然后再分组教学。另一种是采用不同方法和媒介的分组,即对某一年级的学生进行一个阶段的班级教学后,根据每个学生的不同学习情况进行分组,或组织学生自学,或学生之间互相辅导,或由教师担任指导。①

2. 分组教学的作用与要求

(1) 作用

分组教学有利于教师因材施教,能让各种层次的学生都在原有的基础上学有所得,学有发展;有利于学生之间直接的交流与合作,通过小组成员之间充分的交换意见和讨论,可以增强自主性,可以集思广益取长补短,可以培养学生与人合作的能力。

(2) 要求

分组教学对教师的要求更高,要求教师工作更加细致,必须全面了解和随机把握每位学生、每组学生的学习与发展情况,还有如何分组、学生如何搭配、座位怎么安排等等都要精心考虑。而且要求教师的教学能力水平更高、教学艺术更讲究,如何做到既有统一要求,又能因材施教,如何使优等生没有优越感,后进生没有自卑感,如何使后进生在小组里能有言要发,如何确定讨论题,如何组织讨论等等也都必须精心考虑。另外分组教学和班级教学如果配合不当,那么不仅不能对班级教学起促进作用,反而会影响它的正常开展,甚至会导致班级学生中的两极分化。这些都必须引起足够重视。②

(二) 个别教学

1. 个别教学的涵义

个别教学(individualizing teaching)即教师分别对个别学生进行教学的组织形式。它与班级授课制相对,也可以说是班级授课制的一种辅助形式。我国古代学校和欧洲古代学校主要采取个别教学的形式。20世纪初出现的美国道尔顿制也是个别教学形式。在我国,个别教学与课堂教学并存,是课堂教学的重要补充。它易于照顾教学中学生的个别差异,充分发挥每个学生的潜力,弥补了课堂教学的不足。

在进行个别教学中,应注意以下几个问题。

(1) 个别教学

一般是个别进行的,教师要了解每个学生或者那些需要特别关照的学生的学习情况,以便有效地进行指导。

(2) 个别教学

是以学生自己的独立学习为基础的,不是以教师为主,而是以学生为主。学生自己发现问题,在自己独立完成有困难的情况下,才求助于教师。

(3) 在个别教学的过程中,不仅要对学生的知识、技能问题给予帮助,而且要指导他们学会正确学习和思考的方法。

(4) 平等地对待学生。个别教学可以有针对性,如针对学习能力差或有特长的同学,但对学生提出的问题都应尽量予以回答,不要有所偏向。

现在中小学的班额较大,给教师进行个别教学带来了困难。教师工作量大,还难以照顾全体,在编班时应尽量控制班额,以提高教学效率。

---

① 卢乐山、林崇德、王德胜主编:《中国学前教育百科全书:教育理论卷》,沈阳出版社1993年版,第113页。
② 蒋宗尧编著:《课前预设与课堂生成基本功》,中国林业出版社1998年版,第105页。

(三) 小班化教学

"小班"是教学组织的一种空间形式:小班化教学(small class size on teaching)是一种班级学额较少,按照民主性、平等性、充分性、个别化等要求,开展教学活动的组织形式。小班化教学有利于因材施教和师生之间的充分交流,有利于促进学生素质的全面和谐发展和个性的充分彰显,有利于促进教师的专业成长,使素质教育的要求真正得到落实。由于班级规模的缩小即意味着教学成本的提高,因此"小班"是与一定的社会经济发展水平联系在一起的。

小班化教学人数少,教师与学生可以充分互动,这样就有可能既真正做到"因材施教",满足学生个别差异的需要,促进每一个学生个性的发展,又能使学生在互动中发展社会性素质,即指向于他人或群体的群性倾向,如合作、交往、利他等素质。但是,小班化教学这些最大优势并不是必然能显现的,仅仅班级人数少是远远不够的。要想小班化教学发挥其应有的最大功效,必须将其视为"系统工程",在系统观指导下,精心设计教学过程的诸因素,使诸因素在结构性联系中产生最大的整体效应。因此,我们要关注与小班化教学相对应的一引起要求:

(1) 教学目标及内容的层次化设计。小班化教学较之一般班级教学更容易使每一个学生都有可能在原有基础上有所发展。把这种可能性转化为现实性的重要举措就是:在保证全体学生达到国家课程标准的基础上,根据每一个学生的实际水平,制定不同层次的教学目标,设置不同类型与层次的教学内容,以适应不同学生个性发展的特定需要。

(2) 教学方法与学习方式的个性化选用。小班化教学为教师充分研究学生、研究自身提供了时间与精力的保证,而深入研究必然要求老师摒弃模式化教学方法,选用符合学生群体实际、又符合自己个性、能发挥自身特长的教学方法。而每一个学生的认知风格、学习方式是有差异的,小班化教学则为学生选用适合自身条件的学习方式提供了更大的可能性。因此,教师在小班化教学中要尤其关注这些方面。

(3) 教学组织形式的多样化安排。教学组织形式涉及教学诸要素在空间与时间上的安排,小班化教学如果沿用传统班级教学的"秧田型"空间形式及固定的时间节律(每节课40或45分钟),可能不会取得应有的好效果。因此,小班化教学组织形式必须多样化安排。就空间形式而言,可以"圆桌会议型"为主,"秧田型"为辅;就时间而言,可采用"活动课时表",即课时在20—40分钟间变化,不同的学科和不同的教学活动采用20、25、30、35、40分钟等不同时间。另外,应充分运用当代多种教学组织形式,如不分级制、特朗普制等。

【提示5-2】　　　　　　　　特 朗 普 制

特朗普制(Trum Plan),是由美国教育家劳伊德·特朗普在20世纪50年代创立的。他把大班上课、小组讨论、个人自学结合在一起,以灵活的时间单位代替固定统一的上课时间。大班集体教学,由优秀教师采用现代化教学手段给几个平行班统一上课;之后分成小班组,研究讨论大班课上的教学材料,由15—20人组成一个小组;然后由学生个人独立自学、研习、作业。教学时间分配为:大班上课占40%,小组研究占20%,个人自学占40%。

这种教学组织形式兼容了班级授课、分组教学与个别教学的优点。教师,尤其是优秀教师的作用得到了充分发挥;学生的自学、讨论和独立研习,使其主体作用得以充分体现,既培养了学生的思维能力、自学能力,又有助于学生合作学习态度的培养,是在中学高年级和大学值得推广的教学形式。

资料来源　黄甫全、王本陆主编:《现代教学论学程》,教育科学出版社2003年版,第359页。

（4）教学评价自主化。根据教育部《基础教育课程改革纲要（试行）》的要求，小班化教学在教学评价上尤其要建立促进学生全面发展和教师不断提高的评价体系。就评价目的而言，要形成"成功评价机制"，即不仅要关注学生的学业成绩，而且要了解每一个学生的发展需求和潜能，帮助每一个学生认识自我，建立自信，达到成功。"为学生成功而评"应成为小班化教学中评价的基本理念。就评价主体而言，应以教师、学生自评为主，教师要对自己教学行为进行分析与反思，学生也要学会自我评价，师生在自我评价中相互促进共同发展。①

四、教学方法的涵义及选择原则

（一）教学方法的涵义

现代教育学的论著中关于教学方法的论述并不少见。例如《中国大百科全书·教育卷》中将教学方法定义为"为了完成一定的教学任务，师生在共同活动中采用的手段。既包括教师教的方法，也包括学生学的方法"②；王策三在《教学论稿》中将教学方法定义为为达到教学目的，实现教学内容，运用教学手段而进行的，由教学原则指导的一整套方式组成的，师生相互作用的活动③；李秉德主编的《教学论》中认为教学方法是"在教学过程中，教师和学生为实现教学目的，完成教学任务而采取的教与学相互作用的活动方式的总称④。

从上述定义出发，可以得出以下结论：第一，教学方法是教师教的方法和学生学的方法的统一，包括教师的教授和学生的学习，所以教学方法的主体是教师和学生。第二，教学方法是师生为了实现教学目的而共同实践的手段。第三，教学方法总是和教学目的与教学任务相联系，并为实现教学目的和任务服务。为此，对教学方法更深入更全面的理解应为：教学方法是为了达到一定的教学目标，教师组织和引导学生进行专门内容的学习活动所采用的方式、手段和程序的总和；它包括了教师的教法、学生的学法、教与学的方法。用来使学生在教师指导下从不知到知，从不完全的和不确切的知到完全的、确切的知的方法等。

（二）教学方法的选择原则

教学方法的设计对实现教学目标起着至关重要的作用。究其原因是因为它在如何根据学生心理特点，完成教学内容，达到教学目标之间起着一种中介、连结的作用。教学目标能否实现，很大程度取决于教学方法。不过，就教学方法本身来说无所谓优劣、好坏，只有适当。教师选用适当的教学方法主要受制于以下四个因素：

1. 教学目标的要求

教学目标是教学过程中所有元素的核心。根据教学目标来选择方法要考虑以下几点：(1)特定的目标往往要特定的方法去实现。认知领域的目标有知识、理解、应用、分析、综合、评价六个层次。通常，只要求达到识记、了解层次的，可选用讲授法、介绍法和阅读法等；要求达到理解、领会层次的，可选用质疑法、探究法和启发式谈话法等；要求达到应用层次的，则应选用练习法、迁移法和讲评法等；而对于高层次的目标如分析、综合、评价，则应选用比较法、系统法、解决问题法、讨论法等；(2)综合运用各种教学方法。由于教学目标的多样性、多层次性，教学方法的运用也需要多样化的综合运用。同样的教学内容可以使用多样的教学方法，比如对于新的应用题教学，可以让学生先

---

① 朱小蔓主编：《中国教师新百科·小学教育卷》，中国大百科全书出版社2002年版，第361页。
② 《中国大百科全书　教育卷》，中国大百科全书出版社1985年版，第151页。
③ 王策三著：《教育论稿》，人民教育出版社1985年版，第244—245页。
④ 李秉德主编：《教学论》，人民教育出版社1991年版，第197页。

在自己的作业本上写出自己的想法,再组织学生小组讨论,总结多种解法等,让学生的独立思考和相互启发结合起来;(3)灵活运用、扬长避短。每一种方法都有助于实现一定的教学目标,具有其独特的功能和长处,同时也都有其局限性和不足之处。因此我们选用不同的教学方法时要尽可能地避免其缺陷。如选用发现法时,要克服其费时、费力的缺点;若用讲授法时,则要努力调动学生学习的积极性与主动性。

2. 教学内容的特点

除了教学目标,不同的教学内容也制约着教学方法的选择。即便是同样的教学目标,学科性质不同,具体内容不同,所要求的教学方法也往往不一样。例如,同样是语文课文,古诗词的教学方法和说明文的教学方法必然不同,同样是为了培养操作能力,物理、化学多是采用试验法,而音、体、美则常是采用练习法。

3. 教师的素质与个性特点

教师的素质也是考虑教学方法不可忽视的重要因素。由于教师个性的影响,不同的教师使用同一种方法的效果显然会有差异。这里的个性主要是指在教师个性心理特征基础上表现出来的教学风格,对不同课堂气氛的好恶,与学生的亲密程度等[1]。例如,一位平时总是表情严肃的教师在使用"游戏法"、"角色扮演法"时,可能就不如一位平时和蔼可亲的教师采用这种方法的效果好。教师素质的差异也制约着教学方法的选择,如果一个教师善于根据自己素质的特点,选用某种教学方法来弥补素质的不足,会收到意想不到的效果。例如一个口语较差的英语教师,可采用视听法,利用电教设备,如录音机播课文、读单词,来弥补素质的缺陷而取得良好的教学效果。因此,作为教师,要正确选择教学方法,首先要正确地认识自身素质、教学风格;其次,要善于扬长避短,根据自己的特点选用恰当有效的教学方法。

4. 学生的年龄特征和学习特点

教学方法的选择还应考虑学生的年龄特征,对处于不同年龄的学生及思想水平不同的学生要采用不同的教学方法[2]。例如,发现法和讨论法对于小学低年级学生或思维水平低下的学生,往往不能达到预期的教学目标。"角色扮演法"对于低年级学生来说,往往更有利于激发他们的学习动机和兴趣。学生思维类型的差异和个性差异也影响着他们对不同方法的好恶和适应性。如有的学生必须在教师讲解后才能清楚地把握知识,有的学生要通过亲自动手操作后才印象深刻,还有的学生则对经过充分讨论或自己发现的知识才能过目不忘。此外,无论选用什么方法,都应考虑如何调动学生的积极性,使外在要求转化为内在的学习需要,这样选择的教学方法才有成效;同时教学方法的选择,既要考虑学生的年龄特征,又不能脱离学生的原有基础。总之,方法的选择必须反映学生的主体要求,把学生学习的主体性和学习特点结合起来,学生才能学得既主动又有效。

综上所述,教学方法的选用必须以教学目标为中心,综合各种因素的制约作用,这样才能发挥课堂教学的整体效应。

五、教学方法的分类

目前在教学实践中运用得卓有成效的教学方法,多不胜数,据不完全统计有700余种。如此众多的教学方法需要进行科学的分类,这样既有利于教师正确认识和选择应用各种教学方法,又有利于教学方法本身的发展。

---

[1] 张庆子:《浅析教学方法的选择原则》,载《教学研究》2005年第2期。
[2] 张庆子:《浅析教学方法的选择原则》,载《教学研究》2005年第2期。

（一）教学方法的分类

关于教学方法有以下几种具有代表性的分类[①]：

1. 教法与学法平行的分类

这种分类是比较简单的，它把教学方法分为教授法和学习法。教授法分讲授、讲读、谈话、演示等；学习法包括练习、实习、独立作业等。

2. 从学法到教法的分类

有些人强调教学方法受学习规律的制约，所以教学方法实质受学习方法的制约，有什么样的学习方法就必然有与之相适应的教学方法。有人将学习方法归纳为五种，即模仿、抽象概括、问题解决、逻辑推理和总结提高，相应地就有示范教学法、概括教学法、求解教学法、推理教学法和反馈教学法这五种教学方法。

也有人先从记忆、理解、探索三个思维水平以及知识、技能和态度三种学习内容的两个维度将学习分为九种，即记忆、领会、解疑、模仿、操作、试误、效仿、体验、反思，然后再从相应的激发学生思维所达到水平和传授内容两个维度将教学方法分为九种，即陈述教学法、论证教学法、设疑教学法、示范教学法、导练教学法、陪练教学法、约束教学法、陶冶教学法和剖析教学法。

3. 依据认识论的分类

苏联教育家斯卡特金把教学过程看成是学生认知发展的过程，根据学生认知积极性和独立性的程度不同，把教学方法分为五类，即图例讲解法、复现法、问题叙述法、局部探求法和研究法。

4. 依据教学方法形态的分类

这种分类是按照教学方法的外部形态及其学生认知活动的特点，把教学方法分为四大类，即以语言传递为主的方法、以直接感知为主的方法、以实际训练为主的方法和以引导探究为主的方法。

5. 依据教学过程的分类

这种分类是按照教学过程的不同环节将教学方法分为三大类，每一类包括几个小类。第一类是组织认知活动的方法；第二类是刺激和形成学习动机的方法，包括刺激学习兴趣的方法和刺激学习责任的方法；第三类是检查和自我检查的方法，包括口述检查法、书面检查法和实际操作检查法。

6. 依据心理学的分类

这种分类是根据心理学把人的学习活动分为认知和情意两大方面，而把教学方法分为两大类，一类是与有意识的习得性学习活动有关的教学方法，包括与学习知识信息有关的教学方法、与习得动作技能有关的方法、与习得智力技能及认知策略有关的方法和与习得态度有关的方法；另一类是与调节情意有关的教学方法。

（二）我国小学常用的教学方法

虽然教学方法多种多样，但在我国中小学常用的教学方法主要有讲授法、谈话法、讨论法、演示法、实验法、练习法等。

1. 讲授法

讲授法是教师运用语言，系统地向学生传授知识的方法。讲授法目前使用较为普遍，是最基本的教学方法。在班级教学的组织形式下，体现出它最大的优点在于使学生在短时间内获得尽可能多的知识。讲授法能充分发挥教师的主导作用，但并不意味着它指向注入式的教学。语文老师在讲授《秋天的怀念》一课时，就采用了最传统的讲授法，由于这篇课文语调深沉，情感真挚，该教师认为，采用其他的教学方法反而破坏了课文的意境，因此，在课堂上，他以自己的讲授为主，缓缓的、

[①] 黄甫全、王本陆主编：《现代教学论学程》，教育科学出版社1998年版，第241、248页。

深情的朗读,富于启发、语言流畅地进行讲解,学生的情感受到了极大的感染和震撼,收到了很好的教学效果。

在运用讲授法时要注意以下几点:(1)讲授的内容应具有科学性和思想性,系统性和启发性。讲授时要做到由浅入深,注意新旧知识联系,做到层次分明,条理清楚,逻辑系统;同时要注意突出重点,着力讲清重难点;讲授时举例要典型,分析要精辟,而且如果讲授得当,给学生创造思考空间,对启发学生思考,使学生透彻理解非常重要。(2)教学语言要清晰、简炼、正确、生动。教师音量、语速适度,可以配合身体语言。避免不拖沓,注意语法规则,说话要通俗,给学生清楚明了的表象,使讲授生动有趣。教师平时要多注意练习,力求掌握语言艺术。(3)讲授过程注意观察学生的反馈。教师在讲授的过程中,要注意观察学生听讲的状态,判断学生是否能够理解,是否集中了注意力,是否引起了情感共鸣。并依据这些反馈及时调整讲授速度、音调甚至内容。教师善于设问解疑,考虑学生需求,激发学生的求知欲望和积极的思维活动,同时,通过学生的回答检验自己的讲授内容是否被学生接受。

2. 谈话法

谈话法是教师根据教学内容和学生已有的知识经验,提问学生,并引导学生对所提问题得出结论的一种教学方法。它也是最古老的教学方法之一。我国古代的孔子、古希腊的苏格拉底运用的师生对话即为基本的谈话法。谈话法有利于发挥学生的主体性,在各年级和各学科的教学中是经常被采用的。应该注意的是在运用谈话法的时候,并不是学生的话语越多,越能体现学生的主体性。一位老师在上课十五分钟内,提问了十多位学生,但要求学生回答的问题多是背诵概念,或对前面同学背诵不完整进行补充,我们说这样的谈话法中仍然是教师在主宰课堂。

谈话法需要注意的问题:(1)提问的明确性和难易程度。提问是一种刺激,它可以扩大学生的思考范围,激发学生思考问题的积极性和主动性。教师提的问题要具体明确,是学生所能理解的,不能模棱两可。同时,如果提的问题过浅、不能促使学生思考,反而使他们感到乏味而降低学习兴趣;如果过难,学生不知如何答好,也达不到教学目的。(2)营造宽松的氛围。仅仅凭借教师的提问引发学生思考和讨论还不够,教师还需要营造讨论的活动氛围,为学生创造宽松、民主的话语空间,使学生敢于发言,真正参与到谈话教学中。(3)教师对课堂问题的驾驭能力很重要,而这种能力产生的前提需要教师在谈话前有充分的准备以及相应的教学机智。

3. 讨论法

讨论法是师生围绕一个主题,对话、思考、相互启发补充或争论,从而使学生获得知识,提高认识的教学方法。它有利于拓宽学生视野,在学习和讨论中理解师生之间、生生之间彼此的互通性,同时激发学生动脑筋思考,钻研问题,加深对知识的体会。讨论法可以是教师与全班学生共同讨论,也可以将学生分成小组,进行小组讨论。《品德与生活》老师在讲到"我生活的社区"一课时,进行了调查,了解学生们看到的社区生活或邻里关系中,有什么是值得称赞的,什么需要改进,结果发现很多同学都提到由于自己家或邻居家里漏水,引起大人们吵架,邻里关系不和,结果小孩子们见面都很不开心。老师便以"楼上漏水,渗到我家,我该怎么办?"为题组织学生讨论应该怎样处理生活中的邻里关系。

讨论法需要注意的问题:(1)选择恰当的问题。课堂上学生讨论的问题一般由教师拟定,教师要慎重考虑选择什么样的讨论问题,既要符合学生的认知水平,又要具有启发性,能够唤起学生探究的欲望,同时还要具体、明确。(2)讨论前,教师要做充分的准备。课前,教师可以指导学生搜集有关资料(如阅读教科书和参考资料,进行调查访问等),认真准备意见。课堂上,在讨论前,教师还要用语言做一些必要的铺垫,讲清问题的背景,并作一定的引导,提出讨论过程中学生应该遵守的要求,比如:认真倾听别人的发言,发表意见时不要过分喧哗,指定专人负责记录同学们的意见等。

(2)讨论的过程注意观察与引导。讨论过程中,教师的主导作用以隐性的形式表现出来,但对教师专业能力的要求反而更高。教师要及时观察学生的表现,分析学生的思维状态,在必要的时候要参与其中,引导讨论的思路甚至观点。(3)鼓励全体学生参与。讨论是一种合作行为,教师要鼓励全体学生参与其中,自由表达,尤其对于成绩不好或者性格方面不够勇敢的学生,要特别留意,鼓励他们大胆表达。(4)讨论之后要及时总结与评价。讨论之后的总结可以从多个角度进行,比如针对学生们提出的多种观点、方法,教师给予汇总与补充,修正错误的想法,鼓励大胆的设想、猜测与质疑;针对讨论中学生是否遵守了要求,教师及时肯定或提醒学生应该如何表达自己的意见,如何表达自己与别人的不同,如何给别人提建议等。

4. 演示法

演示法是教师在上课时,或呈示实物、教具,进行示范性实验,或运用现代化教学手段放映影视,使学生获得感性认识从而说明或印证所传授知识的方法①。演示的手段一般包括实物或模型、标本、挂图、电影、幻灯等虚拟手段,也包括教师的一些示范性动作或操作等的演示。演示教学法有利于促进学生对学习内容的进一步理解,尤其是一些操作性教学内容,演示法能够提供真实、可见的教学情境。数学老师在讲授"时、秒、分"一课时,出示了一个大型表盘挂图,同时,给学生放映了一段自制的幻灯片"小熊为什么会迟到"。该片说的是由于小熊分不清时针和分针,结果上学迟到的故事,学生们马上对表盘上三个长短不齐的表针充满兴趣。

演示法需要注意的问题:(1)演示前,教师做好充分准备。明确演示目的,选好演示工具,同时要指导学生观察的目的和对象,防止学生的盲目观察。要尽可能地让学生运用各种感官,去充分感知学习对象。演示不但能够让学生视觉接触,而且还让学生听觉、嗅觉、触觉接触,这样会使学生加深对内容的了解和掌握。(2)抓住演示的重点。要使学生注意观察演示的东西的主要特征和重要方面,不要使他们注意力分散到一些细枝末节上去。要做到这一点,教师在演示时应对演示对象加以必要的说明。告诉学生观察什么,注意什么,同时,提出一系列问题,把学生的注意力引导到必须进行观察的事物上去。要尽可能让学生观察一些变化、发展的活动的东西,使学生对演示的东西获得深刻完整的印象。(3)关注学生的注意分配。演示要适时,应当在使用时才展示直观教具,过早地把教具拿出来,会分散学生的注意,削弱新颖感,降低对它的兴趣。教具用过后,应当及时收起来。在演示时,要适当配合讲解或谈话,并引导学生把观察的结果,作出明确的结论。

5. 实验法

实验法是学生在教师指导下,运用一定的仪器设备进行独立实验作业,以获得知识或验证知识、培养操作能力的方法。这种方法被广泛地运用于物理、化学、生物等自然科学的教学中。实验教学一般需要创造一定的条件,实验通常是在专门的实验室和生物实验园地中进行。实验法对学习现代科学技术具有非常重要的意义,它不仅有利于学生主体性的发挥,加深对科学知识的理解,同时能激发学生对科学的兴趣,掌握科学探究的基本方法,提高学生观察与学习思考的能力,在学习过程中培养学生的探索和发现精神。《科学》老师在讲到植物的根与茎能够传导养分这一科学事实的时候,让学生分成小组,做一个实验。老师给每组学生发了一支白色的月季花,学生用小刀将月季花的茎剥开成两半,同时准备两个盛满水的纸杯,一个杯子滴入蓝墨水,一个杯子滴入红墨水,然后将月季花的茎一半插入有蓝墨水的水杯里,一半插入有红墨水的水杯里。第二天,当同学们走进教室的时候,惊讶地发现雪白的月季花"染"上颜色了,一半是暗红色,一半是淡蓝色,大家围着自己做的彩色的花欣赏了好半天。

---

① 汪刘生主编:《教学论》,中国科学技术大学出版社1996年版,第153页。

运用实验法的基本要求是:(1)实验前做好充分准备。实验需要有相应的实验仪器设备,教师要经过精心选择安排好仪器设备、材料和用具;编制实验计划;进行分组;预测实验可能发生的结果等。(2)明确实验要求。实验开始时,教师要向学生进行谈话,说明实验目的、进行步骤和注意事项。实验进行时,要具体指导。实验结束时,要进行总结。总结时,教师可以指定学生报告他们的进程和结果,然后由教师作出简短的概括和小结。(3)教师的及时指导。对学生进行个别指导,及时指出实验中存在的问题,在实验结束后,分析实验成败的原因,及时总结经验和教训。对学生的疑问,不宜多提那些用"是"或"不是"来回答的问题。因为只问是非,不利于培养学生的表达能力和衡量学生的知识质量。

6. 练习法

练习法是在教师指导下,学生通过课堂作业和课外作业,以巩固知识、形成技能技巧的一种教学方法。它不是独立存在于课堂教学当中的,在讨论法、实验法、谈话法中都有用到,而且这种方法在各科教学中都可采用,具体的包括口头练习、书面练习、操作练习等。

练习法需要注意的问题:(1)明确练习要求。进行练习时,教师必须使学生明确练习的目的和要求。只有当学生了解为什么要练习,要达到怎样的要求,才可能有较高的自觉性和积极性。而且练习的要求是逐步提高的,既应是学生力所能及的又应保持一定的难度。(2)对练习的反馈和检查要及时。学生的练习作业是学习结果的一种表现,反映了学生在知识技能掌握中的优点和不足,教师应该通过积极的反馈,提示学生需要进一步努力的方向,同时通过与学生的相互交流,使学生对教师产生信任感。(3)练习设置的难易程度。练习应在完成基本教学目标的情况下进行的,也就是说练习的设置要考虑学生的最近发展区,既不使学生感到不可承受,而且使学生感觉到练习的价值和趣味性。如果练习的量过大,就会使学生感觉到学习困难、吃力,影响学习效果。

教学方法的呈现并不意味着把教学方法假定成为某种确定不变的、独立的、规定好的内容和程序,他们只能是大概的、相对的。从实际教学中,我们会发现,没有一位教师真正从教学方法分类中做详细、具体的选择,也没有一位教师事先求助于教学方法的使用范围再走上讲台。在教学方法的科学运用上,有学者提出,衡量教学方法优劣的标准是方法的合目的性与适用性及其统一的程度。[①] 因此,使用教学方法尽量考虑到教学内容、学生的学习特点、教学方法本身的特性以及教师的教学能力等方面,才能使教学效果达到最佳。也因为对"教学"有不用的理解,每位教师都有一系列独特的、混合的教学方法。

关键术语

课程组织;课程类型;教学组织;班级授课制;教学方法

讨论与探究

1. 课堂教学中,是不是组织形式越丰富多样越好?设计教学组织形式应该考虑哪些因素?

2. 学科课程中能体现综合课程的思想吗?尝试与其他学科教师相配合设计一堂语文课(或者数学课)的相关式综合课。

3. 拟定五个研究性学习的选题,并选择其中之一制定一个活动方案。

4. 讨论与分析:某班在小班化教学改革中,尝试重新设计教室环境,摆放桌椅,请分析下面几

---

① 王典宏:《论教学方法的合目的性与适用性》,载《华中师范大学学报》(哲学社会科学版)1994年第6期。

种方案：

图一：这样的桌椅摆放适合什么样的教学内容、什么样的教学组织形式？
_____
_____

图二：这样的桌椅摆放不适合什么样的教学内容、什么样的教学组织形式？
_____
_____

图三：这样的桌椅摆放更适合几年级的学生？
_____
_____

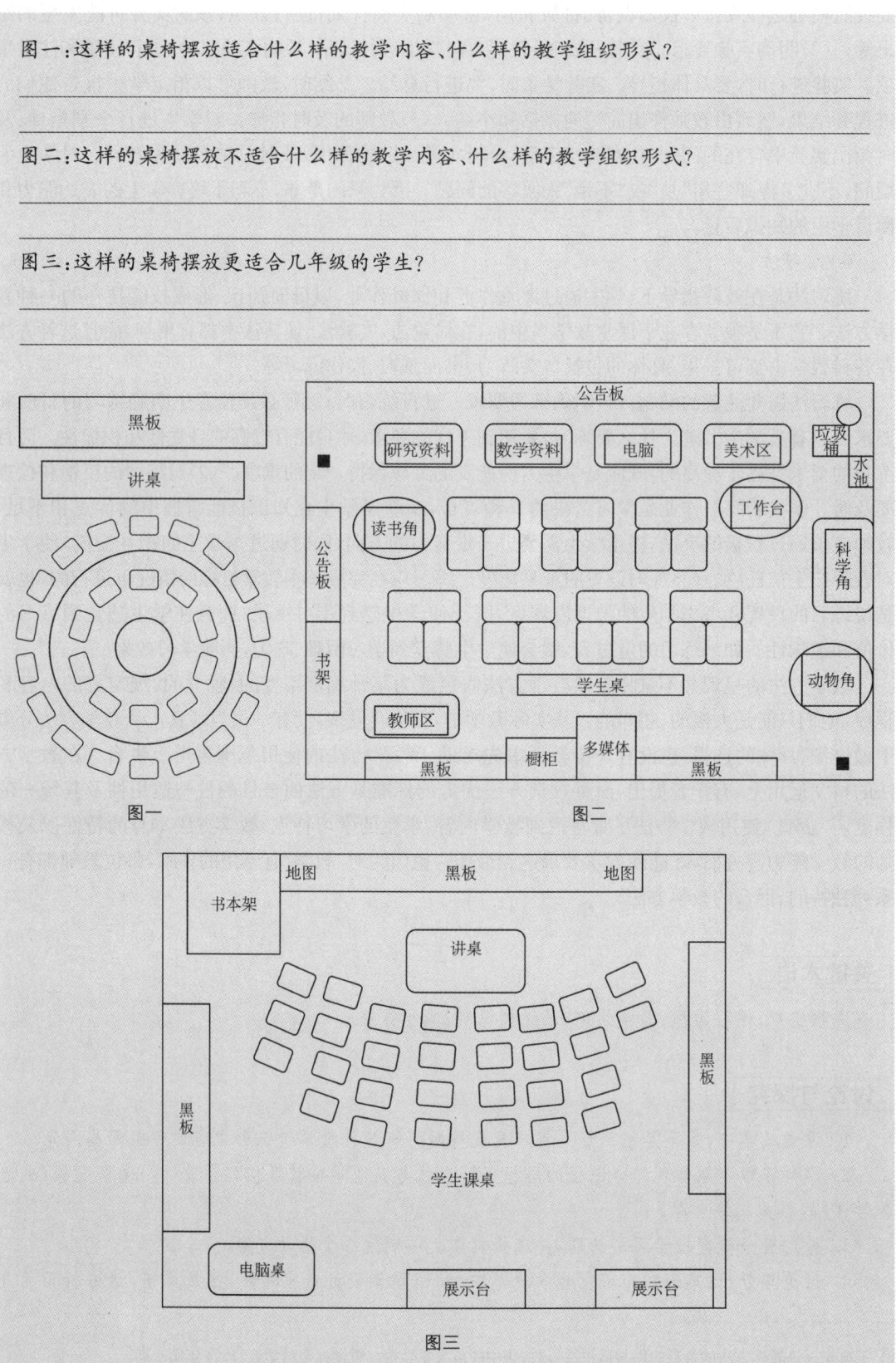

进一步阅读的资料

1. 丛立新著:《课程论问题》,教育科学出版社,2000年。
2. 黄甫全主编:《课程与教学论》,高等教育出版社,2002年。
3. 黄政杰著:《课程设计》,东华图书有限公司,1991年。
4. 李子建、黄显华著:《课程:范式、取向和设计》,香港中文大学出版社,1995年。
5. 林智中、陈健生、张爽著:《课程组织》,教育科学出版社,2006年。
6. 马云鹏主编:《课程与教学论》,中央广播电视大学出版社,2005年。
7. 彭虹斌著:《新课程经验化 课程组织模式的发展》,广东高等教育出版社,2006年。
8. 张华著:《课程与教学论》,上海教育出版社,2000年。
9. 钟启泉主编:《高等学校小学教育专业教材 课程与教学概论》,华东师范大学出版社,2004年。

推荐访问网址

1. 中国教育资源服务平台
   http://www.cersp.com
2. 小学数学课程研究
   http://www.xsj21.com
3. 义务教育课程网
   http://www.kecheng.net
4. K12中国教育教学网
   http://www.k12.com.cn
5. 香港初等教育研究学会
   http://www.hkpera.org
6. 美国教育研究协会
   http://www.aera.net

第6章　小学课程与教学的实施和资源

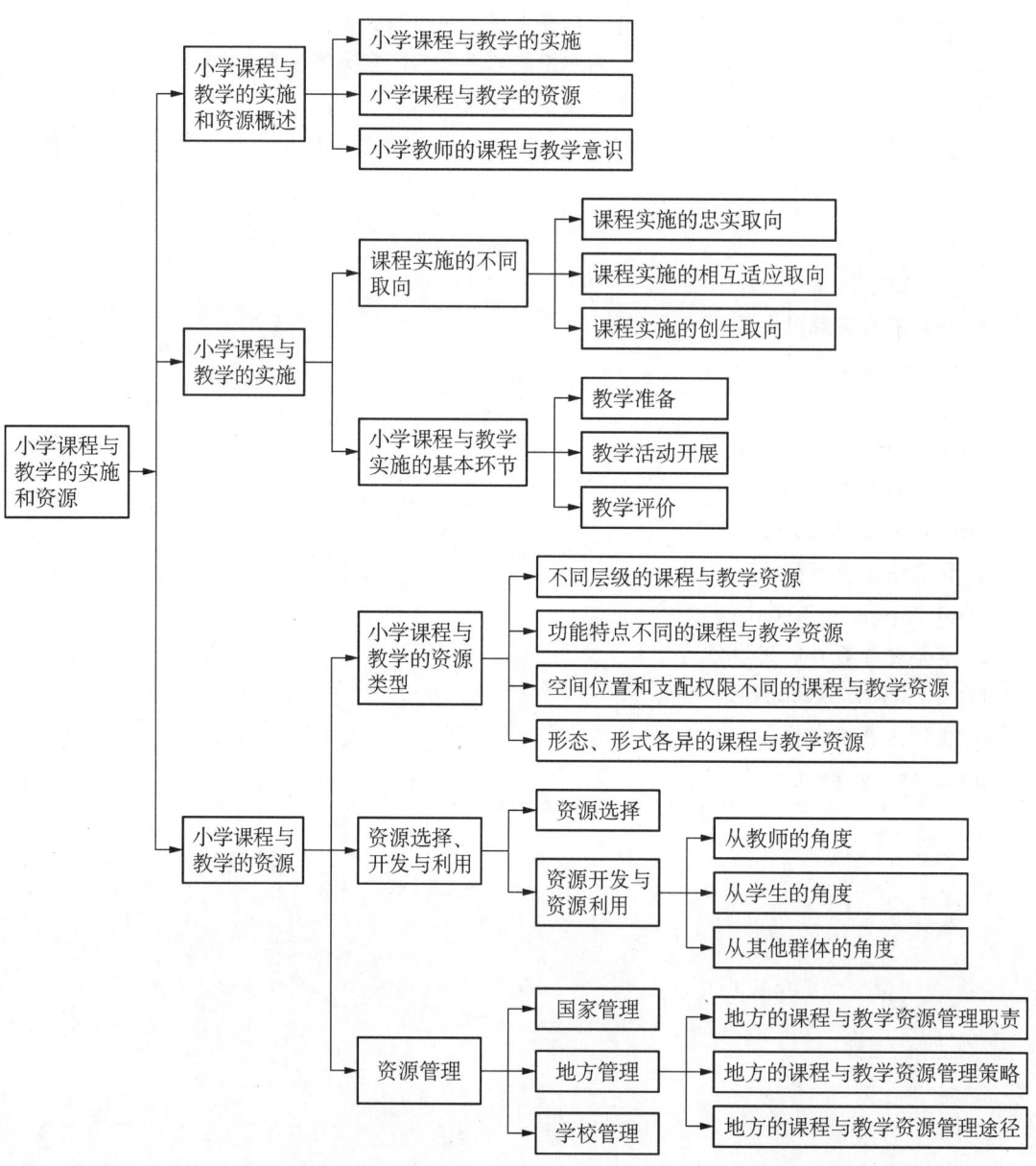

　　我们都喜欢老师的教学风格能够多变一些，呈现的教学内容能够丰富多彩一些，或者，还能够让我们把自己的想法表达出来？……如果您是一名学生的话，一定会赞同这番话；而如果您是一名教师的话，则肯定希望能够做到这点。那么，我们应该如何寻找和利用能够让学生感兴趣并促进其发展的课程与教学资源呢？又该怎样设计和完成课程与教学活动呢？但愿您在本章所提供的思路的基础上有更多自己的思考。

在我们强调优化小学课程与教学的实施方式和资源开发的今天,小学课程与教学的实施和资源这一主题的重要性是不言而喻的。本章的思路是先概述主题,接着分别从小学课程与教学的实施和小学课程与教学的资源两方面进行深入的探讨。希望阅读本章之后,您能够对小学课程与教学的资源意识保持敏感度,并从整体上把握小学课程与教学实施的先进理念,了解一些小学课程与教学资源开发、利用和选择的方法技巧。

第1节 小学课程与教学的实施和资源概述

本节主要概述小学课程与教学的实施、小学课程与教学的资源以及小学课程与教学的意识问题。

一、小学课程与教学的实施

学术文献中对课程实施的概念解释如下:

课程实施是指通过一系列的教学活动,将已经编定好的课程付之于实践。课程实施是落实课程改革,实现学校培养目标的重要措施。没有课程实施,再好的课程也是纸上谈兵,不能对学生的身心发展起到应有的作用。[①]

课程实施是指把课程计划付诸实践的过程,是达到预期课程效果的必要途径。它不仅要研究课程设计的落实情况,更要研究学校、教师在执行课程计划过程中,如何根据实际情况对课程进行调适。[②]

课程实施是指把新的课程设计和计划付之于教学实践的过程,这是达到预期课程目标的基本途径。[③]

……

那么教学与教学实施又是什么呢?简而言之,教学就是教师教、学生学的统一活动;广而言之,教学则指教育者(不仅仅指教师)指导学习者学习各种文化知识的活动。而教学实施其实就是教学的过程。

如果我们说课程就是教育内容的话,根据上述的那些定义,教学就是教师和学生以课程为中介所进行的一切活动;因此,尽管人们常说教学是课程实施的主要和基本途径,但在这样的语境下,我们完全可以把课程实施与教学实施合并为一个话题,即课程与教学的实施。本章节谈的就是小学课程与教学的实施问题。由于小学教育对象在年龄、生理、心理等方面与其他教育阶段的教育对象不同,小学课程与教学的实施也值得我们专门探讨一番。

二、小学课程与教学的资源

当课程实施与教学实施二者被统称为课程与教学的实施这样一个主题之后,区分课程资源和课程与教学的资源这二者就显得毫无必要了。

课程资源的概念有广义与狭义之分:有利于实现课程和教学目标的各种因素统称为广义的课程资源;狭义的课程资源仅指形成课程与教学的直接因素来源。在新课程改革的背景下,人们多

---

① 郭颢、韩宇:《转变观念迎接科学课到来》,载《黑龙江教育学院学报》2002年第5期。
② 纪河、周蔚:《试论现代远程教育的课程实施》,载《中国远程教育》2004年第21期。
③ 周艳玲:《面向21世纪高校军事理论课程改革的几点思考》,载《中国高教研究》2000年第6期。

采纳广义的课程资源的概念。因此,我们认为,能够为小学课程与教学所用的一切因素与信息来源等统称为小学课程与教学资源。

从广义的角度来看,目前出现的课程与教学资源的种类异常之多:素材性资源、条件性资源、校内资源、校外资源、社会资源、自然资源、物质资源、信息资源、纸质资源、电子资源、时间资源、空间资源、人力资源、物力资源、财力资源、有形资源、无形资源……这些不同的课程资源依据不同的划分维度,可归入不同的属类范围。小学的课程与教学资源也存在着上述的属类划分情况。

进行课程与教学资源的分类是为了更好地开发、选择和利用资源。在新课程改革的背景和视野下,课程不仅仅只是已知的结论性知识,而是师生通过彼此的交流和共同的探究不断生成新认知和获得自我发展的动态过程。这要求教师和学生构建起真正的对话情境,彼此尊重,在学校、社区、教材等多种因素的作用下动态地建构课程。因此,在本章第三节,我们着重从教师、学生及其他相关角度探讨了小学课程与教学资源的开发、选择和利用问题。

随着人们开发和利用资源的意识逐渐增强,小学课程与教学的资源日益丰富、多样,这必然涉及到资源管理的问题,本节随后即从国家、地方、学校三个层面谈小学课程资源的管理问题。

三、小学教师的课程与教学意识

郭元祥教授在其《教师的课程意识及其生成》一文中明确指出,课程意识意味着"教师即课程",教师是课程的动态构建者、课程的生成者;教师或教育管理者等的课程意识的觉醒,是我国基础教育界教育理论和教育实践的一次巨大进步。[①]

传统的课程价值取向将教师塑造成"课程执行者"的角色,他们没有明确的课程意识,其教学意识也受制于"执行既定课程"的范围,教师不敢在自己的教育教学实践中体现自我的课程与教学理念、观点等,牢牢地把自己圈在传送"标准答案"的范围里。小学教师在课程与教学系统面前的无所作为不仅禁锢了他们自己的思维,更不利于小学生的思维发展与视野开阔,对于正处于身体、心理、认知等方面全面发展的小学生而言,确实有害无益。

为了生成教师的课程与教学意识,郭元祥教授提倡:[②]一要切实转变和超越以往种种狭隘的课程观,确立整合的、生成的、实践的课程观,完整把握课程价值和课程目标,妥善处理课程内容与学生经验、社会与科技发展的关系,用新的课程理念指导自己的课程行为;二是要养成反思性实践能力,把反思性教育实践变成一种自觉的行为,进行自我建构教育理念的探索。通过以自我为研究对象的反思,完成对自我教育理念的辩证否定,通过自觉反思,明确课程意识。

其实,教师整体的课程意识可以细化为教师在课程目标、课程实施、课程资源以及课程评价等方面的意识。小学教师的课程意识决定和限制着其教学意识,因此,我们应该着力于提升小学教师的课程意识并使之影响其教学意识。一些研究表明,从小学教师自身和外在的支持型条件等方面可以有效地提升小学教师的课程意识。比如:提高小学教师的课程理论素养,树立动态、生成的课程观;重构合理的课程知识结构;主动参与到与他人的合作交流中;赋予小学教师充分的课程权

---

① 郭元祥:《教师的课程意识及其生成》,载《教育研究》2003年第6期。
② 郭元祥:《教师的课程意识及其生成》,载《教育研究》2003年第6期。

力;建立有效的评价机制;重建学校课程制度;完善小学教师的培训机制。[1]

第2节 小学课程与教学的实施

课程改革的效果最终是通过课程实施的情况体现出来的,根据课程实施者在多大程度上实践课程制定者的课程理念、课程实施者与课程制定者之间的关系,教师和学生之间的关系等方面的差异,课程实施活动体现出三种不同的取向。教学是课程实施的主要和基本途径,教学活动的组成环节包括教学准备或教学设计、教学开展或教学实施、教学管理和教学评价等等。

一、课程实施的不同取向

美国课程学者辛德尔、波林和扎姆沃特(J. Snyder, F. Bolin & K. Zumwalt)等人提出课程实施的三种不同取向:"忠实取向"(fidelity orientation)、"相互适应取向"(mutual adaptation orientation)和"课程创生取向"(curriculum enactment orientation)成为我们分析小学课程和教学的实施问题的基本框架。

(一)课程实施的忠实取向

按照这种模式,教师严格忠实地遵照课程标准和课程计划来实施课程和教学活动。课程标准和课程计划由教育专家、学科专家、教育管理人员等来制定,是至高无上的。教师对课程的设计、选择、修改没有任何的发言权,课程和教学实施效果的好坏取决于课程标准和课程计划的实现程度。在师生关系方面,教师是知识的占有者、承载者和传播者,其任务就是教会学生课程内容,学生则被动地接受和听从教师的命令安排。忠实的课程实施取向下的教师没有课程意识,也没有课程开发权力,是标准的"教书匠"。

(二)课程实施的相互适应取向

在课程实施的相互适应取向模式下,课程实施的过程是课程专家和实施者(教师)相互商量和研讨的过程,在教学活动的开展过程中,教师总是对课程规划做出适当的修改以适应自己的教学。与忠实取向的课程实施模式不同的是,教师不再是纯粹的课程执行者,相反,他们可以根据自己的经验、学情、实际需要等因素来调整自己的教学活动。因此,教师有了一定的课程影响力和相当的课程参与意识;但总的来说,课程专家还是居于主导地位。在师生关系方面,教师对学生也不再是进行绝对地控制,教师会考虑和关注学生的兴趣、爱好和实际情况,不再把学生当成知识的容器和被动接受指令的机器;但与这种模式下教师和课程专家的关系是以其中一方为主导的一样,教师和学生的关系仍旧是以教师为主导的。

(三)课程实施的创生取向

课程实施的创生取向认为,教师和学生是课程构建的主体,真正的课程是师生共同创造的教育体验和教育经验,课程实施的过程也就是教师和学生共同创造、体验和构建课程经验的过程,外部的课程政策等只是课程资源的一种。在这种模式中,教师具有了充分的课程参与和决策的权力,教师由原来被动的课程执行者变成了重要的课程开发者,教师的兴趣、专长、经验和能力等都成为影响教师进行课程开发的因素。在这种模式下,师生双方共同体验和构建课程,他们彼此尊重、互相影响,双方都是课程建设共同体中同等重要的成员。

---

[1] 马桂霞:《小学教师的课程意识研究——以山东省济南市为例》,http://www.jijinzu.com/jy/391870.html,2010-3-10.

无疑,我们所提倡的是创生取向的课程实施模式,只有这种模式尊重了课程系统各成员在开发和实施课程过程中各自所扮演的角色及其应该发挥的作用。因此,创生取向应该成为小学课程与教学实施的追求和发展趋势。新课程改革的实施和进展使我们逐渐明白,课程是一个开放性的大系统,课程标准和计划、课程专家、教材、教师、学生、师生的生活、经验和所处的环境、所接触的人事等都是课程系统的组成部分。在基础的小学教育领域中,我们应该提倡的是,尊重教师和学生在课程实施过程中生成的教育经验,并发展他们的课程能力去开发、挑选和整合课程资源,高效地完成所有的课程与教学实施环节。

二、小学课程与教学实施的基本环节

为了完成课堂教学活动,教师首先需要做的是教学准备工作,即我们平常所说的备课;随之,教师将个人的教学准备呈现在实践中的过程即教学活动的开展过程;而教师还应将教学评价贯穿在整个教学活动的开展过程之中及过程之后。小学课程与教学的实施至少应该包括这三个环节。

(一) 教学准备

教学准备即基于对教学活动所要达成的目标、学习者的起点和需求、教学内容、教学方法、教学媒体等状况的分析而进行的所有计划性和设计性工作。教学准备实质上是一个把有关教学实施活动的理论转化为可操作的具体步骤的设计过程,包括对如何完成每一个子任务、如何分配教学时间、选用哪些或哪种教学方法等具体的任务进行设计。

完整的教学设计主要包括以下几个环节:教学目标设计、教学起点设计、教学内容设计、教学方法和媒体设计、教学评价设计、教学结构设计。① 教学目标是衡量教学质量的尺度,教学设计工作的第一步,即确定出明确而具体的教学目标。教学起点的设计主要是对学习者进行的分析,包括学习者的状态和特征,如年龄、性别、成熟程度、学习动机、个人对学习的期望、学习风格,以及学习者的目前状况与目标状况的对比分析等。教学内容的设计过程也就是教学设计者认真钻研课程标准(教学大纲)、教科书,选择、组织教学内容的过程。教学方法和教学媒体的设计应该以能否引导学习者掌握知识技能、充分发挥其学习的积极性和主动性,以及实现其全面发展为标准。教学评价设计的内容主要是确定评价的策略和方式、方法。教学结构是为了完成一定的教学目标,在时间和空间上,各种因素的"排列"和"组合",教学结构设计的内容包括确定哪些教学环节、分配各个教学环节应该占用的时间、如何应用教学媒体和教学方法进行教学活动等。

即使是同样的教学内容和教学对象,不同的教师往往会有不同的教学设计和计划,因此,教学准备和教学设计是一项极具创造性的工作,这也为教师提供了很大的工作空间。在小学教学目标的设计方面,教师较易产生的一种倾向就是过度地预设教学目标,或者过于强调知识性的教学目标,而新课改强调的是课程和教学目标的生成性、建构性,提倡要实现学生在知识、心理、情感、态度和价值观以及动作技能等方面的全面发展,二者是不一致的。

请看下面一则常被引用的案例:

---

① 钟启泉、汪霞等编著:《课程与教学论》,华东师范大学出版社2008年版,第113页。

【案例6-1】　　　　　萤火虫燃烧了自己,怎么了?①

一堂语文课上,一位小学语文教师让学生回答一个课本上的问题:"萤火虫燃烧了自己,怎么了?"没有孩子举手,老师叫了一个孩子回答,他说"萤火虫燃烧了自己,它没怎么"。老师叫他坐下后,很焦急地鼓励孩子,让大家再仔细想想。突然有个孩子举手,老师很高兴,赶紧叫他回答,他说:"萤火虫燃烧了自己,它死了。"老师面无表情地叫他坐下,又继续鼓励孩子在书上找答案,终于有个孩子答出来了:"萤火虫燃烧了自己,照亮了人间!"这时,老师焦急的脸上终于露出了笑容。

按照传统的习惯,教师在走上讲台之前所要做的工作就是要能够全盘驾驭所要传授给学生的知识,走上讲台之后的工作即把自己所准备的知识倾倒出来,教师控制着整个教学过程,一些模糊的、不确定的因素是不被允许出现的。而这些因素可能正是能够发展学生的思维能力、培养学生的创造潜能的东西。因此,小学教师应该要勇于放弃自己对课堂教学的控制力,并不惮于将自己置于可能暂时消失自我效能感的境地,把来自学生、自身、课堂教学环境中的种种不确定性因素引发出来,探究其教育意义。

教学起点设计、教学方法和媒体的设计工作必须与教学内容设计的工作结合起来进行。小学教师在理解课程标准内涵的基础上解析教科书内容的同时,还得结合小学生的认识水平、学习动机和学习风格等因素,对教科书进行增补、取舍和再加工,使学习过程切合学生的认知结构;在此前提下,根据学情选用适当的教学方法和教学媒介手段,实现教学目标。一般而言,对教科书的再加工应该考虑到小学生的认识与思维水平有限、学习动机普遍较强等特点,根据教学内容综合选用包括语言、文字、粉笔、黑板、电子设备和实物等教学媒体和工具,完成教学准备工作。

(二) 教学活动开展

此处主要从认识小学教学过程的特点以及选用适合于小学教学的策略两方面来谈小学教学活动开展的问题。

小学教学过程也是教师和学生、教和学的双边活动过程,学生在此过程中以间接的方式去学习间接性的知识和经验,并实现全面发展,因此,小学教学过程也具备一般教学过程共有的双边性、间接性、发展性等特点。但它又有一些独特的地方:小学教学过程中的认识活动是有领导的认识和教育性的认识。② 小学生是不成熟的、发展中的主体,无法依靠自己的力量去完成社会所要求和规定的教学任务,因此,小学教学活动的方向、内容、方法、进程、结果和质量,都是由经过专门培养和训练的教师领导、决定和负责的;要注意的是,教师发挥领导作用时要承认学生的主体地位和使自己的领导方式多样化。另外,小学阶段各门课程的教学过程同时也是学生接受德智体美全面教育的过程;而教学活动也是实现国家既定的根本利益与要求的主要途径,教育性这一特征在小学教学过程中带有客观必然性和目的性。

小学教师在组织和开展教学活动时需要注意的策略很多,此处主要从教学铺垫和课堂交流两方面略谈一二。

教学铺垫的策略是指,基于前文所提的教学准备工作,即在明确教学目标、了解学习者的起点

---

① 唐晓杰:《课堂教学分析与评价的取向》,http://edu.ewen.cc/jiaoyu/bkview.asp?bkid=84481&cid=213258,2005-4-13,标题为本书作者所加。
② 黄济、劳凯声、檀传宝主编:《小学教育学》,人民教育出版社2007年版,第204页。

和需求、选择教学方法和教学媒体等的基础上,创设好开展教学活动所需的物理条件和心理条件,前者如教室布置、学生的座位安排、教具放置等,后者如课堂气氛的渲染、师生双方的期待等。小学教师应该了解一些小学生的认知和心理特点,如:注意力的集中性和稳定性较差,注意力集中的时间很难超过30分钟;注意力的分配和转移能力差,很难做到一边听讲一边做笔记或迅速地从完成一项任务的状态转移到另一种状态中去;知觉的精确性较弱,容易混淆形近字或一些相近的概念等等。根据小学生的实际情况做好开展课堂教学活动的铺垫工作。

课堂交流的策略主要包括教师提问的策略和组织课堂讨论的策略。① 教师提问在课堂教学中的重要性不言而喻,一个教学有成效的教师同时也一定是一个很好的提问者。课堂发问可以激发学生参与教学活动的动机,实现由教师中心向学生中心的转移,营造和谐宽松的课堂气氛。有效的发问技巧主要有转向、启发和追问,有时等待也是一种重要的发问技巧。在小学课堂上应用讨论策略时,教师应该把关注点放在使每一个学生都积极地、真正地参与到讨论中去,使每个人的意见都得以表达,在此基础上提升交流的深度。在贯彻课堂交流的策略时,教师应该注意如下几点:第一,淡化个人的权威意识,使自己成为学生学习的促进者、指导者和合作者。第二,教师应提高所提问题的质量,调适问题的难度,兼顾提问对象的水平和层次,多提有效的问题,尽力避免那种浮光掠影式的、难度过高或过低的、反复的无效问题,避免问题提出后出现冷场的情况。第三,教师要把握课堂讨论的契机,"在教学的重点处开展课堂讨论,在学生理解的疑难处开展课堂讨论,在知识的关键处开展课堂讨论"②;另外,教师还应以适当的方式引导课堂讨论活动,使之成为有效的和有利于问题解决的教学行为,不要追求讨论的形式,避免表面热闹非凡、实质空洞乏味的课堂教学行为。

下文是特级教师支玉恒执教的《匆匆》一课中的一个小片段,请关注他开展课堂提问和引发学生观点的环节:

【案例6-2】　　　　　　　　　《匆匆》教学片断

上课初始,教师请学生解释"匆匆"一词的含义:

生1:("匆匆")就是形容做事、走路匆匆忙忙。

师:你用"匆匆忙忙"解释"匆匆",能否换个解释方法?

生2:"匆匆"就是忙碌(的意思)。

师:忙碌很可能匆匆,但所有忙碌的人不见得都匆匆。

生3:("匆匆")就是过得飞快。

师:"快"就是"匆匆"吗? 是当"快"讲吗? 刘翔跑得快不快?

生(齐):快!

师:刘翔跑起来很"匆匆"?

生齐笑。

生4:"匆匆"就是"急"!

师:再加一个字!

生4:急忙。

---

① 扈中平、李方、张俊洪主编:《现代教育学》,高等教育出版社2005年版,第316页。
② 谌业锋:《课堂讨论的组织策略》,http://blog.sina.com.cn/s/blog-5603be1401000769.html,2007-01-21。

> 师:变成重叠字!
> 生4:急急忙忙!
> 师:就是"急急忙忙",事情多,时间短,(所以)急急忙忙!

这个小片段中所表现出的第一个突出特点就是师生之间合作、融洽的课堂教学氛围。教师潜在地发挥着促进和指导学生学习的作用,其作用的发挥方式是春风化雨式的、润物细无声式的;其次,教师的提问一环扣着一环,问题本身的难度与学生的思维水平相适宜,使学生易于作答,并引发学生轻松地表达个人观点。

(三)教学评价

传统的研究多是从课程材料、学生的学业成就以及教师的教授质量等方面来论述教学评价问题的。课程材料即教学活动所需的那些课程资源,包括课程计划和课程标准、教材、参考书等;学生的学业成就往往通过种种测验和考试体现出来,人们也运用问卷、调查等方法来评价学生的学习态度、方法、习惯与能力;评价教师教授质量的方法有综合量表评价法、分析法和调查法等。现有的研究突破了教学评价只关注学生学的结果的局限,在谈教学评价方面的问题时,加入了评价学生学的行为和教师教的行为的相关内容。评价学生学的行为有助于评价者全面、准确地获取学生学习的信息,为有效改进教和学提供更具针对性的真实资料;评价教师教的行为即要评价教师的教学设计行为、组织实施行为、课堂管理行为、人际交往行为等。[1] 这些都是小学教学评价不可或缺的方面。

有关教学评价的类型划分,我们知道以评价主体为依据,教学评价可分为他评价和自评价;以评价标准为依据,有相对评价、绝对评价与个体内差异评价;依据评价所起的主要作用的不同,则有诊断性评价、形成性评价与终结性评价。传统的小学教学评价活动中,常用的是他评价、相对评价和终结性评价的方法,尽管随着新课改步伐的不断迈进,一些学校已经改变了很多,但我们仍需加强自评价、绝对评价、个体内差异评价、诊断性和形成性评价在小学教学评价中的运用,丰富教学评价的方法、手段,实现小学教学评价的多样性,以及我们所追求的评价的客观性、全面性和发展性等特点。

第3节 小学课程与教学的资源

随着新课程改革的推进,动态的、丰富的"课程资源"观取代了传统的"教材"观。人们也越来越认识到,课程资源的支持是实现新课改目标的重要保障。

目前对课程资源的概念有广义与狭义两种定义方法:[2]广义的课程资源指有利于实现课程目标的各种因素,狭义的课程资源仅指形成课程的直接因素来源。在大多数以"课程资源"为主题的讨论中,多采纳其广义的概念,即形成课程的所有因素来源与必要而直接的课程实施条件。此处也不例外。

所以,我们可以说,能够为小学课程与教学所用的一切因素与信息来源等都统称为小学课程与教学的资源。

---

[1] 钟启泉、汪霞等编著:《课程与教学论》,华东师范大学出版社2008年版,第273—274页。
[2] 吴刚平:《课程资源的开发与利用》,载《全球教育展望》2001年第8期。

一、小学课程与教学的资源类型

以有利于人们认识和发现小学课程与教学的资源为主要原则,同时兼顾逻辑上的清晰和解决资源开发与利用过程中有可能出现的问题,我们主要从以下角度来探讨小学课程与教学的资源类型问题:第一,根据课程管理的不同层级可将之分为国家课程与教学的资源、地方课程与教学的资源和校本的课程与教学资源三种类型;第二,按照课程资源的功能特点来划分,可以分为素材性的课程与教学资源和条件性的课程与教学资源;第三,按空间分布和支配权限来划分,可以分为校内的课程与教学资源和校外的课程与教学资源;第四,从课程的表现形式和形态等方面来看,课程与教学资源则可以分为社会资源与自然资源、物质资源与信息资源、纸质资源与电子音像资源、时间资源与空间资源,或者人力资源、物力资源与财力资源等。①

(一) 不同层级的课程与教学资源

我国目前正在进行的课程改革实行的是国家、地方、学校三级课程管理制度。由此,根据不同的层级,小学课程与教学资源也相应地有如下三种类型:国家课程与教学资源、地方课程与教学资源以及校本的课程与教学资源。

1. 国家课程与教学资源

国家课程与教学资源就是国家规定的课程与教学内容,即体现国家意志、为培养未来国家公民而设计的,并依据未来公民接受教育之后所要达到的共同素质而开发的相关课程与教学资源和内容。一般来说,根据课程标准而编写的教科书是国家课程与教学资源中的一个最主要、最重要的体现。

值得一提的是,我们常说的"国家精品课程资源"主要是从课程资源质量高低的角度将之上升到"国家一级",它与我们此处所讨论的"国家课程与教学资源"并非完全是一回事。一些学校努力开发出一些精品课程资源,将之提供给国家资源中心,达到推广和促进优质教育教学资源的共建共享之目的;这些课程与教学资源既可以是国家的课程与教学资源,也可以是地方或校本的课程与教学资源。

2. 地方课程与教学资源

地方课程与教学资源是在国家规定的各个教育阶段的《课程计划》内,由省一级的教育行政部门或其授权的教育部门依据当地的政治、经济、文化、民族等发展需要而开发的相关课程与教学的资源、内容。

从国际上来看,人们之所以思考并最终提出了地方课程或校本课程的概念,其实是源于进步主义教育的理念。进步主义教育的代表人杜威认为:儿童在学校所面对的课程与其个人的实际生活、经验是互相分离和脱节的,这成为儿童丧失学习兴趣的主要原因。也正因此,在杜威创办的芝加哥实验学校中,历史教育就是从社区、乡土历史开始的,其实质与我们今天所倡导的地方课程和校本课程并无二致。

在我国,1903年《奏定学堂章程》颁布的初等小学堂必修科课程表中规定了"历史"、"地理"、"格致"等科目,其中历史课内容为"乡土之大端故事及本地古先名人事实",即当地流传的民间故事

---

① 第二、第三和第四种分类方法引自吴刚平:《解析课程资源》,载《理论研究》2006年第1、2期。

及本乡本土古代先贤名人事迹。从中可知其蕴含的一种理念：一个人在开启童蒙之时，历史知识的进入应当首先从身边、从脚下这块土地始，从祖祖辈辈生息繁衍的土地始，而不是从"国家"、"民族"这些人类学和社会学的大词始。① 这种"乡土教育"由于当时社会各方面条件所限，并未得以推广而发挥其应有的作用。新中国成立以后的20个世纪50年代，全国各地曾经开设过有关乡土教育方面的课程。但70年代恢复高考体制后，应试教育大行其道，全国实行大一统的教学体系，课程、教学、考试和评价等全都向着一元化的方向发展，乡土教育失去存身之处。到20个世纪末，地方和校本课程成为我国第八次课程改革的关键词被明确提出来，地方的课程资源或教学资源才开始重新受到人们的重视。

如前所述，依赖于并代表了地方政治、经济、文化、民族、科技等领域的实际状况而提炼的具有教育意义的资源都是地方的课程或教学资源。地方课程或教学资源可以隐藏在地方上一些符合条件的机关、企业、图书馆、博物馆等具有教育意义的场所中；也可以存在于各种不同形态的地方物质文化和精神文化中，前者如语言、饮食、艺术、建筑等，后者如潜移默化地塑造着个体心理及内在精神品质的传统习俗、风土人情和行为习惯等；更可以存在于极具地方代表性的名人名物、历史典故、自然景观、物产与工艺等等。

地方教育行政部门成立地方课程资源中心，负责搜集、规划和整理地方课程与教学资源，提高其质量和利用率，这对我们保护和积累优秀的地方课程与教学资源极为有利。

【提示6-1】　　　　　　　　《奏定学堂章程》

《奏定学堂章程》是清朝政府颁布的关于学制系统的文件。光绪29年（1903年），由张百熙、张之洞、荣庆等奏拟。这年为癸卯年，所以又称《癸卯学制》。除规定学制系统外，还订立了学校管理法、教授法及学校设置办法等，施行至辛亥革命为止。它包括《学务纲要》、《大学堂章程》（附《通儒院章程》）、《优级师范学堂章程》、《初级师范学堂章程》、《实业教育讲习所章程》，以及《各学堂管理通则》、《任用教员章程》、《各学堂奖励章程》等。《癸卯学制》规定教育年限：小学为9年，中学5年，高等学堂及大学堂6—7年，入学年龄为6岁。

《奏定学堂章程》是中国近代第一个以教育法令公布并在全国实行的学制。它根据初等教育、中等教育、高等教育等几个阶段的划分，对学校教育课程设置、教育行政及学校管理等作了明确规定。它对中国近代教育产生的重大影响奠定了中国现代教育的基础，打破了儒家经典一统天下的局面，建立了统一的教育行政体系，并为结束科举制创造了条件等等。过去，我们对其多有苛责，认为它的革命性不足。其实民众的教化是一个长期、渐进的过程。它在开一代风气之先方面应当得到充分肯定；在全国如此大规模地开展义务教育的做法，对中国面向现代化的作用不可低估。

资料来源　《奏定学堂章程》，http：//baike.baidu.com/view/903033.htm? fr=ala0-1,2010-7-25。

3. 校本课程与教学资源

学校在执行国家和地方所制定的课程与教学计划的基础上，自主开发和设计课程以满足学校和学生的需要，此即校本课程。校本的课程与教学资源即学校在实施国家课程和地方课程的前提下，利用当地社区和学校的课程与教学资源而开发的、满足学生需要和供学生选择的内容与

---

① 王丽：《重拾乡土教育，找回"家""国"的支点》，载《中国青年报》2009年4月28日。

资源。

由上不难看出,校本课程与教学资源是根据学校的实际、学生的需求、教师的能力等各种因素开发出来的,衡量校本课程与教学资源优劣的关键在于其是否能够发展学生的个性、兴趣、需要和特长,是否具有鲜明的学校特色,以及校本课程与教学资源的开发过程是否充分体现了师生的自主性和创造性。

校本课程与教学资源的开发主体是学校,但其实包括了校长、教科研人员、课程专家、学生、家长以及社区人员等方方面面的角色。在这些人员中,校长、教师和学生是最主要的校本课程与教学资源的开发者。[①] 有关这些不同的角色在校本课程与教学资源开发中的具体任务以及校本课程与教学资源的开发方式等问题,下文相关部分将会论及。

(二) 功能特点不同的课程与教学资源

按照课程与教学资源的功能特点,可以把小学的课程与教学资源划分为素材性资源与条件性资源两大类:[②]

素材性资源的特点是作用于课程与教学并且能够成为课程与教学的素材或来源,它是学生学习的对象,比如:知识、技能、经验、活动方式与方法、情感态度和价值观以及培养目标等方面的因素。条件性资源的特点是作用于课程与教学却并不是形成课程与教学本身的直接来源,并不是学生学习的直接对象,但它在很大程度上决定课程与教学的实施范围和水平。比如:直接决定课程与教学实施范围和水平的人力、物力、财力、时间和环境等因素。素材性资源和条件性资源之间并没有绝对的界限,这种分类方法更多的是为了说明问题。现实中的许多问题往往既包含着课程与教学的素材,也包含课程与教学实施的条件,比如图书馆、博物馆、实验室、互联网络、人力和环境等资源就是如此。许多不同的材料,如果以条件性资源的眼光来看可能存在天壤之别,而如果以素材性资源的眼光来看,它们的教育价值则是同质的,关键在于运用。

我国小学课程与教学资源中普遍存在的问题主要有:条件性资源分布严重不均衡,农村和落后地区较差;素材性资源未能得到充分挖掘,学校领导和教师在这方面的意识不足;如何根据具体学校的具体情况、调配有限的人力、物力和财力分别进行条件性资源和素材性资源的建设并保持二者的平衡,以最大化地发挥自己的优势——很多学校没有对此问题进行严肃的思考,只是一味地依赖于条件性课程与教学资源的开发和建设。

因此,对于小学而言,条件性的课程与教学资源需要在安全、场地和物资设备等方面达到基本的标准,过度盲目的条件性资源建设大可不必;与之相反,素材性资源的开发和利用则很难做到"过度",换句话说,"过度地"开发和利用素材性的课程与教学资源正是我们的追求。我们应在素材性资源的建设方面做出更多的努力和探索,条件落后地区更是如此。

(三) 空间位置和支配权限不同的课程与教学资源

按课程与教学资源所处的空间位置及其支配权限的差异可以将小学的课程与教学资源分为校内资源与校外资源。校内资源即处于学校的图书馆、实验室、计算中心等校内场所之中,包括校园文化、各种正式和非正式课程、师资力量、学生和其他工作群体等在内的课程与教学资源,它们都是归学校管理的;反之,处于学校的管理权限之外,蕴藏在学校外部的社区图书馆、科技馆、博物馆、工厂、机关、部队、商场、农村等场所之中或校外人士身上的课程与教学资

---

① 文银花:《浅谈校本课程开发中的三个重要角色》,http://www.pep.com.cn/kcs/d6xy/lwj/200901/t20090108-543617.htm,2008-11-12。

② 吴刚平:《解析课程资源》,载《理论研究》2006年第1、2期。

源即校外资源。

开发校内课程与教学资源包括开发和建设校内的条件性资源和素材性资源,前者包括进行对学校人力、物力和财力等方面的建设,在时间和空间方面达到并提高课程实施的高标准等活动;后者如校园文化建设、种种正式和非正式课程的开发和挖掘、提高师资质量、学生和校园中的其他工作群体的知识、技能等方面的活动。

小学所在的社区、校外的图书馆、科技馆、博物馆、工厂、部队、机关等,从中都可以挖掘出重要的校外课程与教学资源:社区提供了学生认识世界与社会的一个立足点和坐标;校外的图书馆可以使学生了解丰富全面的社会文化;科技馆有利于拓宽学生的科学视野;博物馆则有助于学生了解国家的历史底蕴;工厂、部队和机关等单位更是学生实践自己习得的知识的场所。在进行这方面的校外课程与教学资源开发时,首先需要的是建立起学校与这些机构的联系,特别是要加强相关学科与这些机构的联系。比如:加强品德与社会、综合实践活动等学科与社区、工厂、机关、家庭等的联系;加强文史类学科与社区图书馆、博物馆的联系,以及理化生学科与科技馆、工厂、部队等的联系等等。在当今时代,充分利用网络的手段应该非常有助于建立起这些联系。此外,寻找和发现热心教育的社会人士如学生家长、优秀的企业界人士、著名的专家学者、离退休人士等,无论是出于使学生习得更多的知识经验和扩大学生的视野,还是为了建立起学校与校外部门的联系,这些人士发挥的作用都不可小觑。

校内外的课程与教学资源对于课程实施都很重要,但从利用的经常性和便捷性来讲,校内资源应该占据主要地位,校外资源则更多地起到一种辅助作用。以往我们忽视了对于校外课程与教学资源的开发利用,今后应该给予足够的重视,但决不意味着在整个基础教育范围内,从根本上改变校内为主、校外为辅的资源开发与利用的基本策略。按照美国课程论专家泰勒的说法,"(1)最大限度地利用学校的资源;(2)加强校外课程(the out-of-school curriculum);(3)帮助学生与学校以外的环境打交道"[1]。还有,我们应该加强校际联系,实现校际间各种课程与教学资源的共享。

(四)形态、形式各异的课程与教学资源

从课程的表现形式和形态等方面来看,小学课程与教学资源则可以分为社会资源与自然资源、物质资源与信息资源、纸质资源与电子音像资源、时间资源与空间资源,或者人力资源、物力资源与财力资源等。[2]

二、资源选择、开发与利用

课程与教学资源是实现新课改理念和推进新课改的载体,从一定程度上来说,新课程改革也就意味着课程与教学资源的开发与重组。因此,课程与教学资源的开发、选择和利用已成为我国推进课程改革过程中的一个不可回避的重要课题。

(一)资源选择

课程资源或教学资源的意识在人们头脑中逐渐建立也迫使人们具备筛选资源的能力和明确资源选择的原则。一般而言,要把"天然"的课程素材变为有价值的课程与教学资源,至少要经过三个筛子的过滤筛选和遵循两个重要的原则,如下所述:[3]

---

[1] 转引自吴刚平:《课程资源的开发与利用》,载《全球教育展望》2001年第8期。
[2] 吴刚平:《解析课程资源》,载《理论研究》2006年第1、2期。
[3] 吴刚平:《课程资源的筛选机制和开发利用途径》,载《上海教育》2001年第12期。

第一个筛子是教育哲学,即课程资源或教学资源要有利于实现教育的理想和办学的宗旨,反映社会的发展需要和进步的方向;第二个筛子是学习理论,即课程资源或教学资源要与学生学习的内部条件相一致,符合学生身心发展的特点,满足学生的兴趣爱好和发展需求;第三个筛子是教学理论,即课程资源或教学资源要与教师教育教学修养的现实水平相适应。

为使课程与教学资源的筛选机制发挥更好的作用,我们必须遵循的两个重要原则是优先性原则和适应性原则。学生需要学习的东西很多,远非学校教育所能包揽,因而必须在可能的课程或教学资源范围内以及充分考虑课程成本的前提下突出重点,并使之优先得到运用;此外,课程或教学资源的选择要考虑学生的共性、个性和具体特殊的情况以及教师群体的情况,了解师生各方的知识、技能和素质背景,实现课程目标。

具体到小学课程或教学资源的选择问题,最好能够做到以下几点:首先,要有助于达到小学各科的课程标准。合适的课程与教学资源应该能够促进小学生的身心健康发展,关注其学习兴趣并发展其分析、探究和解决问题的能力。其次,要有助于学生的学习活动。新课程改革的目标之一是转变学生学的方式,教学活动要以教师的"教"为主变为以学生的"学"为主。因此,要从小学生的认识和思维特点(而不是教师的认识和思维特点)出发去选择小学课程与教学资源,让"以学生的学为主"自学生接触课程与教学资源始。第三,要尽可能地减少学生的学习难度。课程资源或教学资源概念的引入为教师提供了选择教学材料的自由,但其目的是为了更好地实现课程目标和具体的教学目标。如果过于追求材料的丰富多样,可能会增加学生的学习负担,这是新课改背景下教师容易产生的一种倾向。比如,一些教师为资源而资源,不管有益无益,总要选取一些教材之外的资料,片面追逐数量,所选材料杂乱、冗长,而不以"简练和能说明问题"为标准;更有一些教师追逐花哨,文字、图表、漫画、照片、录音、录像、影视作品等,多元化、多视角地呈现课程资源,"锣鼓家伙"一应俱全,无所不用,令人眼花缭乱,非但不能起到给学生的学习和理解提供有效的帮助的作用,反而削弱了主题,产生了喧宾夺主的反作用。①

(二)资源开发与资源利用

该部分从"人"的角度来探讨课程与教学资源的开发和利用问题,包括教师、学生及与课程或教学资源的开发和利用有较密切关系的其他群体。

1. 从教师的角度

在新课改的背景之下,教师是创造性地实施国家和地方课程的主体,同时也负责校本课程和综合实践活动课程的开发与设计;积累并表达个人的教育经验是教师开发、设计和实施课程资源的源头。"教育经验是在教育经历基础上产生和形成的,……没有教育经历,是很难谈得上教育经验的,……但是,有了一定的教育经历之后,并不必然地意味着积累起相应的教育经验。教育经验的丰富和深刻程度更多地取决于教师个体能否在教育经历基础上动脑筋、想办法,不断发现和解决教育教学问题,不断改进自己的教育教学行为。"②在此,教育经历也即教育行动,教师通过思考和总结个人的教育教学实践和生活实践、通过阅读和学习、与他人交流、尝试解决问题和表达自我等教育行动,获得教育经验,从这些经验中可以衍生出丰富多彩的校本课程。因此,教师迈开步伐,开始自己的教育行动,这是进行课程与教学资源开发和利用的第一步。

下面是教师开展教育行动、通过个人的反思与学习,开发校本课程和国家课程的三个案例。

---

① 李玉民:《课程资源的选择与整合应注意什么》,http://blog.edu11.net/space.php?uid=1784&do=blog&id=283554,2010-01-06。
② 吴刚平:《教师的教育经验及其意义》,载《教师之友》2005年第1期。

【案例6-3】　　　　　　　看我七十二变[①]

......

主编大事记

2003年2月15日

今天,校长郑重其事地召开了行政会议,说这学期一定要开始启动我们学校的校本课程,......会上,校长指定由我全面负责这项工作。于是,这一天,我荣升为"主编"。

2003年2月20日

经过慎重考虑、仔细斟酌、虚心求教,外带软磨硬泡,我终于做通了最后一位教师的思想工作,带领9位教师正式开始了我们的"编写生涯"。......

2003年2月22日

教师们今天已经根据自己的特长和喜好进行了开发篇目的分工,可是我们谁也没有接受过专门的课程培训和教材编写的培训,下面该怎么办呢?看来我这个主编要"现学现卖"了。上午把我自己参加苏教版《品德与社会》教材编写的过程回顾了一下,收看了镇江教育网上吴刚平博士关于校本课程的主题讲座,好像有了一些想法。先自己编写一课《蟹黄汤包》吧,争取起到"抛砖引玉"的作用。

2003年2月25日

今天是星期天,可是我们全体参加校本课程开发的教师都到校了。......我先谈了一些自己的想法:避免让教材成为纯文字材料的拼接;把学习内容和学习方式整合起来呈现;教材要给学生留有空间;要有资料意识和资源意识等。教师们经过一段时间的实践,好像自信多了。邹金卫老师提出的"如何让古人活起来",曹蕾老师提出的"如何避免教材内容的碰撞"等问题都挺有价值的。

2003年3月18日

今天又是一个星期天,是我们的校本课程碰头会。每当大家觉得"山穷水尽"了,就会要求开会,因为在会上大家除了相互讨论教材的设计思路、内容的呈现方式、互相提供收集的课程素材之外,也会借这个机会诉苦、发牢骚或争辩问题等。......我们常常在这样的日子收获"柳暗花明又一村"的喜悦。

2003年8月9日

今天可能是这个夏天最炎热的一天。我刚刚"沐浴"着正午两点的阳光,赶到郊区印刷厂,和厂长谈好了印刷的纸张、册数、质量和价格......

2003年9月1日

印刷厂的小王把书送到了我手中。......刚刚过去的一千多个日日夜夜在我眼前一幕一幕地闪过......

2003年9月30日

今天,市里来我校进行课程改革调研,对我们的校本课程给予了很高的评价。......

[①] 颜莹:《看我七十二变》(有删减),选自崔允漷主编:《中国校本课程开发案例丛书》,华东师范大学出版社2007年版,第214—219页。

一个档案管理员的得意

2003年10月,江苏省课程改革评估验收组在验收我校校本课程开发资料的反馈意见里留下了这样一段话:"江滨实小校本档案建设,含大事记、原始调查、初稿、二稿、三稿、定稿,以及教师讲述的课程故事、经验总结,这对研究开发校本课程的故事,把握其深层的特色、规律,有极为重要的参考价值。"

是什么让我们的课程开发资料有如此的魅力?嘿,这可要归功于我这个"档案管理员"了。

从校本课程开发一开始,我就给每个参与开发的教师发了一个资料盒,上面打印好了详细的资料积累的目录,并告诉教师们,这是一个"百宝箱"……一学期下来,教师们每个人都积累了厚厚的一盒材料,有草稿、问卷调查、图片、照片、相关书籍等。……我让教师们把这一切分门别类整理好。

……这些资料有实际的意义和价值……我为教师们有了自己的第一本成长档案而欣喜,也为我们不用为迎接检查而"造假"感到骄傲。

像张艺谋一样陶醉

这次我得变身"超级大导演"了。我必须得在十天之内制作出一部纪录片,汇报我校校本课程开发的真实情况。

凭着自己曾经剪辑录像课的经验,我找到了一位专职的资料片制作人员,谈想法,吸取建议。接下来:我写解说词、组织师生背词、录像、配音、剪片子、修改……我曾经一个晚上看八遍样片,只为记录每秒要修改的镜头;也曾经从早九点坐到晚九点,和制作人一起剪辑、修改样片……

……活动那天,我看到了教师们满意的神情与敬意、领导专家发亮的眼睛,听到了有人说"呀,跟中央电视台的纪录片差不多嘛"……那一刻,我似乎成了张艺谋……

【案例6-4】　　　　丰富内涵,让教材亮起来[①]

人教版义务教育六年制第九册教材第46页有一道练习题:水稻专业组有一块早稻田。面积450平方米,平均每平方米产1.3千克,这块早稻田的产量是多少千克?合多少吨?

按以往的教学经验,学生解答后,教师主要评讲学生的解题思路为"$450 \times 1.3 = 585$(千克)",强调注意"585千克 = 0.585吨"就行。但看到学生解题时无精打采的样子,我想到2004年感动中国十大人物之一著名"水稻专家"袁隆平,于是问:同学们,看到水稻就得提起我国著名水稻专家,你们知道是谁吗?(学生异口同声地说"袁隆平"。)那么他的贡献在哪里呢?我们先来算算这块地在1950年时的产量(提供1950年时的产量平均每平方米只有0.22千克,学生兴趣盎然地计算:$450 \times 0.22 = 99$(千克))。同样这块地1998年的产量又是多少呢?(1998年时平均每平方米产0.68千克。)全班学生的兴趣都被调动起来,很快算出$450 \times 0.68 = 306$(千克)。通过对比发现同样一块地现在平均每平方米产量约是1950年的6倍,约是1998年的2倍,现在还在不断地往上增长。看到这里大家不由地发出惊叹:"哇,袁隆平爷爷真了不起!""不愧被评为感动中国的十大人物!"

[①] 张雪清:《活用小学数学教材让教学资源更有效》,载《中小学教材教学》2006年第7期。

【案例6-5】　　　　　　　　改头换面，让教材新起来[①]

人教版义务教育六年制第九册数学教材第47页例题：一个服装厂计划做660套衣服，已经做了5天，平均每天做75套。剩下的要3天做完，平均每天要做多少套？

多数学生对做衣服、烧煤之事都不太感兴趣，如果教师还有要求学生预习的习惯，上课时再用这个例子就更索然乏味！当时因为全国上下正受到突如其来的"非典"袭击，我教学时改为谈话引入：同学们，"非典"期间，人们最需要的是什么？学生说口罩、消毒水……我接着说：是呀，口罩、消毒液简直脱销啦！请看，光明厂计划要生产500万瓶消毒液，实际每个月生产40万瓶消毒液，生产3个月后，发现已严重脱销，剩下的要在5个月内完成，请你帮厂长算算每个月得完成多少万瓶。巧妙的设计激发了学生解决问题的浓厚兴趣……

上述第一个案例（案例6-3）叙述了校本课程在一所学校里从无到有的详细历程，我们从中看到，一名主要负责校本课程开发的教师历任"主编"、"档案管理员"、"导演"等角色，带领本校教师摸着石头过河，探索和开发校本课程的教育行动和教育经历。由以上案例可知，教师开发校本的课程与教学资源时，基本上遵循着这样的线路：教师寻找（有可能成为课程资源的）个人喜好或特长—发挥个人喜好或特长—寻求帮助与指导（书籍、网络、专业人员等）—同行探讨、整理—实践—形成课程的文字材料。所以，需要重点指出的是，教师在从无到有地开发那些没有前路可循的校本的课程与教学资源时，其关键在于——迈开步伐，开始自己的教育行动，在行动过程中完善之。当然，行动的起点是充分的准备。

第二（案例6-4）和第三个案例（案例6-5）是教师开发教材资源的情况。在此二则案例中，为了避免学生因为熟悉教学内容或因为教学内容无趣而丧失学习动机，该数学教师从看似平淡的习题中，挖掘出了习题素材本身蕴含的有价值的信息。这不仅仅让这道习题变得生动起来，取得了与原来截然不同的教学效果；更重要的是，它使学生认识到数学和真实世界之间的紧密关系，自然而然地将数学内化为个人生活的一部分，实现了相应的课程目标，生成了新的知识增长点（如怎样提高水稻的产量、如何关注社会新闻事件等），还使学生乐学、爱学，形成了良好的情感、态度和价值观（热爱数学学习，尊重科学、知识等）。

在现实中，一些小学教师由于受传统教材观的影响，认为学习教材也不过是按照教学大纲完成教学任务而已，因此而忽略了教材中包含的或者可以从教材中延伸出来的丰富的课程与教学资源，如小学各科教材中的插图、附文、延伸阅读与思考等，致使出现没有用足、用够教材的情况。在现阶段，由于种种原因，教材资源在我国的很多地方仍是一个重要的、甚至是唯一的课程与教学资源，因此小学教师必须要学会最大限度地开发教材资源，根据课程标准的要求和学生的实际，灵活组织和处理教材，提升教学效果。

2. 从学生的角度

学生参与课程与教学资源开发和利用的情况可分为如下两种：一是学生发现课程与教学的主题并协助教师开发课程与教学资源，教师发挥组织课程活动和整理课程与教学资料的作用；二是教师设计课程与教学主题并实施课程与教学活动，学生补充和完善课程与教学主题，优化课程与教学活动的实施效果。请看下面三个案例。

[①] 张雪清：《活用小学数学教材让教学资源更有效》，载《中小学教材教学》2006年第7期。

【案例6-6】 瑶草一何碧，花深深处寻①

偶然——抓住成功的契机

当"偶然"出现时，只要你紧紧地抓住它，那么一定会产生许多"必然"。一次偶然的受伤，揭开了"闲林中草药"课程开发的序幕。

有一次，在课外活动时，一位同学摔破了皮，血流了出来。当我帮他清洗完伤口，急着去找创可贴时，他却从书包中拿出一包草药。我问他："这是什么。"他说："是馒头草，止血的，是家里常备的草药。"说着便把草药敷了上去。没多久，血真的止住了。我非常感兴趣地问他："你还认识哪些草药？"他说："还有水芹菜治高血压，血腥草止咳润肺……"这时，很多农村、山里的孩子围上来，争先恐后地说着自己认识的草药。看着孩子们兴奋的讨论，我惊异于闲林（地名）的中草药资源竟然如此地丰富。

几天后，"非典"突然来到了中国。在人们疯狂抢购板蓝根等预防药时，我突然想到，"闲林的中草药"不是很好的课程开发资源吗？

于是，在领导的支持下，我带着孩子们走入了神奇的中草药世界。

委屈——经历成功的磨砺

那个星期天，我带着采集组的15名成员来到里山桥村采集草药。我找到了一位学生的爷爷（这位老人有很长的采药史），请他介绍一些本地草药，并请他和我们一起去采集。可老人沉着脸说："做老师的，不好好在学校上课，跑到这里来起什么哄？管好学生才是真的！"……我看着学生们失望的神情，悄悄收回了眼泪，笑着说："这位爷爷是怕我们采药时受伤，所以不让我们去采草药。我们再去找一位吧！"

几天后，有好几位家长也打电话给我，表示对这次活动的不满，希望我专心上课，搞好毕业班孩子的成绩。

……

坚持——走向成功的彼岸

接下来的路该怎么走？我琢磨了好几个晚上，也和各小组组长商量了几次，最后终于决定实施"团结、合作"的策略，即做好家长工作，争取家长参与活动。孩子们随即分头行动，找到对活动不满的家长，给他们分析开设校本课程的意义，向他们展示已取得的成果，请求家长参与到实践活动中来。在孩子们的共同努力下，许多家长点头同意孩子参与活动了，有的家长还帮孩子制作模型，和孩子一起去采集草药。其中一个家长更是主动帮我联系了一位本地中医，让他为学生作个中草药的讲座。看着这一切，我真为学生感到骄傲，是他们的信心和努力，才换来家长的支持。他们真的比我们教师勇敢！

……

在各方面的支持下，"闲林中草药"的课程开发大面积铺开了。规划组的成员在家长的带领下，拍下了许多有关地形、地势的照片；采集组的成员在药农的帮助下，采集了200多种草药（包括农民家长晒干的草药）；调查组的成员在市场工作人员的帮助下，了解到了许多草药的销量、价格；模型组的成员在手工老师的指导下做起了"草药种植——加工基地"模型；包装

---

① 陈小燕、金杭梁：《瑶草一何碧，花深深处寻》（有删减），选自崔允漷主编：《中国校本课程开发案例丛书》，华东师范大学出版社2007年版，第250—253页。

设计组的成员设计出了适用于膏、散、丸等不同种类的包装盒。

在各小组分工活动的同时,学生们也学会了小组间的合作。采集组的徐伟俊听说模型制作组少一块边长为1米的正方形泡沫板,就特地跑到超市里向营业员讨。别看他平时那么内向,连举手都不敢,这次竟会跑到不认识的人那里讨泡沫板。同学们都说这次活动使他变了个人,都说要像他一样,精诚合作。

展示——品尝成功的喜悦

在汗水的浇灌下,今年6月20日,以"闲林中草药"为主题的校本课程开发成果展示课,终于向本镇教师公开了。各个小组以最佳准备姿态出现在课堂上。在模型组制作的"草药种植—加工基地"模型上,青山绿水中,或成块状或成环状有序地分布着各种草药带;规划组的成员手捧规划书,从中草药市场的调查到本地中草药的发展前途,侃侃而谈;采集组的成员分类将本镇的各种中草药展示在展示台上;食叶的、食茎的、食根的,内服的、外用的,俨然成了一个小药房;包装广告组的成员一边展示着各种包装盒,一边说着广告词,真是妙语连珠。

……

【案例6-7】　　　　　　数学课堂中的课程资源[①]

在与学生一起解答"每棵树苗16元,买3棵送1棵。张叔叔要买4棵,每棵便宜多少元?"这样一个问题时,学生很快就有了这么两种解法:(1) $16×3=48$(元),$48÷4=12$(元),$16-12=4$(元)。(2)$16×3=48$(元),$16×4=64$(元),$64-48=16$(元),$16÷4=4$(元)。此时,预设的教学目的可以说已经基本达到,准备转入下一教学环节,教师还是习惯性地问了一句:"还有不同的方法吗?"这时有一位学生迟疑地举起了手:"老师,我的方法是$16÷4=4$(元),但我说不出为什么。"这种方法教师也没有预料到,是否可行呢?是巧合吗?面对这一突发情况,教师及时调整了教学思路,就这种解法组织同学们进行探讨。先引导学生进一步理解题目的含义"买3棵送1棵"到底是怎么回事。学生纷纷发言,有的学生说"花3棵的钱就可以买4棵",有的说"花48元就能买到4棵,这送的1棵就是便宜的",还有的学生补充"如果不送1,还要多花16元。"不一会"噢,我知道了!""我也明白了"的声音此起彼伏。"这个16元也表示买4棵一共便宜的,除以4得到的就是每棵便宜的。""买3棵送1棵,就是送的这1棵是便宜的,也就是4棵便宜16元,所以16除以4就是每棵树便宜多少元。"同学们困惑的表情终于被灿烂的笑容所替代。

【案例6-8】　　　　　　校本课程:让我欢喜让我忧[②]

"你们是上帝",在校本课程的课堂上我经常这样说,同时我也尽量这样做。然而说说容易做起来难。开学后的第一堂课,我就被涮了一回。事情是这样的:

"下面,我说说本学期我们的小发明要学习的内容。"今天是开学的第一堂课,我迫不及待

[①] 陈真真:《如何在数学教学中有效利用课程资源》,载《教育理论与实践》2008年第14期。标题为本书作者所加。
[②] 马旭强:《校本课程:让我欢喜让我忧》(有删减),选自崔允漷主编:《中国校本课程开发案例丛书》,华东师范大学出版社2007年版,第241—242页。

地将我一个假期冥思苦想的新学期学习内容向学生们进行了介绍,"这学期我们继续学习互动颠倒、方向颠倒、自设排除等几种创造技法,并加以运用……"

"老师,可以打断一下吗?"这时,一个学生打断了我的话,我毫不在意地向他点点头。他说:"老师,我们很喜欢您的课,但是有些上课的内容并不是我们想学的,或者说我们并不感兴趣,能不能改一改?比如,一些创造技法已经学过了,却并不常用,而且我们最想做的是用所学的知识解决日常生活中出现的麻烦和不便……"

好家伙,一石激起千层浪,教室里顿时出现了不和谐的声音,学生们都在窃窃私语,有的还不时用眼睛望着我。刚才发问的学生也在望着我,眼神中有一丝慌恐,但更多的却是期盼和等待。我的心里像未熟的柿子又苦又涩。这些教学内容是我一个假期的心血,是科技小发明课程开发小组的教师的心血,从选技法,到编教材,到编写教案,到用具的准备,有多少个伏案苦读的白昼轻轻滑过,又有多少个不眠之夜悄悄溜走……就这样被学生的一句话给"枪毙"了。想到这,我极力控制着自己的情绪,使自己慢慢平静下来。

静下心来仔细一想,校本课程开发最基本的要求就是以人为本,学生的需要就是教师的追求,难道学生有错吗?我想通了。接下来的事不说您也能猜到,我与学生共同商量并制定了本学期的学习内容,也归纳了学生在这段时间最想解决的问题。

后来,学生的学习热情更高了,好的创想层出不穷……

在案例6-6中,学生发现了开发家乡(闲林)的中草药——这个课程与教学的主题,具有课程意识的教师马上抓住了这一灵感——以"闲林中草药"为主题开发校本课程;接着,在学生的协助之下,教师组织学生开展了一系列的课程开发活动——拜访专业人士、寻求家长帮助、成立工作小组等,最后完成了一系列的活动,这一地方的课程与教学资源也得以被成功地开发。案例6-7和6-8体现了学生在开发和实施课程与教学资源方面所发挥的不可忽视的作用:前者体现的是一个超出教师预料之外的、由学生引起的"课堂突发事件",教师对其给予的关注丰富了教师原本准备的课程和教学资源,资源的实施训练了学生的思维,让学生体验了问题解决的成就感,增强了他们学习的自信心;后一个案例中,教师确定并设计了大的课程与教学主题,在实施课程与教学活动的过程中,学生针对具体课程与教学内容的定位、课程与教学的实施方式、未来课程与教学的展望等给出了有效的意见和建议,教师据之而做出调整,使这些课程更真实、完善,更符合学生所需,从而使实施效果也更优化。这些案例体现了学生根据自身的体验对课程发挥的影响作用,当然也是从学生的角度进行课程与教学资源开发的结果。

当然,学生开发课程与教学资源需要教师和学生双方都时刻保持对课程或教学资源的高度自觉的意识。

3. 从其他群体的角度

参与课程与教学资源开发、利用的人员除了校长、教师和学生等校园中的群体之外,还有教育专家、家长、社区代表,以及学校所在地的一些行政管理人员,如地方的户籍管理者和其他社会各界人士等,上述所有的群体代表或个人都是课程委员会的组成人员。目前在我国,上述群体中参与度较高的主要是教育专家、校长、教师和学生,而家长、社区代表、地方的行政管理人员以及其他相关的社会各界人士等在课程与教学资源开发方面的参与度并不高,他们多是在课程开发的行动开始之初,发表个人的对课程开发的观点与建议,或者是学校在特定日期里邀请他们观看本校的校本课程实施状况,但却很难使他们完全投入课程与教学资源的开发和利用的过程,并发挥他们应有的作用。因此,家长、社区代表、学校所在地及附近的行政管理人员和其他社会各界人士等,这一群体的潜力还有待挖掘。

【案例6-9】　　　　　　　　梧桐树下的故事①

2003年3月20日下午,校本课程审议委员会的成员们又相聚树下,开始了例行的学习交流活动。2001年校本课程审议委员会制定的《校本课程审议制度》规定,审议委员会成员必须学习校本课程开发理论,掌握开发的相关技术。委员们不敢有丝毫懈怠,这不,大家手里拿着书和笔记本正准备今天的交流呢!参加会议的除了学校代表,还有居委会的刘主任、我校的法制副校长、管区张户籍(大家对户籍民警张警官的称呼)以及凌帅、张可哲、孙伟凡的家长。大家一人一杯清茶,在茶香袅绕之间,开始了新的学习旅程。

居委会的刘主任用一口长沙话做了一番表白:"各位委员,很惭愧,我的学习速度还跟不上大家。我还停留在学习什么是校本课程、校本课程开发的程序上。我得加油了,不然就落后了。"

张户籍说他也如此。

家长代表张运泽是个很懂教育的人,每次会上他都侃侃而谈,今天也不例外。他发言道:"校本课程理论,我零零散散看了不少,学了不少。我觉得,校本课程是为了更好地满足学生需要。从本学期学校所开设的课程看,新兴的专题或新学科领域的开发还不是很多。为了适应飞速发展的社会变革和科技进步,满足学生发展的需要,课程新编活动应多一些,这样才能大大提高课程与实际生活的联系。学校应设有地方性专题,像地方史或与当地有关的著名历史人物,当地的动植物以及与学生周围地区相关的专题,都可纳入校本课程开发,这样才能把学生的个人经验与学校的正规学习整合起来。"他的分析真专业,我不禁由衷地赞叹!……

学习后的交流,是委员们一次很好的学习机会!虽然开了两小时的交流会,但大家仍觉得余兴未尽。……

请再看下面的案例。

【案例6-10】　　　　　　　小小的故事,小小的歌②

校本课程的实施,不但需要学校去探索,而且需要家长们的参与和支持。这不,今天星期四,我校将把校本课程的大门敞开,让家长走进来。

现在是14:50,校本课程已经开始了。作为主管校本课程的我,不由地想了解家长们对校本课程的意见。于是我从四楼开始向下,一个班一个班地巡视着。我每进一个班,总能看到家长们脸上露出的笑容。我暗暗高兴,不忍心去打扰他们,准备下课后再谈。

……

再看操场中间,"咦,足球场上怎么有大人,也有孩子,这是怎么回事?不是只让家长观看

---

① 刘云燕:《梧桐树下的故事》(有删减),选自崔允漷主编:《中国校本课程开发案例丛书》,华东师范大学出版社2007年版,第222—224页。
② 周顺满等:《小小的故事,小小的歌》(有删减),选自崔允漷主编:《中国校本课程开发案例丛书》,华东师范大学出版社2007年版,第232—233页。

> 孩子们的课堂学习吗？怎么……"于是我赶紧去寻找"未来球星"班的"教练"。原来，"教练"正在做守门员呢，球场上，孩子们穿的是国家队的队服，大人们穿的是巴西队队服，双方正在激烈地比赛呢。
>
> 比赛结束了。一名家长严肃地跟我说："校长，你们学校哪一天还让家长来？我要和儿子一起学习。"
>
> 简短的几句话，我明白了家长的心愿。家长们的心愿也是我们学校的心愿……

其实，家长、社区代表、地方行政人员和其他相关的社会各界人士等群体首先是学校开发课程与教学资源的重要保障者。目前，很多家长由于不了解新课程与教学改革的理念和动态，受"升学第一"、"分数第一"等传统观念影响，往往会反对学校实施的课程与教学资源开发活动，或反对学生参与课程与教学资源开发的实践，这当然也影响到学生的选择，以至于学生处在学校和家长的夹缝中无法取舍；另外，很多学校在进行地方课程与教学资源开发时根本就离不开相关的社区代表、地方行政人员或其他社会各界人士的指引与配合，如一些学校组织学生参观地方有代表性的博物馆、受保护的历史遗迹等场所以寻找地方课程资源时，就首先需要得到这些人士的支持。因此，家长、社区代表、地方行政人员以及其他社会各界人士等群体在课程与教学资源开发中的作用需要得到重视，而首先要做的就是让这个群体了解目前国内外课程改革的背景、理念和动态取向等，这是取得与其配合的第一步。为此，学校在邀请教育专家到校传播先进的课程改革理念和动态时，也应该考虑邀请这部分人士参与进来。

其次，家长、社区代表、地方行政人员和其他相关的社会各界人士等群体不仅是学校开发和利用课程、教学资源的重要保障者，更是课程与教学资源的重要供应者。学生受家庭和社会环境的影响有多大，家庭和社会就可以为学生提供多少的教育资源和课程、教学资源，这两者是成正比的。如何发动起这个群体的力量来开发课程资源呢？除了学校之外，我们应该充分发挥地方教育行政单位的作用，如加大教育宣传，制定教育政策，创造一个人人都来关心教育、参与课程与教学资源开发的社会大环境和大氛围，地方教育行政单位在这些方面应该发挥引领作用。

三、资源管理

在此，我们按照课程与教学资源的层级，从国家、地方和学校三个层面上探讨课程与教学资源管理的问题。

（一）国家管理

中华人民共和国教育部是我国基础教育课程行政中的最高管理机构，其在有关课程与教学资源管理方面的权利和职责主要有：组织制定或修订、审定我国基础教育各个阶段的课程计划。包括统一规定国家课程在各个教育阶段中的中观课程结构，如学习领域或科目数、总课时、周课时以及课时分配结构，严格控制学生的活动时间量与基本学业负担。[①]

- 颁布国家课程中各学科或学习领域（尤其是核心课程）的课程标准，确保学生统一的、基本的学业要求，规定国家基本的教育质量。
- 制订三级课程开发与管理的政策。如结合我国的实际情况，编制地方课程与校本课程的开

---

① 钟启泉、崔允漷、张华主编：《重建我国基础教育课程管理的框架》，载《为了中华民族的复兴　为了每位学生的发展〈基础教育课程改革纲要（试行）〉解读》，华东师范大学出版社 2001 年版，第 357 页。

发与管理指南,在《课程计划》规定的范围内,积极管理有条件的地方和学校开发地方课程和校本课程。

- 制订教科书或教材开发与管理的政策。如定期向学校和社会公布经审定的中小学教材目录,并逐步建立中小学教材巡展制度。

(二) 地方管理

我国传统的课程管理模式是自上而下的,地方教育行政部门根据国家课程政策,全面负责执行国家课程计划。全国各省、直辖市和自治区设立教育厅或教育委员会等地方教育管理机构,下属的各市(地)、县(区)等地方教育局接受其领导开展课程实施工作。新课程改革背景下,地方教育行政部门除了担任国家课程计划的执行者之外,还兼任地方课程与教学资源的开发者和管理者,成为我国三级课程管理体制中的重要一级。

具备课程与教学资源管理自主权的地方教育行政部门具体肩负的管理职责是什么?又该实践怎样的管理策略并探索其管理途径呢?①

1. 地方的课程与教学资源管理职责

地方教育行政部门位居国家、地方和学校这三级课程管理层级的中间,国家从宏观层面管理课程资源,学校则是各种课程资源发挥作用的具体场所。从国家到学校要真正实现各种课程与教学资源的有效运行,地方教育行政部门的作用是十分重要的。作为国家和学校之间的中间桥梁,地方教育行政部门就要协调国家、地方、学校以及地方内部各部门之间的关系,为课程运作中的课程与教学资源调配创造一个良好的运行渠道。

2. 地方的课程与教学资源管理策略

地方教育行政部门的课程与教学资源管理策略可概括为如下几点:建立地方课程与教学资源库、搭建地方课程与教学资源共享平台和完善地方课程与教学资源配置机制。

地方课程与教学资源库可以将国家、地区和学校的优质资源集中起来,实现资源共享。地方教育行政部门通过普查国家、地方和学校各层面的课程与教学资源,着重关注并提炼优势的、有代表性的地方课程与教学资源,建立并充实、完善地方课程与教学资源库,增加资源总量。

地方课程与教学资源平台的搭建可以促进各地进行资源交流活动,使各地都有可能获得优秀的课程与教学资源,实现优势互补,并加强地方教育行政部门对地方和学校的资源管理效力。

3. 地方的课程与教学资源管理途径

与管理途径相关的元素主要有具体的课程与教学资源管理机构的工作开展、资源的内容择选及使用等。

新课程改革过程中,各地方教育部门都成立了专门的课程改革领导小组,负责课程编制、实施、评价、监控以及课程与教学资源管理的任务。各地的课程改革领导小组切实有效地开展工作,保证资源开发和利用所需的人员、资金、设备等方面的到位和正常运转,这无疑是课程与教学资源管理的一个切入口。

接之即课程与教学资源的审议、筛选和优化整合方面的工作。按照新课程改革背景下的课程理念,学科知识、学生活动与经验等都有可能成为课程与教学的资源;由此,与教育相关的种种社会资源、自然资源和教育资源等共同构成了内容广泛的课程与教学资源。对这些内容广泛、繁杂的资源进行普查、审议、筛选和优化整合的工作也就变得十分必要了。依据能否实现国家与个人的教育理想、推动社会的进步与发展、达到学校的办学宗旨等课程理念,对资源进行审议和筛选、

---

① 何文辉:《地方教育行政部门在课程资源管理中的职责、策略与途径探讨》,载《吉林省教育学院学报》2009年第1期。

识别和判断、归类建档和优化整合等工作,掌握课程与教学资源的分布、存量、品质以及分类状况,以决定哪些资源可以进入课程与教学领域,进入课程与教学领域的资源的优质程度和使用范围,以便我们有的放矢地使用之。

(三) 学校管理

在传统的课程体制下,学校在课程与教学资源的管理方面没有任何职责,只是忠实地执行国家课程计划。新课改改变了学校在传统课程管理模式中的隐形人身份,学校获得了管理课程与教学资源的权力,学校管理的这部分资源主要用于开发校本课程。教师、学生、家长等是校本课程的共同建设者和开发者,而管理校本课程资源的主体则是学校或代表学校的校长。

校本课程方案主要包括学校层面的课程方案和教师层面的课程纲要。前者即学校校本课程的总体规划,包括校本课程的总目标、课程结构与门类、实施与评价方案和保障措施等;后者指的是教师小组或个体合作开设的某门课的具体方案,包括课程目标、学习内容与活动安排、评价建议和保障措施等。因此,校本课程资源的管理工作也可以相应地分为如下两点:一是对学校层面上所制定的课程方案的管理,具体的管理主体是由行政专业人员、课程专家、有经验的校长、教师、教科研人员等群体组成的审议小组,该审议小组来自上级教育行政部门;二是对教师层面上所制定的课程纲要的管理,管理主体是由学校行政人员、教师与学生代表、家长和社区代表、专家代表等人员组成的学校课程委员会。

学校在其校本课程规划方案实施前的三个月,必须将之递交给上级教育行政部门的课程小组接受其审议,教育行政部门必须在收到申请后的一个月内反馈审议结果,没有经过审议的校本课程规划方案,原则上不应在学校中实施。学校课程委员会在审议教师的课程纲要时必须遵循如下一些原则:教师的课程纲要是否符合学校的总体教育目标、是否与学校的总体校本课程规划相一致,目标的陈述、内容的选择与组织、关于实施与评价的建议等要素是否规范与可行、所需要的条件与资源是否具备等。[1]

审议阶段完成后,接之便是评价、试行和推广课程规划方案或课程纲要的工作了。

值得强调的是,学校是管理校本课程资源的主体,地方教育行政部门虽然不能决定和干预校本课程资源管理的具体事务(如学校必须开设什么样的课程作为校本课程等),但却要从整体上审议校本课程方案,并监控其实施过程,提供指导和服务,保证其符合国家的课程政策要求。[2] 所以,我们将地方教育行政部门管理和审议学校层面上所制定的课程规划方案放在了此处。

关键术语

课程意识;课程实施;课程与教学资源;资源管理;校本课程

讨论与探究

1. 你认为应如何培养小学教师的课程意识?
2. 小学课程与教学实施的环节有哪些?如何准备各个教学环节?
3. 课程与教学资源分类的维度给你的启示是什么?
4. 如何分别从教师和学生的角度进行课程与教学资源开发?

---

[1] 崔允漷主编:《中国校本课程开发案例丛书》,华东师范大学出版社2007年版,第4页。
[2] 吴刚平、李群:《高中新课程方案中校本课程的开设问题探讨》,载《当代教育科学》2004年第14期。

5. 举例说明地方课程与教学资源管理的现状、经验和问题。

案例分析

请从课程资源开发者的角度分析本章案例 6-7:"数学课堂中的课程资源"。

进一步阅读的文献

1. 崔允漷主编:《中国校本课程开发案例丛书》,华东师范大学出版社,2007年。
2. 李子建、张善培主编:《优化课堂教学》,人民教育出版社,2009年。
3. 刘旭东、张宁娟等著:《校本课程与课程资源开发》,中国人事出版社,2002年。
4. 吕达主编:《课程概论》,人民教育出版社,2004年。
5. 钟启泉、汪霞等编著:《课程与教学论》,华东师范大学出版,2008年。

推荐访问网址

1. 课程实施(Implementation Stories of Mathematics Curricula)

http://www.comap.com/elementary/projects/arc/index.htm

2. 行动研究资源

http://www.scu.edu.au/schools/gcm/ar/arhome.html

3. 中国综合实践活动网

http://www.chinazhsj.com

4. 中小学教育资源网

http://www.edudown.net/Index.html

5. 中国课堂教学网

http://ktjx.cersp.cn

注:文中所用图片均来自"百度网"。

第7章 小学课程与教学的评价和实施

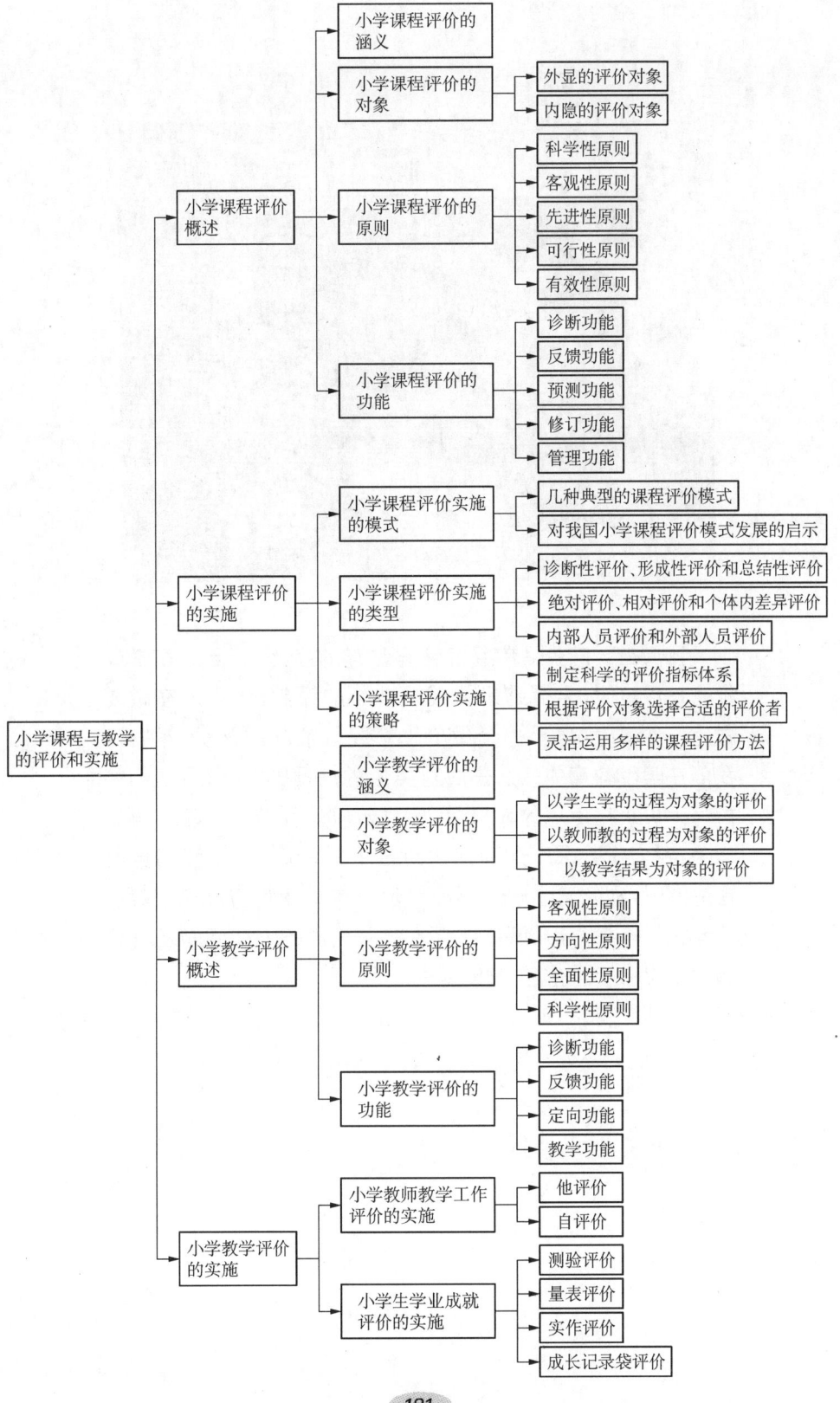

　　我们在日常生活中经常会有这样的经历：当自己在做或做完一件事时，会得到别人或好或坏的评价；当别人在做或做完一件事时，自己也会做出一个或好或坏的评价。那么，我们在学校教育中怎么去面对类似的情况呢？比如，我们将如何评价正在使用的教材，我们将如何评价端坐在课堂里的学生，我们在听课时如何评价讲台上的授课老师，我们自己在讲课时，别人又会作何评价等等。在本章我们将一起对这些问题进行探讨，并请您结合本章所提供的一些问题及其案例做出自己个性化的分析。

小学课程与教学的评价和实施是小学课程与教学论的重要内容之一。本章主要从小学课程评价和小学教学评价两个方面来进行阐述。我们知道,要理解一个事物之前首先要认识它,所以,在小学课程评价和小学教学评价两部分,我们都先就它们的涵义、对象、原则和功能进行介绍,然后再从方法和策略等方面进行深入探讨。希望通过本章的学习,您能够从整体上把握小学课程与教学评价方面的相关理论问题,并掌握一定的实施方法与技巧,在理论知识与实践知识两个层面都能得到提高。

第1节 小学课程评价概述

何为小学课程评价,小学课程评价的对象有哪些,在评价的过程中应该遵循什么原则,小学课程评价到底有哪些功能? 我想,大家初次接触小学课程评价时会最先想到这些问题。本节我们主要对这些问题一起进行探讨。

一、小学课程评价的涵义

评价是一个在社会生活中应用很广的概念,泛指人们依据自己的需要和见解,对作为客体的人或事所客观具有的,或正面或反面的价值属性的判断和衡量。[①] 简单地说,评价就是根据一定的价值观对事物及其属性所做出的价值判断,它包括评价标准、评价主体、评价方法、评价客体和评价结果等几个要素。

课程评价作为一个重要的评价领域,由于各种原因在我国长期没有得到应有的重视,一直到20世纪80年代以后才逐渐开始对之进行系统研究。近二十年来,尤其是在1999年《中共中央国务院关于深化教育改革全面推进素质教育的决定》颁布以后,随着国外课程理论的不断引进和国内课程专家对课程评价问题的持续关注,有关课程评价的研究成果日益丰硕,课程评价研究在研究的广度和深度上都取得了快速的发展。有学者总结我国课程评价研究的发展状况时指出,我们的研究明显具有"后发外启型"发展模式的特点:课程评价研究一兴起,学者们就将目光投向国外日臻成熟的课程评价理论并不断总结国外课程评价的成功经验、吸取其失败教训,在很短的时间里引进、介绍了大量的国外研究成果,积累了比较丰富的借鉴资料,为课程评价研究奠定了良好的基础。[②]

目前,虽然有关课程评价的研究有了长足的发展,但是对于课程评价的涵义,学界尚未达成共识。这一方面是由于课程评价本身的复杂性所致,另一方面是由于对课程评价的上位概念——课程的涵义存在理解多样化的缘故。就国内来说,在各种相关著述中常见的定义有:(1)课程评价是根据一定的课程价值观或课程目标,运用一定的科学手段,通过系统地收集信息、资料,分析、整理,对课程方案、课程实施过程和结果等的价值或特点做出判断,从而为课程决策提供可靠信息的过程。[③] (2)课程评价作为教育评价的重要组成部分,是通过系统调查、收集数据资料,对学校课程满足社会和个人需要的程度做出判断的活动,以此来决定是否接受、改进或排除某课程或特定教科书的过程。[④] (3)所谓课程评价,就是以一定的方法、途径对课程的计划、活动以及结果等有关问题

[①] 胡德海著:《教育学原理》,甘肃教育出版社1998年版,第610页。
[②] 李定仁、徐继存主编:《课程论研究二十年》,人民教育出版社2004年版,第153页。
[③] 钟启泉、汪霞等编著:《课程与教学论》,华东师范大学出版社2008年版,第251页。
[④] 廖哲勋、田慧生主编:《课程新论》,教育科学出版社2003年版,第402页。

的价值或特点做出判断的过程。①

小学课程评价作为课程评价的重要组成部分,其内涵既能体现出课程评价的一般特征,又具有自身的特殊性,是在遵循小学生身心发展规律的基础上,通过合理的方法、途径,结合所涉及的相关因素,对小学课程设计、小学课程内容、小学课程实施过程及结果等方面进行价值判断的过程。

二、小学课程评价的对象

根据对小学课程评价涵义的理解,小学课程评价的对象可以分为小学课程设计、小学课程内容、小学课程实施过程及结果等几个方面。小学课程设计包括总体设计和具体设计,前者是对一定学校整个课程的类型、标准、宏观与中观结构及主要模式做出的总体决策;后者是对一定学校各类基本教材的内容、结构、体系、深度、难度做出的具体决策和具体编制。② 对小学课程内容的认识应突破传统的课程观念,小学课程内容并不等同于教材内容,教材中所包含的知识只是小学课程内容的一部分,除此之外小学课程内容还包括在各种学习活动、师生经验等方面蕴含的具有教育意义的知识。小学课程实施过程及结果是指小学课程知识的教育意义在具体的教学实践中对小学生的德、智、体、美等方面发生影响的过程及其所产生的教育结果。

为了从整体上对小学课程评价的对象进行把握,拟从以下两个方面对其进行进一步的分析。

(一)外显的评价对象

外显的评价对象就是能够通过感官观察到的对象,它包括小学课程设计方案、小学教材、教学媒体、课程评价结果总结等方面。小学课程设计方案包括课程编制方案和课程实施方案,对小学课程设计方案的评价重点在于考察它的设计理念是否与课程标准相契合,是否具备较好的可行性和有效性;小学教材与教学媒体以及其他教学设施都是课程内容的物质载体,其自身也具有工具的性质,对于教材的评价主要侧重于考察内容的正确性、表述的合理性及其编排的科学性,对于教学媒体等教学设备的评价则侧重于考察应用的合理性、科学性和有效性;对于课程评价结果总结的评价主要侧重于考察是否能够准确地表达课程评价的结果。

(二)内隐的评价对象

内隐的评价对象是指通过内心的体悟而生发出或者感知到的对象,它包括师生的知识经验、课程实施过程、评价者自身的观念等方面。师生的知识经验是在长期的成长过程中形成的一种生命体验,如果师生能够自觉地对其进行开发和利用,它将会作为一种课程资源进入到教学情境中去,对于它的评价主要侧重于考察是否能够对课程实施起到有效的引导、辅助和巩固的作用,同时还要考察它的正确性;对于课程实施过程的评价主要侧重于考察在这一过程中是否能够充分调动各方面的积极性并使课程知识充分发挥应有的教育意义;对于评价者自身的评价就是通常所说的自评价,主要侧重于考察观念的先进性、科学性、客观性。

当然,外显的评价对象和内隐的评价对象并不是孤立存在的,两者之间存在着密切的联系。在具体的教学情境中,两者是融合在一起的,需要综合起来进行认识。

三、小学课程评价的原则

明确小学课程评价的原则对小学课程评价的有效开展具有十分重要的意义,一般来说,小学课程评价应遵循科学性、客观性、先进性、可行性、有效性等原则。

---

① 李雁冰著:《课程评价论》,上海教育出版社 2002 年版,第 2 页。
② 廖哲勋、田慧生主编:《课程新论》,教育科学出版社 2003 年版,第 262 页。

(一) 科学性原则

科学性原则是指小学课程评价的目标体系、方法选择、结果表达等各个环节都要符合科学的要求,尤其是要遵循小学生特有的身心发展规律和小学教育阶段特殊的教育发展规律。

(二) 客观性原则

客观性原则是指小学课程评价的过程和结果都要符合客观存在的事实,避免掺杂个人或群体的价值标准、兴趣爱好、情感倾向、情绪好坏等主观色彩,坚持实事求是,确保评价的信度。

(三) 先进性原则

先进性原则是指小学课程评价的理念、方法、标准等方面要体现出时代性、发展性,能够顺应世界课程评价发展的趋势。我国的课程评价研究从一开始就深深地受到了西方课程理论的影响,很多评价理念、方法、模式等都借鉴自西方。在这种发展背景下,保持我国课程评价的先进性就显得尤为重要。这种先进性不仅仅是借鉴西方先进的评价理论,更重要的是立足本土开发出符合我国教育实情的科学的评价理论。

(四) 可行性原则

可行性原则是指小学课程评价的标准、方法、设计方案等方面符合我国现在的教育发展水平,包括设备配置、教师素质、学生学业水平等,在实施中能够做到简便易行,具有较好的可操作性,同时能够获得教育管理者、教师、学生、家长的认可。

(五) 有效性原则

有效性原则是指小学课程评价要对现行的课程政策、课程设计、课程内容等方面形成全面客观的认识,为以后课程政策、课程设计、课程实施等方面进一步的发展提供可靠的信息,有效地推动课程各要素发挥更大的教育价值。

四、小学课程评价的功能

小学课程评价具有多样化的功能,分析起来主要有诊断、反馈、预测、修订、管理五方面功能。

(一) 诊断功能

小学课程评价的诊断功能是指根据一定的评价标准对现行的小学课程方案、课程内容等方面的合理性、科学性及其有效性进行诊断的功能。比如有的语文教师在使用小学语文教材过程中,发现二年级下册《爱迪生救妈妈》(人民教育出版社 2007 年版)这篇课文所讲述的故事没有事实依据,[①]指出作为孩子启蒙读本的语文教科书在选文时应该做好审查工作,这便是小学课程评价所发挥的诊断功能。

(二) 反馈功能

小学课程评价的反馈功能是指在课程理解和执行过程中所产生的一些疑问、建议等信息通过课程评价得以反映出来的功能。反馈的渠道有多种,可以在有组织的调研中进行反馈,也可以借助于网络媒体。比如一位名叫"磁场工作室"的网友就专门在数家网站申请了"小学语文教材指瑕博客",用来反映小学语文教材中出现的各种问题。

(三) 预测功能

小学课程评价的预测功能是指通过收集分析现行课程方案、课程内容等在实施过程中所产生

---

① 详细解释参见小学语文教材指瑕博客,http://blog.tianya.cn/blogger/view-blog.asp?BlogName=lslcx

出来的问题来对以后课程方案的设计、课程内容的编制等方面进行预测的功能。比如,当一套完整的小学教材投放到教学实践中去之后,编写者会时时关注它的运用情况,并就反映出来的问题进行不断总结,在此基础上对以后的修订工作进行设想,同时开始有针对性地进行资料的收集工作。

(四)修订功能

小学课程评价的修订功能是指通过课程评价发现原有课程方案、课程内容等方面的不足并加以修订的功能。小学课程所处的社会和所面对的对象都是不断发展的,这就要求小学课程也必须随之发展。小学课程的制定者根据发现的新问题和出现的新情况对原有课程方案、课程内容等方面进行不断修订是确保小学课程与时俱进的必要举措,所以,修订功能也就成为小学课程评价所具备的重要功能之一。

(五)管理功能

小学课程评价的管理功能是指通过课程评价能够对课程的管理者、实施者甚至实施对象起到一种监督、激励、奖惩作用的功能。在小学课程评价的过程中,评价者通过奖励和惩罚等手段可以对与小学课程的制定和实施有关的人员、物体进行管理,根据实际情况不断协调他们之间的关系,确保小学课程得到有效实施。

小学课程评价的诊断功能、反馈功能、预测功能、修订功能和管理功能并不是彼此孤立的,而是互相联系的。前四个功能存在一种递进的关系,最后的管理功能贯穿其中,起着协调组织的作用,目的都是为了实现小学课程的不断发展和完善。

第2节 小学课程评价的实施

第一节主要对小学课程评价的基本情况进行了概述,在此基础上我们需要进一步思考以下问题:如何认识小学课程评价实施的模式,小学课程评价实施的类型有哪些,如何实施小学课程评价,本节主要就这些问题和大家一起进行探讨。

一、小学课程评价实施的模式

课程评价模式是评价人员或研究者依据某种教育理念、课程思想或特定的评价目的,选取一种或几种评价途径所建立起来的相对完整的评价体系,它对评价的实施做了基本的说明。[①] 由于我国在课程评价研究方面起步较晚,目前主要是对西方流行的几种课程评价模式进行介绍,"他山之石,可以攻玉",从中我们会得到一些启示。

(一)几种典型的课程评价模式

1. 目标评价模式

美国著名的课程论专家泰勒及其同事在1933年至1941年间开展了一场对后世影响深远的"八年研究"。在这一规模宏大、影响深远的实验研究中,泰勒与其同事一起,根据实验进展的需要,把评价融入到整个课程与教学设计中,使评价成为课程与教学设计的一个有机环节。[②] 目标评价模式就是在这一研究过程中提出来的。

目标(objective)评价模式是在泰勒的"评价原理"和"课程原理"基础上形成的。"评价原理"可

[①] 张华著:《课程与教学论》,上海教育出版社2000年版,第403页。
[②] 李雁冰著:《课程评价论》,上海教育出版社2002年版,第72页。

概括为七个步骤或阶段:(1)确定教育计划的目标;(2)根据行为和内容来界说每一个目标;(3)确定使用目标的情境;(4)设计呈现情境的方式;(5)设计获取记录的方式;(6)确定评价时使用的计分单位;(7)设计获取代表性样本的手段。我们可以把泰勒的"课程原理"概括为四个步骤或阶段:(1)确定课程目标;(2)根据目标选择课程内容;(3)根据目标组织课程内容;(4)根据目标评价课程。其中,确定目标是最为关键的一步,因为其他所有步骤都是围绕目标而展开的,这也就是人们把它称为目标模式的原因。①

从总体上来说,目标模式的操作性和针对性都比较强,容易被人们理解和接受,并在很长的时期内对世界范围内的课程评价产生过很大的影响。

2. 目标游离评价模式

目标游离评价模式(goal-free evaluation model)是专门针对目标评价模式的弊端而提出来的,提出者斯克里文(M. Scriven)认为,课程评价者应该注意的是课程计划的实际效应而不是课程计划的预期效应,而泰勒所倡导的目标评价模式只考虑课程计划的预期效应,忽视其他非预期效应,可能会使评价失去很多重要的而且很有价值的评价结果。

在目标游离评价模式中,斯克里文提出了建立"重要评价检查表",它包括描述、委托人、背景及脉络、资源、功能、传递系统、消费者、需要和价值、标准、过程、成果、通则性、成本、比较、重要性、建议、报告、后设评价等18个因素,并建议评价者在若干个周期内使用这个检查表。斯克里文还指出,虽然预期的课程目标在编制课程时可能是有用的,但是评价者不应过多受其影响,而应该将主要精力放在收集有关课程计划实际结果的各种信息上,不要太在意哪些结果符合预期目标、哪些结果不符合预期目标,只有这样才能够对课程做出准确的评价。

目标游离评价模式指出了目标评价模式的不足,突出了非预期的结果在评价中的重要性,对人们加深课程评价的认识起到了启示作用。但是,我们也要看到,目的完全游离于既定目标之外的评价是不存在的。从严格意义上讲,目标游离评价模式不是一个完善的评价模式,没有一套完整的评价程序,其主要价值在于对目标评价模式的补充和发展。

3. CIPP 模式

CIPP 是由背景评价(context evaluation)、输入评价(input evaluation)、过程评价(process evaluation)和成果评价(product evaluation)的英文名称的首字母所组成的。这一评价模式产生于20世纪60年代末,代表人物为美国著名的教育评价专家斯塔弗尔比姆(D. L. Stufflebeam)。斯塔弗尔比姆等学者认为,课程评价不仅要对课程目标的实现状况做出判断,还要为课程的改革服务。

斯塔弗尔比姆对背景评价、输入评价、过程评价和成果评价的解释为:②

(1) 背景评价。背景评价的最初意向是要确定某一客体(如机构、方案、有关人员或个人)的长处与短处,从而为改进工作提供指导。这种研究的主要目标是评定客体的整个状况,认清它的缺陷,详细记录手头已有的、可用来弥补这些缺陷的有效方法,以及诊断那些解决后能有效改进客体状态的问题。背景评价的方法可以包括对所感兴趣的客体的各种测量和各种类型的分析,比如系统分析、调查、文献评论、倾听意见、会谈等方法。

(2) 输入评价。输入评价的主要意向是要有助于制定方案的行动方针,以产生所需的变革。输入评价的总体意向,是帮助委托人根据自己的需要和周围环境来考虑各种备选方案并制定相应

---

① 施良方著:《课程理论——课程的基础、原理与问题》,教育科学出版社1996年版,第155页。
② [美]斯塔弗尔比姆著,陈玉琨译:《方案评价的CIPP模式》,载瞿葆奎主编:《教育学论文集·教育评价》,人民教育出版社1989年版,第312—322页。

的工作计划。其另一重要作用是要帮助委托人避免去做那些预期会失败或至少是浪费资源的改革活动。输入评价主要用于调查与分析可用的人力、物力资源,解决问题的策略,及相应的程序设计的可行性和经济性,可使用文献调研、访问典型方案、支持者小组、试点试验等方法。

(3) 过程评价。从根本上说,过程评价是对计划实施情况不断加以检查。过程评价有四个目标,其一是给管理者和工作人员提供反馈信息:实施方案的活动是否按时间表来进行、是否按预定计划来实施、是否以一种有效的方式利用现有的资源等等;其二是要为根据需要修改和解释计划提供指导;其三是周期性地评定方案参与者接受方案的程度以及能够发挥他们自己作用的程度;最后,过程评价还应提供一个方案实施的全面的记录,以表明方案实际执行的情况,它与预定的过程相比情况怎样,方案实施过程中各种花费的全部成本以及观察者和参与者对活动质量的全面判断。过程评价的方法为通过描述真实过程,持续地与工作人员相互了解,观察其活动,控制活动的潜在障碍,保持对意外障碍的警惕,获得已确定的决策的特殊信息。

(4) 成果评价。成果评价的目的是要测量、解释和判断方案的成就。成果评价的主要目标是要确证方案满足其为之服务的团体的需要程度。成果评价的基本用途,是要决定某一特定方案是否值得继续、重复和(或)扩展到其他情境。成果评价所采用的方法主要是操作性地确定和测量结果的标准,收集投资者对结果的判断,进行定量和定性分析。

需要注意的是,斯塔弗尔比姆虽然是分开对背景评价、输入评价、过程评价和成果评价进行分析的,但是这四种评价并不是孤立存在的,正如斯塔弗尔比姆在《方案评价的 CIPP 模式》(*The CIPP Model for Program Evaluation*)一文中最后所说明的那样,"它们是相互配合,共同发挥作用的"。

4. 应答评价模式

应答评价模式(responsive evaluation model)是由美国著名评价专家斯塔克(R. E. Stake)于1973年在瑞典哥德堡市召开的评价发展新趋势研讨会上提出来的,他认为要真正使课程评价产生效用,应该特别注意向那些听取评价结果的人提供他们所关心的信息。在《方案评价的特殊方法——应答评价》(*Program Evaluation, Particularly Responsive Evaluation*)中,斯塔克指出应答评价与其他评价的不同之处:现有的评价方法多带有预定(preordinate)性质,即强调目的的表述和客观的测验,由方案执行人员掌握的标准,以及研究性的报告的应用。而应答评价则较少依赖这些正规的信息交流方式,更多地依赖自然接触。[1]

应答评价具有以下特点:强调教育问题(issues)而非预定的目标或假设;对与课程有关人员的参与和投入状况作直接或间接的观察;考虑各方面人士的价值标准;不断地关注渴望听取课程评价结果的人士的信息需求。[2] 应答评价对评价者提出了很高的要求,首先他要制定一个观察与商谈的计划,安排各种人士观察方案的行动,在他们的帮助下,评价者写出扼要的报告,画出图表或准备一些可供演示的材料,等等。然后,找出对评价听取人可能有价值的东西,收集持有不同观点的人对方案优缺点的印象。最后,是否需要写出一个书面报告将由评价者与评价委托人达成的协议来决定。[3]

总之,应答评价模式比较关注人在评价过程中的作用,重视实际的活动过程,体现了多元的价值取向,是一个比较成熟的评价模式。

---

[1] [美]斯塔克著,龚伟民译:《方案评价的特殊方法——应答评价》,载瞿葆奎主编:《教育学论文集·教育评价》,人民教育出版社1989年版,第325页。

[2] 李定仁、徐继存主编:《课程论研究二十年》,人民教育出版社2004年版,第173页。

[3] [美]斯塔克著,龚伟民译:《方案评价的特殊方法——应答评价》,载瞿葆奎主编:《教育学论文集·教育评价》,人民教育出版社1989年版,第326页。

除了以上提及的四个课程评价模式之外,西方还有其他比较典型的课程评价模式,比如由欧文斯(Owens)和沃尔夫(Wolf)提出的对手评价模式(adversary evaluation model)、艾斯纳(W. Eisner)的教育鉴赏与教育批评模式(connoisseurship model)等,对于这些评价模式,这里不再做详细介绍。

(二) 对我国小学课程评价模式发展的启示

西方的课程评价模式虽然经过长时间的发展已经较为成熟,但是我们也要以批判的眼光进行审视,既要看到它们的可取之处,也要看到它们的不足之处,然后根据我国的教育实际,探索本土化的小学课程评价模式。我们认为,在探索如何发展我国小学课程评价模式的过程中要做好两方面的工作。

一方面,我们要认清我国小学课程评价中所存在的问题。我国有很好的儿童教育传统,古人认为,四五岁、五六岁的儿童,"未脱孩心,眷眷堂前,依依膝下,乃其本性天真",提倡对儿童的识字学习采取劝诱的方式,并要求教学方法要生动活泼。但是,由于我国传统的儿童教育大多以私塾的形式进行,没有统一的管理,当然也难以形成系统的评价理论。另外,我国系统的儿童心理研究起步较晚,多为借鉴西方的心理学理论,在评价中缺乏应用教育心理学知识认识课程问题的氛围,而西方很多评价理论都是在成熟的教育心理学理论的基础上形成的。还有,长期以来我国重视教学研究,忽视课程研究,教育管理者和教师需要培养课程意识,教育实践者参与评价过程的自觉意识薄弱,评价过程往往变成少数权威人士的活动。

另一方面,在存在问题的基础上,我们要借鉴国外的经验,有针对性地进行课程评价改革。从国外有代表性的几个课程评价模式可以看出,在评价的价值取向、评价的方式方法、评价的参与者等方面都和我国传统的评价理念有很大的不同,这些对我国小学课程评价模式的形成具有很好的启示作用。首先,我们要在课程评价的取向上进行改变,摒弃过于注重成绩的片面的评价观念,尽可能全面真实地反映课程的全貌。课程研究是一个十分复杂的研究领域,在课程编制与实施过程中涉及的因素繁多,这也要求我们要注意从多个方面、多种角度,用不同的方法来评价具体的课程设计与实施过程。其次,要鼓励更多的人尤其是小学教师参与到课程评价中来,倾听他们的意见,充分地发挥课程评价所具有的诊断、反馈、预测、修订和管理的功能。最后,在课程评价的手段上,要注重多样化和灵活性。注意选用不同的评价手段来对课程的不同层次和不同侧面进行评价,改变以往过于注重总结性评价的方法,要做到总结性评价和形成性评价相结合。

课程评价模式的形成是一个系统的工程,需要诸多方面的参与,同时,它也需要一个验证的过程。现在,我国的基础教育课程改革正在走向深入发展阶段,在这一过程中,小学课程评价一定会得到很大的发展,从而产生一些成熟的小学课程评价模式。

二、小学课程评价实施的类型

小学课程评价的类型有很多,常见的有量化评价、质性评价、诊断性评价、过程性评价、总结性评价、发展性评价、绝对评价、相对评价、个体内差异评价等等。为了方便理解,下面分类进行分析。

(一) 诊断性评价、形成性评价和总结性评价

诊断性评价又称准备性评价,是指为了使课程更有效地适合学习者的需要,在活动之前所进

行的测定性、预测性的评价,目的是为了了解评价对象的基础和情况,提高针对性,便于因材施教。比如,在一门小学课程开始之前,教师可以通过查阅以前的相关成绩记录、进行摸底测验等方式对学生某一方面的知识结构、接受能力等进行前期了解,以便增强课程实施的针对性。

形成性评价又称过程评价,是指在课程计划方案实施过程中进行的评价,目的是在评价过程中收集相关信息,用于对课程的改进、修订和发展。比如,在某项小学课程计划方案实施过程中,教师可以通过行为观察、座谈交流、档案资料分析等方式及时捕捉评价信息,适时调整课程计划方案。

总结性评价又称终结性评价,是指在课程计划方案实施结束之后进行的评价,具有综合性的特点,主要目的是评定成绩、给出结论,也可以就评价本身进行有效与否的鉴定。比如,教师通过期末考试、综合素质评价等途径对小学生在课程计划方案实施过程中的知识、能力、情感态度等方面进行全面了解,从而对课程内容的编制、课程计划实施方案等各个部分做出一个综合判断。

形成性评价是目前不断得到重视的一种评价方式,《全日制义务教育语文课程标准(实验稿)》中指出,"形成性评价和终结性评价都是必要的,但应加强形成性评价。"所以有必要比较一下形成性评价和总结性评价的不同之处。形成性评价的目的主要是发现课程方案的弱点和不足并努力消除;形成性评价满足了教师、课程专业人员、学校行政管理人员以及其他负责课程编制人员的需要。而总结性评价在于判断课程是否起到了有用的作用;总结性评价满足了政策制定者、行政管理人员以及其他社会成员获得教育体系方面信息的需求。[①]

(二) 绝对评价、相对评价和个体内差异评价

绝对评价可以看作是一种水平测试,是指在评价对象群体之外确定一个客观的标准,然后运用这个标准对每一个对象进行评定的评价类型。需要注意的是,这个拟定的客观标准并不受评价对象群体状况的影响,其评价结果的好坏也与评价对象群体无关,只与评价对象本身的水平有关。比如,小学生参加的像钢琴级别考试之类的以鉴定资格和水平为宗旨的评价活动。

相对评价是指在评价对象的群体中确定一个或多个标准,然后把每个评价对象与这个标准进行比较来进行评定的评价类型。需要注意的是,在某一个对象群体内确定的标准只适用于这个对象群体内部对象之间的比较,而不适用于与其他对象群体内对象的比较。比如,为了评优评奖而在某一特定小学生群体中进行的考试测验。

个体内差异评价是指对每个评价对象的过去和现在进行比较,或者对评价对象的不同方面进行比较,从而得出评价结论的评价类型。由于这种评价类型是以被评价对象的个体状况作为参照标准的,所以它能够较好地对评价对象在不同时期的进步状况及其程度进行评定。比如,通过编制有关阅读能力、计算能力、写作能力的试题来对小学生个体在这三方面能力的发展情况进行评价。

这三种评价类型各有优势:绝对评价可以帮助被评价者明确自身与客观标准之间的差距,为下一步的学习确定努力的方向;相对评价可以不受评价对象群体整体水平的限制,具有较好的适应性;个体内差异评价通过纵向或横向的比较有利于评价对象认清自身的优势和不足。同时,我们也应看到,这三种评价类型都有各自的评价标准和适用范围,在实际的评价过程中需要灵活运用。

(三) 内部人员评价和外部人员评价

内部人员评价(inside evaluation)是指评价由课程设计者或使用者自己实施,外部人员评价(outside evaluation)是指评价由课程设计者或使用者以外的其他人(包括没有参与设计的评价专

---

① 廖哲勋、田慧生主编:《课程新论》,教育科学出版社 2003 年版,第 412 页。

家）来实施。

上述两种评价各有利弊。内部人员评价的长处在于评价者了解课程设计方案的内在精神和技术处理技巧,评价的结果亦可进一步用于课程方案的修订和完善。其缺点是,评价者有可能局限于自己的设计思想,不了解其他人对课程设计的需要,致使评价缺乏应有的客观性。外部人员评价则正好相反,他们虽然对计划的内在精神不甚了解,但却有更为开阔的评价思路,可能取得具有客观性和令人信服的结论。因此,二者应相互借鉴,也就是说,一项完备的评价应同时吸收内部人员和外部人员参加。[①]

三、小学课程评价实施的策略

小学课程评价的最终目的是不断完善小学课程,最大限度地为促进每一个儿童的全面发展服务,并探索如何使课程的教育意义能够在课程实施过程中充分发挥出来的方式。为此,有必要建立保障课程评价有效实施的策略。

（一）制定科学的评价指标体系

构建教育评价指标体系的主要依据应包括:(1)教育方针、政策、法规;(2)教育理论和知识;(3)教育规律;(4)教育工作实际。前两条为主观依据,主要解决构建者的理念问题;后两条为客观依据,强调的是实证问题。[②] 所以,在制定小学课程评价指标体系时,首先,评价指标体系的设计者要了解国家教育方针、政策、法规的有关规定,国务院作出的《关于基础教育改革与发展的决定》中指出"基础教育是科教兴国的奠基工程,对提高中华民族素质,培养各级各类人才,促进社会主义现代化建设具有全局性、基础性、先导性的作用"。目前,制定评价指标体系时要从提高民族素质、增强综合国力的高度着眼,建立具有中国特色符合素质教育要求的小学课程评价体系;其次,评价指标体系的设计者要熟知教育理论和知识,并善于灵活运用;再次,评价指标体系的设计者要对教育规律有深刻的理解,能够很好地把握小学生的心理发展特点、小学阶段学习的特点以及小学教师心理与教学的特点;最后,评价指标体系的设计者应该认识到不同地区存在不同的教育实际,即便是同一地区的不同学校也存在着不同的教育实际,这就需要评价者在设计评价指标体系时要努力提高适应性。

制定科学的评价体系需要选择合理的评价指标要素,它将直接影响到能否对评价对象做出准确、科学、实事求是的价值判断。合理的小学评价指标体系具有以下几个特点:(1)针对性。小学评价指标要素的设定要首先确定指向什么,这个对象可以是有形的人、教材,也可以是无形的经验、知识,针对不同的对象选用的指标要素也相应不同,不能一劳永逸地选用一套普遍意义上的指标要素去评价各种情境中的课程设计和实施。(2)综合性。在选用小学评价指标要素时既要有适于进行量化评价的标准化程度很高的指标要素,也要有适于进行质性评价的描述性的指标要素。(3)发展性。选用的各种指标要素并不是静态不变的,而是动态发展的,可以根据小学课程设计和实施的状况不同进行适当调整,同时也可以根据情况需要去除不合理的指标要素,吸收被忽视的指标要素。

（二）根据评价对象选择合适的评价者

针对不同的评价对象应由不同的评价者来执行评价过程,如果抛开评价对象的特点,随意安排评价人员进行评价,其评价结果的可信度就会大大降低。同时,在依据评价对象选择评价者时

[①] 张华著:《课程与教学论》,上海教育出版社 2000 年版,第 398 页。
[②] 李方:《论教育评价指标体系的构建》,载《教育研究》1996 年第 9 期。

还需要考虑评价者的知识背景、专业能力、价值倾向等各方面的因素,只有选择合适的评价者对适合他们进行评价的对象所展开的评价活动,才能产生深入的、客观的评价结果。譬如,如果课程评价的目的是总结性的(如是否要删减一门课程的主要内容或者是否要对课程做大的修订),课程评价人员最好是从那些不受评价对象影响的候选人中去选择。如果课程评价的目的是形成性的(如指导课程编制、区分课程方面的弱点和学生的需要、监测课程实施的过程以便指导课程的调整工作),课程评价人员最好从那些接近评价对象并具有渊博知识的候选人中去挑选。①

(三) 灵活运用多样的课程评价方法

小学课程评价方法就是为解决小学课程评价工作中信息的收集、处理、反馈等问题时所采用的方法。

一般来说,比较常用的评价方法是为考察对课程的某一方面掌握如何而进行的测验,测验方式有笔试和口试、闭卷考试和开卷考试、论文考试和客观考试、单项考试和综合考试等,有时以问卷调查、抽样方法等进行补充。这些大多是注重数据收集的量化方法,优点是比较方便,大规模地对评价对象进行调查和预测,缺点是不好根据情况的变化做及时的调整,也忽视了参与评价的当事人的心理状态和意义建构。近年来,人们开始关注质的研究方法在课程评价中的应用,它是"通过研究者和被研究者之间的互动对事物进行深入、细致、长期的体验,然后对事物的'质'得到一个比较全面的解释性的理解","强调尽可能在自然情境下收集原始资料"。② 质的研究方法主要包括开放式访谈、观察、实物分析等。

【提示 7-1】　　　　　　　　质的研究③

质的研究是一种哲学思想的研究方法,指研究者针对自然情景发生的事件或现象进行实地研究,通过参与观察和深度访谈,以归纳叙述事件发生、发展和结果的研究方法。

质的研究也称之为实地研究(field study)或参与观察。质的研究是从实际研究中收集所需资料,对自然发生的事件进行观察,描述事件发展的历程,记录现实情境产生的结果。质的研究是基于经验和直觉之上的研究方法,以研究者本人作为研究工具,凭借研究者自身的洞察力在与研究对象的互动中理解和解释其行为和意义建构。质的研究采用归纳法分析资料,利用实地收集的资料来形成理论,并对社会现象进行整体性探究的一种研究活动。质的研究的理论基础包括建构主义、自然主义、后实证主义、现象学、解释学等。

质的研究最早起源于人类学、社会学、民俗学等学科,近些年来逐渐应用于教育领域。20世纪80年代后,有些学者认为教育活动是以人为主体,人的行为复杂多样,不确定因素很多。因此教育活动的因果关系难以确定,无法以自然科学的研究方式进行探讨,从而引发美国教育界的"质和量的论战"。1989年美国印地安大学的库巴(E. G. Guba)主持的研究范式国际研讨会使得质的研究在教育研究中占有一席地位。

质的研究是对量的研究和统计检验方法的挑战。质的研究的总体特征可以概括为:一种归纳的、描述的、自然的、现场参与的研究方法。具体有以下一些特点:质的研究以描述性资料为主,以现场的观察记录、关键人物的访谈实录、图片、实物为主要资料来源;质的研究对现

---

① 廖哲勋、田慧生主编:《课程新论》,教育科学出版社 2003 年版,第 442 页。
② 陈向明著:《质的研究方法与社会科学研究》,教育科学出版社 2000 年版,第 10 页。
③ 质的研究方法,http://cache.baidu.com/,2010-08-05。

> 场的人、事、物作整体性的研究,对研究对象作整体的认识;质的研究强调在自然情境中作临床性的探究,注重情境发展线索,从现场的关系结构中发现事件发生、发展的意义;质的研究是从研究对象的角度来研究问题,注重现场参与者的观点,从局内人的观点了解他们是如何看待世界的;质的研究具有归纳的取向,从资料搜索的过程中发展和归纳概念、理论,而不是收集资料和证据来评估验证理论假设;质的研究是人性化的,强调研究者亲自体验被研究者的内在生活和人性特质;质的研究是一个学习过程,研究者向被研究者了解他们的世界观和价值观并获得自己价值观的新知觉;质的研究关注的是过程而不只是结果。
>
> 质的研究是一个不断演化、彼此重叠、互相渗透、循环往复的过程,在操作方法上弹性较大。实施步骤一般包括:提出研究问题,确定研究对象;陈述研究目的,了解研究背景;构建概念框架,抽样;收集材料,分析材料;做出结论,建立理论;检验效度,讨论推广度和道德问题;撰写质的研究报告。

正因为课程评价的方法是多样的,我们才特别强调在对小学课程进行评价的过程中要注意灵活运用这些方法。无论使用哪种评价方法都要注意以下几个方面的问题:

1. 要把握小学生特点,以正面的积极评价为主

小学生的年龄一般为6—7岁至11—12岁,属于童年期,这一年龄阶段有着独特的心理发展特点,而这些特点是建立在生理发展的基础上的。生理,特别是脑和神经系统的均匀和平稳的发育,构成了小学生心理的协调发展;学习成为主导活动,不仅使小学生的智力从具体形象思维过渡到抽象逻辑思维,而且也使他们的社会性和个性获得迅速的发展。在小学阶段,这些心理发展,具有较大的可塑性和开放性。[①] 所以,为了保护小学生的自尊心,增强他们的自信心,促进他们的思维发展和心理健康,评价者在评价过程中要结合学生的日常表现来看待评价结果,多鼓励、表扬,少批评、惩罚,尽量用激励性的话语来进行评价。比如,当有些小学生某门课程的成绩出现下滑时,教师不宜强加批评,而应帮助寻找原因,鼓励他们重拾信心,保护他们的学习积极性。

2. 注意评价过程中评价主体的特点

在基础课程改革过程中,我们一直强调多元主体参与评价过程,打破仅仅依靠"权威人士"进行评价的旧观念,这个多元主体一般包括教师、家长、学生及其他关心教育问题的社会人士,由于不同的评价主体所具有的知识基础、学科背景、能力水平等方面存在很大的差异,在评价的过程中应允许他们选用自己能够熟练使用的评价方法,在评价结束后进行总结的时候,对运用不同评价方法所取得的评价结果进行比较分析,提高评价的客观性。

3. 重视小学课程评价的发展功能

新一轮基础教育课程改革明确提出,要建立促进学生、教师和课程不断发展的评价体系,即建立发展性课程评价体系。倡导新的评价理念,即评价是与教学过程并行的同等重要的过程;评价提供的是强有力的信息、洞察力和指导,旨在促进发展;评价应体现以人为本的思想,建构个体的发展。该理念认为评价的根本目的在于促进发展,而绝不是简单地进行优劣高下的区分。除了基本的检查和固有的选拔、筛选功能以外,更重要的是具有反馈调节的功能、展示激励的功能、反思

[①] 王耘、叶忠根、林崇德著:《小学生心理学》,浙江教育出版社1993年版,第12页。

总结的功能、记录成长的功能和积极导向的功能。①

第3节　小学教学评价概述

前面我们主要探讨了小学课程评价,下面我们转向小学教学评价。相对小学课程评价,大家对小学教学评价也许会比较熟悉,为了更加系统地认识它,我们还是有必要对它的涵义、对象、原则和功能进行一番分析。

一、小学教学评价的涵义

教学评价是以教学目标为依据,运用可操作的科学手段,通过系统地收集有关教学的信息,对教学活动的过程和结果作出价值上的判断,并为被评价者的自我完善和有关部门的科学决策提供依据的过程。②

在不同的历史时期,受当时的政治、经济、文化的影响,教学评价也呈现出不同的价值取向。现在,我们一般以传统的教学评价和现代的教学评价两种形式来进行区分。

传统的教学评价是以知识本位和能力本位为核心理念的,从知识本位来说,主要表现为在评价过程中过于关注作为客体的知识而不是教学主体本身,知识成为衡量教学的主要尺度,并且带有鲜明的主观色彩,最终导致教师和学生演变成一种对立的关系;从能力本位来说,教学评价趋向技术化、定量化、准确化,为了确保评价的客观性,最大限度地限制评价者自身主观意愿的渗入,注重教学评价对能力的鉴定和证明功能。现代的教学评价体现的是素质教育的思想,是为了促进学生的全面发展而进行的评价。具体来讲,现代教学评价站在终身教育的高度来关注学生的发展,改变了过去见物不见人的评价理念,并在媒体高度发展的影响下,将评价的对象从书本知识的教学扩展到报纸、网络等媒体知识的教学,在评价的手段上注重定量方法和定性方法的结合,从整体来说,突出了评价主体的多元化、评价手段的综合化和评价理念的人文性。

在理解教学评价的内涵时,我们还要分清教育测量和教学评价的区别。教育测量理论追求的是"客观"、"准确",它为此必须走定量化的道路。但从其旨趣上看,它重在揭示"是什么",极少论及"为什么"及"怎么办"。教学评价则不然。它是在"是什么"的基础上要说明"为什么",指出"怎么办"。其中不能不涉及价值判断问题。③

二、小学教学评价的对象

小学教学评价的对象可以从多个角度来进行表述,在这里,我们主要从学生学的过程、教师教的过程和教学效果三个方面来进行分析。

(一) 以学生学的过程为对象的评价

传统的教学评价过于关注教学的结果,而对学生学的过程重视不够。其实,对于教学结果的评价离不开学生学的过程,因为,学的过程蕴含着十分丰富的可以影响到教学结果的信息,包括学生的学习态度、学习行为、学习方法等。现代的教学评价已经认识到这方面的问题,强调从多方面

---

① 参考钟启泉、崔允漷、张华主编:《〈基础教育课程改革纲要(试行)〉解读》,华东师范大学出版社2001年版,第301—305页。
② 施良方、崔允漷主编:《教学理论:课堂教学的原理、策略与研究》,华东师范大学出版社1999年版,第330页。
③ 李定仁、徐继存主编:《教学论研究二十年》,人民教育出版社2001年版,第374页。

对学生学的过程进行充分的关注。以小学语文学科为例,对学生识字与写字能力的评价,既要从音、形、义的结合上,评价学生的识字能力,也要重视学生识字和写字的兴趣及习惯。评价学生的阅读能力,既要综合考查学生阅读过程中的感受、体验、理解和价值取向,也要考查其阅读兴趣、方法、习惯,以及阅读材料的选择、阅读量和阅读速度。评价学生的口语交际能力,要在具体的交际环境中进行,并给予学生有实际意义的交际任务,考查其参与意识及情感态度。评价学生的写作能力,既要关注学生的写作过程与方法、情感与态度,也要重视对学生写作材料准备过程、占有材料的方法的评价。①

(二) 以教师教的过程为对象的评价

现代教学评价在关注学生学的过程的同时,也十分重视教师教的过程,主要涉及到教师的知识结构、教学态度、教学能力等方面。

教师的知识包括本体性知识(即学科知识)、条件性知识(即心理与教育方面的知识)和实践性知识(即教学经验)。本体性知识与条件性知识是课堂教学能力发展的前提和基础,是教学专业发展的必要条件;实践性知识是教师在教学实践中不断积累的关于课堂教学内容与教学活动组织与管理等方面的教学经验。其中,有意识积累的经验知识称为外显知识;没有经过明确、有目的的学习、无意识积累的教学经验,称为内隐知识(tacit knowledge)。教师的内隐知识对课堂教学活动的影响尤为重要,②所以,在评价过程中我们要从多个角度来关注教师的知识结构在教学过程中所产生的影响。

教师的教学态度和他从事教学工作的动机有很大的关系。一般来说,影响教师教学动机有内部和外部两方面的因素,内部因素主要是出于对学生的热爱、对教师职业的热爱而生发出的一种内在情感;外部动机主要包括教师的工资待遇、社会地位、工作环境等方面,这两方面的动机是相互融合在一起的。在小学阶段,由于小学生具有活泼好动的天性,在学习上的自觉性不高,管理起来较为费神,如果教师的教学态度过于依赖外部的动机,将会严重影响到教学的质量。

【提示 7-2】　　　　　　　内 隐 知 识③

内隐知识为个人主观的经验性、模拟性、具各别情境特殊性的知识,通常无法直接辨认,保存于人身上、制程、关系等型式中,所以难以透过文字、程序或图形等形式向外传递,此类知识之传递较为费时。

内隐知识的一种表现是实践智力。实践智力主要是反应在日常生活中。成功的实践性智力可以产生解决实际生活中问题的好办法,这是隐性知识。尽管目前对于隐性知识还没有一个明确的定义,但已有一些共识。比如隐性知识是存在于个人头脑中的、在特定情景下的、难以明确表述的知识,它的获得一般很少通过他人的帮助或者环境的支持来习得,必须通过个人亲自去体验、实践和领悟来获得。隐性知识与个人经验有很大的关系,而且它对一个人价值目标的实现起着至关重要的作用,因此具有实际的价值。具有实践性智力的个体,其标志就是容易获得并且使用隐性知识。所以在知识经济时代,不仅仅应该传授显性知识,更应该注重挖掘学生的隐性知识,帮助他们获得并且运用隐性知识,从而实现知识的创新。

---

① 董蓓菲主编:《小学语文课程与教学论》,浙江教育出版社 2003 年版,第 188 页。
② 张学民、申继亮、林崇德:《小学教师课堂教学能力的构成研究》,载《心理发展与教育》2003 年第 3 期。
③ 内隐知识,http://baike.baidu.com/view/1347033.htm?fr=ala0-1,2010-7-25。

教师的教学能力除了包括朗读、板书、口头和书面表达等基本能力之外,还包括组织和使用教学的能力、选择教学方法的能力、熟练操作现代教学媒体的能力等。小学教师还应具备一定的文艺表演能力、并对语言表达能力要求较高,因为"小学教师特别需要用目光、笑容、肌肤及各种体态语言向儿童传递爱的信息,使小学生建立对学校及老师的依恋、信任的关系"[①]。没有这种依恋和信任的关系,小学生和学校、小学生和教师将会处于一种对立的关系,影响到愉快的学习氛围的创设,进而影响到课堂教学的效果。

(三) 以教学效果为对象的评价

教学的效果是否达到了预期的教学目标,学生在教学过程结束之后是否掌握了应该掌握的知识,教师在教学过程结束之后是否完成了教学计划并从中得到了有助于自我专业成长的信息,这是教学评价一直以来十分重视的评价对象。教学效果的评价通常是根据课程标准或者教学大纲所规定的学习目标和学习内容来进行,经常采用的评价方式为各种测量工具,比如掌握性测验、标准参照性测验、成就测验等。

在小学阶段,随着年龄的增长,小学生的自我意识不断增强,而自我评价能力是自我意识发展的主要成分和主要标志。自我评价是否恰当,可能激发或压抑人的积极性,如不符合的、过低的自我评价会降低人的社会要求水平,产生对自己的潜力的怀疑态度,引起严重的情感损伤和内心冲突;而过高的自我评价又必然与别人对自己的评价发生矛盾,遭到同伴的反对,引起与同伴交往的冲突,也会导致严重的情感损伤或不良行为。[②]对教学效果的评价是小学生对自我进行评价的主要依据,所以,为了引导小学生对自我树立正确的评价态度,在对小学教学效果进行评价时要尽量使用定性评价的方式,使用鼓励性的话语。

三、小学教学评价的原则

为了确保小学教学评价的效果,提高小学教学评价的质量,在小学教学评价的过程中应该遵循客观性原则、方向性原则、全面性原则和科学性原则。

(一) 客观性原则

小学教学评价的客观性原则要求我们在进行评价的时候,评价主体应采取一种实事求是的态度,不能用属于自己主观臆断或掺杂着个人主观色彩的信息来影响评价的进程。要保证教学评价的客观性,当然不能单纯靠评价者的自觉意识,还需要从以下几个方面入手来达到对教学评价行为进行规范和监督的目的。

第一,评价前,一方面要对评价者进行严格的培训,培训的内容不能仅仅限于评价者对评价工具的掌握和评价方法的运用,还要关注评价者自我素养的提高,使其树立公正评价的观念,形成公平化的态度;另一方面在设计评价目标的时候要认真论证,确保目标的科学性、合理性,并保证目标具有一定的灵活性。

第二,评价过程中,要鼓励不同知识背景、不同社会角色的人员参与到评价中来,并倡导评价者在评价过程中要进行自评价,不断对自己的评价行为进行反思,同时真正地深入到教学活动中去。

第三,评价结束之后,要综合各方面的信息对评价结果进行全面的分析,排除在不合理的因素影响下所产生的结果。

---

① 朱小蔓:《认识小学儿童,认识小学教育》,载《中国教育学刊》2003年第8期。
② 王耘、叶忠根、林崇德著:《小学生心理学》,浙江教育出版社1993年版,第259页。

另外,在整个评价的过程中要从制度建设上进行保障,对评价者及其行为进行有效监督,确保评价结果的客观性。

(二) 方向性原则

小学教学评价的方向性原则是针对评价的价值取向来讲的,在不同价值取向的指引下会产生不同特点的教学评价。过去的小学教学评价正是基于知识本位和能力本位的价值取向而对教学结果过于关注,对教师教的过程和学生学的过程关注不够。现在的小学教学评价正是在素质教育的价值取向下,以通过教学评价是否促进了学生的身心全面发展为评价的标准,关注评价的过程,关注学生通过教学是否掌握了知识、发展了智力、培养了能力、形成了良好的个性心理品质。

(三) 全面性原则

小学教学评价的全面性原则是指评价要收集多方面的信息,做出完整的价值判断。一方面小学教学评价既要对教学结果进行评价,又要对教学过程和学习过程进行评价;另一方面在对教学结果、教学过程和学习过程进行评价时,也要注意从各个方面收集信息,进行全面的评价。比如在对学习过程进行评价时,既要对小学生的知识掌握水平进行评价,也要对小学生的情感态度、行为改变、交往能力、思想品质等方面进行评价。

(四) 科学性原则

小学教学的科学性原则就是在评价过程中要选用科学的方法和技术。课堂教学作为一个复杂的系统,各个要素如目标、对象、评价者及手段之间相互制约。评价过程含有许多相互关联的环节,这些环节中,又有许多要素或子系统。对课堂教学进行评价时,要从评价过程的起始、发展到最后结果的各个环节中的各个要素进行动态的系统评价,才能使评价结果与评价对象的实际状态、水平或特征相符,才能做出有价值、有意义的判断。在教学实践中,基于纸、笔,以手工处理为主的评价,很难实现系统评价,因此评价中必须引进新的数据记录、数据处理、数据管理工具。① 随着现代科技在教育上的应用越来越广泛,教学评价的工具也越来越先进,在基础上也出现了很多新的评价方式。一般来说,科学的评价应该是量化评价和质性评价相结合、他评价和自评价相结合、过程性评价和总结性评价相结合、定期性评价和经常性评价相结合等。总之,评价的方式和工具正在趋向综合化。

【案例 7-1】　　　　　　　今天不是我值日②

上午第二节语文课,铃声一响我便拿着课本春风满面地向教室走去。推开二年级一班的门一瞧,好家伙,孩子们都在认真地读书。我生怕打扰了读在兴头上的这群小家伙,忍不住轻手轻脚走上了讲台。

我正要往黑板上写生字,却突然发现黑板上全是密密麻麻的数字和应用题,我缩回了刚要写字的手。是不是这课不上了? 是不是先要查一查是谁的值日? 是不是……一时多个想法一股脑地蹦出来了。不,不能这样做,不就是擦黑板吗? 孩子们天天干的事情,我不由得拿起黑板擦,慢慢地擦起来,还故意边擦边笑着说:"这节课上语文,干嘛还有数学的内容呢? 快让这些数字宝宝下来吧,整天呆在这里多累啊! 这边的快下来了,那边的也快了。今天同学们的表现真好,给了我一次劳动锻炼的机会。以后的黑板我包了。"孩子们好像也一下子明白

---

① 秦晓文、张桂芳:《课堂教学评价研究回顾与展望》,载《教育科学研究》2002 年第 7 期。
② 今天不是我值日,http://sq.k12.com.cn/discuz/thread-440045-1-1.html,2010-7-22。

了什么似的,异常安静。终于最前排的王浩忍不住说话了:"老师,今天不是我值日。"同桌也开口了:"老师,今天也不是我值日。"接着全班同学都商量好了似的,不约而同地说:"老师,今天也不是我值日。""那是谁值日呢?"我下意识地问了句。不知是谁说了句"是程一敏的值日,今天她感冒了,没有来上学。""是啊,她没有来,黑板就没有人擦了。都怪老师没有临时安排,是不是啊?"孩子们纷纷摇起头来。"那是什么呢?"我故意接着问。"我们应该主动替她干!"一个孩子悄悄说。我故意把"主动"这两个字在黑板上写得大大的,分外的醒目,然后响亮地说:"好,刚才有个同学说得很好。这节课我们开班会,围绕着'主动'展开讨论,大家都来说,应该怎么来主动?"一时间孩子们纷纷举起小手,争相发言。

评析:在这个案例中,老师在面对学生的"错事"时,并没有立刻就做出反应,而是冷静地给了自己几秒钟的思考间隙,从而放弃了"问责"选择了"诱导",巧妙地将一次可能造成师生关系紧张的"课堂事件"转换成学生受益匪浅的"友情教育"。但是,我们也要注意到,这位老师因为这次"课堂事件"而更改了自己的教学计划,把原来的"语文课"改上成"班会",这样的决定是教学机智呢还是教学事故?因为案例的开头交代,学生已经为这堂语文课做好了准备,贸然更改教学计划势必会打击学生的积极性。这都需要在评价时进行客观分析,也只有这样才能称得上全面评价。

四、小学教学评价的功能

在传统的评价中有一个基本的假设,那就是只有极个别的学生优秀,而大多数的学生都属一般。为此,甄别就成为评价的一个重要功能,通过考试将学生分为三六九等。在这样的过程中,只有少数学生能够获得鼓励,体验成功的快乐,大多数学生都是失败者。[①] 为了改变这种状况,我们需要重视小学教学评价除了甄别之外的其他功能。

(一)诊断功能

有效的教学取决于教师对学生的经验、能力、兴趣、动机和情感的了解,这种了解是提出现实的学习目标,并操纵适当学习情境去帮助学生达到既定目标的基础。[②] 所以,小学教师在学期、学年或课程开始之前通过一系列测验或调查,可以了解到整个班级群体学习的水平、特点和对未来学习的期望,也可以了解每一个学生各门学科的学习情况,以及在知识结构、情感态度、能力水平等方面已经达到的程度和存在的问题,通过这些信息的收集,将会很好地帮助小学教师有针对性地制定合理的教学计划,选择有效的教学策略,运用恰当的教学方法。

(二)反馈功能

评价的过程也是一个交往的过程。在这一过程中,评价主体之间、客体之间、评价主体与客体之间都在进行着信息的互换,这些信息的属性也将对交往的双方产生积极或消极的影响。众所周知,肯定的评价一般会对小学生的学习起鼓励作用,小学生会从中获得一种心理上的满足,并对周围的世界有一个积极的认识,包括人与人之间的关系、人与自然之间的关系,这对小学生的健康成长具有很大的益处。相应地,否定的评价很可能会给小学生带来很大的心理压力,他们会感到生活的压抑,人与人之间的关系变得冷漠,对学习也就丧失了原有的兴趣,甚至会造成小学生的心理

[①] 万伟、秦德林、吴永军主编:《新课程教学评价方法与设计》,教育科学出版社 2004 年版,第 26 页。
[②] 李秉德主编:《教学论》,人民教育出版社 2001 年版,第 310 页。

畸形发展,影响他们的一生。所以,小学教师应很好地运用评价的反馈功能,注意通过反馈的信息来分析学生的思想和学习状况,同时,也将积极的、正面的信息通过评价反馈给学生,促进学生的身心健康发展。

(三) 定向功能

长期以来,我国的小学评价过于依赖纸笔测验这类的量化评价方法,在学校教育中形成了一种应试倾向的学习习惯,学生在学习时间和学习力量上的分配,过多地受到考试中将要出现的各种知识的题目和性质的影响。容易考的地方,分配的学习时间就多,不常考的地方,分配的学习时间就少或者干脆就不去学习,这将不利于学生的全面发展,对于学习基础知识的小学生更是如此。要彻底改变这种状况是不现实的,在相当长的一段时间内,考试依旧会是我国小学阶段主要的评价方式。为此,我们要在考试的内容方面确保其具有科学性,一方面要反映课程标准中所体现的理念和精神,另一方面也要结合时代的发展和学习的实际。现阶段,在评价的过程中,只要提高了评价内容的质量,评价的定向功能就会对引导教师的教学和学生的学习起到很好的作用。

(四) 教学功能

考试或测验,其本身也是一种重要的学习经验;教学过程中进行的各种测试,其本身也可被看做一种教学活动。一方面,考试或测验可促使学生在测验之前对教材内容进行复习、巩固、澄清和综合,另一方面,也可通过各种测试训练学生的基本技能,提高他们运用所学知识分析问题、解决问题的能力,并养成严谨、认真、负责的学习态度。[①] 教学评价的教学功能要求我们要注意自我评价,即对评价本身的评价,包括评价者的行为、评价内容的编制、评价进行的环境等等。

评价作为教学过程的重要环节和有机组成部分,本身就是一把双刃剑,合理的评价会促进教学改革、教师的进步和学生的成长,不合理的评价会阻碍或者误导整个教学改革的发展方向,影响师生的个体成长,所以我们应该辩证地看待其教学功能。

第4节 小学教学评价的实施

我们知道,教学过程是在师生的共同参与下进行的,我们对其进行评价时也应从教师的教和学生的学两个方面来开展工作。为此,在本节中,我们主要从小学教师教学工作评价的实施和小学生学业成就评价的实施两个方面来分析小学教学评价的实施问题。

一、小学教师教学工作评价的实施

对教师的评价一直以来都是教学评价的主要内容之一。通过什么样的方式来更好地对教师的工作进行评价以促进其专业成长,也是一直备受关注的问题。传统的评价一般以学校的行政管理为主导,以听课评分和学生成绩为主要评价依据,以奖励和惩罚为主要手段;新课程改革以来,人们日益重视教师的发展性评价,以激发教师的内在动力为主导,以谈话和听课等方式得出的综合结果为评价依据,在评价手段上以鼓励教师专业发展为主、奖惩为辅。具体比较参见表7-1。

(一) 他评价

他评价就是包括教育行政管理者、同事、学生、家长等人士在内的群体或个体通过听课、座谈等多种方式对教师的教学工作所做的评价,这是主要的评价实施方式。

[①] 李秉德主编:《教学论》,人民教育出版社2001年版,第312页。

表 7-1 传统的教师评价和发展性教师评价之间的比较

类别	传统的教师评价	发展性教师评价
评价目的	学校管理教师	教师的专业发展
评价方向	注重教师以前的教学工作	注重教师的未来发展
评价动力	外在压力	内在动机
评价手段	课堂听课,学生成绩分析	座谈、课堂听课、学生成绩分析、教师自评等多样手段,综合运用
评价方式	总结性评价为主	形成性评价为主
评价结果	与聘任、晋级等紧密挂钩,奖惩为主	引导、鼓励、帮助教师自身发展

1. 他评价的主客体关系

(1) 行政管理者与教师

由于行政管理人员的评价事关教师个人的一些切身利益,比如奖金、晋级等,所以,长期以来,两者的关系处于一种敏感状态,甚至是对立状态,这样一种紧张关系将严重地影响到教学工作的正常进行。行政管理人员与教师之间正常的关系应该是,教师在管理人员的监督和指导下发现教学工作中的不足并进行改进,同时管理人员在教师的反馈信息中提高自身管理水平,在这一过程中,管理人员为教师提供专业成长所必需的条件,教师通过做好教学工作配合管理人员的日常工作。

(2) 同事之间的关系

同事之间存在一种竞争和合作的关系。竞争关系体现在所教班级的成绩评比、竞聘上岗、晋级评优等方面;合作关系体现在平常教学工作中共同备课、交流经验、课题研讨等方面。在处理同事之间关系时应科学地看待所存在的竞争关系,不能把竞争关系极端化,应是一种在合作基础上的健康竞争,并在竞争中共同成长。

(3) 学生与教师之间的关系

在以教师为中心的传统教学模式中,学生的主体性被忽视,课堂成为教师的"一言堂",师生之间普遍存在一种对立的关系。在素质教育中,我们倡导在课堂中运用合作、探究的教学方式,教师在教学的过程中发挥引导、组织、帮助的角色,突出了学生的主体性,减轻了学生的课业负担和由考试评比带来的心理压力,师生之间的紧张关系得到缓和。

(4) 家长与教师之间的关系

在小学阶段,家长与教师之间的关系应该得到足够的重视。随着家长对孩子教育的重视以及家长自身素质和条件的普遍提高,家长对教师的要求也日益提高,他们开始逐渐对教师的教学工作施加影响。在这一过程中就会产生一对矛盾关系。一方面,教师需要家长的配合来对学生进行教育,另一方面教师又不希望家长过多地涉入他们的日常教学工作中来,认为这会干扰正常的教学工作。家长和教师的所有努力都是为了学生的健康成长,所以,只有双方互相理解,经常交流,建立一种工作关系之外的朋友关系,才能够对学生的成长发挥正面的作用。

2. 他评价的主要实施方式

(1) 课堂听课

无论是在传统的评价体系中,还是在现代的评价体系中,课堂听课都是一种重要的评价方式。

课堂听课一般分为随机听课和公开听课两种形式。随机听课是指事先不让授课老师知道,听课者随机进入某一个课堂进行听课活动,目的是为了了解原生态的课堂教学情况,分析教师真实的教学能力以及临时组织能力,这种方式一般适用于小范围的课堂调研活动,听课者多为授课者所在学校的管理人员。公开听课是指事先有确定的授课者、讲授篇目、学生、听课者,授课者和学生有一定的准备,听课者人数较多,目的是就某一种授课方式或课堂组织方式进行研讨,也多用于各种教学比赛。

课堂听课有严格的评课标准,从教学的目的和过程、教学方法和手段、教师教学素养、学生学习表现、课堂操作等各个方面都有具体的要求,并划分出评定层次(参见表7-2)。

表 7-2 课堂听课评价标准样表

日期:_____ 年级:_____ 班级:_____
学科:_____ 课题:_____ 执教者:_____ 评价者:_____

项目	具体内容	教学实际情况				总体印象			
		优	良	一般	较差	4	3	2	1
教学目的与过程	教学目标明确								
	正确把握教材								
	面向全体学生								
	重视教学反馈								
	注重学科德育								
教学方法与手段	学习方法指导								
	组织学生自学								
	学习质疑问难								
	组织学生讨论								
	组织操作训练								
	应用电教手段								
教师教学素养	情感投入								
	教学民主								
	应变调度								
	教学语言								
	演示板书								
学生学习表现	注意力								
	思维								
	主动参与								
	讨论								
	发言								
	看书习惯								
课堂操作	数量								
	内容								
	完成质量								

资料来源 兰玉荣:《对小学语文课堂教学评价的思考》,载《教学与管理》2001年第5期。

(2) 座谈

座谈是评价者和教师之间所进行的直接对话活动,形式较为灵活,可以是评价者与一个教师座谈,也可以是评价者与多个教师座谈,评价者的人数最好控制在 2—5 人,人数过少会导致评价结果过于主观,人数过多会造成教师的紧张心理。当然,在一些情况下,评价者和教师也可以进行一对一的座谈。

座谈需要依据一定的程序,一般分为确定时间和地点、协商有关事宜、设计座谈提纲、做好座谈记录、分析座谈结果等。需要注意的是在整个组织过程中,组织者不能过分使用行政权力,对教师的行为加以控制,在座谈的各个环节都要尽量征求教师的意见,尤其是在座谈过程中,不要涉及教师的个人隐私,不要过多地使用追问,应营造一种宽松的谈话氛围。在记录时,既要注意谈话双方的语言表述,也要注意谈话双方尤其是教师一方的举止表情,往往这些非言语的信息里会包含着很多有价值的内容。在分析座谈结果时要坚持实事求是、客观公正。

(3) 观察

观察是他人在工作、生活等日常活动中对教师的行为举止、言谈表达等表现进行观察,从而在道德情操、知识能力、情感态度等方面对教师进行评价的活动。这种实施方式比较适用于师生之间、同行之间所进行的评价。

当学生和同行对某一个教师进行评价的时候,他们所依据的大多是在日常生活中对该教师的言谈举止观察所得的信息,这部分信息虽然十分庞杂,但能够较好地反映教师各方面的素质。

(4) 案卷分析

案卷分析也是一种常见的实施方式。案卷分析的执行者通常是教学管理人员,是为了对教师的教学工作有一个纵向的了解而进行的,主要是分析教师历年来的教学工作报告、学生培养情况、奖惩情况、学习经历等等。获取信息的渠道主要有教师的个人档案、提交的工作总结、讲课材料。在进行案卷分析时,尤其是对教师的档案进行查阅时,要遵循保密的原则,对于教师的隐私信息不能未经允许就进行公开,分析时也要注意综合评价。

除了课堂听课、座谈、观察和案卷分析外,他评价还有其他实施方式,它们既可以单独实行,也可以结合在一起运用,结合多种实施方式收集的信息进行比较评价,得出的结果更加客观可信,这也需要不同身份的评价者相互沟通,紧密配合。

(二) 自评价

自评价是教师本人对自己的教学工作进行的自我评价。它不仅是教师教学工作评价中的一个重要方法,而且还是教师进行教育教学诊断的一个重要手段,甚至还被认为是教师自我激励和自我提高的一个必要过程。[①] 教师在自我评价中,要对自己的教育教学行为和已形成的知识结构进行系统的自我反思,认真分析自身存在的优势和不足,寻找到自己与优秀教师之间的差距,以便在以后的教学工作中加以改进。所以,自评价的目的主要是为了教师自身素质的不断提高,而不是为了作为奖惩的依据,并且,自评价主要依靠教师的自觉行为。

自评价的实施方式主要有课后反思、教学总结、观摩研讨、职业规划等,每一种实施方式都各具特点。

1. 课后反思

教师上课之前预设的教学目标在实际教学过程中的实现程度如何,只有在这堂课结束之后,结合学生的真实反映和自己的教学情况来检验,其结果往往不同于预设的结果,或者预设的目标没有达到,或者超出了预设目标所要达到的效果(参见表 7-3)。所以,在课后教师要及时进行反思,根据课堂反馈过来的信息对教案的设计、教学策略的选择、教学方法的运用等方面进行调整,

---

① 裴娣娜主编:《教学论》,教育科学出版社 2007 年版,第 334 页。

为以后的教学做准备。在课后反思的过程中,教师要注意对反思的结果进行记录,可以直接在教案上进行标注,也可以写专门的反思日记。不管用哪种方式,都要长时间地坚持。

表7-3 课堂观察

		观察与评价	教师的自我反思
学习状态	参与状态	是否全员参与学习全过程;是否对全体学生的学习有所帮助和启发。	是否有效地激发了对所学内容的好奇心和求知欲;是否调动了全体学生的学习积极性。
	交流状态	课堂上是否有多边、丰富多彩的信息联系与信息反馈;课堂上的人际关系是否有良好的合作氛围。	是否营造了一个平等、民主、和谐的师生关系、生生关系;是否强调师生之间、学生之间、师生与环境之间的多向互动与对话。
	思维状态	学生是否敢于提出问题、发表见解;所提的问题和发表的见解是否有挑战性与独创性。	在课堂教学中是否对学生表现出应有的热情和宽容;是否允许学生有不同的声音;启发是否有方;是否注意发展学生的求异思维能力,培养创新精神。
	情绪状态	学生是否有适度的紧张感和愉悦感;学生能否自我控制与调节。	课堂节奏是否恰当;是否善于运用成功与失败之道;是否关注学生的情感、态度。
	生成状态	学生能否各尽所能,学有所得,感到踏实和满足;学生是否对后继的学习更有信心,感到轻松。	是否做到了面向全体,关注差异,因材施教。
接受知识	基础性	学生所接受的知识是否与其已有的观念、经验乃至整个精神世界相互作用,使学习变得更有意义。	教学设计是否注重了学生新旧知识的联系;是否注重学生正确价值观的培养。
	过程性	学生是否有充分的观察、操作与独立思考的活动或机会;是否能通过学生群体的交流获得理解与体验。	是否引导学生动手实践,进行自主学习、探究学习和合作学习等。
	策略性	学生能否获得怎样学习、怎样记忆、怎样思维的一般方法的经历与感悟,从而增强自我意识与自我监控的能力。	是否提供学法指导,渗透学习策略的培养。
	实践性	学生所接受的知识是否有应用价值,从而能够增强学生的实践能力与可持续发展的能力。	教学是否紧密联系生活、贴近学生实际;是否有效地组织学生在实际生活中提炼问题、分析问题,并运用所学知识解决问题。

资料来源 万伟、秦德林、吴永军主编:《教学评价方法与设计》,教育科学出版社2004年版,第172—173页。

2. 教学总结

这里的教学总结和课后反思有相似之处,都是对课堂教学的一种反思,不同的是课后反思是一堂课结束之后立即进行的反思活动,而教学总结是对一段时间的课堂教学进行的反思,时间间隔可以是一个月,也可以是一个学期。所以,教学总结也可以说是在课后反思的基础上进行的,是对课后反思本身的再反思。一方面,在进行教学总结时,每一次课后反思都能形成一个对比。同时,在不断的课后反思中,教师的个人素养在不断地提高,当回过头来审视以前的课后反思时,会发现在反思角度、深度等方面所存在的问题;另一方面,教学总结还要对教师在课后反思中所得出的一些经验在以后的教学中是不是得到很好应用进行再反思,即对课后反思的效果进行再反思,这是对一段时期以来教师教学工作情况进行的整体反思。

3. 观摩研讨

课后反思和教学总结主要是对教师个人的教学情况进行反思,观摩研讨是教师通过课堂听课、参加研讨会的方式结合他人的课堂来对自身进行反思。观摩研讨中的反思将为拓展教师视野、转变教学观念、提高教学技能等方面提供有利条件,同时也对教师的反思能力提出了很高的要求。一方面,在观摩研讨的反思中,教师要有较好的沟通能力,包括在观摩公开课时与授课教师和其他听课人员的沟通,也包括在研讨会上与其他参会人员的沟通,这种沟通可以在活动过程中进行,也可以在活动结束之后持续进行,教师要主动结合自身教学经验积极参与到观摩研讨中去,在与他人的对话中进行即时反思。另一方面,在观摩研讨的反思中,教师要有很好的总结能力,即在观摩的过程中能从授课老师的教学行为中提炼出他的教学观念、教学策略、教学方法等比较抽象的信息,在研讨过程中能从散乱的讨论过程中提炼出中心议题及参与者所持的观点。

4. 开展职业规划

在传统观念里,教师经常被看做是"照亮了世界燃烧了自己的蜡烛"、"吐丝的春蚕"、"辛勤耕作的园丁"、"塑造人类灵魂的工程师"等,无一不在强调教师对他人的意义,却忽视了教师为培养下一代奉献生命与智慧的过程对教师自身的意义,即教师的专业成长。教师的专业成长是在教师不断反思的过程中实现的,是建立在教师的反思性教学实践基础之上的,它将贯穿教师的整个职业生涯。教师专业成长中重要的一点就是教师的职业规划,合理科学的职业规划将会增强教师教学反思的自觉意识,并使这一过程具有计划性、方向性,同时职业规划也不是静态的,它需要在教师的教学工作中根据反思的情况进行不断地调整。

二、小学生学业成就评价的实施

小学生学业成就评价是对小学生在教师的指导下,通过学习在德、智、体、美等方面所获得的成果的评价,它并不仅限于小学生的学习成绩,而是一个综合的评价过程。

(一)测验评价

测验是比较常用的学生学业成就评价实施方式,虽然现在测验在整个评价体系中的作用在逐渐降低,但是,它以其客观性、普及性等特点依然在学生的学业成就评价方面发挥着重要的作用。

1. 测验内容的编制

测验内容的编制首先要有一定的规范,比如,在限定的考试时间内拟定多少题目才合适,主观题和客观题的比例是多少,测验要重点考察学生哪方面的知识和能力?这些都是在测验编制时需要认真考虑的问题,并且需要在不断的实验中对这些问题的答案进行摸索,最后形成编制测验内容的基本规范。

测验内容的编制先要确定测验的目标。测验的目标是指向某一方面课程内容的学习结果。一门课程的学习结果根据课程的具体性质、以前的课程达到的目标、学校的教育理念、学生的特殊需求以及其他对教学会产生影响的地方因素而定。大多数的教学目标都会包括下列学习结果:①知识;②认知能力和技能;③一般技能(实验、表现、交流、工作效率);④态度、兴趣、常识。[①] 这是一种宏观上的划分,每一个大类又有具体的目标要求,并依据这些要求通过教学来达到学习结果,需要注意的是这些要求随着年级的提高也会有相应的发展要求。

以小学语文为例,经研究发现,从小学四年级到初中一年级对语文的阅读能力有着不同的发展要求:[②]

首先,小学四年级至初中一年级学生阅读理解能力的结构由七种成分构成。其中,词汇量可

[①] [美]诺尔曼·E·格朗伦德著,罗黎辉、孙亚玲译:《学业成就测评》,江苏教育出版社2008年版,第31页,序号有改动。
[②] 李毓秋、张厚粲:《关于小学四年级至初中一年级学生阅读理解能力的研究》,载《心理科学》2001年第1期,略作改动。

以归于认读能力;推理学习和句意整合可以归于一般性理解;情感理解和归纳概括可归于深层理解;评价赏析属于评价鉴赏;综合应用归于吸收应用。

其次,不同年级的学生其阅读理解能力的发展在各种成分上都表现出显著的差异,其中情感理解、评价赏析和综合应用能力表现出的差异最明显,并且随年级升高而变化,它们是区分阅读理解能力的高效指标。

最后,我们的研究揭示了思维发展的特点在阅读理解能力中的具体表现:推理学习是阅读理解能力中的核心能力,推理能力的发展水平直接制约着阅读理解能力能否达到较高的水平;归纳概括能力差是造成被测试阅读理解能力低的主要原因,这两个因素是改变阅读理解能力的非常关键的因素。值得注意的是,在我们的阅读理解能力结构中提出了情感理解这一成分,这在以往的研究中未见报告。尤其从各年级低分组的回归分析结果中可看到,这一成分对各年级阅读理解能力的提高都有很大的影响。

单就一个特定的年级来说,小学语文的阅读能力也有特定的要求,比如小学六年级学生阅读能力的结构:①

① 语言解码能力,指解开书面文字代码,了解其在当前语境中的确切意义的能力。

② 组织连贯能力,指对阅读材料的组织连贯特质。

③ 模式辨别能力,即对语言形式的把握能力。

④ 筛选贮存能力,即对阅读信息的保持问题,但又不是简单的存贮,需要对输入信息进行过滤。这种能力制约着个体选择整理阅读材料的信息,并加以贮存的过程。

⑤ 语感能力,与阅读速度有关,它是充分利用概念驱动,最低限度地需要来自材料的信息而形成对阅读材料的大致印象的能力特质。

⑥ 阅读迁移能力,即把从阅读材料中获得的观点、原理、写作手法等运用到新的情境中去的能力。

2. 选择要使用的测验类型

(1) 客观题

客观题具有良好的结构,同时对学生的反映限制也较多,一般包括选择题、是非题、匹配题和填空题,学生在对此类题目进行解答时只有对、错之分,没有发挥的空间。

① 选择题

选择题是由题干和两个或更多的选项组成的,一般分单项选择和多项选择两种形式。在拟定此类题目时,需要综合考虑题干和选项,具体来说,题干要明确简单,题项之间要具有一定的迷惑性,数量不能过多,一般是4个或5个。此类题目适合用于针对某一个知识点的考察。

② 是非题

是非题通常是通过陈述一句话来要求学生进行判断对错或是非,这类题目比较简单,相对选择题来说,本身的迷惑性较低,与知识点的切合度更高。

③ 匹配题

匹配题一般以分列的形式呈现,一列是问题选项,一列是反应选项,要求学生根据题意按照某种关系将左右两列的项目用直线连接起来。这种形式在小学阶段运用较为普遍。

④ 填空题

填空题是呈现给学生一句或一段不完整的话,要求学生补充抽掉的内容。这类题目相对于选

---

① 莫雷:《中小学生语文阅读能力结构的发展特点研究》,载《心理学报》1996年第2期,序号有改动。

择题、是非题和匹配题具有一定的不确定性,尤其是在考查学生对课本确定知识点的理解能力时,学生会因为理解的不同得出不同的答案,这会对测验的客观性带来影响。

(2) 主观题

主观题在解答时需要学生根据题项快速调动自己所学的知识,组织成一定的体例表达出来,一般包括简答题、论述题、材料分析题。

① 简答题

简答题需要学生针对题项对先前学过的知识进行回忆,然后把要点表达出来,一般不需要对知识点进行拓展,题目的限定性也较强。

② 论述题

论述题和简答题有些类似,不过题目较为开放,需要学生在回忆知识的基础上加以分析、综合,有时还需要提出自己的见解,对学生的知识掌握水平和理解水平要求较高。

③ 材料分析题

材料分析题就是先呈现一份材料,然后从材料中生发出一些问题,要求学生运用所学知识结合材料来对题项进行解答,主要考查学生对所学知识的应用能力。

要决定一份考试卷中需要使用哪些类型的题目,其总的原则是:使用那些能够直接测量出可能说明预期学习结果的学生表现的试题。因此,如果你要确定学生是否会拼写,那就让他们听写。如果你要确定学生是否能够解数学题,那就让他们解数学题,并做出正确答案。如果你要知道学生是否会写作,那就让他们写点东西。在迫不得已时,可以用选择型题目测试本该用问答题测试的结果(比如,使用电子记分),在解释测试结构时考虑使用更加间接的测量方法。当然,在某些情况下,两种类型的考试题型都适用。比如,写作是证明学生写作技能的最佳方法。但是,选择型题目能够系统地测试语法要点,这些要点是学生进行有效写作过程中必不可少的。①

3. 确定测验题目的数量

测验一般来说是有时间限定的,对测验题目也有一定的数量限制,题目过多会使大多数学生在规定的时间内完不成,题目过少会使规定的时间剩余太多,当然还要考虑题目的难度。在选择题目的时候通常会从参加测验的学生年龄、测验时间的长短、题型分配等几个方面进行考虑。对于小学生的测验来说,时间一般不超过20或30分钟,题目的数量一般要保证在正常的答题速度下大多数学生能够在规定的时间内完成,具体进程可以依靠题目的难度来调节。

4. 测验的方式

(1) 标准化成就测验

标准化成就测验是由政府教育部门组织相关专家编制的适用于大规模范围内评定个体或群体学业成就水平的测验,比如标准化考试、智力测验、学力测验、人格测验等。这类测验的命题、施测、评分等方面都有一定的标准和规定,测验的结果比较客观,可以有计划地在一定时期内针对特定的群体进行大范围测验。

标准化成就测验的主要特点有两个:一为标准化测验要有测验大纲和测验指导书,规定测验的范围、内容、要求、方式、题型和评分计分方法,并制定出命题细目表,具体规定每一考查目标和教学内容在整份试卷中占的比重,并根据题目的难度、区分度以及整个测验的信度和效度,对测验的整体难度进行调整,使得学生的成绩呈正态分布;二为所有接受测验的人员所做的试题、时限等施测条件都相同,计分手段和分数的解释也依据相同的标准。

---

① [美]诺尔曼·E·格朗伦德著,罗黎辉、孙亚玲译:《学业成就测评》,江苏教育出版社2008年版,第34页。

（2）教师自编测验

教师自编测验是由教师根据具体的教学目标、教材内容和测验目的，自己编制的，为特定的教学服务的测验方式。在编制测验前，教师需要做一些前期的准备工作。首先，教师要确定本次测验的目的，选好测验所要考查的学习结果。其次，教师要对测验所考查的课程内容有一个宏观的把握，区分出重难点，以便在测验时体现出侧重点。最后，教师要针对测验的学习结果，选择适合的题型，并对各种题型在测验中所占的比重做出合理调整。

标准化成就测验和教师自编测验并不矛盾，两者是一种相互补充的关系。标准化测验适用范围广泛，但针对性不如教师自编测验，教师自编测验只能在小范围内适用，针对性强，但测验的效度往往不如标准化测验，评分的随意性也较大。在实际的测验中需要结合两者的优缺点，综合运用。

5. 测验结果的分析

一般来说，人们主要从测验的效度和信度这两个方面来对测验结果进行分析。效度主要是回答对结果解释到什么程度是合适的、有意义的和有用的问题；信度主要是回答什么样的结果是可以没有误差的问题。

（1）测验效度

效度对于测验结果的有效性十分重要，没有效度，测验结果就不可能有效。在测验的效度方面，我们需要特别关注以下几个方面的问题：[1]

①效度涉及的是这样一个普遍的问题：评估信息能在多大程度上帮助形成一个正确的结论。

②效度指的是依据评估信息所做的结论，而不是评估本身。只有结论有效才能说评估信息有效。对某一个结论或某一群学生有效的评估信息并一定对其他结论或学生也有效。

③效度只是一个程度的问题；百分之百有效或者完全无效的评估信息是不存在的。我们通常用以下的词语来形容效度：很有效、比较有效、无效。

④效度由评估者所做出的判断来确定。

另外，由于测验目的各不相同，因此用于评价测验效度的证据类型也是不同的。例如，如果某测验是用于帮助教师和管理者确定哪些学生可能会在某个或多个方面产生学习困难，则关注的重点就是测验对未来的学业成就的预测程度。但是，如果测验的目的是描述一组学生目前的成就水平，那么主要关注点则集中在描述的准确性上。简言之，效度所关注的就是测验与它要达到的目标之间的相关。[2]

（2）测验信度

信度主要是针对评价结果的一致性而言的，所关心的问题主要有：如果我们使用相同形式的任务的不同样本，会得到同样的结果吗？如果我们在不同的时间使用评价，会得到相同的结果吗？如果给成绩评价定等级，不同的评定者使用同样的方法吗？[3]

我们以评估成绩评价的信度为例。假设有一个成绩，如写作成绩，是根据对32个学生进行的测验和两个教师在一个四点量表上（4是高分，1是低分）单独进行的评分得来的。两个教师评分的结果（如表7-4）所示。教师1的评分呈现在列中，教师2的评分呈现在行中。因此，教师1给七个学生打了4分，教师2给八个学生打了4分。他们对六个学生的评分是一致的，对三个学生的评分

---

[1] ［美］彼得·W. 艾瑞逊著，夏玉芳译：《课堂评估——一种简明的方法》，湖南教育出版社2008年版，第17页。
[2] ［美］罗伯特·斯莱文著，姚梅林等译：《教育心理学：理论与实践》，人民邮电出版社2004年版，第388页。
[3] 参考［美］诺尔曼·E. 格朗伦德著，罗黎辉、孙亚玲译：《学业成就测评》，江苏教育出版社2008年版，第167—168页。

不一致。评分一致的人数可以看表中右上方一角到左下方一角的对角线。评分一致性的百分数可以通过把对角线上的数字相加（6+7+6+5=24），并除以学生的总人数（32），再乘以100%来计算得出：

$$评分者的一致性 = 24/32 \times 100\% = 75\%$$

表7-4 基于两个评分者单独评分的学生分类

	分数	教师1的评分				行的总人数
		1	2	3	4	
教师2的评分	4			2	6	8
	3		3	7	1	11
	2	2	6			8
	1	5				5
列的总人数		7	9	9	7	32

通过检查，我们可以看到所有评分彼此之间相差一分。结果也表明教师2的打分更宽松（如，给高分多，低分少）。因此，该表可以用来判断评分的一致性，以及打分宽松到什么程度可能影响到评分的不一致。①

（3）测验偏见

在解释标准化测验分数时所存在的一个主要问题是：有可能对来自低收入家庭的学生或不同文化背景的学生产生偏见。从某种意义上来说，这是一个测验效度问题：只偏向于某一类学生的测验不能被看作是有效的。由于测验题目所评价的知识或技能对某个群体或文化而言是普遍的，但对另一群体却未必如此。比如，如果某个测验有一篇关于海滩旅行的阅读理解文章，那么该文章对某些学生有可能不公平，如那些生活环境远离海滩的学生以及那些无法支付海滩旅行费用的学生。所以，要想在分析测验结果时去除偏见，就必须在编制测验内容时就仔细审查测验题目以避免可能出现的偏见或其他不公平的因素。②

（二）量表评价

量表是指在教育测量或心理测量中，根据测量目的设计的、具有单位和参照点的测试项目和赋值规则的连续体。量表评价就是以量表作为进行测量活动的工具而进行的评价。由于制定量表的单位和参照点的种类不同，测量的数值分别运用了数字的区分性、顺序性、等距性和代数运算的封闭性等不同特性，因此，斯蒂文斯（S. S. Stevens）将测量分成从低级到高级的四级水平，相应产生了名称量表、等级量表、等距量表和比率量表。四种量表的测量水平依次逐渐提高，提供的信息量不断增大。③ 其中，比率量表在教学评价中很少使用，所以，在这里，主要就其他三种量表进行介绍。

1. 名称量表

名称量表又称命名量表或分类量表，是一种最低水平、最粗糙的测量量表，在教学评价中应用较为广泛。此类量表用数字或符号来表示每一个研究个体或代表事物的类别，比如，用学生的准

---

① 参考［美］诺尔曼·E·格朗伦德著，罗黎辉、孙亚玲译：《学业成就测评》，江苏教育出版社2008年版，第173页。
② 参考［美］罗伯特·斯莱文著，姚梅林等译：《教育心理学：理论与实践》，人民邮电出版社2004年版，第390页。
③ 陶西平主编：《教育评价辞典》，北京师范大学出版社1998年版，第275页。

考证号、学号等数字来表示学生个体,用数字"1"和"0"来代表"男"和"女"、"及格"和"不及格"等。这里的数字仅仅是一种代号,不能作大小比较或进行加、减、乘、除四则运算,但是可以进行次数的统计。

表7-5 名称量表

序号	学号	性别	准考证号	成绩

2. 等级量表

等级量表又称顺序量表或位次量表。此类量表依据事物的特性和设定的法则,在分类的基础上,运用数字的顺序性来确定同类客体中的各种元素之间的相对顺序关系。比如,按成绩对学生进行名次排列,并且依次赋值1,2,3,4……,得到一个等级量表的测定值。这种量表只能显示研究对象的顺序,不涉及间距是否一致的问题,也不表示某种属性的真正量或绝对值,同样不能进行加、减、乘、除的运算。

表7-6 等级量表

学号	姓名	准考证号	班级名次

3. 等距量表

等距量表又称间距量表。此类量表在赋值时具有方向和相等的度量单位,被测所对应的测量值有明确的距离关系,能够区分大小,可以进行加减运算,不能做乘除运算,因此一个量表上的数值可以转换为另一个具有不同单位的量表上的数值,而且几个不同单位的测值可以转换到一个通用量表上以便于比较。比如,摄氏10度可以转换成华氏50度,原始分数也可以转换成标准分数。

表7-7 等距量表

学号	姓名	准考证号	分数

(三) 实作评价

实作评价(performance assessment)是教师以教学目标与评价准则为整体支撑架构,让学生通过应用知识与技能等高层次的思考历程,在建构而非简单再认(recognition)或记忆(memory)的练习进程中获得深度认知、情意与技能发展的评价方式。① 它是针对标准化测验的不足提出来的,在评价的范围、方式、目的等方面都与标准化测验有着明显的不同之处。(参见表7-8)

表7-8 实作评价与标准化测验的比较

	实作评价	标准化测验
评价的范围	没有固定的范围,配合课堂教学内容来实施	以教材中的知识内容为主
评价的标准	评价者和被评价者协商制定,在活动前公开	由评价者决定,不公开具体内容
评价的目的	培养学生的自我反思、自我管理以及动手的能力	考核学生的学习效果和教师的教学效果
评价的方式	包括教师评价、学生互评、学生自评等多种方式	主要是教师评分
评价的重点	学生的知识、能力、情感态度以及价值观	主要侧重学生的知识掌握程度

实作评价是在20世纪80年代之后随着美国学者对标准化测验的批判而兴起的,20世纪90年代我国学者开始关注这一评价类型,根据赫尔曼(Herman)等美国学者的看法,实作评价具有如下的一些特点:②

(1)评价的作业能与真实生活产生关联。这表现为实作评价常在真实的问题情景中进行,这种真实情景包括对日常生活情景的模拟或者真实情景中的实际操作。

(2)要求学生从事一些需要高层思考或问题解决技能的事情。学生可依据问题情景,以科学的论证和推理方式建构合乎自身认识的、具有创造性的解决问题的方案,产生具有创造性的作品。

(3)过程和作品是评价的重点。重过程是实作评价与传统评价的一个主要区别。过程的重要性在于学生解决问题的综合能力,如高层思考能力、反思能力、合作能力、信息搜集能力和创造力等,都必然在评价过程中展现出来,而作品则是各种能力综合作用的结果。

(4)评价的作业具有价值性、挑战性并与教学活动相结合。语文、数学及自然、社会科学课均可采用实作评价方式,教师选择用于实作评价的作业应该能实现学生能力的多重聚焦(multiple foci),并且具有类推性(generalizability)。实作评价过程往往贯穿于教学过程之中,例如,采用教室观察的评价方法,其评价过程就与教学过程具有统一性。

(5)要事先确定评价学生作业表现的规则和标准。例如,学生作业表现中哪些是优秀的、哪些表现属一般或不好,表现的哪些层面属主要评分点,这些规则和标准事先也应给学生一些反馈,以增加评价的有效性。

根据评价的目标不同,实作评价可以分为传统的技能与技能发展水平实作评价和延展性实作评价两种,下面结合小学教学实际对这两种实作评价进行简单介绍。

1. 传统的技能与技能发展水平实作评价

传统的技能与技能发展水平实作评价主要是给小学生安排一些限制性的实作任务,其特点是在操作范围上受到严格的约束与限制。比如,就一个指定的话题作5分钟的演讲,或者大声地朗诵一首诗歌。在进行此类实作评价时,还需要实作技能的一些要素,即在评价前和评价过程中所要考虑的有关因素。比如,在评价小学生的书写技能时,要考虑学生的握笔姿势是否科学、书写笔画顺序是否正确、学生对书法是否有兴趣。另外,传统的技能与技能发展水平实作评价在评价目标表述方面也有它自身的要求,参见表7-9。

---

① 王云峰、莫显彬:《教育评价的新形式——实作评价》,载《广西教育》2006年第5期。
② 易凌峰:《多元教学评价的发展与趋势》,载《课程·教材·教法》1999年第11期。

表7-9 表述限制性实作结果的典型的行为动词和范例性的教学目标

行为动词	行为动词解读	范例性的教学目标
辨别、查找、选择、筛选等	选择正确的对象,对象的一部分,呈现或属性	选择恰当的工具;分辨一段乐曲
构建、建造、设计、绘制等	按照所给的详细说明制作一个成品	设计一套服装的款式;绘制一张圆形图
演示、操作、表演、安装等	进行操作或过程演示	操作幻灯片的放映机;表演现代舞的舞步

资料来源 参考[美]诺尔曼·E·格朗伦德,罗黎辉、孙亚玲译:《学业成就测评》,江苏教育出版社2008年版,第95页。

2. 延展性实作评价

延展性实作评价是基于当前关于学生应该怎样学习的新理念而产生的。现代学习理论强调的是关注综合性的学习效果,采用综合性更强的学生活动,让学生参与到活动中去并从中获益,让他们解决更具真实性的问题。① 为此,延展性实作评价是对传统技能与技能发展水平实作评价的拓展和深化,它将在促进小学生认知技能、交际技能、解决问题的技能、小组合作技能、自我评价技能和独立学习技能等方面发挥重要作用。所以,恰当地运用延展性的实作评价既能够提高小学生的某一方面技能,又能够增进小学生对知识的理解,促进小学生全面发展,就技能运用于延展性实作评价之间的关系参见表7-10。

表7-10 技能运用于延展性实作评价

操作一项技能	延展性实作评价
看图编写故事	设计一个小故事,勾勒出故事情节和角色,写下这个故事,评论故事,在此基础上重写。
根据指定的事物或主题绘制图画	分析该事物或主题,把握整体,注意细节,绘制完之后进行解析,进一步修改。
观察、设计并建造一个鸟巢	研究你所处的地区最常见的鸟类,为其中的一种鸟设计并建造一个鸟巢,并向全班同学做出解释。

(四) 成长记录袋评价

1. 成长记录袋与标准化测验的区别

成长记录袋(portfolio assessment)也被一些学者翻译为档案袋,主要是收集、记录学生自己、教师或同伴做出评价的有关材料,学生的作品、反思还有其他相关的证据与材料等,以此来评价学生。② 它是新课程改革倡导的一种主要的质性研究方法之一,能够综合地从德、智、体、美等方面对学生进行考查,与传统的测验相比有一些不同之处(参见表7-11)。

表7-11 成长记录袋和标准化测验的区别

成长记录袋	标准化测验
反映学生参与的多种读写活动。	依据有限的读写任务来评价学生的读写能力。
让学生参与自己进步与成就的评价,并提出进一步学习的预期目标。	由教师根据学生的大体情况评分。

---

① [美]诺尔曼·E·格朗伦德著,罗黎辉、孙亚玲译:《学业成就测评》,江苏教育出版社2008年版,第110页。
② 教育部基础教育司组织编写:《走进新课程——与课程实施者对话》,北京师范大学出版社2002年版,第155页。

续　表

成长记录袋	标准化测验
在尊重学生个体差异的基础上评价每一个学生的成就。	用同一个标准评价所有学生。
评价过程是合作性的。	评价过程是非合作性的。
自我评价是重要目标。	没有自我评价方面的目标。
关注学生的进步、努力与成就。	只关注学生的成就。
将评价与教、学结合起来。	教、学、评价是分离的。

2. 成长记录袋的设计

成长记录袋的具体内容首先体现在记录袋的封面上,封面上的内容由师生协商确定,具体设计如表 7-12。

表 7-12　成长档案袋封面设计

_____(学科)学习档案袋

姓名_____　年级_____　班级_____　学期_____

编号	材料名称	分数	编号	材料名称	分数
	学习材料			自我评价	
	学习反思			家长对我说	
	测验成绩			老师对我说	
	可贵的发现			同学对我说	
	问题讨论			我的作品	
	点滴进步			评价情况一览表	
	师生交流			其他	

档案最后存放方式_____　编号_____

资料来源　张永丰:《成长记录袋的设计、使用与反思》,载《当代教育科学》2003 年第 22 期。

成长记录袋在设计的过程中需要注意以下一些问题:

(1) 成长记录袋的选择要注意经久耐用,并有一定的容量。成长记录袋是为收集学生在成长过程中所取得的成绩、所受到的评价以及对生活和学习的感悟而准备的,记录了学生的成长轨迹,是教师了解学生、学生了解自己的重要资料,具有很高的保存价值。另外,随着学生的不断成长,记录学生成长的材料也会不断增多。所以,我们在初次设计记录袋的时候一定要考虑到经久耐用和存储容量方面的问题。

(2) 成长记录袋应该装些什么材料。并不是所有有关学生成长的材料都能够装入成长记录袋中,为了避免档案袋有限的空间被太多次要的材料所挤占,我们一般会在档案袋的封面上标明应被放入的材料类别,并对各个类别有一个相对明确的解释。总之,只有那些最能够反映学生的学习情况和学习感悟的材料才能够装入成长记录袋,因为这些重要材料更能反映学生的成长历程和促进学生的不断发展。成长记录袋具体栏目的填充内容如表 7-13。

表 7-13　成长档案袋填充内容设计

编号	材料名称	具体内容
1	学习资料	新学期承诺、最优秀的作业、单元评价表、收集的学科资料、获得的奖励纪念等
2	学习反思	学习过程中对自己的学习方法和学习习惯等方面及时的反省和纠正
3	测验成绩	单元测验及阶段性测试
4	可贵的发现	学习中发现的有价值的思路和方法以及对教育教学和学习内容的好建议等
5	问题讨论	学习中难忘的有意义的问题讨论记录
6	点滴进步	学习中的习惯、方法、态度、成绩等方面的小进步
7	师生交流	师生开展的学习活动、谈心、讨论问题、课堂对话等热烈场面的记录
8	自我评价	阶段性对自己的学习找出优点和不足
9	家长对我说	父母对我学习方面的看法和要求
10	老师对我说	老师对学习的肯定、鼓励和要求
11	同学对我说	同学对自己的赞赏和激励
12	我的作品	学习中值得骄傲的绘画、摄影作品、创意设计、文章发表、小制作、小发明等
13	评价情况一览表	主要指期中、期末的学校、班级、老师、家长、同学等对自己的综合评价
14	其他	与学习有关的另外记录

（3）成长记录袋应该由谁装。这是一个十分关键的问题。这时容易走两个极端，一个是完全由教师负责，这种情况容易使学生产生为迎合教师的需要而弄虚作假的心理；一个是完全由学生负责，由于学生的甄别意识不足，又往往会把一些无关紧要的材料装入档案袋。正确的做法应该是在教师的指导下学生按照既定的标准自主选择需要装入档案袋的材料，这也是在档案袋设计时对各项材料类别做具体解释的用意之一，这种解释其实就是潜在的教师指导。

（4）成长记录袋如何保管。成长记录袋的功用并不仅仅限于当下，即便在学生离开这段学习生活之后，也可以作为一种有形的记忆来激励他们不断成长，所以我们必须做好成长记录袋的保管工作。成长记录袋可以由教师保管，也可以由学生保管。但是，由于学生保护意识不强容易导致档案的遗失，所以较为妥善的做法是在这一阶段的学习生活中，在材料放入成长记录档案袋之后可以暂时由教师统一保管，当学习阶段结束时再转交学生保管，并讲清保管成长档案的重要意义及注意事项。在档案袋封面上一般也应设置档案袋的存放方式及其编号，以便查找。

3. 成长记录袋评价的应用

（1）及时收集整理

及时收集整理材料放入成长记录袋是进行成长档案袋评价的基础。小学生活泼好动，一些材料可能会在玩耍的过程中丢失，比如获奖证书、作文稿、绘画作品等。为了防止这类事情发生，应该指导小学生将有关材料放入成长记录袋中。

【案例 7-2】　　　　　　　王亮同学的成长记录袋[①]

学校第 45 届运动会结束了。四年级一班的王亮同学获四年级男子组 60 米第一名，四年

[①] 冉顺灵：《学生德育成长档案袋的应用设计——以通渭县文庙街小学为例》，载《内蒙古师范大学学报》（教育科学版）2007年第 4 期。

级一班获四年级团体总分第二名。

　　放学的时候,班主任老师手里捧着些奖状奖品走进教室。老师说:"获奖的同学除了把奖状奖品给父母看之外,还可以把奖状或者它的复印件装入你的德育成长档案袋中。""哪个分袋?对,《学生所获奖励档案袋》。"

　　每位参加比赛项目的同学都得到了一张班主任老师签名的《集体获奖中学生个人贡献说明书》。在老师的提议下,全班同学表决:由于体育委员组织工作做得好,也可获一张班主任老师签名的《集体获奖中学生个人贡献说明书》。

　　另外,王亮同学由于成绩优异,入选学校少年田径运动队,体育老师给了他一张《学校少年田径运动队入选通知》。王亮同学和爸爸妈妈商量后把它装入了《学生优秀劳动成果档案袋》,并独自填写了相应的目录。

(2) 及时评价

　　教师、家长及其他小学生喜欢的人对放入成长记录档案袋里的材料及时进行合理评价,是小学生持续不断地完善自己的档案袋的动力,也会吸引小学生将更多的材料主动放入档案袋中。需要注意的是,在对成长记录档案袋里的材料进行评价时要合情合理,以鼓励为主,评价方法要多样,以质性的描述式评价为主,量化评分为辅;以私下谈心为主,公开评价为辅。另外,老师也可以把对学生在学习过程中的表现的评价放入成长档案袋中,把档案袋作为和学生交流沟通的窗口,案例7-3中的那位老师的做法就十分巧妙。

【案例7-3】　　　　　　成长记录袋中的"悄悄话"[①]

　　成长记录袋内,还可以装进师生的"悄悄话"。悄悄话可以针对学生成长记录袋内的内容,也可以针对学生学习过程中的表现,不时地放一些小纸条到他们的成长记录袋中,有时是表扬和赞许的话语,有时是提醒和批评,不过口气要比较委婉,孩子们管这叫"意外的惊喜",很有激励作用。记得班上的韦檣有一段时间精神恍惚,上课时神游四海,我三番五次找他谈话都没有效果,他对我还带有明显的敌意。我就给他写了一张短信放在成长记录袋里:"你曾经是我最好的朋友,我希望永远是。"他很快回复我了:"我也希望成为你永远的朋友,但是我现在对你有意见,不想和你好了。"看后我很诧异又写短信给他:"为什么?给我一个理由!"他歪歪斜斜地写道:"有一次你冤枉我了,那次我根本没打架。"我很惭愧,真诚地写道:"对不起!我错了,能给我一个改正的机会吗?"他回复:"知错就改还是好老师。"就这样,成长袋成了我和孩子们交流沟通的窗口。

(3) 及时总结

　　及时总结的主体并不仅仅是教师,还包括学生和家长。总结的时间比较灵活,视具体情况而定,一般可以一个月一次小总结,一学期一次大总结。作为教师的总结内容主要有:在这一段时期内学生的学习成绩都有哪些变化、学生的能力有哪些发展、学生和教师之间的关系是不是融洽、学生还有哪些潜力或兴趣自己没有注意到、自己在以后的教学过程中需要在哪些方面改进等等。作

[①] 万伟、秦德林、吴永军主编:《新课程教学评价方法与设计》,教育科学出版社2004年版,第112页。

为学生的总结内容主要有:在这一段时期内自己各科的学习有哪些新的变化、自己和教师、父母以及同学之间的关系是不是融洽、自己的表现和以前相比是不是有了进步、以后应该怎么去努力等等。作为家长的总结内容主要有:孩子最近在学校里的表现和在家里的表现是不是一致、自己和孩子之间的关系是不是融洽、孩子在哪些方面需要父母引导、自己的教育方式是不是妥当等等。

关键术语

小学课程评价;小学教学评价;评价类型;评价方法;实施策略

讨论与探究

1. 讨论:西方先进评价方法如何在我国的小学课堂中得到有效运用?
2. 讨论:如何在小学课程与教学的评价实践中协调运用多种评价方式?
3. 选择一所或几所学校开展有关小学课程与教学评价方面的调查活动。
4. 通过查找文献,梳理小学课程与教学评价理论的最新进展并做评论。
5. 就目前小学课程与教学评价存在的问题开展一次网络调查,并写成研究报告。

案例分析

1. 尝试以不同的身份对案例中的教师和学生的行为进行评价。
2. 如何指导学生在成长记录袋中对这件事进行记录。

一片废纸引起的

上课铃响了,我走出教室等候几个还在外面玩耍的孩子,随手捡起了地上的一片废纸。走进教室,孩子们还在叽叽喳喳的说着,刚要把废纸扔进垃圾桶,忽然改变了主意。何不好好在这片废纸身上做做文章,对孩子们进行"爱护环境的教育"呢?

我举起手中的废纸,向同学们问道:"看看老师手中拿的什么?"刚刚还叽叽喳喳的孩子立即安静下来,但接着又传来了议论声:"真脏啊!"

"太脏了,老师快扔了吧!"

……

"孩子们,坐好了,这节课我们就来研究研究这片废纸,这是老师在走廊上捡到的,老师还看到,教室前面的花池里也有废纸、包装袋,把它们随手乱扔,对吗?"

"不对?"孩子们异口同声地回答我。

"为什么不对啊?"我反问一句。片刻的沉默,叽叽喳喳的声音又开始了,刚刚入学的孩子们,还没有养成良好的课堂习惯。

"老师讲过,课堂上怎样回答老师的问题?"在我的提醒下,孩子们安静了,一只只小手举了起来。

"把废纸扔在地上,太脏了。"

"应该把废纸扔到垃圾桶里。"

"把废纸袋扔进花池里,就是破坏了环境,美丽的花也看不到了。"

> "在水池里扔了很多塑料袋,太脏、太难看了,小鱼都脏死了。"最小的毛毛也大声说出了自己的想法。
>
> "爸爸带我去北京的动物园,管理员叔叔说一只河马吃了塑料袋死了。"
>
> ……
>
> 下课了,好几个孩子蹲在花池边向花池中的废纸伸出了手。
>
> 资料来源 临淄区齐都花园小学教学随笔专辑,http://bbs.eduol.cn/post-28-228719-1.html,2010-08-10.

进一步阅读的文献

1. 李坤崇著:《多元化教学评量》,台湾心理出版社,1999年。
2. 刘志军著:《走向理解的课程评价》,中国社会科学出版社,2004年。
3. [美]诺尔曼·E·格朗伦德著,罗黎辉、孙亚玲译:《学业成就测评》,江苏教育出版社,2008年。
4. 万伟、秦德林、吴永军主编:《新课程教学评价方法与设计》,教育科学出版社,2004年。
5. 严育洪编著:《新课程评价操作与案例》,首都师范大学出版社,2010年。

推荐访问网址

1. 中国基础教育改革与发展网
   http://www.chinacbe.org
2. 中教网:课程评价
   http://www.teachercn.com/Kcgg/Kcpj
3. 学业成绩评价网
   http://xypj.cersp.com
4. 信息时代的教育(美国)
   http://www.edinformatics.com
5. 国家公共教育总监办公室(华盛顿)
   http://www.k12.wa.us

注:文中所用漫画均来自"百度图片"

第8章　小学课程与教学的领导和管理

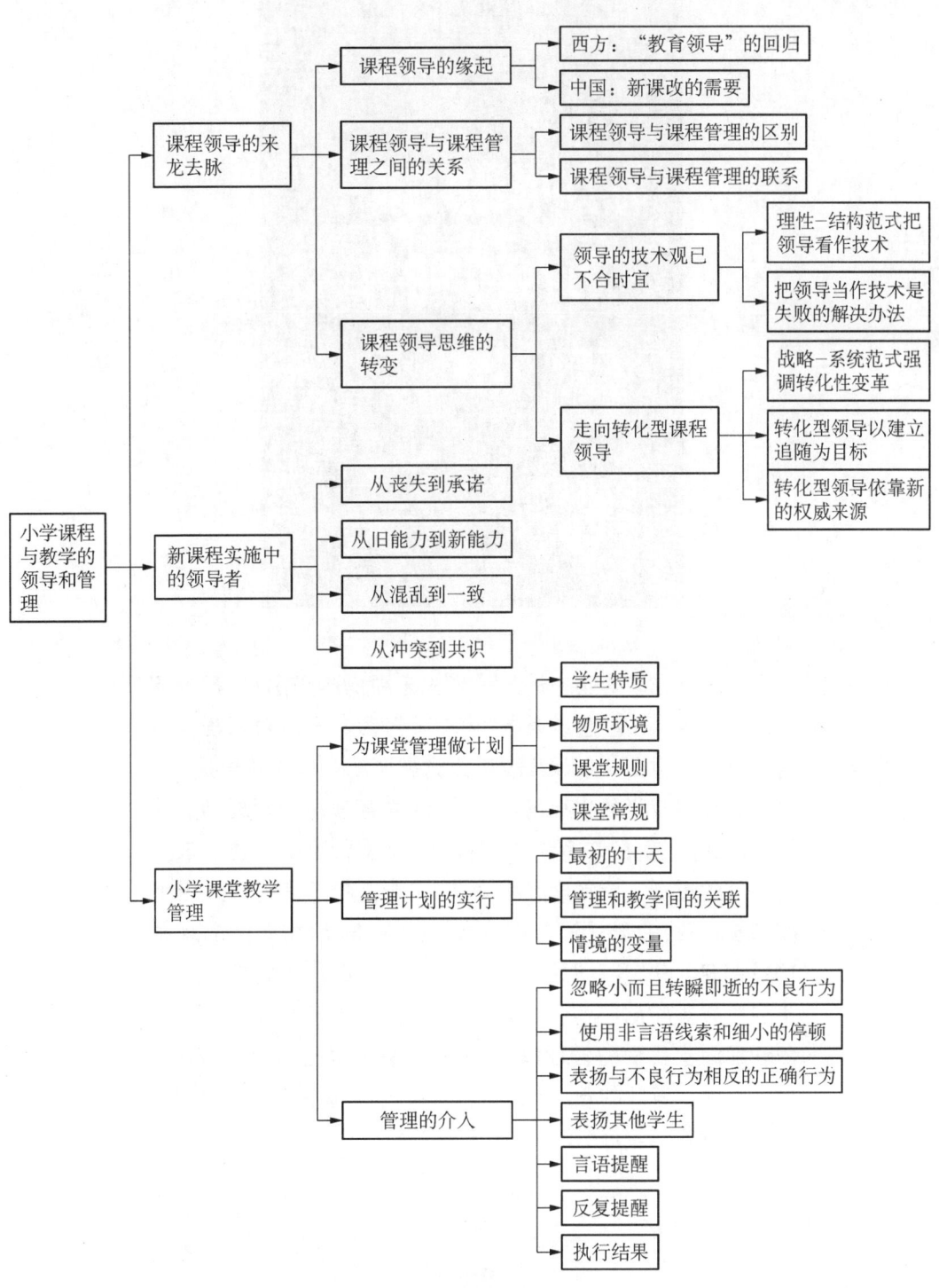

  我国基础教育正在进行一场史无前例的范围广、程度深的课程改革。领导是改革的"火车头",领导再造对课程改革的成功至关重要。新课程改革究竟需要什么样的领导呢?

  课堂是教学的主战场,有效的课堂管理是教学成功的保障。遗憾的是,在许多课堂,教师们对课堂管理问题还未引起足够的重视。为教学而教学,对课堂上的不良行为置若罔闻,或以不当的形式进行课堂教学的管理,诸如此类的现象仍较普遍。其实,有时课堂上处理学生不良行为的方式所产生的负面影响比不良行为本身的影响可能还要大。究竟如何理解课堂教学的管理,教师如何为课堂管理制定计划,怎样才能通过有效的管理为学生创造一个有益的学习环境呢?通过本章的学习,让我们一起来思考!

不同的领导和管理形成的影响、产生的结果大不一样。课程与教学中,情况亦然。当前,新课程已在各中小学全面展开,我们这里就结合新课程改革来谈谈课程与教学的领导和管理问题。这次课程改革根据培养新人、使新课程更具适应性以及向学校和教师赋权增能的需要,推出了一套由国家课程(包括制定了标准的课程和提供实施指南的综合实践活动课程两部分)、地方课程和"校本课程"(提供开发建议)组成的新课程,并提出了校本化实施新课程(这就是广义上的校本课程概念)、基于标准的教学、实行自主、合作和探究的教学方式、进行教学评价改革、创新校本教研和培训的方法等一系列要求。而学校里的课程实施实际上又是涉及学校、小组及个人各层面,校长、行政人员、教师及学生各种角色,认知、情意及行为范畴的整体改革。[1] 由此可见,需要探讨的课程与教学的领导和管理问题其实很多。鉴于篇幅的限制,本章主要就课程领导的来龙去脉、帮助教师在课程改革中实现转变、课堂教学管理三个方面的问题展开探讨。

第1节 课程领导的来龙去脉

课程与教学是一对有区别的概念,但广义的课程包含教学,这里为了论述方便,使用"大课程"的概念来探讨有关问题。

一、课程领导的缘起

课程领导这个概念是西方学者首先提出来的,可以追溯到20世纪70年代,[2]到这次基础教育课程改革才拿来为"我"所用。这样,就有必要先介绍一下课程领导在西方发展的大致背景。

(一) 西方:"教育领导"的回归

萨乔万尼(T. J. Sergiovanni)提出校长五项领导力模式,以解释校长的领导如何与学校卓越的表现相关。该模式中,有五种校长领导向度:技术领导、人性领导、教育领导、象征领导和文化领导。其中的教育领导包含诊断教育问题,为教师提供咨询,开展督导、评价和师资培养,开发课程等方面。显然,它基本上就是指对课程和教学的领导。

对教育领导的历史境遇,萨乔万尼这样分析道:有一个时期,在有关教育管理与监督的文献中,教育方面居支配地位……校长被认作教学领导者。在20世纪50年代后期和60年代,随着管理和社会科学理论在教育管理与监督方面的进展,有关领导中的技术和人力问题步入中心,而教育方面的确经常被忽略。结果,校长这一职业时常被视为与教学工作分离的一个学校管理职位。在这个时期,校长作为"首席教师"的原初意义被丢失了……重新将重点放在领导的教育力上,这是最近的学校有效性和教学有效性研究,以及诸如古德莱德的《学校教育之研究》(1983)等其他研究报告得出的一个令人欣慰的结果……[3]

根据冯大鸣的研究,有些细节可更加清晰地呈现出来:[4]

"有效学校"研究是1966年科尔曼(J. S. Colman)的报告《教育机会之均等》(*Equality of Educational Opportunity*)发表后,由美国、英国、澳大利亚等国一些怀疑该报告结论的研究者们开展的研究。他们的研究除改变了该报告的学校无所作为的悲观论调外,还纠正了过于看重学校的

---

[1] 郑燕祥著,陈国萍译:《学校效能与校本管理:一种发展的机制》,上海教育出版社2002年版,第198页。
[2] 黄旭钧著:《课程领导理论与实务》,台湾心理出版社2003年版,第2页。
[3] [美]萨乔万尼著,张虹译:《校长学:一种反思性实践观》,上海教育出版社2004年版,第120—121页。
[4] 冯大鸣主编:《美、英、澳教育管理前沿图景》,教育科学出版社2004年版,第207—254页。

经费、班级规模、分级制还是不分级制之类的传统误解,肯定了校长在造就"有效学校"中的关键作用,强调校长的首要角色是教学领导者,从而使校长养成课程的重心从管理的非教学方面转向了教学方面,同时也促使中小学校长把更多的注意力投向课堂教学方面,并导致了政府对校长的问责和对学校绩效的考核。到20世纪80年代后期,作为"有效学校"研究的发展,西方更多国家兴起了"学校效能与改进"运动,把研究的重心放在学校改进上。

需要指出的是,"有效学校"研究和"学校效能与改进"运动存在着对有效学校的特征和要求"罗列推论"、推崇"英雄校长观",以及过分强调领导的教学维度等不足。不过,从当今西方学校领导理论发展来看,这些不足都已成为过去。

(二) 中国:新课改的需要

在我国,课程领导是因应这次基础教育课程改革而出现的话题。过去,我国实行的是中央集权的课程管理体制,决策权掌握在少数人的手中,关于课程和教学的规定,巨细靡遗,学校只是一个执行的单位,教师像操作员一样依规施教。这种体制虽然在客观上适应了当时教师的素质和教学水平相对不足的情况,但也造成了外在控制愈是加强,学校成员愈是依赖、无能,就越需要监控的生态现象。

这次课程改革坚持20世纪80年代中期开始的"一纲多本"改革的分权方向并呼应了当今各国教育变革强调表现、标准、问责和考核的趋势,①重新划分了国家、地方和学校三级的课程权责(见表8-1),试图建立一种放权和控制能够平衡的新基础教育体系。显然,没有坚强、有力领导,不要说重建一种体系,就是其中任何一件事情都不可能做成或做好。需要重点指出的是,所有新课程最终都是要交付学校实施的,而它们并不那么容易实施。再想想学校和教师以前被设定为干什么的,我们就能很清楚地知道,要实施好新课程,首当其冲需要的是这样一种领导:"……确定一批人应当前进的方向,并带领人们朝着这个方向前进,使之投身于这一运动,并且激励他们战胜前进道路中不可避免的障碍坎坷……带来建设性或适应性变革。"②

表8-1 国家、地方和学校三级课程权责分配框架

国家一级	地方一级	学校一级
● 制定课程计划和国家课程标准 ● 制定教材编写、审查与选用的政策,并组织审定基于课程标准编写的教材 ● 制定地方和学校的课程管理指南 ● 负责审议地方课程的开发方案 ● 确定基础教育课程的评价制度 ● 监督国家有关课程政策的执行情况,并组织全国性水平测验 ● 根据教育改革和发展需要,修订课程文件	● 制定本地课程计划实施方案 ● 组织审议学校课程实施方案,指导学校具体实施国家/地方课程、选用教材以及校本课程开发 ● 开发地方课程 ● 为学校课程实施与开发提供服务,帮助学校解决教育中的问题 ● 对本地课程实施、评价与考试等情况进行监控 ● 整合社会的课程资源,引导各种社会力量参与课程开发与管理 ● 加强教材、教辅用书及其他教学材料的使用管理 ● 组织教师培训	● 制定学校课程实施方案 ● 选用经审查通过的教材 ● 开发校本课程 ● 对课程计划实施、教学、评价与考试、课程资源开发与利用等方面进行自我监控 ● 建立教师、学生、家长及社区代表参与学校课程管理的机制 ● 组织校本培训,建立以校为本的教研制度 ● 为教师教学、学生学习等提供服务

资料来源 教育部基础教育司、师范教育司组织编写:《新课程的领导、组织与推进》,高等教育出版社2004年版,第27页。

---

① 尹弘飚、操太圣:《课程改革中教师的身份认同——制度变迁与自我重构》,载《教育发展研究》2008年第2期。
② [美]科特著,方云军等译:《变革的力量——领导与管理的差异》,华夏出版社1997年版,第4页。

然而，尽管这次课程改革提供了更新教育体系的战略机遇，要求教育管理发生脱胎换骨的变化，但是以"做我要求你做的事"为典型特征的传统管理模式已经根深蒂固，好像它本身就有阻力似的，不是说改就能改的。可想而知，学校不会因课程实施的重心已位移到自己身上，教师不会因成为变革的关键实施者而能得到多少实质的帮助和支持，倒是很有可能在穷于应付各种各样的检查评比中成为牺牲的祭品。"以不变应万变"的管理方式对教育变革来说其实是一个比教师不适应更为根本、严重的问题。为此，有人及时提出了"从'课程管理'到'课程领导'"的主张。①

二、课程领导与课程管理之间的关系

"从'课程管理'到'课程领导'"这句话有特定的含义，我们不能将它看作是对课程领导与课程管理关系的全面表述。从宽泛的意义上说，管理一般已将领导包含在内了。本章不少地方使用的管理一词就处于这个层面。此外，从本章的标题能看出，领导和管理还存在一种并列关系，这是就它们各自具有彼此不可替代的功能而言的。下面就从最后一层意思来探讨课程领导和课程管理之间的区别和联系。

(一) 课程领导与课程管理的区别

弄清楚这个问题的关键在于把领导和管理区别开来。简单地说，管理是把事情做正确，而领导则是做正确的事情。具体而言，领导和管理的差异如表8-2所示：

表8-2 管理与领导的比较

管　　理	领　　导
产生秩序和一致	产生变化和运动
● 计划、预算过程——为未来，特别是为下一个月或下一年设立目标，确定达到这些目标的详细步骤，包括日程安排和指导方针，并为完成计划进行分配。 ● 组织和人员配备——根据完成计算的要求建立组织机构。配备人员，赋予他们完成计划的职责和权利，制定政策和程序对人们进行引导，并采取某些方式或创建一定系统监督计划的执行情况。 ● 控制、解决问题——相当详细地监督计划的完成情况，如发现偏差点，则制定计划、组织人员解决问题。	● 确定经营方向——确立将来，通常是遥远的将来的远期目标，并为实现远期目标制定进行变革的战略。 ● 联合群众——通过言行将所确定的经营方向传达给群众，争取有关人员的合作，并形成影响力，使相信远景目标和战略的人们形成联盟，并得到他们的支持。 ● 激励和鼓舞——通过唤起人类非常基本但常未得到满足的需求、价值和情感，激励人们战胜变革过程中遇到的政治、官僚和资源方面的主要障碍。

资料来源 改编自[美]科特著，方云军等译：《变革的力量——领导与管理的差异》，华夏出版社1997年版，第6页。

根据表8-2的对比，我们自己完全可以就课程改革的某个方面，试着把所需展现的领导和管理描述出来。

(二) 课程领导与课程管理的联系

这次我国新课程改革范围广、难度大，加上管理有余(但这并不意味着我们在管理上做得有多么好)、领导不足的现象由来已久，可以说，领导多多益善，但这并不没有贬抑管理的意思。管理与有效领导行为相结合，能创造出更为有序的变革过程。总而言之，有效的领导与高效的管理相结合，才能带来满意的效果。若两者都不具备或都很弱，便如一只无舵之船再加上船体有一个大洞。如两者只具备其一，不一定能使境况变好。没有领导相结合的强有力管理可能会变得官僚主义，令人感到压抑，为了秩序而维持秩序；没有管理相结合的强有力领导会变得以救世者自居，形成狂热崇拜，为了变革而变革，甚至变革是朝着完全不理智的方向发展。

---

① 钟启泉：《从"课程管理"到"课程领导"》，载《全球教育展望》2002年第12期。

因此，我们所要做的，不是在领导和管理之间择一，而是要在两者之间保持平衡。哈佛商学院终身教授科特（J. P. Kotter）进一步提出，对领导和管理的强调与平衡是对两个变量的权变。一是组织运行中所需变革数量，二是组织运行的复杂程度。处于动荡环境之下而又复杂的组织，要求高水平的领导和管理；面临重大变革而又相对简单的组织要求领导多于管理；在稳定环境下的复杂组织要求管理多于领导；稳定环境下的简单组织则要求两者都淡化一些。① 无疑，这能为学校各层面领导者在课程改革中如何动态地把握领导和管理之间的关系提供指南。

三、课程领导思维的转变

虽然课程领导对我们来说是新近才出现的一个概念，而且如上文所示，人们基本上是把它作为一个褒义词来使用的，但课程领导同时又是独立于这个概念的事实存在，而且常常是以不好的形象出现的。我们大可说"这根本就不是领导"，或者把它看作是不好的课程管理，但这也说明我们有必要进一步探讨支配着领导者的领导观是什么样的、为什么说它们与课程改革根本是不匹配的，以及符合课程改革诉求的领导又是什么样的这些问题。

（一）领导的技术观已不合时宜

1. 理性-结构范式把领导看作技术

采取什么领导策略与怎样理解组织运作紧密联系在一起。现在居主导地位的组织运作范式是科层组织观点，或称技术理性取向、理性-结构范式。该范式把组织看作是应该打造成具有最大效率，依靠规划、指挥、协调和控制的理性系统，把管理看作是根植于研究、逻辑、测量和效率的科学或技术行当。

受这种范式支配的教育管理借重科层权威、技术权威和心理权威。科层权威来自一个组织等级制度中的正式职位和官方权力。它强调规则、规章、角色和期望。它假设监管者比员工高明、值得信赖，应实行外部问责。主要的领导策略是"期望和检查"：员工接受直接监督，根据监管者研制的标准测量依从情况。这种权威可简单地表示为"我位子比你高，所以要听我的"。

第二种是技术权威。它依靠逻辑和研究，将教学实践和领导实践都看作是应用科学，技术知识凌驾于个人判断和经验之上，客观证据比价值观和信念重要。基于技术权威的领导依靠研究资料，以标准化方式塑造实践，要求仔细的监控和督导。因为这种权威诉诸专门知识，期望人们服从建基于技术理性的较高标准和从研究得出的最佳教育实践的工艺性见解，② 可能不像科层权威那样具有强制性。然而，这种领导容易变成"粗暴的英明"，要求教师服从被认定的真理。技术权威可简单地表示为"我握有良方，所以要听我的"。

第三种权威是心理权威。它强调合作和沟通，依靠"人际关系上的风格、机敏、狡诈、政治知识以及管理和心理技能方面的其他形式"③。它假设教师和管理者具有不同的目标，其差异是可协商的。教师有合理的需要，如果这些需要能得到满足，管理者的目标便能得到较好的实现。这种权威假设"所能获得的奖赏使人们去做"，主要领导策略是"期望和奖赏"。如果期望是清晰的，工作氛围是积极的，依从能获得奖赏，教师就愿意参与和进行下去。这种权威可简单地表示为"我会让你做得值得，所以要听我的"。

一般来说，这三种"听我的"权威是结合起来使用的。与之相关的一个现象是改革的时候有关

---

① ［美］科特著，方云军等译：《变革的力量——领导与管理的差异》，华夏出版社1997年版，第15页。
② ［美］萨乔万尼著，张虹译：《校长学：一种反思性实践观》，上海教育出版社2004年，第429页。
③ ［美］萨乔万尼著，张虹译：《校长学：一种反思性实践观》，上海教育出版社2004年，第429页。

各方为学校领导者、教师开列"职能清单"或"技能清单"的做法也颇为流行。

此外,权变理论和情境理论对领导者的影响也比较大。前者提出不同类型的组织、不同种类的问题,要求不同类型的管理;更重要的是,要求处于特定环境中的管理者能应用特定脉络所要求的一系列技能。后者认为领导者已形成自己的风格,但是要有足够的灵活性,能很快地使自己的风格适应不同情境的要求。

试图把学校管理变成一种技术有它的好处,我们每个人从日常生活中也能感受到管理技术的重要性,但是把管理当作技术,即使对维持现状都有明显缺陷,更不用说能为变革提供有希望的基础了。

2. 把领导当作技术是失败的解决办法

变革内在地要求人们做得不同、更多和更好,但是依赖科层和技术权威具有反作用。强调标准化的表现,例如,详尽陈述工作,严格按照预设的目标检查结果,充其量使教师如同按照程序脚本操作的技师那样做出回应。由于这种管理方式促使教师狭隘、僵化地看待自己的工作,它必然"局限于取得最低限度的而不是最高程度的结果",①是与有意义的变革对立的。

从一个更广的层面来说,把领导看作一列职能或技能与现实生活根本就不相符。领导任何一个工作群体都是完整的人在整个环境中根据当时不可预知的情况,以具体方式与另一些完整的人进行互动。② 这并不是说所列的职能或技能一定是无关的,而是说把领导归约为一个清单根本无法与真实世界的复杂性相提并论,尤其是在改革的动态脉络里。

再来看看权变理论和情境理论的局限性。首先,它们强调领导者须以自身行为适应情境,而不强调改变情境;③其次,它们提供一种虚假的简单性。领导者也做不到适合所有的人,而且以各种不同方式来回应各种各样的情境势必让人难以看出他的真实承诺是什么;最后,"善变的"领导者还经常给人留下不真诚、试图制造善于领导的观感、矫揉造作和工于心计而不是自发和真实的印象,这损害了信任这件最宝贵的东西。

总的来说,现行教育管理存在的最主要问题在于混淆手段和目的。围绕如何做事而不是做什么、为什么做来组织实践,抛弃了领导的真正本质,堕入一种强调程序和技术、损害实质和目的的"管理秘诀"。因为相信好的方法会产生好的结果,程序上的控制能克服人的不一致性,这种秘诀的实践者无不走向用方法替代结果、把控制当作目标。学校改进计划变成了实际改进的替代物、领导的战术和风格变成真实目的的替代物。④ 虽然知道如何实现目标是重要的,实现目标也离不开健全的管理,但领导的基础是决定什么目标值得追求。这点在我们教育界太缺少了,管理者被教育成做组织的操作员而非有远见的思想家,结果,他们往往成为维持者而非领导者,削弱了学校改进和革新的潜能。

(二)走向转化型课程领导

1. 战略-系统范式强调转化性变革

在西方,领导思维早在20世纪80年代就出现了重大转向,表现为转化型领导(transformational leadership),可统称为战略-系统范式的一系列新观点(包括战略管理、系统理论、参与式管理等)异军突起。说它们是战略的,是因为它们非常重视组织的核心能力和基本方向。说它们是系统的,是因为它们认识到组织里起作用和作用于组织的因素是多维的、复杂的。其中大多数观点可以说具

---

① [美]萨乔万尼著,张虹译:《校长学:一种反思性实践观》,上海教育出版社2004年,第63页。
② P. B. Vaill, *Managing as a Performing Art: New Ideas for a World of Chaotic Change*, Jossey-Bass, 1991, p. 114.
③ 郑燕祥著,陈国萍译:《学校效能与校本管理:一种发展的机制》,上海教育出版社2002年版,第127页。
④ [美]萨乔万尼著,张虹译:《校长学:一种反思性实践观》,上海教育出版社2004年,第430—431页。

有转化的性质,体现在它们超越技术能力,从深层的、根本的价值观层面寻求表现的改进。在我们看来,它们能为改进实施课程变革的努力提供唯一真实的希望。

领导的战略-系统方式强调实质而非技术。它们并非将领导看作是一门应用科学而是一种技艺,一种实践经验、个人技能、判断和直觉的独特结合体。管理和教学一样凌乱、复杂和不可预测,不能被当作是一种逻辑的、线性的活动。任何技艺都包括技术方面和有用的诀窍,但它们不是实践的基础。同样,虽然管理的理论和研究不是无关的,但它们往往不是太一般就是太具体,总是没有经验丰富的从业者的判断那样有教益。领导者在行使领导时以这两个关键概念为依归:目的(追求建立在共享价值观和信念基础上的机构愿景)和追随(使人们加入到追求愿景中来,这以真实承诺和整个组织的人都得到作为决策者的授权为基础)。

目的和追随构成转化型领导的核心。通过对转化型领导与交易型领导(transactional leadership)的对比能获得更深的理解。后者包含我们通常将其与管理联系在一起的大部分东西以及前面提到的理性-结构模式里的许多东西。交易型领导是建立在交换的基础上,以自利为主要动机的人之间所进行的一种交易。在最开通的时候,交易型领导达成互惠的妥协。但它基本上是在追求战术性利益和交换,不能将一个群体提升到竞争和妥协之上,推动他们做出根本的改变。在不堪的时候,交易型领导变成操弄管理秘诀,使领导沦为空洞的技术,忽略真正激励优异的整个经验领域:"现时被认为是正统的管理价值体系偏向于理性、逻辑性、客观性、自我利益的重要性、明确性、个体性以及分离性。强调这些价值使我们忽视了作为附加价值的情感、团体成员身份的重要性、意识和意义、道德、自我牺牲、责任和义务……我们所需要的是扩展了的领导实践的理论和操作基础,这种基础将为整个价值体系和权威基础提供一种平衡……领导的道德维度。"①

道德维度是转化型领导里最重要的东西。受自由、共同体和正义这些深层价值观的驱动,转化型领导关心的就不只是什么有效,什么是好的。它回应人类连接超凡价值观和总体目的的根本需要,致力于团结人们实现共同的利益,把组织成员的态度、价值观和信念从自我中心水平提升到更高的利他水平。在这点上,它跟魅力型领导有很多共同之处。

魅力这种东西让人觉得很神秘,但我们从魅力型领导者身上能发现,他们具有能深深地打动人的能力,这种能力通过与人们缔造一种独特的、强有力的联结,使他们加入到某项事业中来。康格(J. Conger)提出了魅力型领导的四个"阶段":②

阶段一,对其他人的需要保持敏感,把当前的问题看作机会,并构造出应对问题的愿景。

阶段二,传达愿景,传达方式须使人明白现状不可接受,而提出的愿景是一种有吸引力的可能的替代。

阶段三,通过证明对愿景有真心实意的承诺,在追随者中建立起信任。

阶段四,展现实现愿景的手段,包括以身作则、授权给其他人、运用非常规方法。

由此可见,魅力典型地具有转化功效,远比领导的技术方式适合于追求一具变革性质的愿景、建立对革新的承诺、承担风险和寻求大胆的革新。简直无法想象一个不顾及这些阶段的人,能成功地领导一所学校或一个更大系统的重建工作。

这并不是说一个人必须有魅力才能领导变革。那些没有魅力的人也能找到许许多多有效的方式来领导革新。正如萨乔万尼说的那样,"有价值的领导最终还是那种以不同方式触动人的领

---

① [美]萨乔万尼著,冯大鸣译:《道德领导:抵及学校改善的核心》,上海教育出版社2002年版,第 viii 页。
② J. Conger, *The Charismatic Leadership: Behind the Mystique of Exceptional Leadership*, Jossey-Bass, 1989, p. 25–43.

导:开掘他们的情感,呼唤他们的价值观念,回应他们连接他人的需要"①。它始于追随。

2. 转化型领导以建立追随为目标

转化型领导者诱使追随者追求"体现领导者和追随者两者价值观和动机(欲望、需要、愿望和期望)的目标"②。他们帮助人们强烈地感受到自己的真实需要,有意义地界定价值观,这样他们能有目的地行动。这对根本的组织变革来说是必不可少的。它需要利用学校成员当中现有的能量来源创造新的能量,需要教师有真实的参与、真正的投入和额外的努力。仅仅关注决策的风格和水平,以及将使人们做领导者想做并感到高兴的事当做唯一目的的实践界定为良好实践的领导,不可能成就这类革新。它们召唤和需要教师有高水平的意识和参与,以及只有在他们有目的的行动时才会出现的那种奉献精神。换言之,他们需要做追随者而不是下属。这对当代领导理论和重建来说都是一个重要的区别。

下属做要求他们做的事。他们对科层权威作出回应,充其量是响应冲锋令的好战士。他们喜欢确切地知道期望他们做什么,并经常表现出乐意去做(虽然他们极少做其他的事,需要监督)。他们对心理权威也作出回应,对工作投入多少取决于能得到多少奖赏。借由外部奖赏和压力并用,大多数人像下属那样行事并不难。然而,当奖赏和压力失去新鲜感或力量时,投入和表现随之下降。学校改革中的情况常常是没有多少这样的激励因素可用,但目标却是取决于教师的意愿和内在动机的优异表现,怎么办?

需要的是追随。追随者具有两个重要特征:对自己以外的目的、原则或人有承诺,以及能很好地管理自己。追随者是信奉者,认同另一个人的教义或方法。他追随领导者,但他这样做是因为他想这样做,自愿根据他们共同持有的协定行事。"追随者是对他们所依附、所坚信的目的、事业、有关学校是什么并能够变成什么样的愿景、有关教和学的信仰、价值观和标准作出承诺的人。"③这种承诺使他们成为追求组织目标充满热情的、积极主动的参与者。在这点上,他们更像是领导者而非下属在行事。当人们对组织或者对作为人而非技师的做事方式产生深厚感情时,他们会把工作视为目的本身。就此而言,管理和领导之间的区别是管理者"使其他人去做",而领导者"使其他人想去做"。④ 意愿对追随至关重要,学校重建的领导者对此必须予以激发。

3. 转化型领导依靠新的权威来源

那如何开始? 概念化这项任务的一个非常好的方式是把教师看作志愿者。"假设他们在那里是因为他们想在那里,而不是不得不在那里。需要具备什么条件才能使他们愿意加入这样一个组织? 在这些条件下,如果想要人们有高水平的表现,你需要做什么? 如果想要人们对组织保持忠诚,需要做什么?"⑤在激发承诺和忠诚的因素中,有两个因素尤为重要:领导者的可信性和具有内在奖赏作用的工作环境。这里着重说说后者。与"所能获得的奖赏使人们去做"不同,我们应该运用新的、有助于解释人们为什么追求卓越的公理:"正在得到的奖赏使人们去做",这显示出目的非常重要。人们追求卓越,为改进而努力,是因为他们相信他们正在做的事情。坚持不懈地致力于高水准的表现需要对一种信念、一套价值观或理念有情感投入,赋予努力特殊的意义,给工作注入道

---

① [美]萨乔万尼著,冯大鸣译:《道德领导:抵及学校改善的核心》,上海教育出版社2002年版,第140页。
② J. M. Burns, *Leadership*, Harper & Row, 1979, p. 19.
③ [美]萨乔万尼著,冯大鸣译:《道德领导:抵及学校改善的核心》,上海教育出版社2002年版,第85页。
④ J. M. Kouzes & B. Z. Posner, *The Leadership Challenge*: *How to Keep Getting Extraordinary Things Done in Organizations*, Jossey-Bass, 1987, p. 27.
⑤ J. M. Kouzes & B. Z. Posner, *The Leadership Challenge*: *How to Keep Getting Extraordinary Things Done in Organizations*, Jossey-Bass, 1987, p. 26.

德目的。对这种领导最贴切的一个词汇是树立目的,意指使人们对组织的基本目的有清晰的认识和共识,并作出承诺。① 树立目的是建立追随的核心所在。

关注目的和追随的转化型领导借重另两种权威来源。第一种是以适用的技艺知识和个人专长为表现形式的专业权威。它承认实践具有自身的特殊性,科学知识为实践提供信息,但不为实践开具处方。它期望教师对共同的社会化、认可的实践原则以及内化了的专业精神作出回应。注重使用专业的、文化的以及道德的影响力,减少对正式领导的需要。首先,通过减少等级影响,让变革在组织的较低层面发起,真正在那里作出影响实施和表现的日常决策;其次,要求教师以一种更加专业、自决的方式行动。专业组织里的领导者不是聚焦于方案或严密的监督,而是聚焦于价值观和结果;他们指导而不是控制。专业权威也强调最佳实践的重要性,但期望将教师导向以自我激励、自我监控的方式遵守专业标准。其主要策略可归结为"内在奖赏"(正在得到的奖赏使人们去做)。领导者就专业价值观以及如何将其转化为标准与教师展开对话,并给他们足够的支持和自由加以实现,要求教师为达到这些标准而相互问责。

权威的第二种来源是道德方面的。它强调责任源于宽广的共享价值观、理念和理想。它期望教师尊重共同的承诺和相互依赖。它依靠"规范理性……使得人人都服从一系列思想、理想和共享的价值观,并要求他们履行其本分,实现其道义,承担其责任,从而在道德上作出回应"②。从这个角度看,人不只是受自我利益激励,而且受情感和信念激励;学校由价值观、信念和承诺来界定。主要的领导策略是"美好的东西使人们去做"。领导者要和教师一道甄别、澄清共同体的价值观和信念,并将其转化为表现和行为方面的非正式规范,依靠这些规范实现之。

为了让人们对如何实现领导的转化功能有所了解,萨乔万尼阐述了领导的四个阶段,每个阶段关联着学校改进的一个水平。③ 虽然每个阶段各有一套独特的改进策略,但在实践中这些策略可视需要同时用于不同的目的。物物交换的领导(leadership by bartering)经常出现在改革的启动阶段,领导者试图通过使人们觉得值得做来激发变革兴趣或试验。它依靠心理权威,强调技能、风格以及领导者营造愉悦氛围方面的灵活性。它回应人们生理的、安全的、社会性的以及自我的需要。物物交换使员工作出斤斤计较的反应,他们关注参与所能获得的外在利益。在目标是要达到基本权能,或者领导者和员工之间存在根本分歧时,这种领导可能是有效的。在对变革没有共识的时候,它也可能有助于推动工作的开展。但是由于缺乏共享的目标或利益,除了交换,实际上不存在实施其他领导形式的基础。同样,就一个新的方向或者一套新的实践商定基本协议只不过是打开了改革之门。物物交换只能走这么远。

要超越常规权能和一般协议,领导者须从交易型领导向转化型领导迈进,在员工中激发起强烈的承诺来推动他们取得非凡的成绩。这涉及领导的第二、第三阶段——构建(building)和联结(bonding)。作为构建的领导出现在革新被采纳、运作后的不确定或"得过且过"时期。它依靠专业权威,将焦点集中在唤起人的潜能,提供实现、挑战、承担责任和成就、获得承认的机会,满足人们获得尊重、能力、自治和自我实现这些高级心理需要,激励更高水平的承诺和表现。这种领导激发起员工的内在兴趣和参与,因为工作目标本身就具有专业奖赏作用。

作为联结的领导出现在革新的"转化"或"突破"阶段。它依靠道德权威来提升整个学校共同体的行为和抱负水准。萨乔万尼希望在领导者和被领导者之间能有一种盟约的概念——共同体的

---

① P. B. Vaill, *Managing as a Performing Art: New Ideas for a World of Chaotic Change*, Jossey-Bass, 1991, p. 52.
② [美]萨乔万尼著,张虹译:《校长学:一种反思性实践观》,上海教育出版社 2004 年,第 429 页。
③ [美]萨乔万尼著,张虹译:《校长学:一种反思性实践观》,上海教育出版社 2004 年,第 158—165 页。

所有成员都赞成,并且相互强化地共享。每个人的参与不仅是内在的,而且是道德的,建基于出自承诺的义务感。这种领导回应对目的、意义和重要性的需要。相互认同的价值观、目标和规范构成学校文化的中心,并将人们团结在一项共同的事业中。

领导和学校改进的最后一个阶段是结合。它出现在转化之后,在改善成为日常工作惯例的时候,新的目的和实践制度化为学校日常生活的组成部分。这时,领导者成为一种服务者,实行"仆人领导"。他"伺候"学校的需要,使其他人更好地履行责任,并且表达和护卫共同体的价值观,作为一名"高级教士"发挥作用。

第 2 节 新课程实施中的领导者

任何变革都是由人来实施的,实施者的主观现实(在学校里指教师的亲身体验)对成功的革新至关重要,转化这种主观现实是变革的一项最重要任务。博尔曼(L. G. Bolman)和迪尔(T. E. Deal)从包括社会学、心理学、政治学和人类学在内的相关社会科学,以及自己与众多管理者和组织共事的经历中,提出理解组织有结构、人力资源、政治和象征四个框架(frame),据此认为变革会带来四个方面的问题:变革造成意义和目的的丧失;变革使人感到不胜任、不足和无能为力;变革改变角色和关系的清晰性和稳定性;变革引发冲突、制造输家和赢家。① 简单地说,变革造成丧失、挑战能力、制造混乱和引发冲突。新课程实施中的领导者应以帮助教师实现转变为要务,下面具体探讨领导者如何帮助教师实现从一种状态向另一种状态的转变。

一、从丧失到承诺

大多数革新只有在人们积极采纳,成为充满热忱、全心投入的参与者的情况下才能取得成功。而这次课程改革"意味着教师以往熟稔于心的、早已内化为自我之一部分的专业实践、规范与价值标准基本上都将在改革中失去意义"②,必然让教师产生强烈的失去、焦虑和冲突的感受。因此,必须帮助他们实现从丧失到承诺、从放弃旧的东西到真正接纳新的东西的跨越。

然而,我们每个人身上都存在一种根据已有的结构理解现实,创建模式并加以坚持的根深蒂固的保守倾向,③使我们很自然地去抗拒变革。变革的程度越大,遭遇的抗拒越强烈。因此,帮助人们实现从丧失到承诺的转变绝非易事。但它也不是不可能完成的任务,因为人身上同样存在支持适应的倾向,也不乏既能提供心理安全又能促进转变和承诺发展的做法可供我们学习使用。

变革通常意味着丧失,但失去既可能使人绝望,也可能激发创新。实际上,绝望经常是创新之源。当失去不可挽回时,我们须重新解释生活的目的、对人和观念的依恋之情。为此,我们须先接受失去并不仅仅是业已发生的事实,而且是属于我们期望发生的一系列事件的一部分。保守倾向使我们不想失去什么,但是"当这行不通时,它也会引导我们去修复(连续性)脉络,用重新编织的意义线索,将过去、现在和将来重新连接起来"④。如果我们有机会修正、拓宽我们赖以理解事物的框架,保持连续性的需要会推动我们将变革纳入意义模式中加以适应。

为了使适应发生,我们必须能够理解变革所造成的丧失。意义是决定人们如何应对的核心问

---

① L. G. Bolman & T. E. Deal, *Reframing Organizations: Artistry, Choice, and Leadership*, Jossey-Bass, 1991, p. 377.
② 尹弘飚、操太圣:《课程改革中教师的身份认同——制度变迁与自我重构》,载《教育发展研究》2008 年第 2 期。
③ P. Marris, *Loss and Change*, Routledge & Kegan Paul, 1986, p. 8.
④ P. Marris, *Loss and Change*, Routledge & Kegan Paul, 1986, p. 21.

题:失去是可理解的吗? 从失去中能得出某种有价值的目的吗?① 也就是说,假定一个人能成功地适应新的要求,他愿意去适应吗? 虽然我国的教师对外来的变革一般采取"温顺"的态度,但这并不意味着他们如何应对就无关发现新意义。而且,经受重大损失的人必须有效处理从震惊经由阵痛到重新整合的过程,否则,即使那些看似在改革中走在前列的教师,也不可能真正有"家"的感觉。连续性、疗伤的时间和面对面的接触是适应和化解痛苦所需要的条件。

人们并不因为有了听起来更好的变革就可解除痛苦,却会经历一段艰苦的历程。他们需学习重建受到变革威胁的目的和感情。这个过程无论从认知还是情意层面来看都是复杂的。它需要连续性,得有人帮助他们将新旧联系起来,将未来看作是与过去不是无关联的,而是有关联的。这需要肯定原有承诺的长处,并探寻使新的实践进行得有价值的方式。

在人们努力弄清楚正在失去什么,调整意义结构接纳新的东西的时候,这种探索常常需要很长的时间,充满痛苦和矛盾。一项革新不管在发起人看来多么合理,不管他们认为人们对适应能够或应该做好怎样的准备,实施过程"仍须允许拒绝的倾向充分表现出来"②。因为我们只有通过表达这种倾向,反复重构丧失的经验和适应的必要性,才会接受变革,对新的东西有承诺。

尊重人们处理丧失和形成变革对自身意义的需要,自然包括给他们完成这些重要事件所需要的时间。人们对变革的反应很不一样,所有受到变革影响的人都得有机会尝试它、熟悉它,看看它是否合适,发现能从变革中得到什么以及要付出什么。③ 这需要时间。当革新的最终目标不只是要影响教师的行为,而是他们思考学校教育的方式时更是如此。如果变革代理人无视或压制教师看重的东西,用强行推销,或者强加一套变革或技术、一种新的意识形态的办法仓促行事,结果可能是加剧抗拒,使旧的价值观反弹。④

虽然没有一个人能代替另一个人转化痛苦,但领导者和变革对象之间多些面对面接触对从丧失到承诺的转变非常有助益。比较明显的方面是有助于新技能的学习(这点将在下一部分展开);不那么明显但同样重要的是减轻革新造成的失落感,尤其是有深厚感情的东西失去带来的痛苦。当然,这并不是说连必要的变革都不要坚持,也不要对教师提出学习新技能的要求,而是必须看到他们遭受的痛苦。顾及任务表现和情绪调控而非哪方面的面对面接触,能更好地促进从丧失到承诺的转变。博尔曼和迪尔甚至提出,有必要在人们遭受重大损失时举行特别仪式,来送别过去、应对现在和走进有意义的未来。⑤

二、从旧能力到新能力

和建立新的承诺密切相关的是建设新的能力。变革重新界定了熟练或者说胜任的概念(虽然人们常常作出很不一样的解读)势必使现有的技能贬值,即令人们认为这些已运用自如的技能仍然是有效的和成功的。因此,实施变革要求教师放弃至少已变成旧能力的东西,发展现在看作是新能力的东西。对这次基础教育课程改革来说,这种转变尤具挑战性。过去"防教师的课程"造成教师"去技能化",现在可谓以大学教师中都没有几个人做到的"样样在行"要求他们,跨度之大,足以使最资深、最有水平的教师都变成实际的新手。

---

① P. Marris, *Loss and Change*, Routledge & Kegan Paul, 1986, p. xiii – xiv.
② P. Marris, *Loss and Change*, Routledge & Kegan Paul, 1986, p. 155.
③ M. Fullan, with Stiegelbauer, S., *The New Meaning of Educational Change*, Teachers College Press, 1991, p. 127.
④ G. Morgan, *Images of Organization*, Sage, 1986, p. 222.
⑤ L. G. Bolman & T. E. Deal, *Reframing Organizations: Artistry, Choice, and Leadership*, Jossey-Bass, 1991, p. 389 – 394.

在变革的所有方面，需要帮助教师获得新的知能最容易为大家认识到。诚然，现在这方面可用的策略很多，现有的培训远不如人意，但考虑到培训在革新中具有不可替代的作用，在此着重探讨怎样的培训才能支持革新的问题。从有关文献中，我们能发现这种培训必须是一致的、个别的和持续的。"一致的"指培训内容的设计和序列化。各期培训都必须和革新有关，且以合逻辑的方式展开，既向教师提供较大目标的概览和特定目标的指南，也提供实现这些目标的方法。"个别的"则强调培训要适合教师现有的知识、实践和感觉到的需要。可信的、容易得到的技术援助对改革的成功实施是不可缺少的。新的实践与教师能得到多少个人援助，这种援助的用户友好程度关系重大。再想一想，让我们做一件稍微不同的事情，我们都担心能不能做好。这提醒我们注意：变革会危及人的自尊和感到有效能、有价值以及控制的需要。技术培训必须考虑到教师的实际状况，增长其信心。解释、训练、建模和练习须更具个别性和密切性，与变革的规模和复杂性相称，变革程度越大，需要越多的互动。

要有效，培训还必须是持续的。也就是说，培训不仅要先于革新，而且要贯穿实施的早期阶段和中期阶段。掌握新概念、材料和方法通常被看作是专业发展活动的"专利"，但它实际上是一个复杂的认知、情感过程的最后阶段。第一个阶段是"求生"（survival），教师尝试应对新的课程或教学法。第二个阶段是"合并"（consolidation），教师试着将培训中所学的东西整合进传统的角色和常规中。要从这两个阶段达到最后的掌握阶段，至少要让教师相信新的实践会使他们成为更好的教师，并提供安全演练新策略和对进步系统反馈的机会和时间，目的在于让他们和同事一起思考与互动，在维持现有日常工作的同时好好学习新知。[①]

这次课程改革不仅要求教师改变材料、教学技术，而且要求他们改变基本信念和理解工作的方式，因此上述三点显得尤为重要。让教师接纳新的课程和方法就够复杂的了——这从教师普遍接受的还是"你说没有用，总是有点用"这令人无奈的新课程培训可窥一斑，[②]让他们接受新的信念更是如此。重构性质的变革倡议迫切要求教师扩展和修改什么样的学生可教以及怎样教他们、自身专业责任的范围和性质诸方面的基本假设。这些假设处于无意识的、理所当然的层面，比技能更深刻和隐蔽，[③]说教式教学并不比命令更能改变它们（虽然假设可能受到要求人们尝试新行为的影响，这点在后文中还会论及）。但是培训必须向教师持续提供思考、讨论、辩论以及尝试假设改变的机会。舍此，培训中所讲的技术层面的革新就不可能对教师的实践产生深刻、持久的影响。

三、从混乱到一致

从结构角度看，组织表现在很大程度上取决于组织设计的一致性，正式角色、规则和政策的清晰性、适切性。这些结构成分提供一种可预见的安全，对我们建立意义感非常重要，即使在它们广受非议的时候也是作为组织成员所能享受到的一种重要好处。

这次课程改革从结构变革开始，将集权的体制变成分权的体制，必然带来特别多的乱象。就教师而言，自然会有这般问题萦绕心头：在向学校和教师大举"赋权"的同时，要不要解决由来已久的责权利不平衡的问题？教师固然要转变角色，但难道就不需要出台一个专业发展标准吗？如果"什么是一所好的学校、什么是好的教师、什么是好的教育教学活动直至什么是好的学生等方面的

[①] R. F. Elmore & M. McLaughlin, *Steady Work: Policy, Practice, and the Reform of American Education*, RAND Corp, 1988, p. 45–46.
[②] 操太圣、卢乃桂：《伙伴协作与教师赋权——教师专业发展新视角》，教育科学出版社2007年版，第85页。
[③] E. H. Schein, *Organizational Culture and Leadership* (2nd ed.), Jossey-Bass, 1992, p. 16–17.

通用评判标准"不改变,①课程改革能走多远?再说开发校本课程、实施综合实践活动课程、使用新的教学方式等等,其结构问题也不是不证自明的。然而,虽然我们向来依赖用结构的方法来推行变革,但它常常以注重细枝末节和命令的管理这种不良形象出现。混乱和不信任是令教师穷于应付和冷嘲热讽的一大原因。这一切都告诉我们,变革代理人须做"社会设计师",尽己所能帮助教师解除不确定性,从混乱中建立一致性,在结构和功能、角色和关系上重获清晰性。

不管什么性质的改进努力,其角色受到影响的那些人都须明白新的结构安排及其对责任、权力和决策的含义。他们需要知道对他们有些什么期望,他们对别人可期望什么。他们需要知道学校将如何组织起来、权力属于哪里以及他们有多大的自行决定权。变革设计者不仅需要事先想清楚这些事,而且需要从实施者的观点来考虑。如果学校能把新课程实施在学校、学科/阶段、班级/小组、学生个体四个层面,资源、管理结构以及期望和进展三方面的问题明晰化,②那么校本化实施的内涵就充实多了,变革对教师来说也会变得容易一些。改革开始的时候免不了会比较混乱,对基本的结构问题都茫然无知只能乱上加乱,使人们更加抗拒变革。

【案例8-1】　　　　英国中小学学科领导人的责任、角色和任务

重要范围	责任	角色	任务
学科的策略方向和发展——在学校的目的和政策范围内,发展并实施学科的政策、计划、目标和实务	● 发展、实施政策和实务 ● 创设和维持一种对教学持有积极态度和信心的氛围 ● 建立对学科重要性和作用的共同理解 ● 识别低成就学生,为其制定帮扶计划 ● 分析、解释妥当的数据,研究和检查得来的证据 ● 为学科发展和配备资源制定短期、中期和长期计划 ● 监控实现计划、目标的进展,评估效果,为进一步改进提供依据	领导者 政策制定者 发起人 规划者 倡导者 协商者 分析者 做决定的人 委托者 评价者	● 审核学科 ● 分析、评价数据和证据 ● 与校长、同事和董事交流 ● 征求妥当的意见 ● 使大家对目的、目标、成功标准和期限达成共识 ● 准备行动方案 ● 编制政策和计划
教学和学习——确保和维持学科的有效教学,评价教学的品质和学生成就的标准,并设定改进的目标	● 为所有的学生确保课程的范围、连续性和进展 ● 确保教师理解并传达教和学的目标、顺序 ● 提供教学方法指南,满足学生和学科的需要 ● 确保通过学科学习,发展学生的读写能力、算术能力和信息技术能力 ● 确立并实施评估、记录和报告的政策和实务 ● 确保使用学生成就的信息来获得进步 ● 为教员和学生设立期望,评价所有学生的进步和成就 ● 评价教学,发现好的实践,采取行动改善教学品质 ● 确保学生个体和合作研究技能得到发展 ● 确保教师意识到学科对学生理解公民素养的贡献 ● 确保教师能识别和处理种族成见问题 ● 与家长建立伙伴关系,让他们有参与的机会 ● 发展和社区、工商界的关系	建议者 规划者 教育者 顾问 协调人 学习者 学科专家	● 准备和编制工作计划、测量工具、记录和报告单 ● 就活动和课与同事交流并提出意见 ● 提出观念和起点 ● 支持知识和理解 ● 与校外有关部门和人士沟通 ● 举办展览,推介学科 ● 跟踪新观念 ● 检查与其他课程领域的关系

---

① 王建军主编:《课程变革与教师专业发展》,四川教育出版社2004年版,第41页。
② [美]米德伍德、伯顿主编,吕良环译:《课程管理》,浙江教育出版社2008年版,第66页。

续表

重要范围	责任	角色	任务
领导和管理教职员——提供所有投入教学或支持学科的人所需要的支持、挑战、信息和发展,维持学科教师的动机,并确保教学的改进	● 帮助教职员与学生达成建设性的工作关系 ● 在教职员中建立期望和建设性的工作关系 ● 维持自己和同事的动机 ● 如果合适的话,评估教职员 ● 审核培训需求 ● 领导专业发展和协调供应 ● 确保参加培训的教师和新的合格教师获得支持以达到适当的标准 ● 使同事在学科教学中达到专业水准 ● 与特殊教育需求协调人共同开发个人教育计划 ● 确保校长、高层管理者和董事了解情况	领导者 管理者 激励者 协商者 合作者 委托者 外交家 调停者 聆听者 知己 批判性的朋友 教育者 学习者	● 规划、安排和开办在职教育和培训日 ● 和任课教师密切合作 ● 听取同事的意见 ● 使同事与时俱进 ● 向董事陈述学科事宜
有效率和效能地运用教职员及资源——获得学科所需要的适当资源,同时确保资源有效率、效能和安全地使用	● 明确所有资源需求,并提出建议,有效分配学科资源 ● 就充分使用教职员提出建议 ● 确保信息通讯技术在内的学习资源得到有效能、效率的管理和组织 ● 维护现有资源,并拓展开发、结合使用新资源的机会 ● 通过调适创建激励性的环境 ● 确保安全的工作和学习环境	管理者 组织者 规划者 提供者 促进者 技师	● 选择和订购材料和设备 ● 组织储存,确保资源使用方便 ● 演示设备的使用 ● 发现新的资源 ● 审核资源 ● 发现使用环境的备择方式 ● 评估设备和活动的风险

资料来源 D. Bell & R. Ritchie, *Towards Effective Subject Leadership in the Primary School*, Open University Press, 1999, p. 16 - 18.

决策可通过澄清角色、责任以及程序加以改进。澄清角色和责任可使用职责表制作(responsibility charting)方法(简称 RACI 或 RASI)。R 表示负责(responsible)制定某项决定或实施某项活动的人;A 表示须得到其批准(approval)的人;C 表示须向其咨询(consult)的人;S 表示提供支持(support)和资源的人;I 表示须向其通报(inform)的人。[①] 在实施者清楚谁负责、谁批准、向谁咨询、谁提供支持以及向谁通报的时候,革新会更加顺畅,问题解决起来会更加有效。同样重要的是让人们明白决策的过程,知道什么决定由领导者做出、什么决定需要多方听取意见、什么决定需要真正的共识等。[②] 这次基础教育课程改革,如前所述,意味着治理方式的转变,也要求学校社群亚群体之间的关系有重大改变,尤能从这种清晰性中获益。

在变革中如何建立一致性不是有限的篇幅就能尽述的,最后就许多人倡导的共同治理(近义词有分权、参与式领导等)、合作谈点看法。诚然,共同治理和合作本身就是目的,也是改善表现的手段,但是如果对它们为什么受到大多数教师的冷遇,其复杂性何在,领导者又该如何处理自下而上和自上而下领导之间的关系,构筑最适宜的参与有哪些取径等这些问题缺乏起码的认知,那这

[①] L. G. Bolman & T. E. Deal, *Reframing Organizations: Artistry, Choice, and Leadership*, Jossey-Bass, 1991, p. 112 - 114.
[②] [美]欧文斯著,窦卫霖等译:《教育组织行为学》,华东师范大学出版社 2001 年版,第 376 页。

对理想实施的效果可想而知是不会好的。下文将谈到如何在参与的解放潜能与对领导的合理需要之间取得平衡的问题。

四、从冲突到共识

从政治角度看,组织本来就是有着复杂个人和团体利益的竞技场。个人及团体在价值、喜好、信念、信息及对现实认知上有着持续的差异。资源经常不足,而差异却长期存在,冲突是组织生活中不可避免的自然现象。变革,尤其是深度变革,其实是权力和利益重新分配与洗牌的过程,势必使某些人比另一些人获得更多的利益,产生赢家和输家。改革须直面而不是回避这些问题,预见到可能发生的冲突,并对出现的冲突给予建设性处理和充分解决,以在利益相关者中建立起最佳水平的和谐。为此,培育一批重要的支持者、施加压力和妥善使用权力是必不可少的。

虽然通过变革最终有可能达成真正广泛意义上的共识,但首要的目标是发展一批重要的坚定的支持者。何谓重要人士?这里可简单地表述为适当数量的合适人选。在有些情况下,指大多数利益相关者;在另一些情况下,指少数受尊敬、有影响力的人。无论哪种情况,当革新引起这些重要人士的注意,并且拥有众多拥护者的时候,就获得了声势,为越来越多的人讨论、认识和实践,实施早期阶段出现的许多抗拒就开始逐渐减弱。所以,变革代理人要把在重要人士中建立承诺列为自己的一个最重要的目标。

这意味着规划者需要决定谁必须致力于变革。实事求是地讲,不可能所有相关者对变革都很投入,那些投身变革的人也不可能以同样的方式同时达到同等的投入程度,虽然许多重构目标需要人们有最大程度的积极参与。圣吉(P. Senge)把人们对组织愿景的支持分为奉献、投入、真正遵从、适度遵从、勉强遵从、不遵从和冷漠七个层次,认为大多数人并不处在前面几个层次,并指出一个由真正遵从的人组成的组织就能取得遥遥领先于其他大多数组织的业绩。[①] 由此可见,做到真正遵从就显得难能可贵了;处于前三个层次的人为变革最需要;那种"很自然地"把有职务、高职称以及其他头衔的人当作重要人士的做法,很可能委屈了不少真正在努力变革的人。

识别重要人士的理想人选是一回事,而使他们参与进来是另一回事。变革代理人需有办法帮助重要的参与者对改革达成共识,然后在其协助下,将共识扩大到整个社群。不管在哪个层面,考量共识程度的一种方式是看个体的投入行为是不是增加了,因为所有真实的变革都得由个人来实现。前文所说的有助于承诺、能力和一致性发展的那些措施都跟建立共识有关。然而,不要说在整个社群,就是在重要人士中,单凭这些措施来逐步推动变革,也会耗时得自我挫败。共识需要的不仅仅是支持,还有压力。

对变革人们经常提到的是支持这个词,好像压力是不好的,但是对几乎所有的革新来说,压力都是非常重要的。发起变革并使之保持下去需要压力。人们总是把观念的转变看作是先导和最需要发生的改变,前文也说到信念和假设的改变是不能强加的,但这并不意味着只能等待,经常有必要坚持行为的改变来带动信念的改变。行为的改变既来自、也能导向信念的改变。[②] 譬如,强迫一群教师在一起协作并不能使他们成为好的甚至有意愿的合作者,但是如果不尝试,就永远不知道协作能带来什么或如何进行合作。最后,压力对变革成为无法回避的事情也是有帮助的,可以加速我们最终接受失去和重塑意义模式的过程。

压力自然意味着使用权力。尽管人们对许多改革议程由少数人定夺很有意见,但是谁都知道

---

① [美]圣吉著,郭进隆译:《第五项修炼》,上海三联书店1998年版,第252—254页。
② [加]富兰著,赵中建等译:《教育变革新意义》,教育科学出版社2005年版,第95页。

有一位强有力、能干的领导者对革新的成功至关重要。权力未必就意味着强制和利用,也可以是发挥影响力追求共同的愿景和目标,使组织得到更好的发展、成员有更好的成长。权力存在凌驾和给予的区别。① 压力包括强制,但强制本身不一定是目的,可用来实现考虑到了所有人需要的愿景。如此看来,压力和支持并不是不相容的,而是相辅相成的:"没有支持的压力会导致抵触和疏远,没有压力的支持会导致放任自流和资源浪费。"② 成功的革新把支持和压力很好地结合起来。

第3节 小学课堂教学管理

这里谈的课堂教学管理是就教师而言的。我们反对把管理和教学割裂开来的观点和做法。在缺乏良好教学的情况下,维持一个有秩序的班级几乎是不可能的。再拿管理来说,我们也不赞成对学生的管理是要求其服从,而对学生的教学又要求其敢于冒险的那种管理。课堂管理是"教师用来创造有益于学习的课堂环境所作出的决策和所采取的行动"③。其目标一是尽可能地促进学习,二是培养学生的责任心及自我管理能力。这是近二三十年来西方课堂管理研究"将注意力从应对性的惩戒策略转向前瞻性的、或者预防性的课堂管理"背后的根本原因。④ 本节就是根据上述观点来组织内容的。

一、为课堂管理做计划

为课堂管理做计划的必要性从新任教师时常因疏于计划而导致课堂管理问题频发凸显出来。有效率的教师用等同于对课程的努力去计划和思考管理策略。因为个人责任感和自我控制不会自然就有,需要教师长期有意识的培养。管理计划需考虑到学生特质、物质环境、课堂规则和常规四个方面。由于后三者将视学生的特质而定,我们先从这项因素谈起。

(一) 学生特质

教学的对象会影响教师决定要怎么教,这个道理同样适用于课堂管理。某些学生展现出较其他学生优良的管理能力。例如,一项关于小学低年级班级的研究发现,高成就学生花在功课上的时间几乎是低成就学生的两倍。此外,低成就者发呆或是做不适当活动的时间,比起高成就者几乎多了三倍。⑤ 不管造成这种个别差异的原因是什么,不同的学生呈现不同的管理问题,而规则和常规必须适应这些差异。例如,由多数低成就者组成的班级比起由多数高成就者组成的班级,需要更高度地被组织。

学生的年龄也影响教师的管理计划。例如,小学低年级的学生通常较顺从,且倾向于取悦他们的教师;他们专注的时间很短,也往往因为忘记,或是没有全然了解规则而使他们未能遵守规则。对于这阶段的学生,必须小心和明确地教导规则,并加以示范、练习,还要常陪他们一起复习。为顺从所做的角色扮演和强化可以加强孩子心中对规则的遵守。中高年级的孩子了解学校的规

---

① [美]萨乔万尼著,冯大鸣译:《道德领导:抵及学校改善的核心》,上海教育出版社2002年版,第154页。
② [加]富兰著,赵中建等译:《教育变革新意义》,教育科学出版社2005年版,第95页。
③ [美] L. Fielstein & P. Phelps著,王建平等译:《教师新概念——教师教育理论与实践》,中国轻工业出版社2002年版,第172页。
④ [美] D. R. Cruickshanl, D. L. Bainer & K. K. Metcalf著,时绮等译:《教学行为指导》,中国轻工业出版社2003年版,第349页。
⑤ [美] D.P. Kauchak & P. Eggen著,丘立岗主译:《教学原理——学习与教学》,台湾学富文化事业有限公司2006年版,第292页。

则,且仍普遍地对取悦教师感到有兴趣。在这阶段,教导规则较容易;且教师的中心管理任务变成维持和监控。

不同类型的学生一起作业以及安置在正式班级的特殊学习者,同样要有可理解且被一致执行的规则和常规。另外,在学生开学时就需要一个有系统的和全面的管理系统,而且这套系统必须能贯彻一整年。

(二)物质环境

在物质环境方面,教师要回答的问题是:"我该如何经营这间教室,使秩序和学习达到最好的效果呢?"

首先,所有学生必须能够看见黑板、投影机荧幕、地图和其他教学用具。如果教师所用的教学用具挡住了数个学生的视线,或者展示在投影机、写在黑板上的文字等太小,那些受影响的学生会做出何种反应是可想而知的。

其次,座位安排也是要重视的一个问题。座位安排方式有很多,如秧田式、环式、半圆式排列等等。研究发现,最好的安排要视学习情况而定。每一个学生应该坐在哪里又是另一个议题。譬如,座位秧田式排列这种"基本结构",容易形成一个从前排沿中间向后延伸的三角形作用区域。坐在教室中间或前面的学生较常与老师有互动关系;当学生坐得较远时,行为问题随之增加。比起坐在教室前面或靠近讲桌的学生,坐在教室后面或角落的学生较有可能分心。①

关于学生是否可以选择座位的问题,有学者建议等到学生自我控制发展比较充分的时候再实施比较好,而且选择座位可用来当作行为表现良好的奖赏,并作为鼓励学生持续其良好行为的条件。

(三)课堂规则

课堂规则建立可接受的学生行为标准。这是预防违规行为的一个重要基础。制定课堂规则不是教师自己想出几条然后告诉学生这样简单,须遵循以下几个基本准则:

第一,让学生参与。让学生参与制定课堂规则有三个重要考量:提升学生对规则的拥有感,增加学生遵守班规的可能性;强调学生自我控制和个人责任;协助他们清楚班规背后所蕴含的道德观。就参与方式而言,坦南鲍姆(R. Tannenbaum)等人提出了一个从教师完全控制、单独决定,然后宣布结果到学生拥有自行决定的广泛自由的连续体。介于两者之间的是从更多的教师中心决策到更多的参与性决策:教师提出一个暂时的决定,然后根据学生的意见作出修改;教师提出一系列选项,让学生选择;教师提出一个问题,然后广泛征求建议等等。② 教师可根据学生年龄等实际情况,选择一种让学生参与的方式。

第二,为规则提供理由。规则不是随意制定的,要有支持其存在的充分理由。有关的法令法规、教育目标、学校政策、教师个人的课堂管理哲学、学生特质和班级状况等都是制定课堂规则的依据。例如,制定的规则不能侵犯基本人权。我们现在倡导自主、合作、探究的教学方式,那制定的规则就要符合这一精神。制定的规则如果有违教师本人的教学哲学,也是不能得到执行的。另外,制定课堂规则也要针对学生在课堂上多发的那些行为问题。

第三,规则数量以五条为宜。学生违规经常是因为他们忘记了规则。教育专家普遍认为五条规则比较合适。在管理过程中可能会提出许多规则,这就需要组织师生对提出来的那些规则进行

---

① [美] D. R. Cruickshanl, D. L. Bainer & K. K. Metcalf 著,时绮等译:《教学行为指导》,中国轻工业出版社 2003 年版,第 351 页。
② [美]欧文斯著,窦卫霖等译:《教育组织行为学》,华东师范大学出版社 2001 年版,第 376 页。

充分讨论、斟酌,以便把真正需要的规则制定出来。

第四,清楚和明确地陈述规则。"带着课本、笔记本、纸和笔来上课"这种表述,要比"总是准备好才来学校"效果好,因为前者在描述要求的行为上是明确的,它的意义也很清楚,而后者需要额外的解释。使用更通用的词语来陈述规则,像"用尊重的态度对待老师和同学",要解释和提供遵守规则的例子,并说明破坏规则的例子。另外,描述规则时最好使用积极的口吻,少采用"不准或严禁做什么"之类的词句。

第五,一并考虑不遵守规则的结果。当有人违反规则时,教师一时不知道如何回应,也是常有的事。因此,最好在制定规则时就向学生说清楚处理违规行为的方案。这对正在养成习惯的年纪小的学生来说更显必要。

(四) 课堂常规

常规是完成常规工作和其他在课堂里频繁地重复发生的具体活动的方法。常规建立后就变成例行工作。它们减少必须做的决定数量以精简教师的工作日,并让教师能够将他们的情感和精力贡献在教学上。

与数量有限的规则相反,需要建立的常规非常多,可以说几乎对学生在教室里所做的每一件事情,都必须制定一个明确的程序:怎样削铅笔?怎样传递和上交作业?……尽管如此,还是可以将常规分为几大类,如表8-3所示:

表8-3 课堂常规的类别

类 别	适 用
教室和学校中的各种场合	1.学生的课桌和储物柜;2.学习中心;3.材料分发、收集和储存;4.教师的桌子和储物柜;5.饮水处、卫生间、削铅笔处;6.办公室、图书馆、自助餐厅、操场;7.排队。
一堂课的开始和结束	1.点名、收作业以及家长的便笺;2.迟到和早退的学生;3."热身"活动;4.材料的储存和分发。
全班或小组教学	1.互动;2.提醒学生集中注意力的信号;3.室内活动;4.材料。
活动转换	1.不同科目或课堂之间的时间;2.计划外的空闲时间;3.对嘈杂局面的管理。
学生作业	1.论文标题;2.未完成、迟交、漏做的作业;3.补交的作业;4.记录任务;5.收作业;6.交作业的时间;7.检查所做作业(也包括教师自己);8.交试卷;9.查明哪些作业交了、哪些没有交;10.发还学生作业;11.完成作业以后怎么办;12.当某教师忙碌的时候请求其他教师提供帮助。
其他	1.灾难应急训练;2.紧急情况(例如学生生病或者受伤);3.校内的活动;4.学生家务管理。

资料来源 [美]J. McLeed, J. Fisher & G. Hoover 著,赵丽译:《课堂管理要素》,中国轻工业出版社 2006 年版,第 95 页。

在开学之前,教师应该就自己认为可能需要的程序列一个清单,并且写下每个程序的详细步骤。这是一种采取主动的做法,为一切做好准备,也让学生知道对于每一件事教师都是有备而来的。

教师在备课的时候,也不要忽略程序问题。像这样的事情可能没少发生:课前忘记了上课要用到剪刀,等到要用时不知道剪刀在哪里;学生的美术作业上面的颜料还是湿湿的,该让他们怎样交上来呢等等。教师事先要考虑一下将怎样处理课堂上类似的所有事情,不要给任何程序问题留下机会!

二、管理计划的实行

教师在对课堂管理做了必要的准备之后,接下去就要致力于建立一个有序、有益的学习环境。这里围绕怎样抓好开学初的课堂管理、以教学促管理以及因应情境变量这几个问题展开讨论。

(一) 最初的十天

良好的开始是成功的一半。在开学初花一些必要的时间为一整年的班级管理做组织规划,比起第一堂课就急着进入上课内容的教学但整个一年甚至更长时间里都被行为问题困扰,要明智得多。有这样几点是重要的:

其一,为最大的接触和控制做计划。在课堂刚开始的两周内,优先计划教学活动和班级管理。使用全班教学而非小组教学,减少小组活动,而且教学中不能有太多的活动转换。

其二,教导规则和常规。教师不能只是呈现规则和程序,正如抽象地教导一个概念或原理是有缺陷的一样。下面是一位教师真实地教导规则的例子:[1]

一个二年级教师用下列的方式开始她的第一堂课:她要学生在一张卡片上写下他们的全名,且将他们的名字标签用护条绑在他们的肩膀上。她展开全班教学。

教师:现在,所有人听着,我要教一些必要的规则。我的第一个规则是当我们讨论时,你们要等待且保持安静,直到我叫你们。课程进行时,我将一个个请你们发言,所以你们必须等候。现在,第一个规则是什么,Sidney?

Sidney:……在你未叫到我们之前,我们不能讲话。

教师:完全正确,Sidney。所以假如我请 Sharon 发言,她将有一段时间回答问题,那你们做什么呢? Carlos?

Carlos:我……在等待。我一个字都不能说。

教师:很棒,Carlos。为什么你们认为这个规则很重要呢? Kim?

Kim:假如……假如我们大声说出答案,其他小孩将听不到。

教师:没错,Kim。那非常重要。而我们全都得到一个机会,去思考和练习我们正在学的观念,这也很重要。所以,我们必须等候,直到轮到我们发言。

这位教师教导规则的最大特点是像提供例子教节足动物的概念那样,提供例子帮助学生了解规则。因此,如何公布规则并非重要的问题,重要的是规则被小心地教导、评论和加强。

教导常规和教导规则相似。研究者发现,有效率的低年级教师让年幼的孩子真实地演练常规,例如学生在接到信号时能停止正在做的事情,将所有的东西都放下,注意听教师讲。[2] 他们在刚开始的几天内,每天做二或三次的演练,合规则的行为模式就能稳固地建立起来。

也需指出的是,因为常规很多,教师要分清哪些是开学第一天就需确立的,哪些是可以稍后确立的,这样就不会让学生必须一下子接受太多的信息而弄得晕头转向。

其三,彻底且一贯地执行规则。因为学年开始的那段时间是建立有益学习环境的关键期,教

---

[1] [美] D. P. Kauchak & P. Eggen 著,丘立岗主译:《教学原理——学习与教学》,台湾学富文化事业有限公司 2006 年版,第 305 页。

[2] [美] D. R. Cruickshanl, D. L. Bainer & K. K. Metcalf 著,时绮等译:《教学行为指导》,中国轻工业出版社 2003 年版,第 359 页。

师要相当一贯地监控和执行规则。当有人违规时,立即予以纠正。然而,即使教师小心且努力地教导规则,学生仍然会因为忘记或犯错而违反规则。每一次违规行为发生时,教师都要加以制止,并立即提醒学生注意规则,以及强调这规则为什么重要。如此,多数学生都会遵守规则。对那些有意考验教师的学生,教师更要通过处理其违规行为来展现执行规则的坚定性。如果规则制定之后未能彻底执行的话,便会形同虚设,无法收到预期的效果。

其四,加强与家长的沟通。教师从学年开始就要重视与家长的沟通。这些都是很好的方式:一是给家长写封信,列明上课和作业规则,希望能得到他们的理解和支持。二是对表现特别好的学生,写一张简单的便条,让其带回家,可以正面提升许多家庭和学校间的合作关系。三是学生有什么需要其家长协助处理的问题,教师应尽早告知学生家长,这传递了教师了解和关心学生的讯息。

(二) 管理和教学间的关联

在本节一开始就谈到了教学和管理相辅相成的观点。现在,我们着重在三个教学因素上,再度探讨管理和教学的关系。

其一,和谐编制(orchestration)。和谐编制指的是教师在讲课以及关注管理问题时,维持课程流畅的能力。[①]当一个学生脱口说出"我可以去厕所吗?"教师对他快速地点头,或教师对头转到后面去的学生轻声说"某某,请转过身来"是调和潜在混乱的例子。

同时处理(overlapping)与和谐编制密切相关,这在小学的班级里特别重要。例如,教师在处理个别问题时,给予全班一项任务,且在环视教室的同时,快速地处理好。简而言之,同时做两件事并不容易,但可以通过练习和努力来学会。

其二,动量(momentum)。动量指避免打断或放慢速度。[②] 我们可以把动量想象成一种向量,表示力量的强度和方向的一条线。在一个动量维持得很好的班级里,学生总是有事可做,而且不会被打断。有效的提问策略是教师用来协助维持动量的重要工具。有的教师透过与学生关心或感兴趣的事情建立连结,创造一个有活力的教学向量,也能把原本枯燥乏味的内容上得生机盎然。

对已停止的违规行为说个不停、老是停留在学生已熟练的内容上、让少数学生做全班能做的工作,都是一些破坏教学动量的做法。

其三,流畅。流畅描述一堂课的连贯性。流畅与教师所表达的内容是否有逻辑的连贯性而且言之有物密切相关。常见的破坏流畅的问题有三种:第一种是分心,如在解释一个数学问题时,被地上的纸转移注意力;第二种是侵入,如在上课中扯进别的事情;第三种是突然改变决定,如在另一个活动开始后,又回到前面一个活动上。维持流畅的关键在于计划完善的课程与教学,以及建立完善的班规和常规。

总之,和谐编制、动量和流畅协助营造出一个有益的学习环境。它们促进学习,且使管理更容易。

(三) 情境的变量

课堂活动是多种多样的,有些活动类型较难管理。研究者发现,有教师领导的小组参与率是最高的,而学生上台报告的参与率最低。另外,全班活动像讨论和问答活动的参与率高于个别活动,且教师越是让学生作个别活动,学生的参与率就越低。[③] 因为活泼的问答活动采用团体活动的

---

① [美] D. P. Kauchak and P. Eggen 著,丘立岗主译:《教学原理——学习与教学》,台湾学富文化事业有限公司 2006 年版,第 311 页。
② [美] 斯莱文著,姚梅林等译:《教育心理学》,人民邮电出版社 2004 年版,第 270 页。
③ [美] D. P. Kauchak and P. Eggen 著,丘立岗主译:《教学原理——学习与教学》,台湾学富文化事业有限公司 2006 年版,第 314 页。

形态,容易维持动量;而学生在做个人的功课和个别活动期间,需要建立他们自己的步调和动量。这些是我们建议在学年初采用团体教学的理由。

然而,这并不是说只有教师领导的策略可以被使用。当学生习惯教师的例行工作以及教师为这一年所建立的模式时,课堂教学活动可以逐渐转变成以学生为中心。教师在做计划时,必须了解不同活动类型的管理需求,并对学生提出不同的自我管理要求。

再者,必须清楚地了解,课程的开始、从一个活动进入另一个活动的过渡时期,以及课程的结束,是管理问题最有可能发生的时期,教师必须有因应的对策。

三、管理的介入

然而,任凭教师怎么努力,管理的问题还是会无可避免地发生。当问题发生时,教师必须介入。这在前文讲到如何执行课堂规则和常规的时候,已有所涉及。课堂中出现的绝大多数问题也正是包括违反课堂规则和秩序在内的并不严重的行为,如随便讲话、擅自离开座位、不集中注意等,像暴力和攻击行为这样严重的管理问题极少见到。鉴于此,我们在这里集中讨论轻度问题行为的善后策略。处理这类行为与许多教师依赖惩罚而频频中断课程的做法相反,我们建议尽可能采用既有效又简单的办法,避免产生的负面影响比要去处理的问题负面影响更大。这里提供的策略对教学进程构成了从最小中断到最大中断的连续体。我们相信,使用这些策略能解决课堂上的绝大多数问题行为,至于班上如有个别"屡教不改"的学生,就需要想其他的解决办法了。

（一）忽略小而且转瞬即逝的不良行为

许多小小的捣乱可以忽略不计,尤其是那些转瞬即逝的小捣乱。例如,学生集体暂时分散了注意力,是因为有个学生"叭"地折断了铅笔;两个学生低声交谈却很快就停止。一般来说,教师对诸如此类的事情,不必做出什么反应,因为干涉可能比问题本身还具有干扰性。

（二）使用非言语线索和细小的停顿

当学生做出违规且无法忽略的行为时,教师可运用简单的非言语线索来使其行为终止或是转移,无须中断课堂教学进程。非语言线索包括眼神注视、摇头、运用脸部表情、走近、接触或打手势等。这些非言语策略的优点是不需要打断课堂教学的进程,只针对行为不良的学生。相反,言语批评有可能引起涟漪效应,即当一个学生受到批评时,其他学生也停止了学习活动。讲话时短暂的停顿也很有效,放慢语速、一字一句清晰地讲话、声音更轻柔或更有力、简短的停顿、环顾四周,这些动作都可以隐秘地提示学生应该调整自己的行为。

（三）表扬与不良行为相反的正确行为

对许多学生来说,表扬是一种强有力的激励。研究发现,教师对学生赞美期望行为的次数比我们预期的要少,但违规行为却总能引起注意。[①] 我们可反其道而行之,从表扬学生的正确反应入手,来减少不良行为。假如学生经常擅自离开座位,那么当他们能够在座位上认真学习时,教师就应当表扬他们。

（四）表扬其他学生

表扬其他学生的良好行为可能使违反课堂纪律的学生表现出类似的行为。这也要求教师采取不去直接干涉学生不良行为的看似不合常理的做法。例如,某位同学正在做小动作,这时教师可以说:"我很高兴看到很多同学都在认真学习,X同学做得不错、Y同学注意力很集中……"最后,

---

① ［美］D. R. Cruickshanl, D. L. Bainer & K. K. Metcalf 著,时绮等译:《教学行为指导》,中国轻工业出版社2003年版,第364页。

当那位做小动作的同学也开始学习时,也给予表扬:"我看见谁在全神贯注地做功课了。"

(五)言语提醒

如果不能使用非言语线索,或者间接暗示策略不能奏效,那得通过简单的言语提醒使学生回到学习活动上来。当学生表现出不良行为时,教师马上给以提醒,但是延迟的提醒通常是无效的。如有可能,应当提醒学生做他应该做的事,而不是追究做错的事。例如,教师说:"李红,自己独立做作业。"或者说:"李红,别讲话。"相比而言,前一种提醒更可取。与反面提醒相比,正面提醒表达了教师对学生后续行为的更为积极的期望。

言语提醒也可与提问结合起来使用。通过向没有专心听讲的学生提一些他能够回答的问题,可以有效地使他参与到课堂活动中。这表明要求答问并不是要让学生难堪。

(六)反复提醒

在大多数情况下,上述措施都能够消除一些轻微的不良行为。然而,有时学生故意不按教师的要求去做,或者与教师辩解、找各种借口等,想以此来试探教师的决心和忍耐力。对这种情形,根据坎特(L. Canter)等人提出的"果断纪律"理论,可以这样来破解:教师应当先明确自己要求学生做什么,然后平静、坚定地重复要求,使学生去做该做的事情。① 这样可以避免课堂上经常出现的两种情况:教师要么最终让步,而让学生放任自流;要么控制不住自己的情绪,对学生大声恐吓。当然,假如学生提出的要求是合理的,或者抱怨是正当的,教师就应当给予恰当的处理。

(七)执行结果

当上述所有做法都不能奏效时,最后一招就是执行结果,比如让学生在教室外面站几分钟、剥夺学生的课间休息或某些权利、让学生放学后留下或者请学生家长等。因不服从教师的合理要求而导致的后果应当具有以下特点:让学生感到些许不愉快、持续时间短,并且尽可能在不符合要求的行为发生之后马上出现。必然性比严厉性更为重要。运用严厉的或者时间长的惩罚,容易引发学生的仇视与敌对态度,也未必能坚持到底。轻微但必然的惩罚后果实际上给学生传递这样一个信息:"我不能容忍这种行为,但我很关心你,希望你能尽快回到正常的班级活动中来。"此外,还须保证惩罚性的后果是可实施的。教师说:"你要么马上学习,要么用5分钟的课间休息时间来做作业。"模糊的或空泛的威胁("马上停止,否则让你吃不了兜着走。")不仅是徒劳的,而且容易引发问题行为。实施惩罚后,教师要尽量避免再提及此事。例如,当学生在教室外罚站10分钟后回到班级时,教师不要有任何的讽刺或歧视,而应予以接纳。这个学生将会珍惜这次新的开始。

关键术语

课程领导;课程管理;转化型领导;教师转变;预防性课堂管理;管理介入

讨论与探究

1. 课程领导与课程管理存在哪几种关系?
2. 为什么说转化型领导才是课程改革所需要的领导?
3. 下表左栏里列出了课堂教学中活动转换期间容易发生的一些问题,请你在右栏里写出避免再次出现这些问题的办法。

---

① [美] C. M. Charles & G. W. Senter 著,吕良环等译:《小学课堂管理》,中国轻工业出版社 2003 年版,第 155—156 页。

问题	预防
在转换活动开始时学生大声喧哗。	
学生在转换活动中有时间进行谈话,耽搁了下一个活动。	
学生在转换活动后,继续进行早先的活动。	
学生提前完成布置的课堂作业。	
教师因找东西耽搁了活动的开始。	

案例分析

结合第二节里的有关内容,分析O太太的数学教学出现新老"大杂烩"状态的原因。

你是O太太吗?

O太太是一位数学教师,在教学改革上颇为卖力。她报告说,在四年前刚开始工作的时候,她的数学教学完全是传统式的,学习数学意味着记住一系列公式和程序,她跟着课本亦步亦趋。但现在她的教学完全不同了,开始去关注学生对数学观念的理解,发现联系学生的数学概念和经验的途径。

然而,对O太太的课堂进行观察,发现她的教学并没有她自己认为的那样好。O太太确实采用了新的教学材料,发展了新的教学活动,所有这些材料和活动都是为了促进学生的数学理解。但是,她在处理这些材料的时候,却似乎仍把它们看作传统教学的一部分,仍然是教师处理数学概念,仍然是僵硬的课堂管理。结果,O太太的教学呈现出新老"大杂烩"的状态。你很难说O太太是不是已经实施了课程变革,你说她实施了,她可能只是采纳了一种符号和标志,你说她没有,她又已经做了一些。

资料来源 改编自夏雪梅:《保守还是进步——对课程政策实施过程中"新旧交杂"现象的分析》,载《当代教育科学》2008年第18期。

进一步阅读的文献

1. [美]C. M. Charles & G. W. Senter著,吕良环等译:《小学课堂管理》,中国轻工业出版社,2003年。

2. [美]戴维·米德伍德、尼尔·伯顿主编,吕良环译:《课程管理》,浙江教育出版社,2008年。

3. 黄显华、朱嘉颖等:《课程领导与校本课程发展》,教育科学出版社,2005年。

4. [美]V. F. Jones & L. S. Jones著,方彤等译:《全面课堂管理——创建一个共同的班集体》,中国轻工业出版社,2002年。

5. 林进材:《班级经营》,华东师范大学出版社,2006年。

6. [美]J. McLeed, J. Fisher & G. Hoover著,赵丽译:《课堂管理要素》,中国轻工业出版社,2006年。

7. 余进利:《课程领导研究》,上海教育出版社,2009年。

8. [美]詹姆斯·G·亨德森、理查德·D·霍索恩著,志平、李静译:《革新的课程领导》,浙江教育出版社,2005年。

推荐访问的网址

1. 喇叭花网站课程学术研讨
http://www.labahua.com/lunwen/kechengyantao/index.html
2. 人民教育出版社课程教材研究所
http://www.pep.com.cn/kcs
3. Curriculum Leadership Journal
http://www.curriculum.edu.au/leader
4. Guidelines for Curriculum Leadership
http://education.qld.gov.au/curriculum/framework/p-12/leadership-guidelines.html
5. Subject Leadership
http://nationalstrategies.standards.dcsf.gov.uk/leadership/subjectleadership

第9章　小学课程与教学的改革和现状

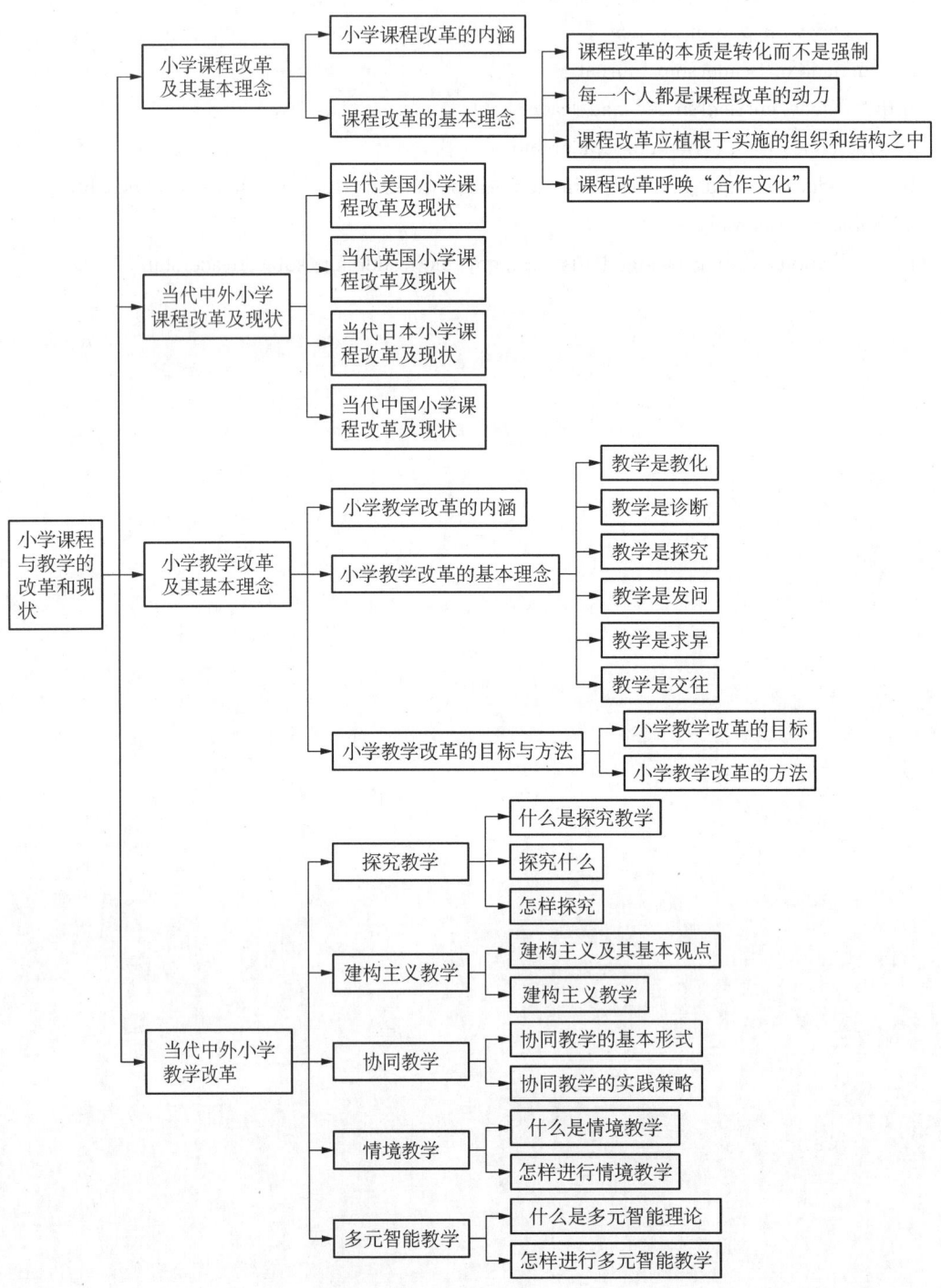

　　21世纪前后，世界各国特别是西方发达国家纷纷掀起小学课程与教学改革。您知道什么是小学课程改革，什么又是小学教学改革吗？

　　您想了解美国、英国、日本这些发达国家小学课程改革的进程与特点吗？在全球化背景下，这些国家的小学课程改革对我们有哪些启示呢？21世纪初，我国也掀起了新一轮的基础教育课程改革，您了解这次改革的本质特点和基本要求吗？

　　当前，小学教学改革中出现了很多热点的实践探索，探究教学、建构主义教学、协同教学、情境教学、多元智能教学等都引人注目，如何理解这些改革的实践？我们在课堂教学中又怎样合理地借鉴与应用呢？

　　作为一名小学老师，您一定会对这些问题有着浓厚的兴趣。那么，让我们在这一章中共同来探讨和研究吧，在解读、学习和反思的过程中，把我们头脑中产生的对小学课程与教学改革的灵感记录下来，与您身边的人分享。

第1节　小学课程改革及其基本理念

子在川上曰:逝者如斯夫! 不分昼夜。世界总是处于运动之中,万物处于变化之中,静止不变的事物是不存在的。课程也是一种动态的社会现象,经常处于改革、发展之中,万古不变的课程是没有的,它总要随着时代、社会的发展而不断变化和改进。任何一种课程都是那个时代所追求的"国民素养"最集中、最具体的反映。

对课程改革的探讨,是课程研究领域的一个重要课题,如果不对课程改革中一些带规律性的东西进行研究,既无助于改革的成功,也无助于课程质量的改善。本节对小学课程改革的研究主要集中在两个方面:小学课程改革的内涵和课程改革的基本理念。

一、小学课程改革的内涵

改革(reform)意即改去、革除,常指改变旧制度、旧事物,制定新目标、新政策,其实质是对未来的反应。

小学课程改革(curriculum reform)是以一定理论为基础,按照某种观点对小学课程进行集中一段时间有目的、有计划的改造,往往涉及学校体制的变化和小学课程的全面修正等,其核心是价值观念的重大变化或方向调整,而且常常先在制度层面展开。

小学课程改革是发生在小学阶段的课程改革,为了更全面地理解课程改革,我们对课程变革(curriculum change)、课程革新(curriculum innovation)这两个相关的概念也作一点分析。变革是较长一段时间中事物渐进的改进自身性质的过程。课程变革指有关课程长期变化或演变,包括课程哲学、价值观念、课程目标、组织结构、课程材料、学生实践、学习结果、评价等各个方面。课程变革包括课程的改革、革新,是一个较为宽泛的概念。[1] 与课程变革相比,课程改革是形容具体变革的一个概念,指综合性更强、深度更深的变革,是人们有意识地为改进某一方面而进行的变革。应该说,课程改革是课程变革的一个方面,是短期的、深层的、激进的课程变革。关于"革新","'革新'通常是指学者所建构的一项物件(object)、或新观念(idea)、或新措施(practice)等另类变通选择的教育理想本身,或这些新物件、新观念、新措施等另类选择的教育理想被某一团体或个人采纳使用的历程,'革新'往往是一种企图达成'变革'(change)的过程与结果"[2]。课程革新是指一项新的课程计划、思想或实践,或是指它们被个别团体、组织选用的过程,也是课程变革的一种形式,"通常具有相对明确的范围和特定的目标,如某项新的阅读计划,或对某一年龄段儿童实施新的综合性课程方案等。可以是大规模、整体性的课程改革的一部分,也可以是小规模、经常性的单科变化"[3]。课程革新与课程变革相比,范围要小些,与课程改革相比,强度要弱些。

总之,课程方面发生的变动究竟属于什么性质,一般可以从课程变革、课程改革、课程革新中选取一个加以说明。它们在范围、特性、激进程度等方面各有侧重。不过三者在本质上是相同的,是一种思想活动,是深思熟虑、有目的、有方法的行动,旨在解决特定的课程问题并改善课程实践。虽然对其间的细微差别做了上述分析,但在课程研究过程中或在实际工作中,这些概念的使用并不总是很严格,也常常会有不一致或相互取代、混用的情况。

---

[1] G. M. Blenkin, etc., *Change and the Curriculum*, Paul Chapman Publishing Ltd., 1992, p. 30.
[2] 顾明远主编:《教育大辞典》(增订合编本),人民教育出版社1998年版,第895页。
[3] 蒋士会著:《课程变革导论》,博士学位论文打印稿,1998年,第9页。

让我们再回到"小学课程改革"这个概念。我们认为小学课程改革在本质上是对小学课程系统中理论与实践进行的有计划的复杂改造,使其达到预期目标的过程,它涉及社会系统的各个层面,可以直接与间接地建构与改造社会。概言之,小学课程改革是一项系统工程,不是虎头蛇尾的零打碎敲。它包括界定目标、制定计划、设计条件、组织评价等各个方面。小学课程改革是有计划、有目的的,不是盲目、随意的,它需要遵循教育科学的规律,进行科学的规划、实验等研究工作;小学课程改革不是简单的课程内容的增删,而是产生质的飞跃,形成具有新理念的新课程。当然,"新的课程"是否就一定是进步的、有积极意义的,则另当别论。"新"只是相对被改革的"旧的课程"而言的。[1]

小学课程改革具有适应和自我更新两种功能。所谓适应乃指改革、调整小学课程系统以适应产生于其他社会系统的变化而带来的新的或紧迫的要求。自我更新意味着重新认识小学课程目标、课程内容、教育对象等方面,创造性地完成满足社会发展需要的任务。两大功能反映的正是小学课程改革应遵循的五条规律:第一,小学课程改革受社会发展的制约,小学课程改革是社会改革在小学教育领域的折射,社会改革是小学课程改革的动力源,小学课程改革离不开特定的社会背景;第二,小学课程改革受到教育系统内部的制约,在基础教育阶段,小学与幼儿园、初中有着直接的衔接关系,改革往往不是在哪一个学段单独进行的,而是一个系统工程,因此,幼儿园课程改革和初中课程改革对小学课程改革往往有着直接的影响;第三,小学课程改革与科技的革新和进步密切关联,科学技术的迅猛发展对小学课程有着直接的影响,它促进了知识的增长、学科的演化,并进一步推动小学课程的改革;第四,小学课程改革受学生身心发展特点的制约,小学课程改革既要研究特定时代小学生的整体特征、个性差异,又要促进小学生全面、健康、和谐的发展;第五,小学课程改革与课程理论的发展有直接的相关,课程理论是课程改革的思想基础。

二、课程改革的基本理念

在世界各地,课程改革是教育界最迫切关心的问题,也是当前关于教育问题讨论的重要主题之一。如何进行课程改革且以什么样的理念指导课程是其中首先应当认真考虑的问题。我们认为,站在宏观的角度分析课程改革的基本理念至少可以概括为如下四个方面。

(一) 课程改革的本质是转化而不是强制

不可否认,从一定意义上说,强制是重要的,课程改革政策的制定者有义务确定政策、设立标准并监督其实施。但是能不能真正地达到课程改革的目标,就不是强制所能做到的。因为对于有效地达到改革的复杂目标来说,真正重要的是技巧、创造性思维和投入的行动。仅有强制是不够的,强制性的要求叙述得越详细,目标和手段就变得越狭窄,效果就可能越差,教师毕竟不是按图索骥的技术员。不管什么样的课程改革,落实到具体的教育实践情境中,几乎都要依靠教师及其合作者的技巧、能力、义务、动机、信息、见识和现场的审慎判断力。任何新的课程改革若想赋有成效,都需要有对新的课程改革计划的深刻理解,具有完成改革计划的技术和能力,并认真地付诸实施。"你不能强迫这些事情运转,唯一可行的办法就是创造条件使人们能够考虑且促使人们考虑个人的和大家的见解,并通过一段时间技能开发的实践。强制性的东西用得越多,时髦的东西就越泛滥,变革看起来就是更多表面化的东西和偏离教学的真正目标。"[2]

---

[1] 蔡清田著:《课程改革实验——以研究发展为根据的课程改革》,台湾五南图书出版公司 2001 年版,第 47 页。
[2] [加] 迈克·富兰著,中央教育科学研究所加拿大多伦多国际学院译:《变革的力量:透视教育改革》,教育科学出版社 2000 年版,第 34 页。

以往的许多课程改革，由于依据不恰当的假定和前提，过于侧重强制性，因此遭受失败的命运。如许多课程改革都是理所当然地将新课程改革方案视为客观存在的物化实体，与教育实践工作者的知觉和实际的建构以及改革方案接受者的个人意义毫不相干，认为只要把由课程专家研究、开发的新计划传达到学校、课堂，课程改革就能生根落实。这显然是一种过于理想化的境界。事实上，课程改革方案的落实是在各种不同的、独特的、复杂的情境中的教和学的过程中，所有的改革涉及者如课程改革的设计者、校长、教师、学生和家长将不同的生活经验、价值和意识形态带到这个情境中，彼此交互作用，共同转化改革的意义、创造新的课程。

总之，课程改革不是新课程模式的简单移植，不是由研究者到开发者再到教师线性的、直接的、强制的过程，而是协商和转化的过程。学校和教师以适合他们的方式来落实改革方案。课程改革既不是产品也不是事件，而是关涉到新课程的实质建构。转化性的课程改革强调的是建构，师生和相关人员通过情境性思维、批判性反思，探讨他们的决定、判断、行为及其中隐含的规范价值和信念，建构课程改革的意义。转化性的课程改革不在于控制，而在于如何有效地达到改革的目标，增强涉入者的能力，提高判断和自我管理的层次。

（二）每一个人都是课程改革的动力

加拿大著名教育家富兰(M. Fullan)曾指出，每一个人都是改革的动力，每一个人都有责任参与建立一个良好的组织环境，使个人和集体都能不断地探究和发展。只有每一个人都采取行动，改变自己的环境，才能导致真正的改革。[①] 因此，了解每一个人，如何界定其角色，他(她)有哪些能力，他(她)对学校和课程改革方案如何知觉等是探讨课程改革的起点。

校长是学校发展的关键，也是影响课程改革的动力之一。校长的价值观、献身精神和工作能力是课程改革的成功保证。民主型、转化型风格的校长而不是独权型、强制型风格的校长，无疑有助于课程改革的全面落实。这样的校长相信自己的价值和能力，勇于表明自己的立场，忠实于课程计划但不是做新课程改革计划的绊脚石，敢于面对各种崭新的课程尝试，但又不是做亦步亦趋的过于忠实的随从。他能在学校多元、复杂的教育情境下与学校中的教师、学生、工作人员等一起从事改革意义的建构。他能及时提供支持课程改革的环境、条件，有效地规划丰富的、有效的课程改革探究活动。他能以关怀的伦理和他人交互作用，以人性化、民主化的原则作为课程改革行动的指南，以解脱束缚、鼓励创新、倡导责任来培育具体落实课程改革的学校。

教师是推动课程改革的主要力量。教师的价值、信念和意识形态直接影响着课程的改革。例如，教师对课程知识有不同的根深蒂固的观念，有人坚持心理测量的传统，认为知识存在于儿童的心灵之外，儿童是可接受任何东西的容器。有人主张儿童发展的观点，认为知识是在参与解决问题的过程中产生的，儿童是主动的学习者，他们在与教师、同学的互动和对话中建构知识。教师的这些不同的价值观必然会对课程改革产生不同的影响。新的课程改革方案，若不能改变教师的知识观，则改革成效堪忧，教师的潜在信念在一定程度上会阻碍改革理想的实现。只有教师积极主动地投入改革过程，认同改革理念，在改革中学习和成长，同时担负起重要的职责，做改革的行动者，架起自下而上的联系桥梁，才能达到改革的目标。

学生是影响课程改革的又一动力源。对于学生是什么、课程改革为了什么，人们似乎不难达成共识。学生是人，是成长、发展中的人，是以学习为主要任务的人。课程是用来培养学生、促进学生发展的一种手段，课程改革归根结底是要促进学生的发展，提高人才培养质量。但真正进行课程改革时便常常"见物不见人"，对学生的态度、需要、能倾往往视而不见。许多课程改革表现出明

[①] 欧用生、杨慧文著：《新世纪的课程改革——两岸的观点》，台湾五南图书出版公司1998年版，第82页。

显的极权性,旨在训练学生以便日后就业,视他们为手段而非目的,甚至是"产业的诱饵",仅为促进经济发展服务。所以,重记忆、服从和顺应,轻探究、自我管理或主动参与。

问题在于,这样的课程改革多半算错了经济账。学生是有独特个性的人,学生是有丰富人格的人,学生是蕴含巨大创造潜力的人,学生是对发展有无限渴求的人,学生也是有着多方面需要和兴趣以及要求主动发展的人。无视学生存在的课程改革,最终难免失败。因为它专注于目标和操作,但不清楚操作的效率,它计算成本但不理解真正的成效,这种对让学生一次成型的、操作性的改革的着迷正是造成没完没了教育危机的原因之一。当课程改革的结果是学生大面积的学业水平下降、学习积极性消退、学习精神丧失,损失的就不仅是新的课程改革计划,而是一代人的质量和民主的力量。

(三) 课程改革应植根于实施的组织和结构之中

明智的改革家无不认为,改革方案应嵌进实施的组织和结构之中,"课程改革若不同时改革组织的制度特征,结果将流于表面或无疾而终","课程改革不仅只是将一个课程元素代替另一个元素,这种新的元素也需要相符合的组织结构才能维持下去。不改变革新方案赖以生存的环境脉络,课程改革将是短命的。"①

具体实施课程改革方案的组织是学校和教室。学校不应成为权力型组织,还应成为学习社区或称学习型组织,是一个提供其成员继续学习和成长的组织。无论是校长,还是教师、学生、家长,学习社区的每一个人都应该成为学习者,拥有继续成长和发展的机会。改革方案要求于学生的,也应要求于教师。教师需要与同事、家长一起探讨教学工作、改革过程、价值观念。在学习社区中,每一个成员都应该不断地充实自己,自我实现、自我超越,同时发展批判思维和反省能力。学校还应该成为一个有活力的组织,每一个人都有权、有能、有参与、有看法,能发声。因此,它也是一个语言丰富的公共空间。每一个人都能与他人共同思考,共同参与情境,在平等且相互尊重的关系下进行沟通和对话。通过这样的权力和控制的新分配,突出了每一个声音的重要性,再也没有一种声音能支配另一种声音。阶层结构也渐趋模糊,参与者都拥有了发表的空间,都可自由地、积极地表达自己的见解。

教室应成为知识建构的场所。形成新的教学规范,要相信学生有强烈的学习欲望,尊重学生的选择、意志和行动;要倾听学生的声音,了解并关怀他们;要重视学生了解和观察世界的方式,统整学生的脑和心,思想和行动,理论和实践;要关心弱势群体,走进他们的世界,分析和批判压制他们的组织结构;要激发学生的学习热情和好奇心,鼓励主动探究和大胆创新,引导他们去分享、争论、建构、修正各科知识以及求知的方法。

(四) 课程改革呼唤"合作文化"

所谓"合作"即联合起来行事,合作的目的在于迅速、有效达成预期的目的,完成相关的任务。课程改革本质上是一项社会改革,涉及校内外各个方面,与个人的、专业的、政治的、社会的利益密切关联。课程改革的成败不仅取决于改革计划本身的科学性、合理性、实施组织的完善性、实施人员的认同性,还取决于个体之间、群体之间、组织之间等多层次的合作。

在许多人眼里,学校中的关系规范是个人的、竞争的互动模式,教书一直被称为"一种孤独的职业",教师只有同辈(peer),没有同事(colleague),更缺少同事情谊(collegiality)。教师职业的孤独限制了他们吸收新的思想和交流有益的经验,从而获得较好的改进方法。这限制了他们对成功的认定和赞美,导致形成保守性和对改革的抵触。合作文化(culture of collaboration)的建立,需要重

---

① 欧用生、杨慧文著:《新世纪的课程改革——两岸的观点》,台湾五南图书出版公司1998年版,第84页。

塑教师间的人际关系，应建立关怀的、信赖的和有共同目的的关系规范，要增加同事间的对话、讨论、交流和协商，同事间应合作起来，共同开发课程，研究教学，共享经验和理念，将合作精神和同事情谊体现于每天的教学生活中。

同样的合作也应体现于教师与学生之间，有合作精神的教师懂得尊重学生的人格、维护学生的权益、关心学生的生活，让学生参与教学过程，视学生为知识的建构者。在平等合作的过程中，善于倾听学生的见解，鼓励学生的独立探究和大胆质疑。教师与学生以课程为基础，共同合作设计教学方案，创设教学方法，并在此过程中，引起学生挑战和建构知识，引导他们了解外面的世界，推论原因、影响及其关联，使学生树立信心，重新定位自己的角色——学习者、研究者、合作者、行动者。

校长与教师不能对为什么进行课程改革和如何进行课程改革达成共识是影响改革成效的主要障碍之一。在学校组织中，这样的共识是非常重要的，因为它为改革提供了焦点和能量。今天，"共识"是许多校长常挂在嘴边的一个词，但当透过表面现象仔细看时会发现，此"共识"其实只是某个人（校长）或某个团体（校行政）的"见解"，是强加于教师和学校组织机构之上的。这种"共识"至多是一种依从，而非赞成。真实意义上的"共识"是一种许多人真正赞同的共识，因为它反映他们自己的见解。共识的达成，需要校长和教师间建立真正的合作关系，改变学校中的权力关系，使教学现场的教师拥有相应的权力，能够作出课程决策。教师与校长之间平等对话、广泛沟通、共同发布，最终形成共识。当然共识的形成是一个逐渐深化，不断增强清晰度、热情、交流和责任的过程。就像过来之人常告诫的，需要认真试验、探索、再试验，把这些结合起来，合作双方变得更熟练了，思路更清晰了，共同的责任感更强了，那么，课程改革就将成为大家共同的关注和旨趣。

第2节 当代中外小学课程改革及现状

课程是学校教育改革系统中的软件，是教育建设的重点工程，它集中且具体地体现了教育的要求。课程改革是20世纪尤其战后教育改革理论家、实践家们所普遍关注的重大问题。自1945年以来，由于在世界范围内发生了科学和技术、经济和政治、人口和社会结构方面的一系列变革，所有国家都经历了极为迅猛的环境变化。教育制度的发展与变化比过去任何时候都快，能够改变课程结构和本质的源泉也空前地增多了。这一切对课程产生了实实在在的影响。各国尤其是发达国家因此掀起了或大或小、或长或短的小学课程改革运动。

一、当代美国小学课程改革及现状

20世纪90年代以后，学校教育所依赖的社会背景发生了极大的变化，伴随着人类即将迈进21世纪的门槛，以高新技术为基础的信息革命浪潮席卷了全球。新的时代对社会所需的人才提出了新的不同要求，个性化、创造性、自我学习能力、团队精神、合作意识、生存能力等成为对人才的基本素质要求。教育如何适应时代的挑战这一问题引起美国的高度重视，新一轮小学课程改革逐渐兴起。

美国于1990年以《国家教育目标》（*National Education Goal*）改革报告拉开了美国90年代小学教育课程改革的帷幕。《国家教育目标》对美国未来教育的发展进行了规划，其中包括要求增加学生在学习时间、地点、方法上的选择性，学生在四年级结束时必须在关键的学科，如英语、数学、科学等学科中，显示出应有的能力，教学方法和课程都必须具有更大的灵活性，以确保美国小学生的科学、数学成绩是世界一流的。

为进一步保证面向新世纪美国教育目标的实现,1991年布什(G. Bush)总统签发了由教育部长亚历山大(L. Alexander)等人起草的题为《2000年的美国———一种教育战略》(America 2000: An Education Strategy)的纲领性改革文件。在课程设置方面,该文件要求将英语、数学、自然科学等课程学科确定为核心学科,并确定了考核的"新的国家标准",以此标准对四年级的学生进行全国统一考试。

此次课程改革与前几次改革相比实现了如下转变:课程学习的重点明确地从英才教育转向大众教育;小学低、中年级采用统一的课程计划,小学高年级必修学科课时高达70%—75%,改变了造成水平悬殊的区别教学;国家标准不仅规定了大纲内容和毕业考试,还规定了每门课程必要的学习时间,保证学生在必学的知识领域内具有足够的活动经验,避免影响学习质量的加速学习。

1993年4月21日,新一任美国总统克林顿(W. J. Clinton)宣布了题为《2000年目标:美国教育法》(Goals 2000: Educate American Act)的国家性教育改革方案,又一轮小学课程改革开始了。此次改革继承了布什政府的改革宗旨,它是一份具有一贯性或延续性的改革方案。该方案推出了八项国家教育目标,新推出的国家教育目标新增加了公民和政府、经济、艺术3门课程,表明国家对于公民素质要求的进一步提高。编订全国性的课程标准是此项改革计划的重中之重。从1993年开始,根据《2000年目标:美国教育法》的规定,美国的诸多学科专业机构或团体迅速组织力量制定相关领域的小学课程标准。

1997年1月,克林顿总统连任伊始,再次明确提出新一届政府将把教育置于优先发展的地位。关于如何提高教育质量,他先后几次发表改革建议和主张:要求小学要加强读写算的能力,尤其是阅读能力;12岁以上的青少年要学会使用互联网,扩大学习的领域,真正实施终身教育;重视对学生的品德教育,加强公民教育。

2002年,布什总统签署《不让一个孩子掉队法案》(No Child Left Behind Act),从而发动了一场涉及全美每一所小学声势浩大的教育改革。该法是1965年以来美国最重要的教育改革法,其中涉及小学的内容包括:(1)建立教育责任制;(2)给地方和学校更大的自主权;(3)给孩子父母更多的选择;(4)保证每一个孩子都能阅读;(5)提高教师质量;(6)检查各州小学生的课程学习成绩;(7)提高移民儿童的英语水平。

《不让一个孩子掉队法案》实施以来,绝大部分就读于美国公立学校的小学生学习成绩逐步提高,不合格学校的数量也在减少。2005年,在全美9.2万多所公立学校中,有78%达到法案的要求,达标的学校比上一年增加了13%。①

2008年1月28日,在国情咨文中,布什总统的总结是:《不让一个孩子掉队法案》的成果无可否认。2007年,"四年级学生的数学分数达到最高纪录。阅读成绩正在提高。非洲裔和拉丁裔学生的成绩达到历史最高水平"。② 布什提出,"现在我们必须共同努力,加强问责制,给予州和地区更大的灵活性"。"关于教育,我们必须相信,学生只要有机会就会学习;必须让父母有权利要求学校展示教学效果。全国各地社区都有满怀理想的学生——良好的教育是他们实现理想的唯一希望。"③

奥巴马总统上台以后到目前为止,美国小学课程改革出现了三个新的动向:

(1)强调给学生全面、完整的教育。1980年代以来的近30年中,美国小学课程改革极其关注

---

① 《不让一个孩子掉队法案》,http://www.bledu.net.cn/file/2005-1-24/2005124131727.htm,2010-07-21。
② 《2008年布什总统国情咨文》,http://www.sjysdq.cn/show/786,2010-07-25。
③ 《2008年布什总统国情咨文》,http://www.sjysdq.cn/show/786,2010-07-25。

教育质量,尤其是把英语、数学、科学等作为核心课程,强调这些课程的价值,为了保证课程质量,政府还对四年级学生进行全国统一的考试。美国政府的这些改革措施固然加强了美国小学的教育质量,但另一方面,它又在一定程度上导致学校和教师过分关注核心科目,而忽视了其他学科。事实上,正像人们批评的那样,许多教师由于主要在帮助学生应付阅读和数学考试,而牺牲了其他学科的教学时间。因此,"学生需要一个更加全面的教育"。在这一背景下,联邦政府对《不让一个孩子掉队法案》进行了修改,修改的法案中明确规定:阅读和数学考试仍会保留,但其他学科的成绩也会纳入到总体测评中,如历史、科学、公民、外语、艺术等学科。①

(2) 更加注重培养学生的批判性思维、问题解决能力以及对知识的创造性使用的能力。② 由于受到金融危机的影响,美国经济开始下滑。奥巴马政府执政以后,认为教育是促进国家经济发展的重要因素,当前学生成绩停滞不前是一种"缓慢滚动的危机",且会对国家未来经济构成一种威胁。《不让一个孩子掉队法案》尽管实施成效显著,但由于各州分散的教育体系以及对改革的抵制,导致法案的实施会遇到一些困难。为了改变这种状况,奥巴马于2009年7月24号正式宣布了美国的"力争上游"("Race to the Top")计划,政府承诺给予40亿美元的援助,加强教育的基础建设,大力推动美国教育。通过该计划,更多的联邦拨款将从原来的配给制拨款变为竞争性拨款,以此推动各州积极实施联邦政府倡导的教育改革。

从改革内容上看,中央政府强调让公立小学的每个孩子都获得成功,可见政府的小学课程改革面向的是在美国读书的全体小学生,其中包括亚裔、拉美裔和非洲裔学生。"力争上游"计划特别强调要培养学生的批判性思维、问题解决能力以及对知识的创造性使用能力。这是美国小学课程改革的一个巨大进步,20世纪末以来的课程改革,关注的都是具体的学科,尤其是核心学科,而当前的奥巴马时期,政府开始关注的是这些学科所体现出的课程价值,即在于培养学生的思维能力和知识应用能力。在日益复杂的当代社会,我们所面临的各种实际问题也将越来越复杂,随着经济全球化进程的加快,世界融合的进程也随之加快,多元文化必然会成为每个个体都要面对的现象。要想在这样一个复杂的世界中正确认识自我,了解他人并融入社会之中,仅仅知道科学知识还远远不够,批判性思维是必需的,问题解决能力和创造性使用知识的能力更是不可少。

(3) 空前重视师资培养。在新一轮小学课程改革中,美国空前重视师资问题。"力争上游"计划中明确提出:"教师是学生学习唯一重要的资源。"为此,计划指出,政府要确保为教师的专业发展提供支持,要让教师掌握提高学生学习成绩的策略,对于优秀教师要给予奖励,让优秀的人才能留在教育领域。③ 这些政策对于稳定美国小学教师队伍以及提高教师水平起着重要的作用。政府鼓励各学校把对教师的考核与教师的教学成绩相结合,从而鼓励教师发挥出自身的价值。美国政府的这一举措表明,他们对美国小学课程进行的改革将会是一个系统工程,而不是仅就具体学科进行改革。

总的来说,美国小学课程改革的现状可以归纳为:提升学业质量的同时,重视学生全面发展,防止偏科;重视对学生思维与能力的培养,而不是仅仅关注知识;重视师资培养。

二、当代英国小学课程改革及现状

英国小学从2000年9月起开始实施新的国家课程。④ 此次课程改革,英国政府特别强调的是课

---

① 美国新版《中小学教育法案》或将产生五大变化,http://www.kecheng.net/news_9273.html,2010-07-18。
② "Reform and Invest in K-12 Education",http://www.whitehouse.gov/issues/education/,2010-05-15。
③ "Reform and Invest in K-12 Education",http://www.whitehouse.gov/issues/education/,2010-05-15。
④ "Blunkett Details New Curriculum: Focus on Raising Educational Achievement Next Century",http://www.dfee.gov.uk/news,2008-05-17。

程的精神价值,以及着眼于迎接新世纪挑战的重要问题,为学生的未来生存作准备。

新国家课程以公立小学的适龄儿童为对象,由英语、数学、科学、设计和技术、信息和交流技术等必修学科组成。在必修学科以外,学校还有义务对学生进行宗教教育、人格培养、社会性的形成及健康教育,并将这些作为横跨各门学科的学习主题。此外,社区活动、劳动体验等活动课程也被纳入学校课程体系。统整上述各部分,即构成实际的学校课程。

对英国小学而言,2007—2008 学年可被称作是新的"改革年":国家教育行政部门重组,各种新的改革政策和法规不断被制定和实施,几乎所有学校都卷入了教育改革之中。新成立的英国儿童、学校与家庭部(DCSF)旨在致力于建立一种教育、卫生和社会服务三方面密切合作关系的同时,也对小学提出了更多新的要求。为了达到全面提高教育质量、全力促进儿童发展的目标,英国课程与资格局对信息与交流技术、公民等基础课程的内容也进行了较大的调整或改革。如:公民课加强传统价值观教育,还新增了移民和机会均等方面的内容;信息课侧重于为参与世界生活作准备,更加强调让儿童在学习信息和交流技术的过程中,加强对技术与文化、与自身生活的联系,重视文化和历史在信息课程中的重要作用;音体美课程内容基于儿童发展的目标进行了有针对性的增减,音乐和艺术课程中增加了多元文化教育和民族文化认同教育的内容,要求每个儿童必须了解不同国家的文化传统;为了保持世界历史和英国历史在内容上的协调和平衡,历史课程增加了本国史的内容,且历史课程中第一次明确提到"大英帝国"。①

英国 2007 年掀起的新一轮小学课程改革的特点是,加强课程内容与儿童生活的联系,强调让学校课程适应社会需要,特别重视儿童的"生活技能",要求学校培养出适应知识经济需求的"候选人"。

2008 年,英国前教育标准局总督学吉姆·罗斯(Jim Rose)爵士及其率领的团队受命于国家儿童、学校与家庭大臣艾德·鲍尔斯,对英格兰小学课程作一份独立的评估。2009 年 4 月 30 号,作为调查报告的《小学课程独立评估:总结报告》(Independent Review of the Primary Curriculum: Final Report)出台,英国新一轮小学课程改革蓝图公诸于众,20 年来英国小学教育最大的变革拉开序幕。按照英国政府的规划,2010 年 1 月开始,英国课程与资格局开始为学校提供指导。2011 年 9 月,资格局将通过提供具体的范例向学校介绍小学新课程并将在小学阶段全面推广新课程。

该报告认为,小学阶段的课程必须具有小学的特征,课程要能让儿童享受到童年的成长乐趣,能鼓励儿童学习和并掌握知识、技能,提升理解力,从而为他们进入更高年段的学习做好准备。从课程目标上来说,新课程强调所有孩子都能得到发展,没有一个孩子掉队;特别加强读写技能,在整个课程中发展并运用这些技能;提升儿童的信息素养,在课程中通过技术来改善学习;通过宽广的学习领域,让儿童获得全面的发展;让孩子在学校生活中经历成功;做好幼儿园与小学及小学与初中之间的衔接。②

报告建议,国家课程应该保留,并将之作为所有儿童的法定权利。报告为英国小学教育应对 21 世纪时代变迁提出了一揽子变革课程的建议,其要旨包括促进终身学习,减少指令性规定,给学校和教师更大的灵活性。报告指出,应该废弃现行的英格兰小学课程,用一个经过"瘦身"的版本代替,在"教什么"上给学校更大的自由度。

报告高度重视培养学生说与听的能力,强调个人发展对提高学业水准的关键作用。此外,在新课程中,"玩中学"在小学低年级被高度强调,信息技术(ICT)与英语、数学一并成为新的核心课程。

---

① 严开胜、李松林:《英国中学课程改革迈入新阶段》,载《中国教育报》2007 年 4 月 30 日第 8 版。
② Primary Curriculum,http://curriculum.qcda.gov.uk/new-primary-curriculum/About-the-new-primary-curriculum/What-is-in-the-new-curriculum/index.aspx,2010－05－06.

根据这份报告,新的小学课程最大的变化之一就是将原有的11门法定学科(subjects)变成"六大学习领域(areas of learning)"。它们是:

(1)英语、交流与语言(外语);(2)数学;(3)艺术;(4)历史、地理和社会;(5)身体发育、健康与幸福;(6)科学与技术。

吉姆爵士说:"我建议的学习领域并不会'废除'像历史、地理这样的学科。这些学科的基本内容(essential content)必须教好,这样才会使儿童能够把这些知识联系起来,这是设立'六大学习领域'对教师的期待。"六大学习领域仍将整合像英语、数学、科学、历史、地理等这样的传统学科,不过会纳入更多有关信息技术、个人发展与健康、幸福的内容以及学习与生活基本技能。儿童将学习信息与可靠的证据如何支持观点,在科学与技术的学习中,更加重视实践与探索能力及评估。儿童还将探索历史上重要科学家所作的贡献。教师进行跨学科教学活动将有更多空间,有更多机会给学生上互动性与实践性强的课程。

英国小学的新课程还特别强调四大核心能力:听说读写(literacy)、算术(numeracy)、信息技术(ICT)和个人发展(personal development)。

从英国新的小学课程改革方案中,我们不难看出,当前英国小学课程改革呈现出以下特点:

(1)强化国家课程。为了改变各小学分散的课程体系,英国政府着手制定了国家课程计划,并提供了一个包括六大学习领域和四大核心能力的基本课程框架。这是英国政府提高小学教育质量的一个重要举措。六大基本领域作为国家课程将成为学校课程的主要组成部分,所有小学必须实施国家课程并接受监督。学校自主开设的课程只能作为国家课程的补充。

(2)强调基础性。当前英国小学课程改革还非常强调基础性,听说读写和算术等是学生将来学习和生活的基础,只有掌握好这些基础知识,才能在将来获得更好的发展。英国政府认为,小学课程一方面要符合小学阶段儿童的特点,让儿童能够享受到童年的乐趣;另一方面又要保证儿童能够为将来升入更高年级学习做好准备。英国小学课程改革表明,他们目前正试图处理好"个体本位"与"社会本位"的关系,并且把为学生打好基础作为处理好这层关系的关键。

(3)重视信息技术。随着科技的迅猛发展,技术不仅进入到教学层面,而且进入到每个人的日常生活中,它拓展了人类的肢体、生活圈乃至生活方式,信息技术正成为人们生活的一种基本方式,无法想象,未来人们如果缺乏了信息技术将会怎样生存。英国政府正是看到了这一点,所以在小学阶段就非常重视对学生进行信息技术教育,培养信息素养,不仅把信息技术作为六大领域中的一门具体课程,而且把信息技术作为学生应具备的四大核心能力之一。英国对小学生信息技术的要求要比其他国家更为突出,例如,按照英国小学新课程的要求,一年级的儿童就应该会使用Google,到了11岁他们就应该学习发布网页和播客(podcasts)。

三、当代日本小学课程改革及现状

20世纪90年代初,日本开始对2003年全面实行"学校5日化"后的新课程进行探讨。1995年4月,中央教育审议会接受了文部大臣"关于面向21世纪我国教育的发展方向"的咨询,并于次年7月发表了第一次审议报告,把在"轻松宽裕"中培养孩子们的"生存力"作为今后教育的根本出发点。依据这一基本思想,日本面向21世纪教育改革的基本目标是培养学生使之具有丰富的人性,充满生机的健康体魄,具有自己发现问题、自己学习、独立思考、自主判断与行动、妥善处理问题、克己自律、善于与他人协调以及迅速准确地适应社会变化的能力。为此,课程改革的重点在于:严格精选课程内容,彻底贯彻加强基础知识和基本能力的方针;推进横向的、综合的学习;调整合并现有教育课程,重新构造未来课程体系。

经过教育课程审议会的审议,新的课程标准终于出台。文部省于 1998 年公布了《幼儿园及小学、初中课程标准方案》。这次课程标准具体修订的内容是:(1)大幅度削减教育内容、削减课时,真正给予学生时间上和精神上的"轻松宽裕",使他们能充分进行独立思考、自主学习;(2)强调因人而异的教学;(3)加强综合学习;(4)扩大科目设置和选修的自由度;(5)增加国际化和信息化方面的内容;(6)加强道德教育。

这次课程改革是 80 年代课程改革的继续和深化,它在改革理念上的最大特点,"是把儿童作为一个活生生的自我发展的人,从人性的角度来看待学校教育的职能和教师的作用,这就是'扶助儿童的自我发展'。这是日本自明治维新建立近代公共教育制度后,教育理念上的彻底变革,标志着日本教育从以国家为中心向以人为中心、从统一化向个性化转变的真正开始"①。

与这种教育理念相对应,日本也在课程设置上做了较大变动。1998 年日本文部省颁布的《学习指导要领》对小学课程作了系统的规划,小学课程减少了理科、算术等科目的课时数,并在三年级以上新增加了综合学习时间,给学校和教师更大的课程自主权,让学生可以研究自己感兴趣的问题。

这次小学课程改革,不仅在课程设置上做了变动,而且在教学难度上也降低了。如,按照新课程方案小学不再学习四位数的减法,小数也仅要求算到小数点后一位数,圆周率以 3 代替 3.14,四至六年级删除了带分数的计算等。②

另外,在学时上也做了调整,减少了教学和学习时间。如小学四至六年级的教学时数由原来的 1015 课时减少到 945 学时。

应当承认,日本从 20 世纪 80 年代延续到 20 世纪末的小学课程改革确实在从统一化向个性化的转变中起到了很好的作用,减轻了学生的负担,营造了宽松的教育氛围。但问题也接踵而来。

事实上,日本的小学课程改革导致了学生学业质量的严重下降。日本小学生在 PISA 测验中的成绩连续下滑。另有数据表明,小学阶段的日本学生不懂四则运算等基础的数学知识,甚至要到大学里补课。批评者认为,圆周率按 3 计算,画出来的根本不是一个圆而是一个正六边形。日本的"宽松教育"及其指导下的课程改革被认为是日本小学生学业质量下降的罪魁祸首,人们担心:"全世界小学生都会的知识,只有日本学生不会。"在其后的一段时间,反对新课程的呼声越来越高,根据统计,截止到 2001 年 1 月 25 日,有 5800 人联名上书请求中止实施新《学习指导要领》。③

民意测验的数据也说明了家长的意见:66%的小学低年级学生家长和 71%的小学高年级家长对 1998 年的新《学习指导要领》持反对意见。④

于是,日本从 2002 年开始酝酿新的小学课程改革。2002 到 2007 年间,日本政府对小学课程改革的政策进行了补救和修正,把一直作为最高上限标准的《学习指导要领》变成必须达到的最低标准,教师可以根据自己的理解,对能力强的学生补充超出教材内容和《学习指导要领》规定范围的内容,允许学生课外补课、聘请家教,主张学生拓展自己的学习和家庭作业。⑤

在 1998 年被削减的教学内容,大部分在 2005 年又重新被恢复。2007 年,全国统一的学力测试重新举行,全国小学六年级学生都要参加学力测试,测试科目为语文和数学,测试内容主要是围绕语言应用和计算等基础知识。

2009 年,日本文部省重新修订了《学习指导要领》,对小学课程改革目标、内容、指导方法、课时

---

① 汪霞主编:《国外中小学课程演进》,山东教育出版社 2000 年版,第 784 页。
② 陈鸿斌:《日本教育患了什么病》,载《光明日报》2001 年 8 月 24 日第 5 版。
③ 马德益:《新世纪日本中小学课程改革阻力及调整》,载《外国中小学教育》2010 年第 2 期。
④ 田辉:《日本实施新〈学习指导要领〉——基础教育改革艰难起步》,载《基础教育参考》2003 年第 1 期。
⑤ 周飞:《感受日本新课程》,载《中国教育报》2002 年 6 月 29 日第 4 版。

安排及教学评价等都进行了重大调整。关注"学力水平"和"生存能力"成为新的课程改革的重要目标。根据新的课程改革方案,从2011年开始,日本小学生6年总课时将达到5645节,每节课45分钟,比原来的5367节增加了约5%。其中,数学、科学等核心科目课时均增加了20%以上,日语、数学、外语、社会等课时增加超过10%,而"综合学习时间"被压缩了,三年级以上的综合学习时间每周减少1课时。同时,课程难度增加了,尤其是英语和数学两科,如规定小学高年级阶段必须开设用英语授课的英语课,再如数学学科把梯形面积计算公式重新纳入教学内容。

通过日本小学1989年的课程设置,1998年的课程设置和2009年的课程设置的对比(表9-1),我们可以看出其基本上是做了一个"钟摆运动"。2009年的小学新课程是对1998年改革的修正,至于其实施效果,将要等待实践的检验。

表9-1 新旧版《学习指导要领》规定的小学标准课时对照表

课程	1989年	1998年	2009年	课程	1989年	1998年	2009年
国语	1601	1377	1461	家庭	140	115	115
社会	420	345	365	体育	627	540	597
算数	1011	869	1011	道德	209	209	209
理科	420	350	405	外语			70
生活	207	207	207	综合学习		430	280
音乐	418	358	358	特别活动	314	209	209
工艺	418	358	358	总计	5785	5367	5645

注:(1)表内分别是1989年、1998年、2009年修改后《学习指导要领》中规定的公立小学6年期间标准课时数的总计。(2)每一学年按35周计算,每节课为45分钟,课时踪迹是按上下限的中间值计算。(3)特别活动为班会活动和课外活动的时间。

资料来源 王丽燕:《论日本"宽松教育"的修正及其启示》,载《教育科学》2010年第2期。

无论如何,从当前日本的小学课程改革来看,我们还是可以发现不少有价值并对我们有启发的地方:

第一,重视基础知识与基本素养。在新修订的《学习指导要领》中,我们不难发现,许多基础学科的课时都增加了,课时总量也增加了,日本文部省称增加课时并非是从"宽松教育"又回到以前的"填鸭式教学",增加课时也不是以增加教学内容为主要目的,而是为了确保儿童有充足的时间去学习。可见,基础知识与基本素养的学习仍是此次课程改革的重点,而且更加强调学习过程了。

第二,重视提升基础学力。尽管提升学力早在20世纪80年代就受到重视,但那时的学力提升主要是依托学科主义课程以及对基础知识的深化与灌输,这是一种旧有的思维模式。新的小学课程更加强调的是对基础知识的活用,要培养的是学生探究和解决问题的能力以及学生应用知识的能力,在改革中,日本赋予了"学力"更深刻的内涵。

第三,重视传统文化及道德教育。新课程对于传统的文化及道德教育给予了较多的关注,如要求国语科重视古文教学,社会科加强文化遗产、日本历史等方面的教育,音乐科要加强传统音乐、传统乐器的传授等。在道德科中也强调要培养基本的生活习惯、规范意识以及遵纪守法意识,另外,小学还必须设置"道德教育推进教师",负责全校道德教育的推广工作。[①]

---

① 谭建川:《困顿中的摸索:解读日本新一轮〈学习指导要领〉的修订》,载《比较教育研究》2010年第2期。

值得我们探讨的是,日本在对小学课程改革的过程中,所出现的问题是复杂的,不仅仅是靠课程设置或课时的改变能够解决的,以综合学习时间为例,其本来的目的在于构建一种新的学习方式,但由于没有具体的课程方案和评价标准,在课程管理上也过分强调教师自主权,因此,很多学校在实践的过程中,将综合学习时间理解为"宽松时间"、"闲暇时间"等,教师对没有统一课本和标准的课程,不知道从何入手,"综合学习时间"的内容原则上要贴近生活,但由于选题都过于简单,甚至可以说是单调,没有对学生形成认知的挑战,也无法提高学生的智力和学力。而正是由于内容质量不高才导致没有达到预期效果。[①] 可见,没有制度化的保障,一味地追求个性化和自由化,是难以取得效果的。

正如日本东京大学佐藤学(Sato Manabu)教授所言:"学力低下的主要原因是教学本身构造的不合理,不能单靠增加学习时间或增加教师的数量和工作量来解决,关键是深入研究学生应该具有怎样的学力,并且分析教师需要怎样的素质,如何追求高素质的学力的额外难题。"[②]

四、当代中国小学课程改革及现状

20世纪90年代,我国小学课程虽经较大幅度的改革和发展,但从整体上看,改革措施仍难以适应社会发展变化及全面推进素质教育的要求,与今天对人才培养需求之间不相适应的矛盾亦未得到解决。其具体表现为:人才规定的多样性与课程目标单一性之间的矛盾日益突出;偏重知识记忆和学科技能,造成学生基本能力和人格发展方面的问题;地区社会的差异性与课程内容方式统一性之间的矛盾;以选择为基本目的构建的课程内容,学习份量重、脱离实际、脱离学生的需要,使学生负担减而不轻,也使学生失去了用于问题解决、科学探究等能力发展的时间和机会;由于过分强调学科及其完整性,强调面面俱到,有些科目中的少数内容尽管超出学生的接受能力,仍弃之不舍。

新世纪是一个以知识创新和应用为重要特征的知识经济时代,科学技术突飞猛进,国际竞争日趋激烈,国力的强弱越来越取决于劳动者的素质。面对新世纪的挑战,小学课程改革势在必行。

1998年,教育部颁发《面向21世纪教育振兴计划》。该计划要求2000年初步形成现代化基础教育课程框架和课程标准,改革教育内容和教学方法等。由此拉开了新一轮小学课程改革的帷幕。次年6月,党中央召开了改革开放以来第三次全国教育工作会议,公布《中共中央国务院关于深化教育改革,全面推进素质教育的决定》,为我国小学课程改革指明了方向。

新一轮小学课程改革的重点是:面向学生、面向生活、面向社会;迎接知识经济,为创新能力的培养打下坚实基础;促进课程的综合化,避免分化过细、彼此孤立隔离的课程状态,强调课程教材设计的整体性;更加强调人文精神的培养,并在新世纪进一步弘扬中国优秀传统文化和世界文化遗产;进一步渗透"可持续发展"和"科学技术是第一生产力"的观念;课程教材要进一步特色化、个性化,以适应日益多样的教育市场需求;教材的系列化、多功能,将由于受到教育市场消费者(教师、学生、家长等)的不断催化和促进而不断加强。[③]

经过充分的酝酿,《国务院关于基础教育改革与发展的决定》于2001年6月15日公布。为贯彻《中共中央国务院关于深化教育改革全面推进素质教育的决定》和《国务院关于基础教育改革与发展的决定》,也为宏观指导和统筹课程改革的推进,教育部决定组织制定《基础教育课程改革纲要》。通过反复的协商、讨论,在对世界各国课程改革趋势和政策进行比较分析,对我国课程实施现

---

① 陈静静:《追求高质量的学力——日本东京大学佐藤学教授访谈录》,载《全球教育展望》2008年第7期。
② 陈静静:《追求高质量的学力——日本东京大学佐藤学教授访谈录》,载《全球教育展望》2008年第7期。
③ 任长松:《改革开放20年来课程观的三次变革》,http://www.pep.com.cn/kechengjcyjs/,2008-05-07。

状调查研究的基础上,总结了改革开放以来我国基础教育课程改革的经验,广泛听取了各方面的意见,集中了众多专家、学者及一线教师的理论思考与实践经验。2001年7月27日,教育部正式颁发了《基础教育课程改革纲要(试行)》(以下简称《纲要》)。

依据《纲要》的精神,新一轮基础教育课程改革实验于2001年秋学期启动。教育部确定了27个省、自治区、直辖市的38个国家级课程改革实验区。从2002年秋季起,国家级实验区增加到29个省、自治区、直辖市的42个。另外设置省级实验区,省级实验区以县为单位,总计约470个。2003年秋季,全国又有1072个县区进入新课程,参加新课程的学生总数占同年级学生数的40%—50%。新课程进入从点向面过渡的阶段。2004年秋季全国范围内有2576个县(市、区)实施义务教育新课程,约占全国总县(市、区)数的90%。2005年义务教育阶段起始年级全面进入新课程。

当前我国小学课程改革在课程目标、课程结构、课程管理等方面,都是根据2001年11月19日教育部颁布的《义务教育课程设置实验方案》设置的。具体来说,当前小学课程呈现出以下特点:

第一,在培养目标上,体现了时代要求。提出培养学生具有爱国主义、集体主义精神,热爱社会主义,继承和发扬中华民族的优秀传统和革命传统;具有社会主义民主法制意识,遵守国家法律和社会公德;逐步形成正确的世界观、人生观、价值观;具有社会责任感,努力为人民服务;具有初步的创新精神、实践能力、科学和人文素养以及环境意识;具有适应终身学习的基础知识、基本技能和方法;具有健壮的体魄和良好的心理素质,养成健康的审美情趣和生活方式,成为有理想、有道德、有文化、有纪律的一代新人。

第二,提出九年一贯制。本次课程改革将义务教育作为一个整体,九年一贯地进行课程设置,而不是单独考虑小学学段的课程改革,这正是新课程结构的均衡性、综合性和选择性的体现。"整体"指将各类课程按横向关系组织起来,通过课程的横向组织,使各门课程在差异得以尊重的前提下互相整合起来,消除以往学科本位造成的学科壁垒。"一贯"指将各类课程按纵向的发展序列组织起来。就一门课程而言,要强调"连续性",使课程内容在循环中加深、拓展,并不断得到强化、巩固;就各门课程关系而言,要强调"顺序性",使不同课程有序地开设,前后相互连贯,同时使课程门类由低年级到高年级逐渐增加,从而使学习者的学习产生累积效应,促进学生可持续发展。[①]

第三,强调课程设置的均衡性。新课程旨在促进学生的全面发展,而全面发展就要求小学课程设置要保持适当的比例,因为每一门学科都有着其独特的育人价值,这种价值是其他学科无法代替的。在新的小学课程结构中,学科课程与经验课程并重,分科课程与综合课程并重。必修课程与选修课程并重。同时,对学校中各具体学科之间的比重进行调整,降低语文、数学等课程的课时数,语文学科所占比例由原来的24%降低到现在的20%—22%,数学学科由原来的16%降到13%—15%。这些课程空间让给了其他学科,并增设了校本课程、综合实践活动这样的新学科。

第四,强调课程的综合性。新的小学课程注重经验,强调对学科知识、社会生活和学生经验的整合,改变了学科本位现象。具体做法分为三种:一是综合性学科的设立,如一至二年级设置的品德与生活课,从学生生活经验出发,让学生体验探究过程,学科科学方法并形成科学精神;一至六年级设置的艺术课,是为了丰富学生的艺术经验,发展他们感受美、创造美、鉴赏美的能力,提供审美情趣。二是增设了综合实践活动课程,培养学生发现问题、分析问题、解决问题的能力以及交流合作的能力,增强学生社会责任感,并逐步形成创新精神与实践能力。三是在各科中都增加了实

[①] 朱慕菊主编:《走进新课程——与课程实施者对话》,北京师范大学出版社2002年版,第22页。

践活动的内容,把知识融入到学生的生活中去。

【案例 9-1】　　　　　　《春天在哪里》语文实践活动方案①

人教版语文第二册《语文园地一》安排了一次口语交际—《春天在哪里》我认为这也是一个十分有意思的实践活动材料。《小学语文课程标准》要求低年级学生能在实践活动中结合语文学习,观察大自然,用口头或图片等方式表达自己的观察所得。因此,我从关注学生的个体差异和不同的学习需求,保护学生的好奇心、求知欲出发,又结合这一单元的展示台"我会唱",将"找、说、画、唱、演"有机结合在一起,促进学生的观察、思维、演说等能力的发展,充分引导学生在"自主·合作·探究"的学习方式中学习,让学生在丰富多彩的语文实践活动中打下坚实的语文基础。

活动目的:
1. 引导学生充分利用眼、耳、口、鼻等感官感知春天的自然景象,知道冬去春来给动植物带来了勃勃生机。
2. 让学生走进春天,感受春天,根据自己的兴趣爱好,选择自己喜欢的方式表达对春天的热爱之情。培养学生的团结合作精神、审美能力和语言表达能力。
3. 通过"说、画、唱、演"等实践活动激发学生热爱春天,热爱大自然的美好情感。

活动准备:
1. 音乐曲目《春天畅想曲》、《春天在哪里》,各类春景的 CAI 课件。
2. 课前先布置学生在自然中找春天,画一画春天中的各种花儿、草儿、树芽儿……并剪下来。
3. 收集与春天有关的资料(图片、照片、诗歌……)。
4. 水彩笔、剪刀。

活动过程:

活动一:找春天
播放春景的 CAI 课件,引起学生的回忆
1. 孩子们,冬天过去了,春姑娘又一次悄悄地、轻轻地向我们走来,(教师播放 CAI 课件的部分内容)你们看到了什么?听到了什么?
2. 春姑娘给我们带来了绽放的花朵,嫩绿的小草,还带来了哪些美丽的景象呢?我们一块儿回到生活中去"找春天"吧!

活动二:话春天
师生共话春天:
1. 师:前一阶段,我们开展了"找春天"的活动,涌现了一大批小小观察家。为了让春天的暖风吹进我们每一个小朋友的心田,今天我们来共话"找春天"的活动。
2. 师:春天有隐身术的,它让世界发生了变化,可我们却看不见它,但我们却用慧眼找到了她。今天,我们就来谈谈:春天到底躲在哪里?
3. 生:以小组为单位讨论回答。(引导学生运用一定的句式把话说得更好听)
春天躲在花园里,它让花儿开放了。

---

① 龚晓玲:《〈春天在哪里〉语文实践活动方案》,http://www.fmsxx.cqedu.com/Fms_ViewArticle2.asp? ArticleID=1544,2010-06-15。

春天躲在草丛里,它让草儿变绿了。
春天躲在小河里,它让河水唱歌了。
……

4. 师:春天还会躲进小朋友的家里,你能找到吗?
5. 学生讨论后回答。(师引导学生注意句式及用词)
春天躲在衣橱里,它让衣服开满了花儿。
春天躲在茶杯里,它让绿色叶儿飘香。
春天躲在镜子里,粉红的小脸真漂亮。
……

6. 师:春天还会躲在哪里呢?
7. 生:(思维更活跃了)抢着回答。
8. 学生A:

那天,爷爷、奶奶带我去郊外,春姑娘们都像约好了,穿着好看的衣服走来了。小草把头伸出地面;一些不知名的小花,这儿一朵,那儿一朵洒在山上;柳树发芽了,小鸟在跟它做游戏;小朋友们忙着放风筝……

冬爷爷走了,春姑娘迈着轻快的步子来到了大地。

学生B:

春姑娘无声无息地来到了我们的校园。阳光洒出了金辉,把整个校园照得金灿灿的,我们和老师一起在校园里找春天。我们看见小草钻出了地面,几棵菊花树的小花有的已经全部盛开,有的还含苞待放。我们还看见柳树发芽了,柔软的枝条随着微风轻轻地摆动,像是在和春姑娘招手。

……

9. 师:其实,"春"无处不在,只要细心感受,春会与你同在。

活动三:画春天

1. "同学们说的真美啊,春天已经来到我们身边,我们一起再来欣赏美丽的春天吧!"(播放初春到晚春动植物美丽的春景图)"我们怎样才能把春天永远留住呢?"
2. 生自由回答。(画下来,剪贴出来……)
3. 师:今天,我们一起来描绘自己心中最美的春天,让我们用手中的画笔表现美丽的春天吧!
4. 学生选择一种自己喜爱的春景画下来。
(1) 师巡回指导。
(2) 帮助个别能力较差的学生完成作画。
(3) 启发能力较强的学生丰富画面内容。
5. 评价
(1) 选1—2幅好作品进行评价,并给予充分肯定。(注意引导学生用完整的句子将画面内容介绍出来,评价语言也要注意规范和完整。)
(2) 展出5—8幅作品供参观。

活动四:唱赞春天

1. 春天给我们带来了美丽的景象,让我们留住春天,让我们用自己喜欢的方式赞美春天吧!

2. 学生根据收集的资料分组赞美春天。
(1)"诗歌组"——朗诵有关春天的诗,如《春晓》、《村居》、《咏柳》等。
(2)"色彩组"——展示张贴并口头完整地介绍图片、照片及所画的内容。
(3)"故事组"——讲讲春天里发生的故事。
(4)"歌唱组"——唱唱《春天在哪里》,欣赏《春天畅想曲》。
活动小结:
　　春姑娘来了! 轻轻的春风吹走了寒气,地下的昆虫从睡梦中苏醒了。小草笑眯眯地伸展了腰肢,小河欢唱着,温暖和芳香又悄悄来到身边。春天,是一个美好的季节,播种希望的季节。让我们播下理想的种子,投入春的怀抱吧!
(最后在《在希望的田野上》的歌声中结束活动。)

　　第五,加强课程的选择性。现行的小学课程提供各门课程课时的弹性比例和地方、学校自主开发或选用课程的空间,增强课程对地方、学校、学生的适应性,鼓励各地发挥创造性,办出特色学校。其中,地方与学校课程的课时和综合实践活动的课时共占总课时的16%—20%。这给学校自主开发课程提供了极大的空间,增加了课程的选择性,学生可以根据自己的兴趣和需要去选择自己喜欢的课程。

【提示9-1】　　　　　　　　　义务教育课程设置表

课程门类	年级									
	一	二	三	四	五	六	七	八	九
							思想品德	思想品德	思想品德
	品德与生活		品德与社会				历史与社会（或选择历史、地理）		
			科学				科学（或选择生物、物理、化学）		
	语文	语文	语文	语文	语文	语文	语文	语文	语文
	数学	数学	数学	数学	数学	数学	数学	数学	数学
			外语	外语	外语	外语	外语	外语	外语
	体育	体育	体育	体育	体育	体育	体育与健康	体育与健康	体育与健康
	艺术(或选择音乐、美术)								
	综合实践活动								
	地方与学校课程								

资料来源　朱慕菊主编:《走进新课程——与课程实施者对话》,北京师范大学出版社2002年版,第23页。

【提示9-2】 　　　　　　　　义务教育课程设计及比例

课程门类	年级 一	二	三	四	五	六	七	八	九	九年课时总计（比例）
	品德与生活	品德与生活	品德与社会	品德与社会	品德与社会	品德与社会	思想与品德	思想与品德	思想与品德	7%—9%
							历史与社会(或选择历史地理)			3%—4%
			科学	科学	科学	科学	科学(或选择理、化、生)			7%—9%
	语文	语文	语文	语文	语文	语文	语文	语文	语文	20%—22%
	数学	数学	数学	数学	数学	数学	数学	数学	数学	13%—15%
			外语	外语	外语	外语	外语	外语	外语	6%—8%
	体育	体育	体育	体育	体育	体育	体育	体育	体育	10%—11%
	艺术(或选择音乐、美术)									9%—11%
	综合实践活动									7%—8%
	地方与学校开发或选用的课程									10%—12%
周总课时数	26节	26节	30节	30节	30节	30节	34节	34节	34节	274
学年总课时	910	910	1050	1050	1050	1050	1190	1190	1122	9522

注：表格内为各门课的周课时数，9年总课时按每学年35周上课时间计算。

资料来源　朱慕菊主编：《走进新课程——与课程实施者对话》，北京师范大学出版社2002年出版，第24页。

　　当前的小学课程，在教材编写和选用上也具有新的特点。教材研究和编写采取开放的组织方式，任何个人、团体、机构经资格审查皆可组织教材的编写，通过审定可供各学校选用。

　　当然，小学新课程从2001年启动以来，在实践过程中也遇到了一些问题。最主要的问题就是小学生的学业负担问题。尽管课程改革在进行，但学生负担过重现象至今仍没有从根本上得到有效遏止，有的地方甚至还相当严重，已成为全面推进素质教育的严重障碍，也直接影响教育行政部门和学校的形象。为此，2004年7月29号，教育部颁布《关于在小学减轻学生过重负担的紧急通知》。内容包括：

　　(1) 小学开设的语文、数学、思想品德、音乐、美术、社会、自然课程，每门只准使用一本经审查通过的教科书。地方课程选用教材，由省级教育行政部门照此精神从严规定。其他课程和专题教育活动均不得组织小学生统一购买教材和各种读本。

　　(2) 任何部门、团体、机构、学校和教师不得组织小学生统一购买教材以外的教辅材料、图书、报刊和学生用品，更不能以此作为考核、评奖的依据。

　　(3) 学校要严格按照规定的课程计划，依据儿童学习和生活规律均衡安排每周课程和作息时间，下午可以活动和做作业为主。不得增加周活动总量，更不得增加学科教学的学时。不得占用节假日、双休日和寒暑假组织学生上课，更不得收费上课、有偿补课。

　　(4) 要提倡布置活动性、实践性的小学生的家庭作业。小学一、二年级不留书面家庭作业，其他年级书面家庭作业控制在一小时以内。严禁用增加作业量的方式惩罚学生。

(5) 除语文、数学外,其他课程不得组织考试。小学生学业成绩评定实行等级制,取消百分制。

(6) 已经普及九年制义务教育的地区,要坚决落实小学毕业生免试就近升入初中的规定。任何初中入学、招生不得举行或变相举行选拔性的书面考试。

(7) 任何部门、团体、机构和学校,未经教育行政部门批准,不得组织小学生参加各种竞赛活动、读书活动,不得以赛促销,以赛代销。①

事实上,由于改革的本质就是一场博弈,必然会带来各种各样的问题,从而加重学生负担。因此,"减负"始终是小学课程改革应予以关注的一个话题。很多学校也在积极探索如何减轻学生负担,有些还取得了成功的经验。

【案例9-2】 江苏省常州市新闸中心小学的"阶梯合格法"减负增效②

我们认为小学教育不是精英教育,是要让所有人都得到发展的教育,特别是学习有困难的学生能得到发展。我们新闸中心小学面对60%的外来工子弟的现状,我们发现我们尤其需要树立关注"弱势群体"的观念。那些不被老师喜欢的学生,往往学习差、行为习惯不好,过去我们把他们称为"双差生",他们最不缺的就是批评,而很少得到过表扬与肯定。对于这些孩子我们究竟该做些什么才对得起教育者的良心呢?通过学习与讨论,我们本学期试行了一个特殊的办法:"阶梯合格法"。所谓"阶梯合格法"就是为学习困难的学生设定的不同于以往的合格标准,给他们跳一跳就够得着的目标。比如一个学生数学考试上学期期末考试只有20分,如果本学期他的测验达到30分,那么他的数学成绩就可以评定为合格。

"阶梯合格法"从表面上看是降低了传统的合格标准,但是却真实地提升了学困生的信心指数。用这个方式来确定学生的进步幅度和发展目标,无疑为学生找到一条可以攀爬的绳索,铺设了增添自信的过程。这个过程中学校、教师更多地看的是学生的发展,而不是学生现有的水平。由此我们解决了两个重要问题:一是学生自信问题;二是教师进步的动力问题。以前教师对那些二三十分的学生帮教没有效果非常烦恼(同时由于孩子的父母还挣扎在温饱线上,没有精力和能力来关注孩子的成长,所有的希望都寄托在学校中)。因为这些孩子离目标太遥远了,无论学生自己还是老师都没有信心。现在不一样了,老师和学生一起努力,就都合格了。既让这些孩子尝到了成功的滋味,自信得以回归,又让教师增长了教好这些孩子的信心。达成的目标困难小了,信心自然就有了。常言道,没有不想进步的学生,当然也没有不想教好学生的老师。教育的根本是培养学生实现人生的能力,学生的信心再加上教师的信心,或许会让我们的教育出现奇迹。

课程建设与实施是一个系统工程,而其核心又是依托的我们每一位学科教师,我们在课程建设的过程中又发展了每一位教师,同时我们最核心的指向是我们每一位孩子的发展。我们的"阶梯合格法"将有待于进一步的完善,我们也相信通过我们集体的努力,新闸中心小学的课程会更完善,也会为孩子们美好的未来奠定良好基础的同时更会让我们老师的职业生涯充满创造的快乐与职业的幸福,从而切实达成"减负增效"的目标。

---

① 教育部:《关于在小学减轻学生过重负担的紧急通知》,http://www.moe.edu.cn/edoas/website18/05/info4705.htm, 2010-06-20。
② 刘勤:《提升学校的课程实施水平,促进"减负增效"目标达成》,http://www.czedu.gov.cn/Disp.aspx?SerID=5930, 2010-06-20。

第3节 小学教学改革及其基本理念

教学是学校教育最本质的职能。1457年在弗赖堡（Freiburg）[①]建造大学时，创建者特意在基石上刻着"在此建造教学之家"的字样。由此可见，没有教学的学校简直难以想象。迄今人们对这一点已明确无疑。但是如何改进教学以切实提高学校教育质量仍是一个最为复杂的、争论激烈的、尚在探讨中的问题，称教学改革是学校教育改革中的一场攻坚战，恐不为过。

一、小学教学改革的内涵

小学教学改革是指为促进小学教育进步，提高小学教学质量而进行的小学教学制度、思想、内容、过程、方法、组织形式等方面的改革。其成效直接关系到小学生发展的水平。

小学教学改革的主体既可以是个体，也可以是群体，还可以是一个单位乃至一个国家。例如，某教师对其课堂进行研究，改变了传统的教学方式，采用了新的教学方法，就属于个人层面的教学改革。如果是一个教研组的成员都在使用某种新的教学方法，或者共同对教学内容进行了增删与变动，那么这就属于群体层面的教学改革。如果是某个小学对全校范围内的教学制度进行更新，那么我们就说它是单位层面的教学改革。如果是一个国家的中央政府部门推动的教学方式、方法、理念等的改进，那么它就属于国家层面的教学改革。

任何一次小学教学改革都需要有一定的基础。在当代社会，心理学、社会学的发达，教育理论研究的深入，科学技术的更新等，都为现代教学改革提供了良好的支持。

心理学、社会学的发展带来了许多新的研究成果，使我们能够对人性、人的心理特质、社会关系树立更清楚、正确的认识，这对改革教学很有帮助或启迪。如关于个别差异，除了认识个人在智力、性向、情绪、感觉、知觉、人格特质方面的差异性，又有新的认识理念——认知方式、学习方式、自我观念、潜在特质等。社会行为方面，通过亚文化、文化再生、潜在课程、潜在教学法、文化资本等新的理念来认识社会行为与社会关系。

在相当长的一段时间里的教学过程中，教师与学生如何进行互动以产生教育的效果，无论是东方或西方，向来视之漠然。在西方，课堂教学常被称为"黑匣子"（blackbox），葫芦里卖什么药，秘而不宣。在中国，传统中视之为杏坛圣地，不容外人侵犯、批评或加以研究。"在此圣地上，教师春风化雨，学生沐浴其中的潜移默化，……至于如何进行，大而化之，不加细察，只供欣赏。其境界之高者，最传神的莫若：'高山仰止，景行行止，虽不能至，心向往之。'可以让学生觉得'仰之弥高，钻之弥坚，瞻之在前，忽焉在后'。"[②]20世纪特别是中叶以后，教育理论研究日渐丰富，研究的层面更加广泛，并开始将研究的视角转向课堂教学，学生的认知、师生的互动成为学者们新的研究旨趣。不断面世的研究成果如进步主义教育理论、结构主义教育理论、建构主义教育理论等，有力地推动了持续不断的教学改革。

信息技术的发达、电脑的普及、互联网的逐步成熟为小学教学改革提供了前所未有的技术支持，极大地改变了教学的本质和教学的模式，真正丰富了学生的学习。从目前的情况看，多媒体教学已得到普遍的接受，并正得到进一步的推广，借助于多媒体设施，不仅改变了教学的内涵，也改变了学生的学习方式和教师的传统作用，增加了教学的信息量，提高了教学的总体效率。

[①] 弗赖堡：原西德西南部的一座学术城市，创建于12世纪。——作者注
[②] 林生传著：《新教学理论与策略》，台湾五南图书出版公司1988年版，第11—12页。

需要指出的是,小学教学改革与小学课程改革往往是不可分割的。小学课程改革必然要求教学也做出相应的改革,因为任何课程都是发生在课堂中的,如果没有课堂教学改革的支持,课程改革只能是空中楼阁;而小学教学改革也必须以课程改革为方向,不能违背课程改革的目标。因此,两者是相互统一的,我们在理解小学教学改革内涵的过程中,不能回避小学课程改革。

二、小学教学改革的基本理念

就本质而言,小学教学是通过教师、教材和儿童三者的相互影响而求得彼此的不断变化。儿童借助这种相互影响,获得新的知识、识见、技能和人生观,完成自身的人格。当然,儿童是千差万别的,要使他们自由地发展各自的人格不是一桩易事。教师必须全力以赴地认准教学促进人格发展的方向,推敲展开的程序,下功夫研究儿童,进行生动活泼的教学。教学倘是真正教化性的、诊断性的、探究性的、发问性的、求异性的、交往性的,"那么它就会达到艺术般的高度,给人以艺术般的魅力。并且唯有借助这种教学,儿童也罢,教师也罢,才会满足,才会成长,才会获得自我变革"[①]。

(一) 教学是教化

在学校教育中,教学是系统地传授知识和传播文化的主渠道。文化作为人类创造活动所积累的文明成果,不仅可以充当人作为主体进一步认识和改造客观世界的工具,而且能够为人自身的发展提供丰富的精神养料,即文化本身是具有双重价值的。更进一层说,文化本身是一个用历史的文明成果对人进行改造、提升的过程,即"以文教化"的过程。所谓"观乎人文,以化成天下"。如果不对人自身产生改造、提升的作用,它就只是文,而不是文化。改造、提升什么? 改造、提升的正是人格。从这个意义上可以说,教学是一个从客观文化价值到个人的主观精神生活的转化过程,也即是个人在接受文化、创造新文化的同时,内在地创造了掌握文化财的新人。因此,创造文化是手段,而通过创造来促进个人的人格"生成"和灵魂"唤醒"才是目的。由此出发,教学的重心就不可日益偏向于智力和技术的训练而忽视人文教化,或强调文化的工具价值而忽视甚至挤压文化的精神价值。相对于学科专业知识,小学教学更需要教学生如何做人、如何思考,为小学生打下坚实的文化底蕴,并能将相应的价值观念和思维方式渗透在学生的信仰、情感、品格、学识和气质中。

(二) 教学是诊断

许多小学教师在自己的教学中,念念不忘的是自己应当教的东西:能够收集哪些基本素材、可以避免哪些重复、施教分哪几个步骤,这一类问题萦绕心中。显然,他们视教学为"治疗",而学生的"疾病"是固定不变的。在这种情形下,学生在课堂上或心不在焉,或茫然失措,或不甚了了,也就不足为奇了。

教学是什么? 教学应首先是"诊断",其次才是"治疗","诊断"先于"治疗"。充分全面地了解学生在思考些什么,应是教学的前提条件。人是抱着维持自己的构造或是强化自己的构造有所侧重地学习的,这与问题意识、自我主导相联系的。因此,学生理应是教学关注的中心,学生在教学要中达到什么目的? 学生究竟想学什么? 我们怎样才能使学生顺利地学习与成长? 总之,教是一种理解学的活动,为了促进学生科学概念的发展,教师必须弄清学生思考问题的过程,成为帮助学生学习的专家。如果说学习是改变学生的观念,那么教学就是发现学生已有的观念并帮助他们的观念得到发展。为此,教师必须通过对学生学习的研究,充分了解学生对某门学科知识的现有观念和概念模式,运用学生的观念进行教学。同时充分了解学生对教育背景的知觉,我们不能离开学生对学习环境的理解去谈什么样的条件最能促进有效学习这个问题,而应根据学生个人对环境的知

[①] 钟启泉编译:《现代教学论发展》,教育科学出版社1992年版,第209页。

觉去理解该条件所产生的作用。

(三) 教学是探究

就社会学的立场而言,"人类的社会行为是主动的、反射的;人是他所生活的社会的创造者,又是社会的产物。这个方法的基本假设就是符号—互动论:人们是根据事件对于他们的意义而行动;事件的意义源于社会相互作用;每个人都根据特殊的情境来选择、检验、思考、重组或改变这些意义。我们所有活动,先是循意图而动,然后观察别人对我们行为的反应再作调整,然后又有目的地行动"[①]。这些意义是从探究、分析中产生的,又反过来规范我们的行为。

从符号—互动的角度分析教学过程,教室就不是"教室",而是"学室",课堂不是"教堂",而是"学堂",班级是由学生和教师在一段时间里共同创造的文化圈。教师不是学生的主导,而是向导,教学过程不是一种知识传输过程,而是一种使学生产生稳定的探究心向并积极探究的过程。教学应把要学习的知识置于多种、具有一定复杂性的问题情境中,或镶嵌于活动背景中,使学生对知识形成多角度的丰富的理解,或结合自己原有的经验来学习探究新知识,建构自己对各种问题的观点和见解,建构自己所坚持的判断和信念。这种通过高级思维活动学习的方式,会使学生对知识、对学习表现出更深的卷入和更高的批判性,知识的对错会牵动他们的神经,而不是让他们感到无动于衷。通过教学中不断的思考、探究、分析,基于他们整合的、结构化的、灵活的、属于他们的知识经验体系,他们的思维和探究能力可以得到更好的发展。

(四) 教学是发问

教学离不开提问,甚至可以说,恰当、有效的提问是课堂教学成为真正的课堂教学的必要条件。从科学的角度说,提问是为了唤起学生自觉的学习活动,并给这种学习活动制定方向,使之持续深入地发展下去。教学中教师不应以寻求"确切的答案"为目的来提问,提问不是检验学生对已经学过的东西巩固了多少,也不是调查对今后要学习的东西知道了多少,这些都是质问。质问着眼于回答,着眼于回答是否"正答"。教师的提问触动了学生,唤起和组织学生在自己头脑里产生(设计)问题的同时与教学内容对质,并共同制定学习方向,这就是发问。发问着眼于学习活动和学习行动。无论结果怎样,对的、错的、会的、不会的、懂的、不懂的,都能使学习得以进行、发展。即便是"有答"或"正答",一旦推翻后也能使学习得以进行、发展。教师提问的目的应该是最终把学生培养成提问题的主体,使学生主动参与教学、勇于发问、敢于探究。由教师的启发式发问和学生的触及式发问组成真正的课堂教学的提问。

形象地说,质问是一种"检阅"形式,教师只关心设计好的、期待的、正确的回答,或只热衷于把自己预先设定好的答案或结果公之于众,这种提问方式会抹杀很多学生的求知欲望和探究热情,使其成为"落伍者"、"失败者",结果等于教师自己亲手制造了不能进行真正的课堂教学的原因。

发问发挥的是教与学的媒介作用,发问是使教授主体与学习主体交锋的过程,是使学习主体与教材交锋的过程,也是使学习主体与学习主体交锋并组织集体思考的过程。发问的功能就是以这样的形式来唤起每个学生的学习活动,并作为保障每个学生身心发展的策略来组织被唤起的学习活动。

(五) 教学是求异

可能每个教师在教学中都会问学生:"还有没有其他意见?""与此不同的想法有没有?"等问题,但是在这种询问的背后,教师其实事先已在自己的头脑中考虑好了"正答"或"正解",并期待学生的

[①] Henry A. Giroux, *Theories of Reproduction and Education*, Harvard Educational Review, Vol. 53, No. 3, August, 1983.

回答与之相符。如果得到的回答是"没有了",那么教师就会心安理得。反之,如果出现了与教师的预想相反的答案,教师却并不予重视或采纳,而是反复地问:"还有没有其他意见",直到与教师的预想相符合的答案产生为止。可以说在很多时候,"还有没有其他回答"这个问题貌似"求异",而实则"求同"。这种"求同"型教学毋宁是一种"正答主义教学",它使学生丧失的不仅是学习的兴趣,更是学习权的自我意识。

虽然学生都拥有一套同样的系统,包括其感官和基本的情感,但它们是以不同方式整合成为每一个脑袋,每一个脑袋都是独特的。此外,学习本身也在改变着脑的结构,学生答得越多,就变得越独特,为了使所有的学生都能表达视觉的、触觉的、情感的或听觉的偏爱,教学应该是各式各样的、变化的、求异的,它不是寻求把教育上的所有东西都变得具有同一性,而是强调各种各样的"差异性",它寻求各种"不同的声音",而不是现今在教学中的一种"权威的声音"。这样的教学是"去中心"的,是"边界松散"的。换言之,在教师与学生之间、学生与学生之间,应该允许差异的存在。为了把差异,或者说是会做与不会做、懂与不懂的区别作为展开教学的原动力,必须首先着眼于差异和区别,这就是"求异"。当教师本着"求异"的精神去教学的时候,教学活动也就同时转化为促进一个个学生成长的活动。

(六)教学是交往

在教学实践中,假如我们注意一下师生关系对于学生学习的影响,就不难发现,某些学生一旦与某门学科的任课教师关系闹僵了,这些学生往往就会对这门学科失去兴趣,甚至产生反感。显然,糟糕的师生关系使学生在教学过程中产生了消极的情感。多尔认为,教师无疑是一个领导者,但仅仅是作为学习者团体的一个平等的成员,是"平等中的首席"(first among equals),作为"平等中的首席",教师的作用没有被抛弃,而是得以重新构建,从外在于学生情景转向与情景共存。权威也转入情景之中,教师是内在于情景的领导者,而不是外在的专制者。

当教师与学生的关系不再是主体对客体的单向灌输关系,当教师不再以自己为中心进行包干教学,代之以教师与学生是一种"我与你"的"对话"关系,一种互为主体的关系,一种主体间边缘域关系,那么教育主体性就真正产生了。

三、小学教学改革的目标与方法

教学与课程有着天然的联系,教学是课程实施的主要方式,任何课程要想从计划变为现实,获得理想的效果,其主要实现途径就是课堂教学,可以说,教学的质量与层次在很大程度上决定着课程改革目标的达成。因此,有人认为,教学改革的目标是对课程改革目标的演绎、深化和具体化。[①] 教学改革的方法是达成教学改革目标的途径,只有采用适当的教学改革方法,才能真正实现教学改革。

(一)小学教学改革的目标

在推进素质教育和小学课程改革的进程中,小学教学改革日益被提到议事日程上来。事实上,我国自20世纪80年代以来,小学教学改革就朝着素质教育的基本方向发展。但总的来说,这些教学改革由于受到应试教育和其他因素的影响,没有形成真正的小学教学体系,没有完成小学教学的彻底变革,而只是在进行局部的改进。

当前,随着小学课程改革的逐步深入,小学教学改革正越来越受到重视。本次小学教学改革的主要目标包括三个方面:

---

① 蔡宝来:《教学改革基本理论研究:问题域、进展及走向》,载《教育研究》2008年第12期。

（1）要改革旧的教学观念。教学不是教知识，因此教学改革也不是为了创造更便捷的方法让学生学习更多的知识，而是通过课堂教学来培养学生的个性，促进他们的全面发展。笔者以为，在当前课程改革的具体背景下，教学改革首先在于教学观念的变革。观念决定行为，教学观念指导着教学行为。没有正确的现代教学观，就很难形成正确的教学行为。小学课程改革要求我们把教学看作是教化、诊断、探究、发问、求异和交往。

（2）要改变教学方式和学生的学习方式。首先，课堂应该是学生成长的空间，而不仅仅是教师传授知识的场所。学生是活生生的人，他们需要得到尊重和理解，他们不是被动接受知识的容器。学生在学校的学习，就是他们生活的重要组成部分。因此，课堂应该让他们充分享受成长的乐趣，让他们过幸福的童年。其次，学生获取知识、发展能力的过程，是一个自主建构的过程。每个人都有自己认知世界的方式和独特的生活经验。同样的知识，对于不同的学生来说，他们的获取途径是不一样的，他们原有的图式是不一样的，他们解决问题的方法也是不一样的，小学数学中的算法多样化就是一个很好的例证。因此，只有符合学生自己的方式，才是最好的。教学改革就是要创设良好的学习情境，并为学生的自主建构提供一个良好的支架。再次，教学改革要促进学生个性发展。儿童之间存在着的差异是客观的，只有尊重这些差异，并根据他们的差异来开展教学，才是合理的。笔者见到，在一节小学语文课上，教师让学生用"……是……的家"造句，有的孩子说"池塘是鱼儿的家"，有的孩子说"森林是小鸟的家"，老师都给予了肯定。但当一个孩子说出"地球是太阳的家"时，老师却让学生再想一想，并把学生的答案纠正成"太阳是地球的家"，原因是地球是绕着太阳转的，从而完成预设的教学计划。而事实上，笔者在课下与那个"语言不准确"的学生进行交流时，却惊异地发现，原来，他的意思是说太阳照在了地球上，阳光洒满了大地，所以地球是太阳的家。一个多么富有想象力的答案，就在不知不觉中被扼杀了。更为可怕的是，被扼杀的不仅是一个问题的答案，更是学生的创新思维。尊重个性，发现差异，真正懂得儿童，是我们教学改革不可缺失的目标。

（3）要重建教学管理制度。教学思想的转变、教学方式和学习方式的转变，都需要教学管理制度做出相应的变革。在一所学校中，如果用应试教育的模式来管理和评价教师的教学，那么教学改革必将走向失败。有人说，新课程中的教师在带着镣铐跳舞，究其原因，就是旧有的教学管理制度阻碍了教师积极性的发挥。因此，只有积极探索新的教学管理和评价制度，才能让教师大胆实践，并将自己的思想和行为付诸课堂。

（二）小学教学改革的方法

小学教学改革有了一定的目标，还需要有具体的方法。教学改革的方法，从实践上来看，我们可以将其分为四种：

第一种是依靠行政力量的推动来进行的教学改革。这是教学改革最常见的方法，无论是国家层面上，还是在地方层面上或者学校层面上，都或多或少地在使用这种方法进行教学改革。改革是由行政力量组织专家制定计划，让学校和教师执行，它的优点在于，改革的计划可以在最短的时间内得到推行，效率较高，有时甚至可以达到立竿见影的效果。但它的缺点也是明显的，即教师缺乏内在的教学改革动力，因此改革很难持续进行下去。所以，单纯地依靠行政力量来推动的教学改革，往往是短命的。

第二种是专家与学校的合作。这种方法在当下比较流行，特别是大学与中小学合作之风在国内迅速蔓延。小学教师与大学里的专业研究者走到一起，相互合作，专业研究者提供理论知识和专业指导，而小学里的教师则把这种知识应用到实践中去，一个是理论的提供者，一个是理论的执行者。这种改革的方法多是出自双方自愿的合作，当然，也有依靠行政力量在区域范围内进行推动的。它的优点就在于合作的参与者能够发挥各自优势,从而共同改革课堂教学。但这种改革的方法也存在弊端,在这种合作中,合作双方往往是处于一种不平等的地位,双方缺乏"对话"的基础,其实也谈不上真正意义上的对话,来自大学的专业研究者往往会掌握话语霸权,小学教师只有听和执行的"份"。

第三种是外来经验的移入。在教学改革的实践中,不乏许多成功的学校和教师,他们形成了形形色色的教学改革模式与方法。这些模式与方法的价值在得到充分认同后,往往被直接移植或稍作修改后再移植到其他学校中去,并被冠名为"资源共享"。这种教学改革是自发的,它的优点在于省时省力,既不要去探索发现也不要增加多少成本。但它也有着不可避免的缺点,即改革不具有针对性。缺乏了具体情境的教学改革,必然会成为形式主义。

第四种是教师基于问题的行动。每个学校都有自己的学情,每个教师都有自己的课堂,每个课堂都会呈现出独特的问题,这些正是最值得教师去研究的。当一个教师能够集中精力去发现课堂教学的问题,并用一种合理的不违背教育规律的方法去不断解决这些问题,从而提高教学效益,帮助学生获得成长的时候,这就是一种来自草根的教学改革。这种方法的针对性比较强,能够解决教师具体的课堂问题,但它需要依靠教师对教学研究的执着追求,也缺乏相应的机制,难以形成系统性的改革。

综上所述,教学改革的几种方法,都各有长短,不能简单地使用一种而排斥其他。在实践中,往往要把几种方法结合起来,取其长而避其短,才能达到教学改革的终极目标。

第4节 当代中外小学教学改革

当代中外小学教学改革纷繁复杂,呈现出一派繁荣景象。其中较有影响的包括探究教学、建构主义教学、协同教学、情境教学、多元智能教学以及信息技术与教学的整合。这些教学改革产生了深远的影响,也是当前小学教学改革最集中的方向,我们在本节将逐一介绍。

一、探究教学

学生的学习是自己主动发现的过程,还是被动接收的过程?对这一问题的不同回答,构成了不同的教学方式,一种是探究教学,另一种是填鸭式的灌输教学。那么,探究教学的含义是什么?探究教学要探究什么?怎样开展探究教学?我们只有搞清楚这些问题,才能在实践中很好地开展探究教学。

(一)什么是探究教学

探究教学是指在教师指导下学生运用探究的方法进行学习,主动获取知识、发展能力的实践活动。其目的在于培养学生的创新精神和实践能力,因而知识与能力的获得主要不是依靠教师进行强制性的灌输与培养,而是在教师的指导下由学生主动探究、主动思考、亲身体验出来的。[①]

探究教学的特点在于开放性、自主性、实践性和体验性。探究教学中的"探究"与科学实验中的"探究"具有很大的区别,科学探究是为了发现知识和真理,而教学中的探究是为了让学生获得探究的方法和体验。探究教学因此呈现出自己的一些特点:一是开放性。学生探究的内容是开放的,不应把学生的学习内容限制在某些方面,只要学生想到且能探究的,都可以成为探究的内容。就学生所获取的知识而言,探究也是开放的,学生除了从书本上获取知识,还要广泛获取第一手资

---

① 李森、于泽元:《对探究教学几个理论问题的认识》,载《教育研究》2002年第2期。

料,经过头脑加工而形成结论。① 二是自主性。探究教学把学习的自主权还给学生,学生探究自己感兴趣的问题,经历自己的探究过程,得出富有个性的答案。三是实践性。探究是一种实践,学生在书本上无法进行探究,必须带着问题到实践中去,通过实践获得知识,而不是间接地从知识到知识。四是体验性。探究教学注重学生自我体验和感受,亲历探究,获得发现,取得成功是一种体验,经历失败也是一种体验,与人对话、交流、合作是一种体验,独自完成探究也是一种体验,不管哪种体验,只要是学生亲历的,对于他们的成长都是有益的。

（二）探究什么

从当前的小学课程结构来看,综合实践活动（包括研究性学习、信息技术、社区服务和社会实践）是课程结构中一个重要组成部分,探究在综合实践活动中是一种课程形态,而不单单是一种教学方式。我们在这里不对综合实践活动进行探讨,而是就其他学科的教学进行探讨。

如前所提,探究教学需要学生确定探究问题和探究内容。但我们需要考虑到:第一,小学生的兴趣非常广泛,感兴趣的问题非常多,究竟让他们探究什么？第二,探究教学作为一种教学方式,是为了达成教学目标服务的。尽管我们主张探究的问题不一定局限在某个学科领域,但这并不意味着探究的问题就要跟那个学科毫无关系。事实上,它必定首先是在相应学科中产生出来的问题,例如,小学语文的探究教学,学生要探究的问题是从语文学科中产生的,并跟语文关系非常密切的,尽管它同时也可以与科学、音乐等学科有关系,因此,要考虑如何让探究教学与我们所教的学科发生联系。

基于以上两点考虑,我们认为,为了让探究教学变得具有可操作性,每个学科的教师都有必要对教材进行深入的研究,确定教材中有哪些内容适合用探究的方式来开展教学,达到良好的效果。

【案例9-3】　　苏教版小学语文第五册中适合探究的内容②

语文第五册探究性学习内容	
篇目	探究内容
天安门广场	收集交流有关"天安门"的资料
虎门销烟	通过上网搜集和处理资料,了解林则徐以及虎门销烟的背景资料
九寨沟	九寨沟的秀美与神奇
开天辟地	搜集神话故事,尤其是中外有关创世纪的神话故事
普罗米修斯盗火	搜集希腊神话故事,体会普罗米修斯为了人类不畏强暴、勇敢盗火的英雄壮举
维生素C的故事	维生素C的发现过程,了解维生素对人体的作用
奇妙的国际互联网	国际互联网和我们息息相关
珍珠鸟	感受动物和人为什么能够融洽的生活在一起,如何才能保持这种融洽
雾凇	雾凇是怎样形成的

（三）怎样探究

探究教学的开展有自己的程序。我们认为,探究教学的过程包括"提出问题——收集信

---

① 高凌飚、张春燕:《探究性学习的特点——一个国外案例的分析》,载《课程·教材·教法》2002年第5期。
② 江苏省常州市花园小学:《小学探究性学习中教师角色的研究》,http://www.chyxx.com/photos/21_20100526160440.doc,2010-06-23。

息——形成解释——评价结果——验证结果"这样一系列的程序。

提出问题。提出问题是探究教学的第一步,在课堂里,提出有针对性的问题可以明确学生进行探究的方向,这样的问题应该由学生自己提出,但教师要掌握好,要确保这些问题通过学生的观察以及其他渠道可以获得解决的方法。在小学课堂里,学生们常常会问"为什么"的问题,其中有些问题太笼统,不够具体,在这种情况下,教师可以将这些问题转化为"怎么样"的问题,通过这种转化,探究的问题就会更集中、更深入,从而指引着学生进行深层次的探究。

收集信息。学生在探究过程中,他们为了解决质疑,需要通过观察、测量、实验等方法来收集需要的信息,并根据收集到的信息来对探究的问题作出解释。当然,为了收集这些信息,学生可以广泛利用他人的帮助,而不完全是依靠自己动手去收集。

形成解释。儿童在实证的基础上,根据逻辑关系和推理,发现事件与事件之间的因果关系,这种解释需要与观察或测量、实验得到的数据相一致。解释的实质是,学生在探究的过程中,将数据、信息和已有经验联系起来,形成新的经验和认识的过程。

评价结果。评价是对解释进行修正的过程。这一过程需要学生之间加强合作,因为只有通过合作、对话、交流,相互比较各自的解释,或把自己的解释同教师的认识相比较,才能深化认识,发现自身解释的不足,从而完善自己的解释。

验证结果。验证是一个将认识付诸实践的过程,"实践是检验真理的唯一标准",当学生将自己的探究发现放到实践中去时,探究便能经受更多的质疑和磨练,从而完成从理论到实践的飞跃。

【案例9-4】　　　　　　小学科学《空气占据空间吗》教学片段[①]

师:请看这是一个漏斗(出示一个装有带橡皮塞漏斗的瓶子的实验装置,并指着漏斗在讲述),假如往里面倒水,请猜测一下,水会流下去吗?

生:会/不会。

(有的说会,有的说不会,出现了两种完全不同的猜测。)

师:我们一直说,猜测要有理由,认为会的同学请说说理由。

生:因为在家里,我经常看到爷爷用漏斗倒酒,酒能流下去,所以我认为,水也会流下去。

师:认为不会流下去的同学说说理由呢?

生:因为漏斗下面的瓶子中的空间已经被空气占据了,所以水流不下去。

师:要想知道谁得猜测正确,应该怎样?

生:做实验。

师:现在实验一下。

教师演示实验

(实验的结果是:水流不下去。)

(刚刚猜测"会"的毛明杰同学脸上明显出现了惊讶的神色。)

师:发现了什么,知道为什么吗? 毛明杰,你说?

生:水没流下去,我想瓶子里的空间被空气占据了,所以水流不下去。

师:你们有办法使水很快流下来吗? 想一想你这样做的理由,大家来讨论一下。

学生讨论(只见毛明杰同学不由自主地走上讲台,仔细地观察起实验装置来,其他同学也

[①] 周春花:《空气占据空间吗》,http://2007.czedu.gov.cn/home/AttachedFiles/21070/6499.doc,2010-06-20。

纷纷上来观看,并不时地小声议论几句。)

学生汇报(边汇报边尝试。)

生(毛明杰):我想出来两种办法。一种是在橡皮塞上打一个孔,让空气跑出来,水就流下去;第二种办法是把橡皮塞拔松。

(当场验证,两种方法都是可行的。)

生:在漏斗中插入一根吸管。

生:把瓶子倾斜,使漏斗口径的一部分位置让空气跑出来。

(验证发现,以上两种方法也是可行的。)

二、建构主义教学

建构主义是认知心理学派的一个分支。它强调的是个体在意义建构中的作用,其代表人物有皮亚杰、维果茨基等人。建构主义理论由于重视个体在认识世界中的作用,强调主体性,因而在教育领域广为流传。

(一)建构主义及其基本观点

建构主义者尽管在内部也存在分歧,但总的来说,他们认为世界是客观存在的,而对于世界的理解和赋予的意义却是由每个人自己决定的。我们是以自己的经验为基础来建构事实,或者至少说是在解释事实,我们个人的经验世界是用我们个人的头脑创建的,由于我们的经验以及对经验的信念不同,于是我们对外部世界的理解便也迥异。所以建构主义更关注如何以原有的经验、心理结构和信念为基础来建构知识,强调学习的主动性、社会性和情境性,对知识、学习、教师、学生等都提出了许多新的见解。

1. 建构主义的知识观

(1)知识不是对现实的纯粹客观的反映,任何一种传载知识的符号系统也不是绝对真实的表征。它只不过是人们对客观世界的一种解释、假设或假说,它不是问题的最终答案,它必将随着人们认识程度的深入而不断变革、升华和改写,出现新的解释和假设。

(2)知识并不能绝对准确无误地概括世界的法则,提供对任何活动或问题解决都实用的方法。在具体的问题解决中,知识是不可能一用就准、一用就灵的,而是需要针对具体问题的情景对原有知识进行再加工和再创造。

(3)知识不可能以实体的形式存在于个体之外,尽管通过语言赋予了知识一定的外在形式,并且获得了较为普遍的认同,但这并不意味着学习者对这种知识有同样的理解。真正的理解只能是由学习者自身基于自己的经验背景而建构起来的,取决于特定情况下的学习活动过程。

2. 建构主义的学习观

(1)学习不是由教师简单地把知识传授给学生,而是由学生自己建构知识的一个过程。学生不是简单被动地接受信息,而是主动地建构知识的意义,这种建构是无法由他人来代替的。

(2)学习是学生根据自己的经验背景,对外部信息进行主动地选择、加工和处理,从而获得自己的意义。外部信息本身没什么意义,意义是学习者通过新旧知识经验间反复的、双向地相互作用过程而建构成的。

(3)学习意义的获得是每个学习者以自己原有的知识经验为基础,对新信息重新认识和编码、建构自己的理解。在这一过程中,学习者原有的知识经验因为新知识经验的进入而发生调整和改变。

(4) 同化和顺应是学习者认知结构发生变化的两种途径或方式。同化是认知结构的量变,而顺应则是认知结构的质变。人的认知水平发展就是同化、顺应循环往复,平衡、不平衡相互交替的过程。学习不是简单的信息积累,而是认知结构的重组,学习过程不是简单的信息输入、存储和提取,而是新旧知识经验相互作用的过程,也就是学习者与学习环境之间互动的过程。

3. 建构主义的学生观

(1) 学习者并不是空着脑袋进入学习情境中的。在日常生活和以往的各种形式的学习中,他们已经形成了有关的知识经验,他们对任何事物都有自己的看法。即使有些问题从来没有接触过,没有现成的经验作借鉴,但当问题呈现在他们面前时,他们还是会基于以往的经验与认知能力,形成对问题的解释,提出他们的假设。

(2) 师生间、生生间需要共同针对某些问题进行探索,并在探索中相互交流和质疑,了解彼此的想法。由于经验背景的差异,学习者对问题的看法和理解千差万别,而这些差异本身就是一种宝贵的资源。建构主义虽然非常重视个体的自我发展,但也不排除外部的引导,亦即教师的影响作用。

4. 建构主义的教师观

(1) 教师是学生建构知识的忠实支持者。教师应该给学生提供复杂的真实问题,创设良好的学习环境,保证学习活动和学习内容间的平衡,培养学生的认知加工能力。

(2) 教师要成为学生建构知识的积极的帮助者和引导者,应当激发学生的学习兴趣,引发和保持学生的学习动机。通过创设恰当的情境和提示新旧知识之间联系的线索,帮助学生自主建构。还应尽可能组织协作学习,展开讨论与交流,并对协作学习过程进行引导。

(二) 建构主义教学

建构主义提倡在教师指导下的以学生为中心的学习,学生通过一定的情景,借助其他人的帮助,利用必要的学习资料,通过意义建构的方式而获得知识。"情景"、"协作"、"会话"和"意义建构"是学习环境中的四大要素。(1)情景:建构主义学习理论认为学习活动是在一定的情景即社会文化背景下进行的,而且学习环境中的情景必须有利于学生对所学内容的意义建构。(2)协作:建构主义学习理论认为协作发生在学习过程的始终,对学习过程的各个阶段均有重要的作用。这里的协作人可以是教师或同学。(3)会话:会话是协作过程中不可缺少的环节,通过会话使每个学生的智慧为整个学习小组所共享,会话是达到意义建构的重要手段之一。(4)意义建构:建构主义学习理论认为意义建构是整个学习过程的最终目标。所要建构的意义是指事物的性质、规律以及事物之间的内在联系。

根据以上基本要素,建构主义发展出几种典型的教学模式,它们分别是支架式教学、抛锚式教学和随机进入教学。

1. 支架式教学

支架式教学主张为学习者提供一种概念框架,以帮助学习者建构起对知识的理解。这种框架中的概念是为发展学习者对问题的进一步理解所需要的。根据维果茨基的观点,学生的发展水平可分为现有的发展水平和潜在的发展水平,在这两个发展水平之间,存在着一个"最近发展区"(图9-1)。在支架式教学中,教学支架必须与最近发展区相适应。如果支架搭得太低,在现有发展水平以下,学生无法获得发展;如果支架搭得太高,超越了潜在发展水平,则学生"跳一跳"却摘不到"桃子"。

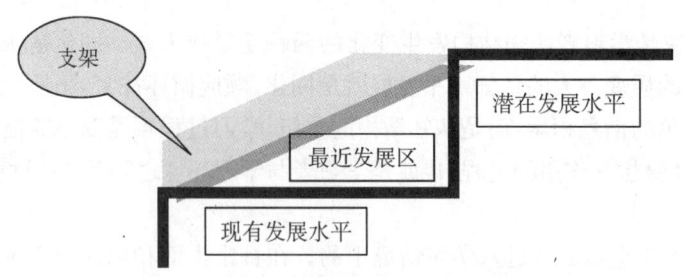

图 9-1 支架式教学与最近发展区

支架式教学的基本程序一般包括:(1)搭脚手架,围绕当前学习主题,按"最近发展区"的要求建立概念框架。(2)进入情境,将学生引入一定的问题情境。(3)独立探索,让学生独立探索。探索内容包括:确定与给定概念有关的各种属性,并将各种属性按其重要性大小顺序排列。探索开始时要先由教师启发引导,然后让学生自己去分析。探索过程中教师要适时提示,帮助学生沿概念框架逐步攀升。(4)协作学习,进行小组协商、讨论,使原来多种意见相互矛盾且态度纷呈的复杂局面逐渐变得明朗起来。在共享集体思维成果的基础上达到对当前所学概念比较全面、正确的理解即完成意义建构。(5)效果评价,具体包括对学生自主学习能力进行评价;对小组协作学习所作出的贡献进行评价;对是否完成意义建构进行评价。

2. 抛锚式教学

抛锚式教学是建构主义的另一种教学模式。它主张使学生在完整、真实的问题情境中产生学习的需要,并通过嵌入式教学以及学习共同体成员的合作学习,亲身体验从识别目标到提出目标、达到目标的全过程。

抛锚式教学的关键是"锚"能否抛出。所谓的"锚"就是真实的、有意义的问题情境。当把这个情境呈现出来以后,学生就会在这一情境中通过自主、协作等学习方式去解决问题。所以,能否给学生提供一个真实的情境,让学生置身其中非常重要。

抛锚式教学的过程一般包括:(1)创设情境,设计学习发生的与现实情况相一致或类似的情境。(2)确定问题,让学生面临一个需要解决的现实问题。(3)自主学习,教师提供解决问题的线索,包括需要搜集哪一类资料、从何处获取信息、现实中专家解决问题的过程是怎样的等,学生在获得这些线索以后,自主进行学习。(4)协作学习,在自主学习之后,教师要引发学生之间进行讨论、交流,通过头脑风暴,加深对当前问题的理解。(5)效果评价,看学生是否解决了问题,有无解决问题的真实过程,据此判断其学习效果。

【案例9-5】 澳大利亚"门尼·彭兹中心小学"的教改试验

试验班为六年级,有30名学生,教师名字叫安德莉亚,当前要进行的教学内容是关于奥林匹克运动会。首先,安德莉亚鼓励她的学生围绕这一教学内容拟定若干题目,例如奥运会的历史和澳大利亚在历次奥运会中的成绩等问题(确定与主题密切相关的真实性事件或问题作为学习的中心内容——"抛锚")。确定媒体在解决这些问题的过程中所起的作用,并要求学生用多媒体形式直观、形象地把自己选定的问题表现出来。

经过一段时间在图书馆和Internet上查阅资料以后,其中米彻尔和沙拉两位小朋友合作制作了一个关于奥运会历史的多媒体演示软件。在这个软件向全班同学播放以前,教师提醒大家注意观察和分析软件表现的内容及其特点。

播放后立即进行讨论。一位学生说,从奥运会举办的时间轴线,他注意到奥运会是每4年召开一次。另一位学生则提出不同的看法,他认为并不总是这样,例如1904年、1906年和1908年这几次是每两年举行一次。还有一些学生则注意到在时间轴线的1916、1940和1944这几个年份没有举行奥运会,这时教师提出问题:"为什么这些年份没有举办奥运会?"有的学生回答,可能是这些年份发生了一些重大事情,有的学生则回答发生了战争,有的则更确切地指出1916年停办是由于第一次世界大战,1940和1944年停办是由于第二次世界大战。经过大家的讨论和协商,认为有必要对米彻尔和沙拉开发的多媒体软件作两点补充:(1)说明第一、第二次世界大战对举办奥运会的影响;(2)对奥运历史初期的几次过渡性(两年一次)奥运会作出特别的解释。这时候有位小朋友提出要把希特勒的照片通过扫描放到时间轴上的1940年这点上,以说明是他发动了第二次世界大战。教师询问全班其他同学:"有无不同意见?"沙拉举起手,高声回答说:"我不同意用希特勒照片,我们应当使用一张能真实反映二次大战给人民带来巨大灾难(例如大规模轰炸或集体屠杀犹太人)的照片,以激起人们对希特勒的痛恨。"教师对沙拉的发言表示赞许。

从以上课例可以看到,教师为这个教学单元进行的教学设计主要是让学生用多媒体计算机建立一个有关奥运会某个专题的情境,并以奥运历史或澳大利亚在历次奥运中的成绩这类真实性事件或问题作为"锚"(学习的中心内容),用以激发学生的学习兴趣和主动探索精神,再通过展开讨论,把对有关教学内容的理解逐步引入深入。在这个课例中,学生始终处于主动探索、主动思考、主动建构意义的认知主体位置,但是又离不开教师事先所作的、精心的教学设计和在合作学习过程中画龙点睛的引导;教师在整个教学过程中说的话很少,但是对学生建构意义的帮助却很大,充分体现了教师指导作用与学生主体作用的结合。整个教学过程围绕建构主义的情境、协作、会话和意义建构这几个认知环节自然展开,而自始至终又是在多媒体计算机环境下进行的(同时用Internet实现资料查询),所以,上述例子是以多媒体计算机和Internet作为认知工具实现建构主义抛锚式教学的很好课例。

资料来源　何克抗:《建构主义——革新传统教学的理论基础》,载《电化教育研究》1999年第3、4期。

3. 随机进入教学

随机进入教学是指教师在教学中通过对情境的创设,让学习者可以随意通过不同途径、不同方式进入同一个教学内容中去,从而获得对同一事物或同一问题的多方面认识与理解。

随机教学的关键在于,对于同一个教学内容,让不同的学生从不同的角度切入进去。在建构主义者看来,认识是具有个体性的,同样的一个事物,不同的人会产生不同的认识,并因此而构建出个性化的意义来,而每个个体建构出的意义又都会对他人产生一定的影响。因此,呈现出一个事物的多面性在随机进入教学中是极为重要的,也是随机进入教学能否取得成功的决定因素。

例如,小学数学中长方体的认识一课,由于长方体的特征所涉及的对象很多,有"顶点"、"棱"、"面",还有"它们之间的联系"等,当学生第一次接触到长方体的时候,若让学生靠个人能力独立研究,那么他们很难全面、深刻地去认识长方体这个事物。此时,可采用随机进入教学的模式,即让全体学生从不同的角度、不同的侧面、不同的方式对长方形进行观察、测量、分析、推理。每个学生都有了自己的认识之后,再组织学生进行协作交流,从而让学生获得对长方体这一事物的多方面的认识与理解,对所学的知识进行全面而深刻的意义建构。

随机进入教学的基本程序包括：(1)呈现基本情境，向学生呈现与当前学习主题的基本内容相关的情境。(2)随机进入学习，由于学生存在个体的差异性，因此每个学生学什么则取决于他(她)"随机进入"学习时所选择的角度和内容。(3)思维发展训练，教师在这一过程中要帮助学生建立思维模型，尤其要培养学生的发散性思维，从而打开学生的思路。(4)小组协作讨论，学生进行小组交流，每个学生说出自己的认识，分享他人的意义，从而建构出更为完整的意义来。(5)学习效果评价，看学生是否完整地掌握了教学内容，是否达成了教学目标。

三、协同教学

协同教学是教师之间相互合作，共同完成教学活动的一种方式。当前小学课程以综合为主的特点，客观上要求教师能积极采用协同教学。

(一) 协同教学的基本形式

根据课程教学的实际情况，大致可将协同分为五种形式，分别为单科协同、多科协同、循环协同、主题协同和跨校协同。

单科协同是同一年级、同一学科或同一学习领域的协同。比如，某年级共有三位语文老师，而本学期的语文教学内容主要又可分为识字教学、阅读教学和作文教学三项。那么在实践中，就可让三位老师共同研究，共同讨论，共同设计规划课程，然后按各位老师的兴趣和专长，让每一位老师分别承担其中一项来进行教学，授课对象为全年级学生。这种方式比较适合于年级规模较大而教师数量又相对较少的学校。

多科协同是两个或两个以上科目或学习领域的协同。比如学校组织的一次参观上海世博会活动，可能会涉及到科学、美术、信息技术等方面的知识，那么学生可以就不同学习科目和不同学习领域的问题与各科教师进行交流。这种方式比较适合于大型的活动，其优点在于学生可以根据自己的研究兴趣进行学习和研究，并且能根据需要得到各科教师的指导。

循环协同是由于教师专长不一，只能胜任所教科目中的一部分内容，因此将其分工长期固定，循环往复，依次进行的一种协同方式。这种方式可以使教师专业上的不足得到相互弥补，但由于教师长期从事某一专项的教学，因此在一定程度上又会阻碍教师的专业成长。

主题协同是以主题来统整各学科的协同方式。主题可以来自教师的共同讨论并接受"审议"，主题也可以来自学生比较感兴趣的问题。可以把主题协同理解为针对统整的课程进行教学的一种策略。比如，"当地的水污染问题"这一主题，会涉及到很多学习领域，就比较适合用主题协同的方式来进行教学。

跨校协同是校际之间、校内校外之间的一种协同方式。跨校协同能实现校际之间的师资优势互补，提高资源的使用效率，也能使学校教育进一步得到开放，但在学校之间进行协同并不是一件简单的事，而要得到家长和社区人士的协同，也需要学校付出一定的努力。

在现行教育体制下，我们并不期望能在短期内创造出一种新的学校文化，然而当代课程教学又在呼唤着我们加强教师之间的协同合作，那么教师在实践中该怎么做呢？我们认为，成立分工合作的教师小组、制定完整的协同计划等都是可行的策略。如上所言，在协同的过程中，面对极为复杂的教学情境，我们不能忽视教师的独立性和自主性的一面。

(二) 协同教学的实践策略

1. 以教师小组的合理组成来保障合作

协同的理念在课程教学中得到体现，前提是有一个协同小组的出现，营造出一种协同与合作的氛围。因此，无论在观念上，还是在行动上，都必须打破以往各自为政的局面，从课前的准备，到课程的实施,到课后的评价等方面,都需要全体小组成员共同参与。

因此,教师小组的成立在协同教学中显得尤为重要,它是课程教学实施中采取协同方式的基本单位。教师小组按其具体组织形式,可以细划为班级教师小组、年级教师小组、学科教师小组、全校教师小组和社区教师小组等。

班级教师小组是以班级为载体,班主任和各学科教师相互配合,共同完成教学的一种组织形式。这种组织形式一般是由班主任发起和协调,各学科教师共同参与。其优势在于组织过程容易操作,教师的学科优势能得以发挥,且教师所指导的是同一个班级的学生,因此便于管理。

年级教师小组是以同年级或不同年级为单位,教师之间围绕着某一主题而进行协同教学的一种组织形式。在学习指导的具体过程中,它不仅需要各班主任的相互合作,还需要相关学科教师的相互合作。这种组织形式一般适应于规模比较大的年级性的主题活动,其优势在于学生的参与程度比较高,也易于发挥各学科教师的学科特长。

学科教师小组是围绕某一主题将学科的相关内容进行整合,从而也统整了教师的一种组织形式。学科教师小组又包括同学科教师小组和不同学科教师小组两种方式。同学科教师小组一般是围绕某一学科进行内容整合和教学展开,每个教师承担主题中的一个片段,分工教学。而不同学科教师小组则可以理解成是上述班级教师小组的一种特殊形态。

全校教师小组是全校范围内不同学科、不同年级的教师乃至教职人员之间相互合作的一种组织形式。全校相关教师和教职人员根据综合课程的目标、内容以及活动形式等,发挥各自的作用,共同实施课程。

社区教师小组是校内的制度化教师与校外的非制度化教师之间相互合作的一种组织形式。这种方式可以发挥学校、家庭、社区等各自的优势,能充分利用各种资源,具有一定的开放性。社区教师小组的领导者一般是校内教师。

究竟成立哪种组织形式的教师小组因课程而异。目标决定内容,内容决定形式,教师小组无非是课程教学中的一种教师组织形式,因此,它是为课程教学服务的。针对不同的课程内容,不同的学生状态,不同的师资状况,可以成立不同形式的教师小组。

2. 以相对完整的合作计划来实现协同

教师小组的成立实际上是为协同提供了人员组织上的保障,但只有人员上的保障是不够的,还需要制定一个详细完整、切实可行的协同计划。一般来说,计划需要包括确定主题单元、列出一般教学目标、设计教学程序、选用教学方法、列出教学活动、进行任务分配、决定评价方式七个部分。

(1) 确定合适的主题单元。在进行主题单元设计的时候,要依据课程的需要,学生的认知能力和知识背景。完全自编的方式需要投入较多精力,因此在主题单元的设计过程中,可以采用对教科书进行改编或选用等方式,对原有内容进行重新整合。

(2) 列出一般教学目标。任何协同合作,都是有目标的,目标统领内容,而评价在一定程度上也是对目标达成度的考察,因此对目标的确定是计划中不可少的。在制定目标时,可从知识与技能、过程与方法、情感态度价值观三个维度去建构。

(3) 设计教学程序。教学程序的设计,实际上就是计划大体的教学流程和教学活动,并且要设计主题单元的计划流程图。

(4) 选用合适的教学方法和策略。在每一个流程中,都会用到一些教学方法,讲授、发现、小组合作、讨论等教学方法都各有特点。在方法的选择上,首先要考虑到内容本身的特点,还要考虑到学科的特性等因素,不能为了追求"时髦"而使方法流于形式。

(5) 列出详细的教学活动与资源。教学活动采用哪种形式? 外出参观、调查访问、课堂教学等都是教学活动的可选形式。另外,在教学活动中会使用哪些器具、设备、场地等都要有一定的计划。

(6) 任务分配与协调。小组中每个协同教学的教师有什么具体任务,教哪一部分,负责哪些活动,负责教学还是管理与协调等都要在计划中加以明确。

(7) 决定评价方式。协同教学也需要评价,既包括对学生的评价,也包括教师小组成员之间的相互评价。在计划中,要确定评价方式。

当计划都制定好以后,需要在协同教学的第一天给学生发放一份课程纲要,告诉学生有哪些教师参与到教学中来,会用什么样的教材和辅助材料,采用什么样的方式,设计了哪些活动,如何对学生进行评价等。

需要指出的是,协同教学并不意味着教师独立性和主体性的丧失,相反,它对教师的独立性提出了更高的要求,因为每个教师首先要有自己的思考,才不会迷失自我,才能在协同教学中形成有效的合作。协同是独立前提下的协同,独立是协同背景下的独立,二者相辅相成。

【案例9-6】　　　　　　美丽的森林①

新课程实验区的张老师一直在思考艺术综合课程的教学问题。作为一个音乐老师,若把音乐、绘画、舞蹈等多种艺术形式统整起来进行教学,她觉得自己有些力不从心。于是她想组织一个教师小组来进行艺术综合课的教学。在校领导的帮助下,她组织美术王老师、舞蹈孙老师、语文吴老师,形成一个四人小组。在共同研究的基础上,他们确定《美丽的森林》作为一个艺术综合课单元的主题,编制了完整的课程方案,在小学五年级实施。张老师上第一节课,内容是学习歌曲《森林在歌唱》;王老师上第二节课,内容是用画笔描绘森林的美景;孙老师上第三节课,内容是森林动物化装舞会;吴老师上第四节课,内容是"美丽的森林"诗歌朗诵会;最后由张老师进行这一单元教学的总结。

四、情境教学

尽管"情境"一词从杜威就开始使用,并将其作为"杜威五步教学法"的第一步,但真正把它作为一种教学方式,则是近二三十年的事。

(一) 什么是情境教学

要理解情境教学,首先要理解"情境"。情境可以分为三类:真实的情境、想象的情境和暗含的情境。真实的情境是指人们周围现实存在的他人或群体;想象的情境是指在意识中的他人或群体;暗含的情境是指他人及其行为中所包含的一种象征意义。② 因此,情境是多层面的,不仅包括物理层面上的,也包括观念层面上的,还可以包括虚拟层面上的。

情境教学就是从"情"与"境"、"情"与"辞"、"情"与"理"、"情"与"全面发展"的辩证关系出发,创设典型的场景,激起儿童热烈的情绪,把情感活动和认知活动结合起来所创建的一种教学模式。③ 情境教学是基于情境的教学,是为了调动儿童的情绪并将其运用到课堂中的教学。因此,情境教学最大的特点是具有情感性。裴娣娜教授认为,传统教学的"感知—理解—巩固—应用"这一掌握知识的阶段结构是一个无感情的活动结构,是"目中无人"的纯认知活动过程。而情境教学是借助

---

① 钟启泉、崔允漷主编:《新课程的理念与创新——师范生读本》,高等教育出版社2003年版,第108页。
② 向晶著:《中小学情境教学课堂操作研究》,上海师范大学硕士学位论文,2004年,第7页。
③ 李吉林、田本娜、张定璋著:《李吉林小学语文情境教学——情境教育》,山东教育出版社2002年版,第13—14页。

丰富的想象和情感,使学生获得对事物本质和相互联系的认识。① 学生是有情感的,而这种情感无论是在日常生活中,还是在课堂中,都会对其行为产生影响。如果在教学中能够积极调动学生的情感因素,那么就很容易使师生之间、学生与文本之间产生共鸣,从而达到事半功倍的教学效果。相反,如果学生没有情感投入,冰冷地面对课堂、面对教学,甚至对教学产生一种"抵制"心理,那么教学效果就会大打折扣。就知识的性质而言,其产生具有情境性,它总是镶嵌于产生它的情境之中,脱离了情境的知识不免成为怀特海所称的"呆滞的知识",它们可能为人脑所接受但却往往无法加以利用。因此,教学不应成为机械的知识授受过程,而应成为知识的情境建构过程。

总之,从情境教学的观点来看,教学不但是为了学生的未来生活和工作做准备,关注学生学到了什么对以后有用的知识,也要关注学生当下的生活。情境教学以学生的情感为纽带,通过创设各种情境,把学生的生活世界和教育世界沟通起来,从而促进学生的认知和情感的发展。

(二) 怎样进行情境教学

从操作水平上来说,情境教学构建了三个水平的操作系统:实体性现场操作、模拟性相似操作和符号性趣味操作。学生通过具体的操作活动,通过感性直观,发现物体的特性和关系,并借助词把它们加以区分和概括,从而获得理性认识。情境教学形象地展现了外部操作活动的内化和内部抽象符号的外化这一双向建构过程。② 一方面,通过创设情境,学生外部的操作逐渐得以内化,建构出自己的知识体系;另一方面,在情境中,学生的内部认识会不断对情境产生作用,即学习者和情境之间在进行一种持续的信息交换。

1. 准确把握学科的育人价值

小学的每个学科,都有着自己独特的育人价值,这种价值并不仅仅体现在教给学生某门学科的知识,更体现在对学生情感的发展、道德的提升、态度的改变等方面,如小学语文对学生语文素养的培养,让学生受古典文化的熏陶;小学数学对于学生思维的培养,综合实践活动对学生探究能力和与人合作能力的培养等都具有独特的价值。情境教学并不是为了创设情境本身,情境是为了让学生获得发展。因此,什么样的教学内容需要创设情境,应该创设怎样的情境,这些问题都值得我们去认真思考。教学需要情境,但并不是随意的情境设计都可以成为情境教学,只有真正把握了学科的独特育人价值,才能把握情境设计的方向,才能明了情境创设的目的。

2. 创设情境

情境教学的核心是思维的发展,而思维的发展又是通过情感来引发的。因此,情境教学的关键在于创设符合学生心理特点又接近学生实际生活的情境,通过这种情境把学生的认知活动与情感活动相结合,从而促进学生的思维发展。

如前所述,实体性现场操作、模拟性相似操作和符号性趣味操作是情境教学的三个操作系统。这就意味着所创设的情境可以是一种实体的现场,可以是一种模拟的情境,也可以是想象的或意境的情境。案例9-7就是一种实体的现场。

【案例9-7】 通过情境教学分清"渴"和"喝"③

在教小学语文《乌鸦喝水》一课时,有"渴"、"喝"两个生字,教师让学生观察老师的动作、

---

① 裴娣娜:《情境教学与现代教学论研究》,载《课程·教材·教法》1999年第1期。
② 裴娣娜:《情境教学与现代教学论研究》,载《课程·教材·教法》1999年第1期。
③ 祝辉著:《情境教学研究》,上海师范大学硕士学位论文,2005年,第15页。

表情:舔着嘴唇,咧着嘴,无精打采的样子。此时让学生说老师这时怎样?(很渴)渴了需要什么?(水)把"渴"字中的"氵"描红,然后拿起茶杯喝水,让学生说说老师喝水用什么?(口)把"喝"字的"口"描红。学生通过观察老师的动作、表情,分清了"渴"和"喝"的意思,以后学生用"渴"和"喝"写词语和句子时就不会混淆。

  模拟的情境是比较多见的,小学数学、品德与生活(品德与社会)等学科的情境教学就经常要创设这种情境,即给学生呈现一个生活的场景,让学生融入到场景中,在体验这种情境的过程中去解决实际的问题。如在情境中,学生要到北京去参加夏令营,为此需要计算自己从学校乘坐火车到北京要多长时间,就属于这一类。还有一类是想象的情境,是通过抽象的符号、语言、想象、联想等,而不是通过实物来创设情境,这种情境在语文学科中更为多见,如案例9-8就属于此类情境。

【案例9-8】   "沿"字怎么记[①]

  在课堂上学习生字,经常问学生有什么办法记住这个生字?学生有时编儿歌,有时讲故事,有时把头脑中的画面描述出来。如学"沿"字,有学生就编了一个小故事:有一个人走了很长的路,他口渴了,很想喝水。他就在周围找来找去,找到一口井,他站在井边,望井里一看有水,他很高兴,心想可有水喝了。还有的学生把头脑中的画面描绘了出来:"沿"字的"几"是井边上的辘轳,"口"是一口井,"氵"是井里的水。通过让学生在联想的情境中识字,既有效地认识了生字的音、形、义,又在编故事、编儿歌或描述画面中发展了语言表达能力。

  在创设情境的过程中,除了要把握学科的育人价值以外,还需要把握课程标准以及基于课程标准的教学目标。任何一个教学情境的创设和使用,必须有足够的理由去证明它确实是必要的,而检验这种必要性的工具就是看情境的使用是否有利于学生达成教学目标,是否让学生获得了认知、情感等方面的发展。

  从材料的使用上来看,教师准备的教具、学生的现场表演、多媒体、教师的简笔画乃至教师的语言等都可以创设出情境。但有两个原则我们需要把握,第一,多元化原则。在目前多媒体普及的情况下,情境创设的材料也被逐渐单一化了,教师往往只钟情于使用多媒体来创设情境,而忽视了其他材料。多媒体固然有很多优点,但它也有着自身的缺点,如程序化的设计使其无法根据教学现场的复杂情况来作出及时调整,既限制了课堂教学的流程,使原本应该复杂精彩的课堂变得程式化起来,甚至成为多媒体课件的翻阅,又限制了学生的思维让学生紧紧跟着课件走。因此,在情境教学中,应该认识到每种材料都有其价值,要充分认识它们的价值,使用不同的材料来创设课堂教学情境。第二,经济化原则,为了达成同一个教学目标,往往可以创设很多种不同的情境,如何选取?这里就涉及到一个经济化原则。在效果同样的前提下,要选取最经济的情境创设方法,节约教学成本。有一位老师在教学《松鼠》一课时,花了一个星期的时间去寻找和制作松鼠的视频材料,试图向学生呈现松鼠的特点,而他没有注意到,其实课文中的精彩插图已经能很好地展现松鼠的外貌特征,完全可以依据插图来呈现教学情境。因此,从经济化原则来看,他的情境创设并不是成功的。

[①] 祝辉著:《情境教学研究》,上海师范大学硕士学位论文,2005年,第15页。

在情境教学中,一节课,可能不是一个情境就能解决的,往往需要创设一系列的情境,并且要考虑情境与情境之间的连续性。任何一次成功的情境教学,总是能通过给学生呈现多种情境而让学生的思维实现从现有发展水平到潜在发展水平的跨越。

【案例 9-9】 　　　　　　　《海底世界》教学情境设计①

教《海底世界》一课,可以创设一组情境,与教材语言紧密相连。

情境1:用剪贴画,展示潜水员潜入大海,"进入"实地考察的情境中,"感知"一片海岸的深海里,"许多光点像闪烁的星星"等语言所显示的形象,理解其中包含的知识。

情境2:为回答潜水中发现的问题阅读补充教材,进入"查找资料"的情境,进行有详有略地精读、粗读、略读;交叉式的进行应用性阅读的能力训练。

情境3:通过简笔画呈现水中听音器,模拟运用,两手掩耳,好似戴上耳机,倾听大海的声音,进入"使用现代化工具探测大海"的情境,感受"窃窃私语"的形象,体会语感,通过比较并引导体会"有的像蜜蜂一样的嗡嗡,有的像小鸟一样啾啾……"一连串比喻的作用。

情境4:通过剪贴画,展示海底世界的各种鱼虾海洋动物及其他海洋植物,进入"展示样本"的情境,结合课文第四、五节的教学,进行由总述到分述。选取典型事例的叙述方式等篇章训练,使学生在情境中学习语言,运用语言,并通过学习和运用,加深对课程的思想与情感的理解和体验。

这样一个个连续的情境,在展示形象,带入情境中,激起学生的情绪,一步步加深情感的体验,加深了对情境本质的认识,使儿童在认知活动中由于情感活动的参加,而达到很高的水平,保证了全面地完成语文教学的任务。

---

3. 提出问题

情境教学是与问题相联系的,如果没有问题,那么情境也会失去应有的价值。一个情境呈现给学生的同时,也在把问题呈现给学生,于是学生产生了想要解决问题的欲望,这是他们学习的基本动力。

【案例 9-10】 　　　　　　　贾斯珀系列之"邦尼牧场的援救"②

"邦尼牧场的援救"以贾斯珀的朋友拉瑞教另一个朋友艾米丽学飞超轻型飞机这一情境开始。在情境中,贾斯珀和他的朋友在做去邦尼牧场钓鱼露营的旅行计划。在旅行中贾斯珀发现一只严重受伤的鹰,鹰需要紧急抢救才能存活。全部的问题是艾米丽必须想出办法尽量帮助贾斯珀把这只受伤的鹰送到兽医那里去抢救。

下面让我们根据教学过程录像的笔录来看一下爱丽森教师在六年级的数学课堂上进行"邦尼牧场的援救"教学的实际过程,观察她的课堂会启发你去思考如何在你的课堂上进行基于情境认知的教学。

A(爱丽森):你们有没有参加过野营,或者在森林里做过徒步旅行,有没有发生过紧急情况?

---

① 李吉林:《情境教学怎样设计情境》,载《人民教育》1999 年第 2 期。
② 《基于情境认知的美国数学学习案例研究》,http://bbs.fhsx.cn/dispbbs.asp?boardid=4&id=1859,2010-06-08。

S(学生):我们在加州的一座山顶上做徒步旅行,突然空中有乌云压过,阳光不见了……

旁白:学生们很快就会发现他们的野外经验与贾斯珀的探险挺相像。爱丽森使学生们对所要观看的探险有所准备。

A:我们所要观看的节目是有关一个叫贾斯珀的人在野外进行徒步旅行的过程中出现紧急情况的故事。我相信你们都能帮助他解决这个棘手的意外。这个故事大约15分钟长。你们不必在观看的过程中做笔记,放完一遍后,我们可以返回再看。

旁白:学生们在观看故事,同时也思考老师提出的问题。爱丽森问如果他们遇到贾斯珀的情况该怎么办?

A:如果你像贾斯珀一样做徒步旅行,你跟他年纪一样,你也发现了一只受伤的鹰,你会如何办呢?

S:我想如果我发现了那只鹰,我不会把它装进袋子里。我可能会给它进行紧急救助,我会设法帮助它。

A:好,你所面临的挑战是如何帮助我们的剧中人物。贾斯珀已经做了一些紧急救助,他懂得如何照顾动物。所以,你们的任务是用你所能想出的最佳方法来帮助营救这只受伤的鹰。

旁白:如果你像贾斯珀一样想让学生解决一个复杂的问题,你如何让学生开始着手解决这个问题呢?爱丽森通过头脑风暴法(brain storming)启发全班学生着手解决问题。

A:你们认为在解决这个问题时,什么事情最为重要?

S:飞机飞到牧场要花多长时间?飞机能飞多少英里?

A:片中的一些信息将有助于你们思考。别的呢?

S:飞机能装多少油?需要多少油?能飞多远?

A:很好!

S:飞机能装多少东西?能不能装下那只鹰?

A:很好!现在我想让你们分成小组工作。

旁白:这次爱丽森让学生在各自的小组里继续进行头脑风暴。学生们有很多的机会去参与其中。小组的每个成员都必须发现所有的线索。教师们担心低水平的学生可能很难参与其中。然而,其实这种担心没有必要。

旁白:爱丽森提醒学生们该是进行全班讨论的时间了。每个组都有机会与全班同学分享他们的推理。

S:那只鹰重15磅。所以,我们在计算飞机的载重量时除了计算飞行员的重量、货物的重量,还要加上鹰的重量。

A:好!下一组。

S:片中说邦尼牧场的长度只是一般飞机降落所需的2000英尺的一半,所以,使飞机有足够的地方降落是十分重要的。

A:好!你们都知道。

旁白:学生对片中的一些数据还不是十分清楚。爱丽森鼓励他们再返回看片。

A:我们在片中需要看什么?

S:有多少燃料?

> A:让我们再倒回去看看。
>
> 旁白:因为学生是第一次解决问题,爱丽森教会学生用遥控器来搜索所需的具体信息。学生们很快就学会了用遥控器。他们喜欢用遥控器去寻找他们所要的信息。他们懂得什么最重要,什么能帮助他们解决问题。学生们收集了很多他们解决问题所需的信息。爱丽森鼓励他们去合理地组织他们的信息以便第二天使用。

五、多元智能教学

美国哈佛大学教育研究所教授加德纳(H. Gardner)在《智能的结构:多元智能理论》(*Frames of Mind: The Theory of Multiple Intelligences*)一书中提出了多元智能理论,驳斥了传统的智力决定论。他在书中用大量的事实证明,个人的成就并非只受到 IQ 的决定,某方面智能的缺乏也并不能说明他在其他方面智能的缺乏。1999 年,加德纳教授的多元智能理论被翻译到中国,恰逢中国基础教育课程改革启动阶段,多元智能理论的许多观点与新课程的观念不谋而合。多元智能教学成为新课程实践中引人关注的改革活动之一。

(一) 什么是多元智能理论

传统的智力理论认为人的智力是整体的、不可分割的。多元智能理论认为,人的智力并不是单一的和不可分解的,为了说明问题,加德纳使用了"智能"这一概念。所谓智能,"就是解决问题和(或)创造在一种或多种文化背景下受到珍视的产品的生物和生理潜能"①。加德纳通过研究发现,人的智能结构不仅不是一个整体,而且还是相互独立的,每个人的智能结构中包括了八种智能:一是语言智能,指的是掌握并运用语言、文字的能力;二是逻辑-数学智能,指的是逻辑推理、数学运算以及科学分析方面的能力;三是音乐智能,指感觉、欣赏、演奏、歌唱、创作音乐的能力;四是身体-动觉智能,指运用全身或身体的某一部分,包括嘴和手,解决问题或创造产品的能力;五是空间智能,指针对所观察的事物在脑海中形成一个模型或图象从而加以运用的能力;六是人际智能,指了解他人,与人合作的能力;七是自我认知智能,指深入并理解自己内心世界并用以指导自己行为的能力;八是观察自然智能,指观察自然界中的各种形态,对物体进行辨认和分类,洞察自然或人造系统的能力。②

多元智能理论认为:第一,智能不是天生的,而是会受到后天环境的影响。随着环境的变化,人的智能结构也会发生变化,而教育是改变人的智能结构的重要条件。第二,智能结构是有差异的,尽管每个人的智能结构中都包括了八种智能,但由于受到个人生活经历的影响,人的智能结构也会出现差异。有的人空间智能很强,有的人音乐智能很强,没有两个人会表现出完全相同的智能轮廓。

但加德纳强调,多元智能理论并不是说每个人都是聪明的,加德纳教授认为,"有些人很幸运,具有多方面的智能强项,而另一些人则不幸运,没有任何一方面的特殊强项。当然,几乎所有的人都可能在某些方面相对擅长一些。多元智能理论认为人们的特长不是平面的,也就是说某一方面可能是你的强项,另一方面可能就是你的弱项,而在其他一或两个方面你很一般"③。总之,多元智能理论突破了单一平面的智力观,为小学课程与教学改革提供了新的启示。

---

① 霍华德·加德纳:《我是怎样提出多元智能理论的——〈智能的结构〉出版 25 周年纪念》,载《人民教育》2008 年第9 期。
② 沈致隆:《多元智能理论的产生、发展和前景初探》,载《江苏教育研究》2009 年第 3 期。
③ 沈致隆、霍华德·加德纳:《多元智能理论在中国与世界的现状和未来》,载《全球教育展望》2007 年第 1 期。

（二）怎样进行多元智能教学

实践者更为关注的是如何把多元智能理论应用到课堂中去。美国小学教师在教学实践的基础上，开发出一种基于多元智能的简洁、实用的教学设计模式——"IDEAS"模式。[①] 它包括五个步骤：

（1）确定(Identify)：确定课程内容与教学目标。教师要思考这堂课是否适合使用多种智能，以实现特定的教学目标？是否只要达到一个特定的教学目标，强调满足某个特定学生的需要？

（2）发展(Develop)：针对每一种智能，发展一些可能的学习机会，让学生达到教师设定的目标。教师要思考如何把有效的多元智能整合到自己的教学中去。如语言智能要强调，我怎样才能把文字、写作、听力、讨论与语言结合到课堂中？自我认知智能强调，我怎样才能把情感、反省思考和自我评价结合到课堂中？

（3）检查(Examine)：检查并选取最适合学习目标的教学活动。从所列出的活动中，根据教育背景，选出最可行、最有效的教学活动。同时，还可以为一些特殊的学生设计一些可供他们选择的活动，为那些提前完成作业的学生，设计一些额外的活动。

（4）评价(Assess)：可以用哪种教学策略来实现学习目标。教师要考虑如何将符合学习风格的教学策略和活动整合到所有的授课计划中去。

（5）设计(Set up)：设计一个有序的计划，完成课堂设计矩阵。把以上各个步骤整合起来，设计出一个矩阵，还要考虑教学前的一些细节情况如教具、材料、每一项活动所需的时间等。

【案例 9-11】　　　　　　　二年级社会课[②]

琳达·迪斯金(Linda Diskin)运用"模拟策略"来帮助她的二年级学生识别历史上的人物，体会重大历史事件的重要性。琳达认为该策略的核心——角色扮演是一项非常有效的学习工具，它有助于提高学生的洞察力、观察力、自我了解与移情作用（琳达教学策略的矩阵分析如下表）。琳达在上关于感恩节的单元时，她请班上所有学生从家中带一样他们最喜欢吃的水果，并让一些学生解释为什么他们喜欢吃这种水果。

在确定人们需要食物如水果等才能生存后，琳达告诉学生他们将轮流表演美国历史上一件重要的事件——第一次感恩节。琳达先复习有关早期移民与美国土著人之间的会见，这是学生已经学过的。她让五位学生扮演土著人，拥有全部的水果，并请学生猜为什么这些人拥有这么多的水果。在学生回答后，琳达接着作进一步解释，由于土著人精于打猎和耕种，他们常有足够的食物。然后，琳达请这五位学生站到学习圈的中心，把他们所知道的有关土著人的生活表演出来。

接下来，琳达与学生讨论了早期移民抵达北美的情况，然后又选出五位学生加入到这些土著人中，让他们把所知道的有关早期移民的生活表演出来。当扮演早期移民的学生述说他们的困境时，扮演土著人的学生就与他们一起分享自己的食物，并教他们怎样耕种。

在角色扮演后，琳达组织全班进行讨论。她请学生讨论自己扮演的角色及观看这些角色扮演的感受，她用以下问题来引导和加深学生的讨论：

美国土著人对于早期移民来到他们的家园，有何感受？当土著人发现早期移民几乎没有

---

① 季彩君：《美国整合学习风格与多元智能的教学实践》，载《教学与管理》2003 年第 10 期。
② 季彩君：《美国整合学习风格与多元智能的教学实践》，载《教学与管理》2003 年第 10 期。

食物时,他们的感受又如何?早期移民来到陌生的新土地后,发现食物短缺,有何感受?扮演这些角色,有何感受?观看第一次感恩节的一些活动,有何感受?关于第一次感恩节你还知道一些别的事情吗?现在是否还在纪念这些传统?

琳达"模拟"策略的矩阵分析

	掌握型	理解型	自我表现型	人际关系型
语言智能		讨论		
数理逻辑智能				
视觉空间智能				
音乐智能				
身体动觉智能			角色扮演(实际表演)	
人际关系智能				角色扮演(互动)
自我认识智能		观察、解释角色扮演	角色扮演,对情境个人反应	移情
自然智能	对食物或营养的基本认识			

从教学实践来说,多元智能理论强调两点:一是尽最大可能使教育个性化,即"因材施教"。只不过,这里的"材"是要看学生究竟是哪种智能结构,看他喜欢怎样的学习方式;二是应用多种方式表达和传授重要的思想和概念。这样可以通过激发学生的多种智能,为扩大教育的受益面带来新的希望。① 实际上,由于学生的差异非常明显,再加上我国小学的班额都比较大,教师在课堂上很难照顾到全体,因此应该尽可能多地了解学生的智能偏好,并尽可能多地设计多样化的教学活动,以适应学生的特殊需求。

关键术语

课程改革;探究教学;建构主义教学;协同教学;情境教学;多元智能教学

讨论与探究

1. 总结并分析20世纪80年代以后西方课程改革的主要特点。
2. 如果你是一所中学或小学的校长,你想如何改革本校的课程与教学?
3. 日本从1998年开始在小学课程中设置"综合学习时间",课时为430,而到了2009年,课时减少至280。查找有关资料,分析日本小学"综合学习时间"没有取得预期目标的原因,并思考这对于我国小学综合实践活动课程的改革可以提供哪些启示。
4. 在小学语文、数学或其他学科任选一个你感兴趣的教学内容,设计一份教案,要求用你学到的一种教学理论。

---

① 霍华德·加德纳:《我是怎样提出多元智能理论的——〈智能的结构〉出版25周年纪念》,载《人民教育》2008年第9期。

5. 访问一个国外小学的网站,对其课程或教学改革的历史进行梳理,并加以分析,写一篇不少于3000字的论文。

案例分析

根据你对情境教学的认识,分析以下案例。

最后一课

十一前夕,我因某种原因需回老家一趟,又正巧上《最后一课》。为了使学生能更好理解课文的内容,更好地体会文中的小弗朗士及韩麦尔先生的情感,我就创设了一个情境:上课了,我面带严肃,低沉地走进了教室,也没喊起立就说道:"有个消息我不知该不该对大家讲?"学生纷纷要求我讲。我就说:"校长告诉过我了'十一'过后不用来上班了,有人把我告了。""谁告的?扁他。"学生情绪有点激动。"这个不能告诉大家。算了,我们接着学习课文吧。"我说道。

学生打开书一看该学《最后一课》就问到:"老师,你是耍我们吧?"我语气更严肃地说"真巧,也许是命该如此,按理说今天真不想上这一课,让我心里很不舒服,让我更伤感,今天应该和大家说点道别的话,但为了下面的老师好接手,我们还是把这单元的最后一课学完了吧!我们边上边说。"

从学生的表情能看出,他们此时真的相信了。讲到小弗朗士时我就找平时学习不努力的学生来结合自己谈感想,我也对他说上几句临别赠言。他们谈出的都是文中表现的小弗朗士当时的感受……

最后,下课了,我把真相告诉了学生,学生有些生气地说,好啊你耍我们。第二天,一位女同学送来一封信,里面有这样一句,"于老师,请你以后别再骗我们了,你说的那么真,那么伤感,昨天我们好些女生都快被你骗哭了,我们幼小的心灵被你伤害了"。

资料来源　朱志平主编:《课题动态生成资源的理论与实践》,江苏人民出版社2006年,第73页。

进一步阅读的资料

1. [英]布鲁克斯著,范玮译:《建构主义课堂教学案例》,中国轻工业出版社,2005年。
2. 陈爱苾著:《课程改革与问题解决教学》,首都师范大学出版社,2010年。
3. 崔允漷主编:《有效教学》,华东师范大学出版社,2009年。
4. 冯卫东、王亦晴著:《情境教学策略》,北京师范大学出版社,2010年。
5. 胡定荣著:《课程改革的文化研究》,教育科学出版社,2005年。
6. [美]吉纳·E·霍尔等著,吴晓玲译:《实施变革:模式、原则与困境》,浙江教育出版社,2004年。
7. 全国课程专业委员会秘书处编:《21世纪中国课程研究与改革》,人民教育出版社,2001年版。
8. 汪霞著:《课程改革与发展的比较研究》,江苏教育出版社,2000年。
9. 徐奉臻著:《教学改革:理念创新与模式构建》,中国社会科学出版社,2009年。

10. 钟启泉、崔允漷主编:《为了每一位学生的发展:〈基础教育课程改革纲要(试行)〉解读》,华东师范大学出版社,2001年。

推荐访问的网址

1. 全美教育协会(NEA)(美国课程与教学改革)

http://www.nea.org/index.html

2. 美国课程与视导学会

http://www.ascd.org

3. Qualifications and Curriculum Development Agency (QCDA)

http://www.qcda.org.uk

4. 英国国家课程

http://curriculum.qca.org.uk

5. 澳大利亚课程研究会(ACSA)

http://www.acsa.edu.au

6. 多元智能的教与学

http://www.indiana.edu/~reading/ieo/bibs/multiple.html

7. 中国基础教育课程改革资源

http://www.gtcfla.net/personalweb/reform/index.asp

8. 小学教学

http://xxteacher.cn

9. 小学生研究性学习网

http://resch.jscsedu.com

10. 中国综合实践活动网

http://www.chinazhsj.com

第 10 章　小学课程与教学研究的热点和问题

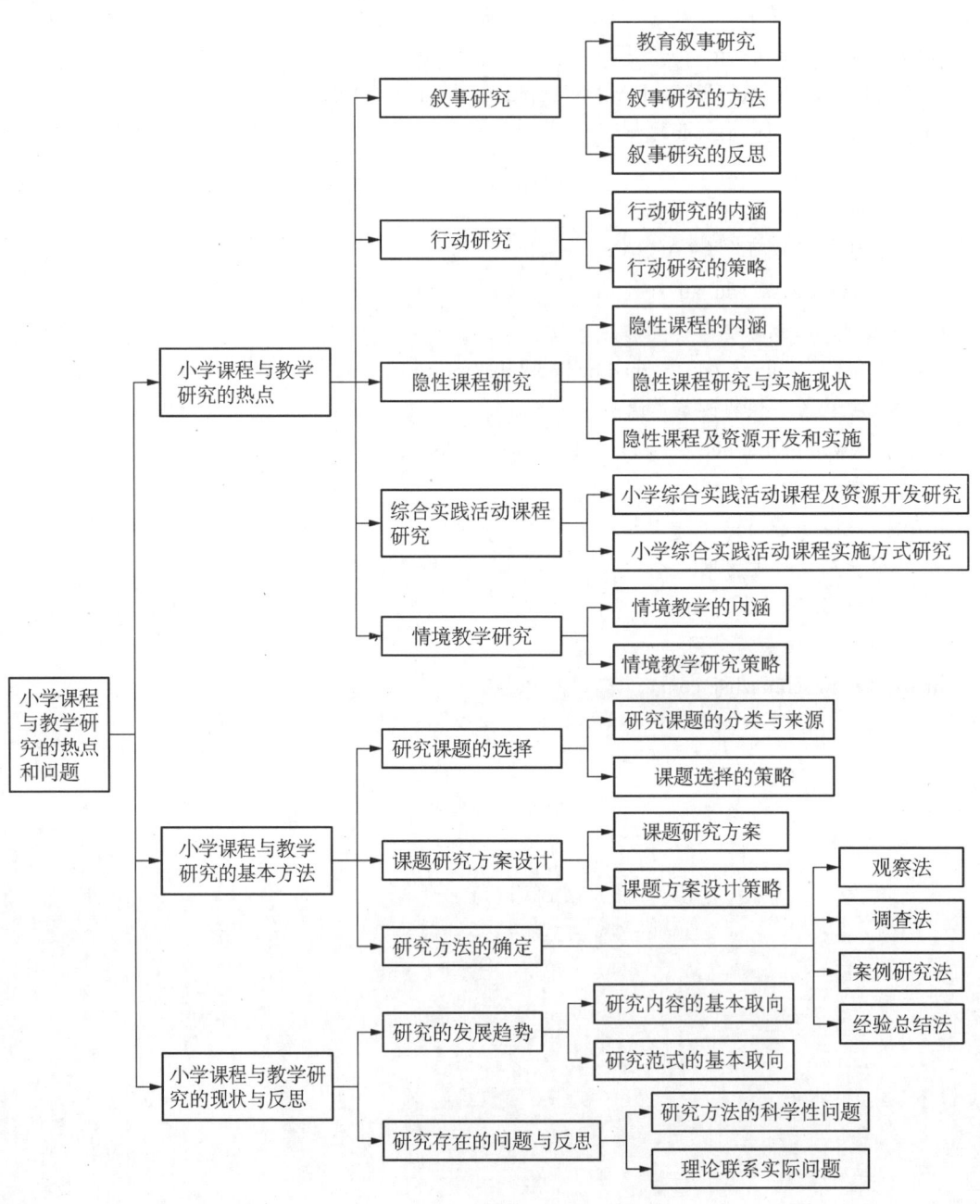

李吉林:一个长大了的儿童与儿童们在一起
(图片由江苏省情境教育研究所提供)

您知道"讲故事"也是科学研究吗?您认为在教学过程中就可以进行科研吗?为什么人们要把课程比作"文本"?您想成为李吉林老师那样的行动家、理论家吗?请告诉我们您自己课堂体验的故事和您的想法,展现您迷人的教学情境和设计思路吧!课程与教学研究的问题来自于教育教学实践,来自于您行动过程的反思,来自于您捕捉到的学生的细微的变化;课程与教学研究依赖于科学的方法,依赖于您解读教学事件独特的视角。这样,您就可以成为专家,而且是一位"临床专家"!

第 1 节　小学课程与教学研究的热点

课程与教学研究是推动我国小学新一轮基础教育课程改革、实现素质教育的核心和关键。进入新世纪以来,为迎接知识经济带来的挑战,加快构建符合素质教育基本要求的新课程体系,本世纪初,我国就开始对过去的基础教育课程与教学进行系统的研究,并进行了大胆的改革和创新。当前我国小学课程与教学研究的热点主要包括叙事研究、行动研究、隐性课程研究、综合实践活动课程研究以及情境教学研究等。

一、叙事研究

20 世纪 80 年代以前,教育实验法、教育统计与测量法等基于逻辑实证主义或科学主义的量化研究方法(或称"量的研究")在西方课程与教学研究中占据主导地位。后来,随着对量化研究"客观性"(对"多数"重复现象、过程的规律总结具有统计意义上的"真实性")的怀疑,人们逐步认识到课程与教学研究不能简单地照搬自然科学的量化研究方法,开始注重艺术、人文学科和社会理论的人本主义的质化研究方法(或称"质的研究")。所谓质的研究,是在自然情境下收集多种资料,对社会现象进行整体性探究,归纳分析所收集的资料并形成理论,通过与研究对象互动获得解释性理解的一种活动。20 世纪 80 年代以后,西方课程与教学研究几乎不采用"量的研究"。质的研究包括叙事研究、行动研究、案例研究、人种志研究等具体研究方法。教育叙事研究作为质的研究的一种运用形式或方法,则是在近几年才逐渐引起我国教育界的重视,成为时兴的课程与教学研究方法之一。叙事研究的主要目的在于教师以自我叙述的方式来反思自己的教育教学活动,并通过反思来改进自己的教学行为,不断提高教育教学质量。

"量的研究"一般要用教育统计
与测量工具和 SPSS 软件

研究者课堂观摩属于"质的研究"

(一)教育叙事研究

叙事可以理解为就像小说一样"讲故事"。不过,作为研究的叙事讲的不是虚构的故事,而是实际发生过的真实故事。叙事普遍存在于文学艺术作品和日常生活、工作中,是人们表达思想的有力方式。因此,叙事一直受到文学、艺术和文化研究者的关注。叙事研究的叙事者就是研究者,他以叙事的方式开展自己已经完成或阶段性的研究活动,将研究活动中如何提出与解决问题的过程完整地有一定结构地"叙述"出来,研究者的理论是从具体事件及其情节中归纳出来的,往往通过

"叙述"的"情节"反映出来。

  教育叙事研究的方式主要有两种：一种是一线教师自身同时充当叙说者和记述者，把自己遇到了什么问题、怎样遇到这个问题和怎样解决这个问题的整个过程叙述出来。当叙述的内容属于自己的教育实践或解决某些教育问题的过程时，教师的叙事研究就成为"教师叙事的行动研究"。另一种是一线教师只是叙说者，教育研究者以教师为观察和访谈对象，记述和"解释"包括教师的"想法"或所提供的文本（如工作日志）等事件。因此，教育叙事研究是指教育研究者（包括一线教师本人或教育研究人员）以叙事的方式进行的教育研究，即教育研究者以叙事、讲故事的方式，叙述自己在研究过程中所发生的一系列教育教学事件，表达自己对教育的理解和解释的一种教育科学研究方法。教育叙事研究是教育研究者通过说出以及不断地说出一个个"真实的故事"的方式所从事的实践性研究。教育叙事的主要目的在于关注日常教育实践与经验的意义，它切入学校中个体和集体的教育生活经验，使教育研究回归到生活本身，在理解和分享中领悟我们自身教育实践活动的意义。① 因此，教育叙事研究日益成为许多中小学教师乐于进行的一种重要的科学研究方式。

  教育叙事研究所叙述的内容是已经过去的实际发生的教育事件，而不是对未来教育活动的展望。教育叙事研究十分重视叙事者和其他教育事件相关者的处境和地位，肯定叙事者和其他教育事件相关者的个人教育经验和个人教育实践的重要意义，往往采用"心理分析"技术，对某个人或某个群体的行为做出归纳性的而不是演绎性的解释。

【提示10-1】　　　　教育叙事、教育叙事研究、教师叙事研究

  叙事（narrative）源于文学理论，是文学要素之一。叙事所"叙"的是"事"，叙事即讲故事，讲叙事者亲身经历的事件。或者说，叙事是为了"告诉某人发生什么事"的一系列口头的、符号的或行为的序列，陈述人、动物、宇宙间各种生命事物身上已发生或正在发生的事情。教育叙事即是教师讲述教育故事。这些"事"是教师所经之事，这些"故事"是教师的生活故事。教师的教育叙事就是教师讲述在教育教学实践中所遭遇的各种事件。这些事件不是转瞬即逝的，也不是淡无痕迹的，而是长久地影响着师生、影响着教育的。在叙事中，教师真实的经历通过生动的描述具有了现场感，教师独特的体验又通过场景的再现得以与他人分享。因而，教育叙事能唤起鲜活感人的印象，引起灵魂深处的颤动，诱发内心感动的涟漪。这样一来，教师所叙述的教育故事便在意义层面得到了肯定和确认。

  教育叙事研究是研究者通过描述个体教育生活，搜集和讲述个体教育故事，在解构和重构教育叙事材料的过程中对个体行为和经验建构获得解释性理解的一种活动。教育叙事研究具有自己独特的研究思路和行动方式，主要特征表现为聚焦于个体经验，用年代学方法表述个体经验，搜集故事，重新讲述故事，编码并确定主题，描述情境与背景，与参与者全程合作。教育叙事研究是一种质的研究方法，注重对"叙事"的研究。

  教师叙事研究是指教师以叙事的方式来研究教育的问题，表达对教育的理解和解释，即通过对有意义的教育事件的描述和分析，揭示内隐于日常事件、生活和行为背后的意义和观念，使人们从故事中体验、思考和理解教育的本质与价值。

  资料来源　　王枬、唐荣德：《论教师的教育叙事研究》，载《中国教师》2009年第9期。
       傅敏、田慧生：《教育叙事研究：本质、特征与方法》，载《教育研究》2008年第5期。
       周国韬：《略论教师叙事研究》，载《中国教育学刊》2005年第12期。

---

① 丁钢著：《声音与经验：教育叙事研究》，教育科学出版社2008版，第73页。

(二) 叙事研究的方法

叙事研究由于其"叙述"的特殊性,开展叙事研究首先必须保证有"事"可"叙";其次要对"事"进行"研究";最后要对研究成果进行撰写成文。一般来说,教育叙事研究方法的具体实施步骤如下:

1. 确定研究课题

教育叙事研究课题的选择是十分广泛的,课题的选择应该立足于日常的教育实践,学校、课堂甚至所有存在教育事件的地方都是进行教育叙事研究的场所。小学教师的叙事研究更倾向于微观层面、细小的教育事件,强调对教育中特殊现象的描述、观察和解释。小学课程与教学叙事研究的课题涉及与小学教师、学生和学校领导等主体有关的教育教学事件中产生的问题以及这些主体问题解决的过程与方法。原则上讲,小学课程与教学的所有理论与实践问题都可以作为叙事研究的课题。例如,课程与教学跟学生全面发展的关系、课堂教学模式设计与选择跟学生自主发展的关系、教学评价方式与学生和教师成长的关系、学校课程与教学管理模式跟学生和教师发展的关系等问题。但是,这些问题还过于宏观与抽象,必须把这些课题变成跟细小的、常规的课程与教学事件直接关联的课题。例如,如何在小学数学或科学课程中开发人文教育价值、如何在小学语文课堂中发展学生的审美水平、怎样在小学体育课中培养学生的生命与健康意识、怎样在小学科学课中启发学生提出问题、怎样在小学课程与教学中实施"档案袋"式的评价等问题。这样,研究课题就直接与课程和教学事件联系在一起了,也是小学教师和其他主体所困惑、所关心的问题。

2. 实施研究计划

小学课程与教学叙事研究的实施主要是在日常的教育、教学实践活动中进行的,教师既可以亲临研究现场,通过观察、访谈等形式开展叙事研究,获得他人的课程与教学事件"原汁原味"的过程与情节等资料;也可以是课程与教学事件的主体之一,他非常清楚在这些事件中自己的态度与信念、困惑与构想的对策、具体的解决问题的方法与过程,以及这些课程与教学事件实际产生的结果。由于研究者深入课程与教学事件和研究过程之中,更容易透过课程与教学中的问题,解释教育教学的基本规律。

教师既可以亲临研究现场通过观察、访谈等形式开展叙事研究,也可以对自己的教学事件进行研究

在围绕研究课题对他人的课程与教学事件进行观察和访谈的活动中,研究者要力求观察的客观性和真实性,避免"先见"或"前设"对课程与教学事件发展走向进行暗示、引导和干扰。研究者的访谈要力求"开放",使接受访谈者在研究者设计的开放性系列问题中轻松思考并回答问题,最后真实地叙述这些课程与教学事件。

在围绕研究课题对自己过去的课程与教学事件进行叙事研究的过程中,研究者要整理和利用相关的资料(包括教学设计方案、实际的教学方案、具体的教学过程、教学日志文本、课堂教学录像或学生作业等),避免修改当时的想法与实际做法,真实地再现和记述自己过去的课程与教学事件。

3. 整理分析资料

课程与教学叙事研究强调的是对课程与教学事件本身的分析,是基于原始资料、真实事件进行的符合材料实际的分析。这种研究,要让叙事者自己说话或让历史印记(过去发生的课程与教学事件和事实)自己显露出它的意义,从事件和事实本身寻找内在的"结构"。因此,在资料的整理分析过程中,要避免以研究者先入为主的抽象概念或符号去压制真实的课程与教学活动的情节和情趣。研究者要从所获得的大量资料中,寻找和归纳出被研究者经常使用的看待课程与教学活动的方式或概念,突出这些课程与教学事件以及蕴含其中的教育教学思想与做法的"个性化"色彩。

4. 诠释资料意义

叙事研究不仅仅是记录和叙述故事,更在于通过叙述进行不断地反思自身或他人关于课程与教学活动的实践,形成课程与教学的理念与专业精神。这种反思与追问在叙事研究看来是对课程与教学经验的重组和理解,也是提供意义诠释的过程。课程与教学叙事研究者若想使自己的叙事研究能够令读者反思他们的教学经验,并不断归纳、总结他们的教学经历,则需要研究者对研究所获得的资料进行深度的描述和分析,并对故事和资料背后的意义进行更深层次的诠释,把实践经验与智慧进行系统化整理,批判性地检验课程与教学的信念。

5. 撰写叙事

课程与教学叙事的撰写,既包含着研究者对所做研究的"事"的故事性描述,也包含研究者对"事"进行的讨论与分析,两者相映相成,共同构成了研究报告中细腻的情感氛围和浓郁的叙事风格。课程与教学叙事研究强调细致的描述和深刻的分析,使教师的研究得以丰富地呈现,也使叙事研究具有不同于其他研究方法的意义。

课程与教学叙事必须基于真实的课堂教学实践,关注教学实践中的"教学问题"和"教学冲突"。一份完整的课程与教学叙事必须有一个"主题"(也就是研究课题的核心问题),每个叙事所叙述的事件必须指向这一核心问题,并具有一定的典型性、情节性和可读性。在叙述"教学事件"时,研究者可以用"夹叙夹议"的方式尽可能地"描写"自己在教学事件发生时的"心理"状态,将自己对"教育"的理解以及对某个"教学事件"的反思插入到教学事件相关的环节中。

【案例 10-1】　　　　　　　　老师的腰围[①]

在一所小学听一节数学课,内容是有关测量的。孩子们的桌子上摆放着长长短短的尺子。老师是个女的,胖胖的,40来岁。讲完厘米、分米和米的概念后,她让学生们测量桌子、铅笔、书本和手臂的长度。两分钟后,一只胳膊高举着,被点名的同学报出答案后,都得到了表扬,张张小脸涨得红红的,嘴巴笑成了一朵朵花。那些没被点到名字的学生着急了,有的站起来,有的跳着脚,有的甚至爬到凳子上,高举着手:"老师,快叫我,快叫我。"看着孩子们抓耳挠腮的猴急样,我坐在边上忍不住想笑。我能理解孩子们的心情,谁不想在老师、同学面前表现一番呢。

桌子的长度报过了,铅笔的长度报过了,书本的和手臂的长度也报过了,老师说,我们再找找别的东西测量一下。老师的话刚完,我旁边的那个一直没得到机会的瘦个子男孩蹭地站

[①] 魏振强:《老师的腰围》,载《语文教学与研究》(学生版)2005年第4期。

起来:"老师,我想测测你的腰围。"

班上一下静了,同学们都转过头或侧过身看着这个瘦男孩,尔后又把目光对着老师。老师低头看了一下自己的腰,然后静静地看着学生,边笑边朝那个男孩说到:"好啊,你来量吧。"

小男孩拿着尺子,飞快地跑到黑板前。他用手按住尺子的一端,让尺子在老师的肚皮上翻着跟头,可能是男孩的手抽,也可能是尺子太短了,跟头翻了好几趟,他才说出一个答案:"87厘米。"

"不错,他量得很认真,答案也比较接近。"老师的话显然激起了其他同学的表现欲,她不失时机地问了一句:"其他同学有没有更好的办法测得更准确一些?"她的话音刚落,一个胖乎乎的女孩站起来说:"老师,我有,我用手。"

小女孩已开始往黑板前跑了。其他学生的目光都在追逐女孩的身影。老师问:"你用手怎么量呢?"小女孩说:"我一掌是11厘米,我看是几掌就知道了。"老师笑了。小女孩的手在老师的腰上爬,刚爬了一圈之后,她就报出了答案:"89厘米。"笑容在老师的脸上绽放,班级的气氛更活跃了。"有没有更好的办法?"老师问。

教室里静悄悄的。孩子们或侧着头或趴在桌子上苦思冥想。片刻之后,前排的一个小孩站起来:"老师,你把裤带解下来,我们一量就知道了。"

我没想到这个小小的孩子会想到这种聪明的办法。老师肯定也没想到,我看到她在大笑,真正在开怀大笑。笑声仿佛长着翅膀,在教室里飞舞。老师一边笑,一边真的解下了裤带子。

小同学量出的是90厘米,这当然是最准确的一个答案。老实说,那位老师并不算漂亮,但这节课却是我听过的最漂亮的一节课。

从这一则小学数学教学叙事中我们可以看出,叙事没有对这一事件抽象的长篇理性分析,只是在关键处给出了研究者肯定的赞许和对自己及执教教师内心活动的心理"分析"。研究者希望小学课堂教学应该具有我们在叙事文本中显著标出部分的特质:平等、愉快、热烈和自主的学习氛围,教师的启发追问,科学方法的学习。唯一不足的是研究者做了一个错误判断:教师没有想到用测量裤带来测量腰围。其实,学生要测量老师腰围时,为了让学生学习间接测量长度的特殊方法,教师是希望学生不仅用"以直代曲"的方法测量长度,最后还要用"化曲为直"的方法测量长度的。很明显,研究者不是一位小学数学教师,如果本篇教学叙事是由执教教师完成的,就不会有这一错误了。

(三)叙事研究的反思

教育叙事研究在我国不过经历了短短几年的时间,无论从理论上还是实践上都有一个不断完善和发展的过程。当前我国教育叙事研究,当然也包括小学课程与教学叙事研究,还存在模式化和叙事文本表达形式单一等方面的问题。有的教育叙事研究就故事说故事,讲完故事不去揭示故事中的理论,缺乏深度描述和必要的诠释;有的教育叙事研究借用一般教育和教学原理,从很宏大和高远的层面进行总结,使得教育叙事研究具有封闭性,其结论脱离了故事本身,显得空洞无力;有的教育叙事研究者主观性太强和过度诠释甚至错误诠释。这些倾向都应该杜绝。

教育叙事研究作为一种具有广泛参与性的研究方法,连同其真实性、行动性等特点,决定了它可以被应用到教育教学的各个领域中。特别是在小学课程与教学研究活动中,如果教师既是研究者也是研究对象,而且具备一定水平的教育教学理论修养,他所进行的课程与教学叙事研究就可以在一定程度上克服叙事研究本身存在的不足。让我们在各种思想的碰撞与融合下，继续使用、反思并发展这样一种有利于表达人的生活经验、发现生活的意义而具有独特魅力的教育研究方式。①

二、行动研究

长期以来，人们总是将"行动"和"研究"看作两个不同领域的概念，"行动"即实际工作者的实践活动；"研究"主要指专业学者、专家的科学探讨。在教育研究领域中，两者也长期处于分离状态。随着基础教育课程改革和中小学教育科研的蓬勃发展，以往的课程与教学研究模式难以弥合构建理论与解决实际问题之间的鸿沟，更无法渗透到教师的教育实践中去。如果将教育研究者与实际教育工作者的智慧与能力结合起来，或者教育研究者参与实际教育工作者的实践活动，或者教育研究者本身就是实际教育工作者，通过对解决某一实际教育教学问题的实践和行动进行研究，就可以克服以研究假设为出发点的缺陷，使研究真正回归实践，解决理论与实践结合的问题。这种针对教育教学实践的合理性研究就是教育行动研究。课程与教学行动研究通过对理论与实践的结合正日益凸显其价值，而受到许多中小学教育研究者的青睐。

（一）行动研究的内涵

教育行动研究是教育实践的参与者与教育理论工作者共同合作，为了解决实际教育教学问题的需要，在教育教学实践过程中进行的一种教育科学研究方式。教育行动研究的对象是当前发生的教育实践，研究者本身就是教育教学实践活动的参与者，研究的目的旨在提高教育教学行动的质量与实践的合理性，增进教育教学理论的实际应用效果。

课程与教学行动研究是一种融课程理论、教学理论与教学实践于一体的研究模式。课程与教学行动研究旨在判明现场（包括课堂内外）面临的实际问题的实质之后，提出或引出用以改善事态的教学策略并付诸行动，在实践中既完善理论与策略，也使教学实践更合理。"参与"和"行动"是行动研究的核心目的。课程与教学行动研究不同于那种研究者从局外人的角度假借现场、旨在树立普遍法则所进行的研究，是一种以"科学地发现事实"为基础、以解决课堂中的实际问题为目标的"诊断性"研究。可见，有一定教育教学理论水平的教师以研究者的身份开展实践，是最理想的课程与教学行动研究方式。

教师们在讨论教育行动研究方案

课程与教学行动研究要求课程与教学研究者与行动者应共同参与课程与教学的研究活动。因为教师总是置身于真实的、动态的教育教学情景中，能够在教与学的互动过程中，依据经验直觉地对方案的可行性和理论的有效性做出判断，因此，"由行动者研究"是课程与教学行动研究所提倡的，即教师自己开展课程与教学行动研究。课程与教学行动研究过程应该指向实际的教育教学情境，并与实践活动或行动保持一致，即所谓"为行动而研究"和"在行动中研究"。在课程与教学行

---

① 丁丽丽：《国内教育叙事研究文献综述》，载《教育发展与研究》2009 年第 17 期。

动研究中,研究者要在实际的课堂情境中,在促进课程与教学实践的更加合理化、教学实际工作质量得到改进的基础上,以行动者的角度来反思和构建价值体系和理论体系,从而完善实践策略体系。

【提示 10-2】　　　　　行动研究中常见的问题

没有"问题"的研究

行动研究的价值追求主要是解决实践问题,并使教师在研究中获得发展。但在实践中,一些自以为在做行动研究的教师,他们研究的不是自己实践中遇到的问题,而是"感觉很有理论价值"的问题;还有一些教师号称自己在做行动研究,但所进行的却都是常规的教务工作,最后的"研究成果"其实是一份工作总结,这类研究没有针对自己实践的特定问题,只有所谓的"行动",我们认为这种"研究"不能看做是"行动研究"。

没有"行动"的研究

有些所谓的行动研究者没有开展任何实质性的研究行动,最后却拿出一份洋洋洒洒几千字的论文,研究成果可谓丰硕。但这种所谓的"行动研究",既没有对自己实践中的问题进行反思与分析,也没有采取"行动"对问题进行干预,因此,这种研究是没有行动的研究,它与行动研究的旨趣相去甚远。

没有"成果"的研究

有些教师确实认识到了行动研究能改善自己的实践,能帮助自己解决实践中的一些问题,同时也希望在研究中提高自我,因而实实在在地开展了研究活动,也取得了一定的效果。但由于没有及时记录行动研究过程中的有关材料,缺乏对所做研究的资料收集、整理和分析,没有形成与自己的研究实践相一致的书面材料,我们认为这是没有"成果"的研究,是不完整的行动研究。

资料来源　袁志芬:《教师作为行动研究者的尴尬与反思》,载《中小学教师培训》2004 年第 11 期。

(二) 行动研究的策略

任何理论和方法,只有正确理解和恰当运用方能在实践中彰显其价值。当前行动研究在实施过程中产生的问题,既有认识上的误区,也有实践方面的误区,这些问题不解决,势必影响行动研究的效果。要使行动研究真正成为小学教师行之有效的课程与教学行动研究方法,则要注意以下几点:

1. 选择课题

课题选择是开展研究的第一步,研究课题的选择在很大程度上关系着研究的成败。对于初次运用行动研究的教师在选题时要注意两条标准:一是避免选自己实际上"无能为力"的课题;二是课题应该与改善行动联系在一起。

课程与教学行动研究可以是教例研究、问题研究或课题研究。教例研究是教师把重心转向对自身教学工作经验教训的回顾与反思上,围绕大量鲜活的教学实例展开研究。教师既改进自己的教学工作,也从事课程与教学研究,把"行动"与"研究"有机地结合起来。问题研究是一种使"教学"与"研究"一体化的课程与教学行动研究类型。教师工作中每天都会遇到教学实践方面的疑难问题,这些大大小小的问题都可能成为课程与教学行动研究的对象或课题。教师发现可研究的问题之后,首先需要对研究课题的范围和性质加以界定,寻找各种理论与实践的问题研究视角,然后开展行动研究。教师在解决各种课程与教学问题的过程中,总会发现某些问题相互牵连。对这些相互牵连的小问题整体关注,就意味着这些小问题成为一个比较大的课题,可以称之为课题研究。

2. 制定计划

行动研究的计划要具体,观察记录要细致,并有持续性。计划的具体要求为:(1)明晰的研究目的,或者说探究问题的明确性。譬如"学习英语过程中易犯的错误"这一研究目的,就可以更明晰地表述为"学习英语过程中易犯错误的分类"。这样,研究就不仅可以将易犯错误罗列出来,而且可以对易犯错误进行分析;(2)计划中包含明确的目标、步骤并规定相应的研究方法和措施。即不能笼统地说"研究中使用访谈观察法",而应该具体指出在哪个阶段使用了哪种观察技术,在哪些阶段对哪些对象进行了访谈;(3)计划的持续性是指研究者要对被观察群体或情境的变化进行持续的观察,比较研究前、研究过程各阶段以及研究后的变化。在此方面,观察记录和反省对观察者最有帮助。

进行教例研究时,教师首先需要把教学工作中发现的问题以及处理问题的全过程写成教例,进而围绕教例展开对问题与策略的研讨和分析,并通过对同类教例的研究总结出一定的课程与教学策略,然后在此基础上形成"教例研究报告"。教例研究可以是针对一节具体的课堂教学进行教学设计、教学行动和教学反思的课例研究,也可以是一个单元或更长期的教学设计、教学行动和教学反思的系列课例研究。教例研究中,教学反思最为重要。因此,在指定研究计划时,教师要考虑自己有没有教学回顾和回忆的依据。例如,与教例有关的教案、教学日志、其他文本资料、教学录像、同行评价、学生反馈信息、能说明学生学习成效的材料等。

进行问题研究或课题研究时,教师要通过观察、调查或理论研究,分析教学中问题的成因或症结所在,根据自己教学的实际情况(包括学生、教师自身、学校、家庭、社区等方面的条件)形成解决问题的设想和方案,并实施教学设计、教学行动,收集系统的证据(包括能说明学生学习成效的材料、学生反馈信息、同行和自我评价信息等)以说明研究方案中提出的教学措施的具体效果。最后通过自我反思和与同事进行讨论,使研究结果得以升华。

3. 完成报告

由于课程与教学行动研究是在特定的条件和背景下,针对特定的对象由特定的教师完成的课程与教学行动,其实践与行动的合理性是有条件的。也就是说,课程与教学行动研究不是从广泛的、普遍的教育教学情境中获得的普遍规律,而是着眼于对某一教师、学校或群体的某种教学行动的研究。因此,许多研究者认为"个案研究报告"或案例研究报告是最有效的报告形式。但是,案例研究报告既可为研究者本人、合作伙伴、本单位同事这些"当事人"的报告结果,并为今后的课程与教学研究工作留下依据,而且还能帮助其他课程与教学研究者这些"局外人"全面了解解决某一问题、某一成功方法的背景、过程、条件等,使"局外人"能在相似情境或其他情境中,从案例研究报告中获得启示,思考、反省他们自己要解决的问题。

【案例 10 - 2】　　　　　　　小学阅读教学:一个行动研究[①]

东华三院冼次云小学在 1998 年开始参加香港跃进学校计划。笔者与该校校长和核心小组成员商讨在校内开展行动研究,同年 12 月,笔者到校透过工作坊向教师介绍行动研究的目

[①] 梁振威:《小学阅读教学:一个行动研究》,http://www.pep.com.cn/xiaoyu/jiaoshi/xueshu/haiwai/200908/t20090806_587125.htm,2010 - 01 - 13。

的和方法，引导教师讨论行动研究的范围及重点。结果，教师在1999—2000学年，在中文和英文两个学科中开展行动研究，并初步总结经验；2000—2001学年，学校继续以行动研究方式在中、英、数三科进行探究。

讨论发展项目带来的挑战

行动研究的第一步是找出问题所在。由于教师的关注点各有不同，所以需要花不少时间才能找到共同感兴趣的研究课题。部分教师觉得学生的中、英文阅读表现不太理想。笔者除了向教师介绍阅读理论外，也介绍一些西方的经验，例如造成阅读成绩不佳的因果关系。

以脑激荡在校内外寻求意念

教师初步决定以阅读作为探究范围。他们决定设计一份问卷，调查学生的阅读习惯。问卷的内容包括学生喜欢阅读的图书类别及影响阅读兴趣的因素两方面。由于问卷的部分内容以全校学生为对象，笔者等与教师商讨后，重新设计另一份问卷给小四班阅读能力高、中、低各十位学生填写。最后再选部分学生面谈，以深入了解他们的阅读兴趣。

调查结果显示，学生以阅读中文书为主，童话、侦探、寓言都是他们较喜欢的种类。阅读过程中，学生认为最大的问题是字词太深（57%）及不明白内容（40%），而小四学生中大部分（82.5%）都说他们喜欢看书，而且喜欢与别人分享（97.5%），部分学生表示与别人分享时，可以增加自信心（35%）及感觉比别人优胜（22.5%）。

综合解决方法和发展行动方案

教师从搜集到的资料数据中初步认为学生的阅读兴趣不是问题所在，教师可以着眼于培训学生的阅读能力。经进一步讨论后，初步定下学校探究的主题是"找出提高阅读能力的策略"，方法是：(1)教授阅读策略（针对学生认为字词过深及内容不明等问题）；(2)采用合作模式（针对学生喜欢与人分享、互相学习的特点）；(3)制定可量度成效的方法和工具（包括前测、后测、学习日志、观察、访谈等）。

在设计和实施行动方案的准备过程里，学校开始引入任教四年级的教师参与活动。笔者发觉负责设计的教师与任教的教师缺乏沟通，任教的教师根本不知道探究主题背后的理念及基础。经大家商议后，推迟了原定实施行动研究的时间，让任教的教师重新接受培训及阅读有关理论后，再决定下一步计划。

进行先导计划或全面实施行动方案

任教的四位教师决定行动方案仍以阅读策略为主，以五节独立的阅读课进行（于四月和五月隔周连堂进行），分别针对分辨文类、找提示词、中心句、段意等策略。综合有关阅读理解策略的研究，将有效的阅读理解策略归纳为五项：决定文章重要讯息、撮写资料、作出推论、拟写问题和监控理解等。

针对学生的认知心理发展水平，笔者与教师商讨后认为：四至五年级的学生宜先学习决定文章重要讯息及撮写资料；教学理念是以学生为中心；教学策略是以引导为主，鼓励学生参与，配合适当的教学活动及打破传统的教师串讲的习惯。预期的效果包括学生能通过系统地讲授，提升他们的阅读理解、分析能力；教学方式是鼓励小组内互相学习，彼此支持；而教师专业发展方面是通过行动研究增加教学交流机会及营造协作气氛，掌握反思教学的技巧。

评鉴行动研究的成果

行动研究过程中教师是通过不同的方法进行反思、总结经验，然后调节教学策略，目的是帮助学生掌握阅读的策略,提高阅读理解的能力。除了研究前后的阅读理解能力测验和观课外,有关的形式包括:(1)在行动研究结束后,对学生进行问卷调查及小组访谈(同班两三位一组,共四组),对教师进行访谈(参与行动研究的四位教师);(2)在学期结束前,对整个行动研究进行检讨及为未来一年的探究工作作出部署及建议。教师在每节授课完毕后要求学生写下该节的学习日志,让学生自己反思所学,教师也从中反思所教。教师对学生在日志中对该节的评价非常重视,因为可作为调整教学策略的参考,也能通过学生的反思了解他们在哪方面已掌握,有哪些问题仍需要教师进一步阐述、解释。

行动研究的过程
  前测、后测
  学生学习日志分析
观课
教师的访谈结果要点
(1) 行动研究面对的挑战。
(2) 行动研究的成果。
(3) 未来同类型研究的建议。
(4) 整体研究的感受。
总结会议重点
  在学期结束前的一次关于行动研究的总结会议上,教师对行动研究的看法,有不少是与前述的教师访谈内容相近的。他们的看法大致可分类为行动研究的收获、限制与困难、对部署和支援的启示。
跟进的行动研究(2000—2001)

三、隐性课程研究

(一) 隐性课程的内涵

  学校的文化传统、规范的校园设施、独具特色的校园布局、催人奋进的校风、积极向上的班风、整洁的校园环境和良好的师表形象等,往往会对小学生产生积极的正面影响。这一点越来越受到大家的重视,被教育研究者概括为环境育人。而这些育人的学校环境,也被称为校园文化环境。但是,在一些小学,尤其是办学条件较差的小学,对环境育人不够重视,甚至不愿意在建设校园文化环境方面花功夫。其实,校园文化环境是小学课程与教学的重要组成部分,现代教育理论称之为隐性课程。[①] 隐性课程,也称"潜在课程"或"隐蔽课程",是指通过学校物质环境、文化环境、人际环境有意或无意地传递给学生,对学生的身心产生潜移默化的影响,从而促进或干扰教育目标、课程目标和教学目标实现的非公开性的教育经验。

  隐性课程是学校情境中以间接的、内隐的方式呈现的课程。隐性课程同显性课程共同构成教育课程的两大内容。虽然隐性课程在学校教育中没有被列入课程计划,但却在潜移默化地影响学生身心发展。隐性课程和显性课程一样,内容十分广泛,涉及到学校的方方面面和各种行为。在物质层面上,包括校园环境(自然环境、人为环境等)、教学环境(教学设施、教室布置、桌椅排列等)、生

[①] 徐亚康:《隐性课程的开发与实施》,载《贵州教育》2004年第3期。

活环境等;在行为层面上,包括言行举止(教职员工的言行、学生的言行等)、人际交往方式(学生间、教师间、师生间、教师与家长间、社区与学校间的交往)等;在制度层面上,包括制度规章(学校管理体制、学校组织机构、班级的管理与运行方式)、规约、惯例等;在观念层面上,包括意识观念(校风、办学方针、教学风格、教学观念、教学指导思想、学校传统)、价值取向、道德情感、行为模式等。这些都属于学校隐性课程。

(二) 隐性课程研究与实施现状

隐性课程是当今课程理论研究中的一个崭新的领域。虽然我国中小学都很重视校园文化环境建设,但是一直没有明确提出隐性课程的概念。例如,"非智力因素"的开发与利用等研究就具有开发和利用隐性课程的特点。隐性课程概念及其研究于20世纪80年代引入中国,引起了教育理论界的兴趣。进入90年代,在研究国外已有成果的基础上,国内学者开始就隐性课程的概念界定、隐性课程的特点和功能、隐性课程与显性课程的关系等方面问题,开展了理论与实践的探讨,有关隐性课程研究的成果异彩纷呈,从而在国内掀起了一股研究隐性课程的热潮。在新旧世纪之交,中共中央、国务院先后颁布了《面向21世纪教育振兴行动计划》和《关于深化教育改革全面推进素质教育的决定》等纲领性文件,拉开了以推进素质教育为核心的教育改革序幕。新的课程观、教学观也对隐性课程十分重视,教育工作者又从新的视角审视和研究隐性课程。

目前,对隐性课程的研究已渐入微观领域,深入到教学过程、班级体建设、各学科课程中隐性课程因素的开发和利用等方面,教育理论工作者也试图从心理学、社会学、文化人类学、哲学等多角度出发,全方面地展开隐性课程研究。我国的隐性课程研究虽然取得了一些成果,但不少小学管理人员和教师还没有隐性课程的概念,更不用说好好地利用和实施隐性课程了。因此,在教育实践中,教师和学校往往是不自觉地利用一些隐性课程因素,并获得了一些教育教学效果。

(三) 隐性课程及资源开发和实施

在小学学校层面,关于显性课程的研究主要集中在显性课程开发和实施方面。任何显性课程和所有教育过程都具有隐性课程的效应,不管教师是否意识到,合理地开发和实施隐性课程及资源将会对教育教学产生意想不到的效果。

隐性课程及资源的开发和实施,要在充分尊重学生主体地位的前提下进行,而不能因此增加对学生的控制。在开发和实施过程中,应努力为学生营造自由、民主、开放的学习与生活氛围。

隐性课程及资源的内容是相当广泛的。学校的建筑物、设备、景观及空间布置等都会对学生产生潜移默化的影响。校风、班风、教师的师表形象、治学态度、人生观、社会制度中的价值观念、意识形态、校园文化、校内民主氛围等等,都是隐性课程的重要内容。因此,不同的学校,可根据自身的条件,开发和实施隐性课程。

开发与实施隐性课程及资源,虽然是学校或教师有意识的行为,但不能像显性课程那样,将目标、任务告诉学生,而应"悄悄地"进行。虽然隐性课程也要讲目标和效果,但不可刻意地追求,否则就会

校园文化石语录

"暴露"自己的意图,把隐性课程弄成了显性课程,从而失去了隐性课程的优势。多年的教育实践尤其是德育实践证明,由于学生好奇心和逆反心理的存在,你越要求他这样或那样,他就偏不这样或那样;反过来,你越禁止什么,他就越要去做。隐性课程的优势就在于把有关的情景营造出来,让学

生置身于其中,自由地、自主地进行选择和判断。学生自己感受、领悟到的积极的东西,会留下深刻印象,甚至影响终身。这种润物细无声的教育,正是隐性课程的特点和优势所在。

【案例10-3】 小学英语课程资源中对隐性课程资源的策略研究①

1. 优化校园物质环境

(1) 建设校园环境

我们学校是一个新建的学校,气派的校门口有喷泉、雕塑、漂亮的建筑和处处美丽的绿化,让人感觉走进了一个花园。……教室内各具特色的英语学习园地的设计……我们学校还有一个阳光外滩,有花草、竹林、假山、亭台楼阁,环境幽雅,是学生和英语教师、外教进行外语交流的好地方。……

(2) 改变教室布局

在以学生为中心的教学理念下,教师要灵活地根据不同学习内容和活动形式来改变这种布局。如U型、马蹄型、O型等等,这种形式可以增加师生互动的机会,学生之间的交往密度、心理和空间距离有所缩小,提高学生个体活动的频率,提高学习的积极性。

2. 优化校园人文环境

……在学校各年级、各班级醒目处,各建筑的楼梯间,校园绿化带等处,随处可见中英文标志。这些都是从各班学生中收集汇总得来的。如:Don't touch the grass. It is sleeping. If you love me, don't pick me up. 这些标语及时引导学生随时自律。在上课前对班级环境的临时布置与渲染也会达到意想不到的效果。如在教学动物时,我让学生把自己课外找的动物的图片贴在墙上,课上通过找一找、说一说,激发学生的兴趣。如每天中午20分钟的英语广播,是学生们最喜欢的,播放他们喜欢的音像资料如《迪士尼英语》、英语故事、英文歌曲、英语儿歌等,为学生创造尽可能多的接触英语的机会和语言环境,我尝试将英语融入他们的日常生活中,让学习生活化。学生的日常生活包括很多环节,如起床、穿衣、洗脸漱口、上学……如此构成了学生跳动的生活画卷。课余对《英文小读者》中图文并茂的故事阅读、对不同国家文化的了解、在参与书中游戏的学习中增长知识。

3. 优化人际心理环境

在师生的心理环境的创设上教师要平等待人,产生情感共鸣。在生活中教师要成为学生的知己。在课堂上,营造一种宽松、愉悦的课堂氛围,这不仅能稳定学生情绪,融洽师生关系,还能帮助学生克服胆怯、恐惧、害羞、焦虑等不良心理,积极投入到学习中去。在教学中,挖掘教材中的情感因素,拨动学生心中的情弦,引起师生共鸣。只有师生情感共鸣,教学互动,教学效果和课堂效果才能达到最优化。

4. 优化各种资源整合

(1) 校园与家庭资源整合

我们通过积极使用"家校互动",加强老师和学生、家长的联系和交流。在英语学习方面,我们倡导学生在家中看电视、上网时,要积极学习英语,尽量用英语与家人交流,晚上睡前10分钟听英语小故事等,……鼓励家长在经济条件许可下,为学生购买一些英文类学习资源,如

---

① 夏美英:《小学英语课程资源中对隐性课程资源的策略研究》,http://www.ygxx.fxedu.cn/teachblog/blogview.asp?image=291,2010-01-05。

英文动画片、童话等。

(2) 校园与社区资源整合

一直以来的英语教育忽视了社区这一巨大资源,其实社区资源在学生的实际学习生活中有很大的空间,例如外出学习、访友、旅游、聚会、夏令营等社会活动等。……我们提倡学生在日常生活中有意识地积累英语知识,留心观察记录生活中的英语,如商场、街道、各类宣传牌等英语标识语,以此巩固英语学习成果,并积极应用所学到的英语词汇、句型。同时,学校还鼓励学生参与社区的学习活动,如才艺展示、才艺培训项目等,很多社区还有专业的学习资源,例如:为了迎接北京2008年奥运会,一些社区举行了奥运英语培训。社区活动使学生英语课外活动多样化,为学生提供英语学习及语言应用锻炼机会,为学生拓展英语学习及应用领域。

四、综合实践活动课程研究

综合实践活动课程是一门崭新的课程,它是基于学生的直接经验,密切联系学生自身的生活,体验对知识综合运用的实践性课程,它以综合性、实践性、开放性、自主性等特征,受到教育理论界、教育行政部门及广大教师的重视。综合实践活动课程的提出是我国新一轮基础教育课程改革的一大亮点,成为改变学生学习方式、培养学生主体意识、提高学生实践能力和创新精神的切入点。它的出现标志着我国基础教育课程结构的新突破和我国基础教育课程形态的新建构。

关于综合实践活动课程的定义,各位专家、学者从不同的视角进行了阐释,所谓见仁见智,目前仍没有统一的定论。一般来说,综合实践活动课程是指在教师的引导下,学生自主进行的学习活动,是基于学生的经验,密切联系学生自身生活和社会实际,体现对知识综合应用的实践性课程。[1] 综合实践活动课程包括:研究性学习、社区服务与社区实践、信息技术教育和劳动与技术教育。自新一轮基础教育课程改革以来,关于小学实施综合实践活动课程的研究日益丰富,研究的范围和内容不断拓展。小学综合实践活动课程研究包括小学综合实践活动课程开发研究和实施方式研究。

(一) 小学综合实践活动课程及资源开发研究

综合实践活动课程是基础教育阶段开设的全新的课程类型。该课程是一门融综合性、实践性、开放性、生成性、自主性为一体的新型活动课程,与学科课程最大的区别就是,综合实践活动没有现成的"教材",它需要教师具有明确的课程资源意识,注重引导学生关注生活,关注现实,关注身边的环境,从现实生活中发现问题,提出活动主题,开发和利用广泛存在的各种课程资源,不断丰富和充实小学综合实践活动课程内容。

由于课程资源开发和利用的研究在我国目前还处于刚刚起步阶段,广大的小学教师和其他教育工作者,无论是职前培养还是在职培训,都很少涉及课程资源的概念介绍,更不用说课程资源开发了。因此,综合实践活动课程资源开发将是研究者面临的一个崭新课题。

关于综合实践活动课程的开发,国内很多小学纷纷根据本校的实际情况进行了探索和研究,且取得了一些成果。例如,扬州市综合实践活动的实验学校,通过在实践中将综合实践活动与各学科领域紧密联系,让学科领域的知识在综合实践活动中不断延伸、综合、重组与提升,并与学生

---

[1] 郭元祥著:《综合实践活动课程:设计与实施》,首都师范大学出版社2001年版,第9页。

的自我、生活、社会文化、传统、科技等内容联系起来去挖掘课程资源,力求设计出贴近学生生活和经验,具有时代气息,行之有效的主题活动。取得的成果是有目共睹的。可见综合实践活动课程的资源不是没有,而是实施者是否善于发现和挖掘。

(二) 小学综合实践活动课程实施方式研究

综合实践活动课程目标涉及丰富的发展领域,而其中态度、情感、技能的发展尤为突出。为此,研究者必须思考怎样建构有助于学生自主学习、探究、合作与创新的活动机制,充分重视学生对大自然、对社会生活的体验,重视观察、实验、操作等体验性和探究性的学习活动。研究者必须思考:在综合实践活动课程的实施过程中,怎样让学生获得可持续性发展的能力?怎样追求人文精神与科学精神相融合的价值取向?怎样使学生不仅认识自然和社会,而且认识自己;不仅使自己主动适应社会,而且在社会实践中不断创新,成为社会发展的促进者?这些都是小学综合实践活动课程实施方式的研究必须回答的问题,当然也是小学综合实践活动课程研究的课题。

小学综合实践活动课程强调给学生提供充分的学习自由度以及各种外显的自主参与活动的条件,让学生主动实践和亲身体验,强调多种感官的参与。小学综合实践活动课程各单元都由一系列综合实践性活动贯穿而成,活动的形式丰富多样,可以是实践操作、专题研究、亲身体验、尝试实验等,不论是侧重观察、测量、记录、收集、整理、操作、讨论、比较、分类、分析、撰写报告或动手制作模型的科学研究活动,还是侧重社会考察、访谈等社会性活动方式,都注重引导学生进行自主探究、发现,从不同的角度对生活、社会问题和科学现象进行研究,自己去发现问题并作出结论。因此,如何使小学综合实践活动组织形式更加灵活,既有培养独立精神的个人活动,也有体现合作精神的小组活动,还有班级教学、小组合作和个人活动三者的结合,都必然成为小学综合实践活动课程研究的课题。

小学综合实践活动结束之后,怎样安排学生的自我总结环节也是小学综合实践活动课程研究的课题。例如,学生在每次活动后应该怎样进行记录、怎样写日记和心得体会、怎样撰写调查报告和收集各种形式的实践成果,都值得研究。

五、情境教学研究

情境教学已成为当前课堂教学的重要理论之一,情境的价值与功能已得到广泛的认可,并在教学实践中具有了积极的作用。无论是直观具体的直观情境,引发思维的问题情境,激发情感的情感情境,引发想象的拓展情境,还是引领实用的迁移情境,都具有突出的教学功能。

(一) 情境教学的内涵

情境与情景同义,即为具体场合的情形、景象或境地。而所谓的情境教学,是指在教学过程中为了达到既定的教学目标,从教学需要出发、引入、制造或创造与教学内容相适应的具体场景或氛围,引起学生的情感体验,帮助学生迅速而正确理解教学内容,促进他们的心理机能全面和谐发展,提高教学效率教学方法。实际上,情境教学是从教学的需要出发,教师依据教材创造以形象为主体、富有感情色彩的具体场景或氛围,激发和吸引学生主动学习,从而达到最佳教学效果的一种教学方法。[①]

在我国,对情境教学的研究,是从 1978 年江苏省南通市小学语文特级教师进行情境教学法实验正式开始的。李吉林老师在小学语文教学实践的基础上,以"情"为经、以"境"为纬,通过各种生动、具体的生活环境的创设,拉近了学科教学与学生现实生活的距离,为学生的主动参与、主动发

---

① 张淑贤:《浅议新课程条件下的情境教学》,载《长春师范学院学报》2004 年第 6 期。

展开辟了现实的途径。最初,李吉林老师的情境教学以"创设情境,进行片断语言训练"为主。由于在课堂教学中展示了生活情景,学生学习情绪很高,教学效果显著。后来,李吉林老师确定了"带入情境,提供作文题材"的主题。引导学生在创设的教学情境中,通过观察、角色扮演等操作性尝试,获取作文题材,以自己的所感去表达。在"运用情境,进行审美教育"的实验阶段,李吉林老师又将情境教学和审美教育统一于语文教学中。她已经完成了《情境教学实验与研究》《情境教育的诗篇》等专著,开创了我国情境教学的新局面。

李吉林老师为推动我国教育事业的发展做出了重要贡献。情境教学研究由语文教学为核心向其他学科辐射,由内而外,扩展到语文以外学科和整个中小学教育。如情境教学法在思想品德、音乐、美术、数学等学科中的运用已经较为成熟,开创了我国情境教学的新局面。迄今,情境教学研究已经取得了丰硕的成果。

在小学情境教学实践中还涌现出许多成功的典范,如魏书生老师、马芯兰老师等。他们在自身的教学实践中很好地运用了情境教学,推动了学科教学的改革和学生的情境学习。

(二) 情境教学研究策略

1. 以"情"为纽带开展研究

情境教学蕴含的教育观念、教学观解决了长期以来因注重认知、忽视情感而带来的逻辑思维和形象思维不能协同发展的问题,有效地提高了学生的思维品质。其可贵之处在于以"情"为纽带,在审美体验的乐趣中培养学生爱祖国、爱人民、爱科学、爱劳动、爱社会主义的思想情操,为孩子做一个堂堂正正的中国人打下坚实的品德、情感、意志基础。通过情境给予学生的不仅仅是生动活泼的新知识,而且是一个健康丰富的精神世界。①

小学应该是充满情感和智慧的世界,是充满生机与乐趣的儿童天地。小学各学科教学不是单纯的符号记忆,教师应该设法让儿童的情感充分参与到学习的认知过程之中,教师在为儿童打好基础的同时,让他们体验到人类文明史的进程,人类创造世界的灿烂光辉,从中获得一种精神的力量。如此日积月累,最终转化成儿童内心世界的精神财富。小学情境教学正是利用了儿童的情感,培养了儿童审美的、道德的、理智的高级情感。

2. 丰富"境"的内涵的研究

李吉林老师的研究给我们做了很好的示范。考察其研究成果,主要是从文学理论角度切入的。如她的"情境"概念就来源于古代文艺理论。在中国,最早提出"情境"一词的,是唐朝诗人王昌龄。在《诗格》中,他提出"诗有三境",即"物境"、"情境"、"意境"。在小学语文教学中,李吉林老师常常利用文字表意情境、生活情境、文本情境等在课堂营造实体情境、模拟情境、语表情境、想象情境、推理情境。这些做法还需要进一步在小学语文和其他学科教学活动中发展与创新,是值得研究的课题。

李吉林老师认为"情境"指有情之境。她在吸纳王昌龄的"情境"概念内涵基础上吸收刘勰的"心物交融"说和王国维的"境界"说,认为情境是通过教学和教育过程所创设的"有情之境",是一种人为优化的适于儿童需要的典型环境。正因为如此,情境教学才特别重视情感的设置、虚拟情境的创设,强调情境的优化、形象化、典型化及审美化等等,并在此基础上创立了情境教学体系。

3. 向其他学科辐射的研究

情境教学研究由语文教学为核心向其他学科辐射,由内而外,扩展到语文以外学科和整个中小学教育。这方面的研究,应该说,李吉林已经取得一定成就。例如,情境教学法在思想品德、音

---

① 李吉林著:《情境教育的诗篇》,高等教育出版社 2004 年版,第 213—214 页。

乐、美术、数学等学科中的运用已经较为成熟。

小学语文情境教学常常运用暗示导向、情感驱动、角色效应、心理场整合等原理。那么,在其他学科教学中应该怎样运用各种暗示手段并产生联动,以不同形式、不同途径渲染亲切、愉快、智慧及蓬勃向上的氛围,让儿童潜能得到充分地发展?怎样运用情感驱动,使儿童主动积极地投入认知活动?怎样运用角色效应,让儿童扮演角色或不知不觉地进入角色,全身心地投入到学习活动中去?怎样运用心理场整合使儿童愉快地置身其中,也让教师即时感受到教学成功的快乐?这些问题都需要在小学其他学科教学研究中进行探究。

【案例 10-4】 大海,大海①

教学要求:

(1) 引导学生感受、想象大海的"美"、"大"与"富有"。

(2) 学会本课生字:海,只,过,点,太阳,边。体会"大海,大海像只摇篮"、"太阳,月亮也睡在里边"诗句的美。

(3) 有感情地朗读课文,并能背诵。

教学过程:

(1) 指导学生自学课文,学会自己提出问题

① 引导:小朋友读读想想,再看看图。(展示大海图)例如:大海像只摇篮,你就问自己"大海怎么是只摇篮呢?""白帆点点是什么意思?"(启发学生提问的主动性;提示提问的方法,引起学生对课文内容的思考)

② 鼓励学生提出疑问。

(2) 创设情境,引导学生解决提出的疑问,以体会诗句含义

① 语言描述,带入情境,体会"摇篮"的意思:小朋友很小很小的时候,从妈妈肚子里生出来,不会坐也不会站,就躺在摇篮里,妈妈常常坐在摇篮边,给你们哼着歌。说到这儿小朋友好像回到小时候,睡在摇篮里。(老师轻轻哼着《摇篮曲》)宝宝睡觉了……妈妈坐在摇篮边,摇呀,摇呀,就这样,我们慢慢长大。

② 指点:大海常常掀起大浪,一会儿浪头掀上去,一会儿又落下来,这就像什么呢?

③ 启发:我们在妈妈的摇篮里长大,那谁在大海的摇篮里长大,想想大海里睡着哪些小宝宝?

④ 凭借画面,引导学生想象大海里的情景。想想看,你们是不是好像看到真的大海,看见鱼宝宝、虾宝宝都在大海的摇篮里渐渐长大,小鱼变成大鱼,小海龟变成大海龟。(引导学生想象美好的情境,使课文的内容变成动态可见的形象。)

大家齐读:"大海,大海像只摇篮。"

(点评:通过语言描绘,儿童生活经验结合图画再现,进入情境理解词句。)

(3) 师生共同创设情境,通过剪贴画,体会诗句的含义和画面

① 描述:大海里睡着鱼宝宝、虾宝宝,许多许多的海产宝宝;那海上又有什么呢?

② 我们这些小渔民的船也都到大海里去。(学生纷纷把自己的船贴在大海的背景图上,图上已呈现"白帆点点"。)

---

① 《李吉林上〈大海,大海〉一课》,载《中国教育报》2007 年 8 月 17 日第 5 版。

③ 启发：我们的船很大很大，比房子大的船，怎么变成小点点？（学生猜想）我们的船开进大海，在大海里越开越远，最后变成一点一点，很多很多的船变成很多的小点点，这又叫什么呢？（"白帆点点"）

教师指点：因为海太大太宽了。近看大，远看小，越远越小。

④ 师生继续共同创设情境，让情境连续：我们这些船开到大海里做什么？你们捕到鱼虾了吗？从哪儿知道？（学生把课前自己画的鱼虾、海龟、海星放到船里体会"鱼虾满船"。）

指点：啊，鱼宝宝、虾宝宝都被捕上来了，这都是大海给我们的。

⑤ 我们捕的鱼、虾多吗？哪个字眼告诉我们？（"满"）

⑥ 语言训练，引导运用。

白帆点点；也可以说点点白帆。

⑦ 有感情地朗读全诗：

大海，大海，像只摇篮，摇过去，白帆点点，摇过来，鱼虾满船。

⑧ 大海多大多宽，太阳月亮怎么也睡在里边？

（教师贴上太阳、白云剪纸，联系学生生活经验，使学生理解那是太阳、月亮的倒影。）通过说话训练，加深理解：白天，太阳。朵朵白云也。（贴上月亮、星星剪纸。说话训练：晚上，月亮，还有什么也睡在里边？星星也。）

齐读课文。（点评：情境是连续的。情境不可虚设，需紧密结合语言的理解和运用，并感受课文的美。）

(4) 师生共同总结感受

学了这一课，我们觉得大海怎么样？大海。（大海很大，大海很美，大海物产真丰富。大海真是我们人类的一个大仓库啊！）

(5) 朗读全诗，背诵

第2节 小学课程与教学研究的基本方法

一、研究课题的选择

（一）研究课题的分类与来源

课题选择就是研究者在开始研究之前，确立的研究范围、内容和方向。即要进行什么核心内容的小学课程与教学研究？要解决小学课程与教学活动和理论中的什么问题？在课题选择后，课题名称要简明，表述确切，术语使用恰当，使人一目了然。

一般来说，小学课程与教学活动和理论包括如下几类研究问题：(1)我国小学课程的历史演变。涉及小学课程方案的历史演变、小学学科课程标准与课程目标的历史演变、小学学科课程内容与教科书的历史演变和小学课外活动形式与内容的历史演变。(2)小学课程的国际比较。涉及小学课程方案的国际比较、小学学科课程标准的国际比较、小学学科课程内容与教科书的国际比较和小学课外活动形式与内容的国际比较。(3)小学学科课程内容研究。涉及小学学科知识研究和小学学科学习活动研究。(4)小学学科教学模式与教学过程研究。涉及小学学科教学模式研究、小学学科教学过程研究和小学学科教学过程单因子实验。(5)小学学科教学方法与教学媒体研究。涉及小学学科教学方法研究和小学学科教学媒体研究。(6)小学课程与教学评价。涉及小学课程评价、小学教学评价和小学学业评价。

上述课题都比较宏大，有的是理论问题，有的是应用问题。每一类课题的研究方法与范式都是不同的，有的侧重文本分析，有的需要行动研究，有的必须进行量的研究，有的要采用质的研究。研究者要根据自己的特长和资源条件，选择其中某一类问题的某一个方面，按照这类问题特定的方法与范式进行研究，做到"小题大做"。例如，可以在"小学学科教学模式研究"方面确定"小学数学推理情境设计的行动研究"的课题，可以在"小学学科教学过程单因子实验"方面确定"小学语文教学中学生自主活动时间的单因子控制实验"的课题。

小学课程与教学的研究课题可以分为如下几个来源：(1)来源于科研规划。此类课题主要是根据国家、省、市、县教育行政和科研部门的规划，对基层下达的具体的关于课程与教学的课题。而有些项目则是在上级拟定的诸多研究项目中，由基层学校根据自己的实际需要与可能来自选的。(2)来源于学校教学实际。教学实际是课程与教学科研课题最基本的来源。在日常的学校教育、教学管理中存在许多至今尚未解决的问题，使得广大小学教师和校长对此深感困惑。如关于某一学科学习中的后进生转化问题、学生对某些学科厌学的问题等。此类问题比比皆是。在日常的教育教学活动中，如果我们能够将这些实际的问题作为课程与教学研究的课题加以深入研究，则会逐步找出解决问题的方略。(3)来源于对理论的应用。"没有理论指导的行动是盲目的行动"，教师通过教育、心理学理论，可以透过教学现象、学习现象，认识并把握内在的规律。应用相应的理论去解决实际教学中的问题本身就是科研。例如，运用心理健康理论来研究如何排除学生学习某些学科的心理障碍、运用"动机迁移"来转化某一学科学习中学习不好的学生等，都是很好的研究课题。

【提示10-3】　　　　　　　　研究问题、研究课题

所谓问题，就是客观事物间的矛盾在人们头脑中的反映。在人的认识活动中，问题是由"已知"通向"未知"的桥梁。教育科学研究是对教育未知领域的探索，是不断提出问题，解决问题和认识教育规律的过程。所谓教育科研的课题，就是针对教育科学领域内具有普遍性、规律性的问题进行研究的题目，而且有明确而集中的研究范围、目的和任务。有人说"问题即课题"，其实问题与课题是有区别的，并不是所有的问题都是课题。比如说今天到场的有几位男教师？这是一个问题，但这个问题只要数一下就可以解决，不必要搞一个课题。那么，哪些问题可以称之为研究问题，进而会确定为研究课题呢？

1. 课题中的问题必须旨在探索两个或多个变量之间的关系

什么叫变量，以某校九五电教课题《优化现代教育媒体发展学生学习潜能的研究》为例。能够成为课题的问题不能仅仅含有一个变量，例如，"五(4)班有多少学生的智商超过120？"这种问题根本不需要决定变量之间的关系，只是记录、统计下来就可以了，所以不能作为研究问题，更不能作为研究课题。但如果改变为"五(4)班智商超过120的男生是否可能多于女生"或者"为什么五(4)班智商超过120的学生中男生多于女生"就不同了，这种陈述建立了变量之间的关系，是确定性别这一变量在智商下的差异情况。

2. 课题中的问题必须明确地陈述出来并需要复杂的研究过程

课题和问题的区分不仅表现在含义上，而且表现在形式上。问题都是问句形式，课题除个别特殊情况下用问句表述，一般都是陈述句式。例如："学生行为习惯的研究"这个问题就不够明确，什么学生？什么行为习惯？为什么要研究它？在问题题目中体现不出来。改成"流动儿童不良作业习惯的矫正研究"就显得比较明确。课题通常可用发问的形式提出，例

如,智商与学习成绩的关系是什么?学生是否从直接提问的教师那里比不直接提问的教师那里学到更多的东西?加大词语量是否有利于培养学生的英语语感?另外,进行小课题研究,必须围绕"问题"这一主线展开。开展小课题研究往往会经历这样一个历程:没有问题——产生问题——提出很多问题——选择有价值的问题——形成小课题——组织实施——解决问题——产生新的问题。

3. 课题中的问题必须是需要探究的有价值的且具有可检验性

课题是专业性的、有价值的、需要探究的问题。每位教师每天在学校里都会碰到大量的问题,如上课问题、备课问题、学生作业问题、班级管理问题等等。可以说,教书育人的每个环节都是实实在在的问题。从教育工作者的角度看,这些问题都是专业性问题。做科研是有目的的,它要追求某种价值的实现。科研有没有价值和研究的问题是否有价值分不开。中小学教育科研课题是对教师发展最有价值的问题,并不是所有的问题都需要探究。常规的生活和工作问题,许多是靠常识、习惯和已有经验就能很好解决的。但也有问题是常识、习惯和已有经验解决不了的,这就得诉诸科学探究。科学研究是解决问题的一种独特方式。同时,问题又是要研究讨论并加以解决的矛盾、疑难,因此所研究的问题必须要具有可检验性。也就是说,它必须具有利用收集资料回答问题的可能性。如果提出这样一个课题:《人死了之后有灵魂存在吗?》就无法检验。问题通常分理论与实践两大类,理论问题,关于"是什么"、"为什么"的问题,即事实问题,价值问题;实践问题,关于"做什么"、"怎么做"的问题,即操作问题,实证问题。而小课题研究一般是研究实践问题。

只有具备了上述这些特征,提出的问题才能称之为研究问题。诚然,课题和问题虽有内容和形式上的区分,但二者之间也有十分密切的联系。一方面,问题是课题构成的主要因素,是课题的前身,提出问题就是课题研究的开始;另一方面,课题来源于问题,课题中含有科研性的问题,研究课题就是对问题作出科学的判断和回答。

资料来源 韩国存:《问题与课题的一般区别》,http://eblog.cersp.com/userlog24/166494/archives/2008/872872.shtml,2010-06-23。

(二) 课题选择的策略

目前,小学教师进行课程与教学研究的组织形式大致有三种:一是"统一课题,集体研究";二是"统一课题,分散研究"(含自行组建2—3人小组);三是"自选课题,自行研究"。这三种形式有其各自的特点,教师可根据课题的需要以及自身的条件采取相应的组织形式。但不管哪种形式,课题选择都应该考虑可操作性。通常课题选择应采取以下策略:

1. 发挥自身优势

小学教师进行课程与教学科研课题的选择,要从教学工作实际出发,选择自己熟悉的、体会深刻的、占有资料多的、感兴趣的课题。使研究的范围和难度适合自己和所在学校的条件和优势。

2. 选题大小适中

所谓选题大小适中就是所选题目既要有一定的研究价值,又能被自己所驾驭。大小适中包括两层含义:一是难度适中;二是范围适中。难度适中是指所选课题要符合自身的能力和水平。题目不能好高骛远,不能贪大求全,当然也不要太肤浅,要难易适度,恰到好处。所谓范围适中,就是课题研究的面不要太大。搞科研同上课一样,要突出重点,目标专一,不能四面出击。课题研究范围太大,则内容较多,研究就会广而不深,中心不突出。当然,强调范围小一点,并不是说越小越好,还要考虑研究的价值。通常,最好的做法是以小角度研究大问题。因此,在选择课题上可以采取"先小后大","先易后难"的做法。为缩小研究范围,可以把大的研究课题化成若干小课题,分别从不同的角度去研究。

二、课题研究方案设计

(一) 课题研究方案

课题研究方案是指如何进行课题研究的具体设想,是开始进行课题研究工作的思路和框架。科研方案也称为"科研计划"或"开题论证报告"。小学课程与教学研究课题方案的设计,就是规划一种科研工作的思路。设计课题研究方案有助于研究者整理研究思路,使课题具体化,且有助于对课题做进一步的评估。方案设计的越好,越有助于研究工作的成功。

课程与教学研究课题方案的设计主要包括:课题名称的表述、课题研究的目的和意义、课题研究的指导思想和原则、课题研究的范围、课题研究的实施、研究成果及其表现形式、课题研究的组织与管理七个方面。

(二) 课题方案设计策略

课题研究方案的设计是一个复杂的研究过程,因此课题研究方案的设计应注意以下两个方面的问题:

1. 课题方案的设计要具有科学性

课题研究方案的设计必须在掌握一定的科学理论和大量教育教学事实依据的基础上进行,设计应符合教育科研方法的要求,特别是要符合所选课题类别特定的研究方法与研究范式。课题研究方案的设计既要充分考虑研究人员的研究能力、研究条件和经费情况,又要切实可行,具有可操作性。

课题研究方案的设计是研究工作开始的谋划,不可能做到尽善尽美。所以,课题方案只能是在研究工作的实施过程中逐步完善,并随着研究工作的进展而不断修改,包括预期之外的新发现、新设想,教师可以在研究过程中根据发展的需要对原有方案(包括对课题标题、名称的表述)进行调整。

2. 课题方案的设计要明确具体

制定课题研究方案必须明确具体。越明确、越具体的课题研究方案则越能起到其应有的导向作用,也有利于研究人员按照研究方案有步骤地、有序地、有分工地顺利完成预先确定的研究目标和研究内容。

制定课题研究方案必须实事求是地从课题研究的内容和目标出发,根据研究任务的规模、性质、难度和研究的条件等因素来考虑,仔细查阅相关文本资料,充分了解开展课题研究所需要的物质、经费和文化环境,充分发挥研究人员的集体智慧,认真讨论方案并明确分工。

三、研究方法的确定

要有效地开展教育科研活动,就必须懂得并能够熟练地运用一些基本的教育科学研究方法。方法的科学性、可靠性将直接影响研究过程与结果的有效性和公信度。

小学课程与教学研究的方法非常多,常用的主要有观察法(包括叙事研究)、调查法、案例研究法(包括个案研究、叙事研究和行动研究)和经验总结法。

(一) 观察法

观察法是指研究者在比较自然的条件下,通过感官和辅助工具,在一定时间和空间内进行的有目的、有计划的考察并描述教育现象的方法。教学观察是指研究者（通常情况下为教师）凭借自身的感官和辅助工具，在教学活动的自然状态下，对研究对象（学生）学习活动进行的有目的、有计划的观察与研究的一种方法。

观察法是小学教师开展课程与教学科研活动的一个重要方法。观察法作为一种研究方法由来已久，可以说任何联系实际的科学研究都离不开观察。我们所熟知的苏联著名教育家马卡连柯、苏霍姆林斯基以及我国著名教育家陈鹤琴等都曾成功地运用观察法进行教育科学研究。

运用观察法进行观察研究大致包括以下程序：(1)明确观察的目的和意义。要确定在观察中需要了解些什么情况，搜集哪些方面的事实材料，回答清楚为什么观察这一问题。(2)确定观察对象。确定观察对象一方面要考虑研究的具体要求，另一方面要考虑对象的典型性、代表性，同时还要确定观察的时间、地点、内容和方法。(3)准备相关资料。通过检索资料、专家访谈等方式，搜集有关观察对象的文献资料，并进行阅读分析，对所要观察的条件有一个最一般的认识，为观察做好最充分的准备。(4)编制观察提纲。观察提纲的编制有利于让观察者对每一次观察的目的、任务、要搜集什么资料等问题做到心中有数，以增强观察的针对性，提高观察实效。(5)实施观察。该环节是观察的核心环节，观察实施的好坏直接影响到研究的成败，因此，在观察实施过程中，要进行有计划、有步骤、全面而系统的观察。(6)收集、记录资料。记录是观察的关键，如果没有全面而真实的记录，那么不论观察的前期工作做得多么充分、严密都将徒劳无功。(7)整理与分析资料。观察所得的原始材料都是混乱、庞杂的，对其进行及时的整理尤为重要。资料整理的过程也是研究者进行进一步思考、分析的过程。(8)撰写研究报告。依据观察所得的材料，写出陈述观察结果的报告。对某一教育现象的本质及发展变化的规律进行分析、探索。

（二）调查法

所谓调查法是指在科学方法论和教育理论的指导下，运用问卷、访谈、测试等方式，有目的、有计划、系统地搜集有关教育问题或教育现状的资料，从而获得有关教育现象的科学事实并形成关于教育现象的科学认识的一种方法。

在课程与教学研究中，调查法有着广泛的适用范围。例如，调查法既可以用于研究学生学习的困难、教师教学中遇到的问题等，也可以用于了解课程实施的现状、某地区某所学校教学条件、教师和学校管理人员的教育理念和态度。总之，调查法是课程与教学科研中一种效益高且不受时空限制的、最常用的方法。运用恰当的话，它可以为研究者提供研究对象的第一手资料和数据，也可以为教育行政部门制定课程与教学政策、实施教学改革提供事实依据。

教育教学调查是一种有目的、有计划的活动，需要按照一定的程序来进行。概括来说，开展调查主要有以下几个步骤：(1)确定调查课题和目的。研究者在进行课程与教学调查之前，首先要确定调查的目的是什么，要解决什么问题。广大小学教师应该把教学实践中遇到的急需要解决的问题作为调查研究的课题。(2)确定调查手段和方法。依据研究课题的性质、目的和任务确定调查对象、选择适当的调查方法和手段。(3)拟定调查提纲，制定调查方案。调查提纲是调查过程中搜集资料的依据，事先必须拟订好。此外，要依据调查提纲选择合适的调查工具（如设计问卷、访谈提纲、编制测试）等。最后制定具体的调查方案。(4)进行试探性调查。正式调查前，先进行试探性的调查（前测），以获得被调查对象的一般性认识，并据此修改调查提纲及工作方案，为正式调查做准备。(5)实施调查。依据修订后的调查提纲和方案，运用已定的调查工具开展调查：发放、回收问卷或测试，实施访谈、座谈等，并获得所需要的资料和数据。(6)整理、分析调查材料。对于课程与教学调查所得的原始材料进行整理、分析，使之系统化和条理化，以便找出材料之间的联系和存在的问题，得出调查结果，并提出解决问题的措施。(7)撰写调查报告。对所研究的问题做出解释，给出结论,提出进一步改进课程与教学的意见、建议和措施。

(三) 案例研究法

案例研究法也是课程与教学研究中一种常用的方法,它是对个体教师最直接、最简单的一种研究方法。所谓案例研究法是指研究者对单一研究对象(一个特定的学生、教师、班级、学校或地区、一种课程和教学方案、一个教学事件、一个课堂活动过程)进行深入而具体的研究的一种方法,是研究者如实地叙述某一事件的发生、发展、变化过程,并以此作为资料进行研究的一种方法。因此,个案研究、叙事研究和行动研究都属于案例研究。

例如,由于学生个体的差异性,在一所学校和一个班级中,总会有个别学生存在学习困难或行为偏差等异常问题。教师采用常规的教育教学方式往往难以奏效,因此,需要借助于个案研究法对此类学生进行全面深入的研究,予以特殊的处理,以便找出解决问题的方法。个案研究的结果往往适合相似的个体对象,不具有一般性和推广性。

叙事研究和行动研究都是针对特定对象(特定的学生、教师、班级、学校或地区)的事件、活动和行为进行的研究,其研究的结果一般仅仅是典型的案例,对其他研究者具有参考和借鉴价值,不具有一般性和推广性。因此,叙事研究和行动研究也属于案例研究。

案例研究法的实施具体包括以下步骤:(1)确定案例研究对象。研究者应对案例问题行为进行界定,选择典型的人或事作为研究对象。例如,某学生学习非常刻苦认真,但某些学科的学习成绩平平甚至比较差等,就可以作为一个案研究课题加以研究。(2)收集案例研究资料。要全面而系统地收集、了解与案例相关的一切资料。收集资料的方式是多种多样的,可以采用书面调查、访谈、查阅教学日志等文本资料的方式;也可采取观察(观察个体行为、观摩听课、参与活动与事件等)、测验、评定等方法。(3)整理分析案例资料,形成案例研究报告。将收集到的原始资料进行整理、分析、反思等,在此基础上形成案例研究报告(包括叙事研究或行动研究报告)。如果是进行个案研究,在这个阶段应该诊断个案对象问题的症结所在,形成初步的假设。以下步骤是对个案研究而言的。(4)拟订对策方案。对问题做出明确的诊断和假设后,需要针对性地提出解决个案对象问题的策略和措施。(5)实施策略和措施。在实施过程中,要通过多方面的信息和资料来检验先前的诊断结论和假设。要依据实际情况及时调整、校正、补充、完善现行的计划,切不可机械教条,照原计划生搬硬套。(6)形成个案研究结论。针对实施策略和措施后的效果,对研究进行评估、讨论,得出研究结论,提出意见、建议,撰写个案研究报告。

(四) 经验总结法

所谓教育经验总结法,就是指教师根据教育教学实践提供的事实,分析、概括教育教学的现象,使之上升到理论的高度,从而发现具有普遍指导意义的教育教学规律的方法。它是广大中小学教师教育科研中普遍使用的一种方法。

教师在运用教育经验总结法开展课程与教学科研工作时,应从以下几方面着手:(1)积累。总结是对过去教学工作的回顾和总结,因此总结的前提是要有前段实践工作经验的积累。教师的积累主要来源于两个方面:一方面是教师在教学中进行的实践和探索;另一方面是教师在平时的教学过程中留心记录下的零思碎感。这些东西就为教师以后总结教学经验、探索教学的规律打下了基础。(2)提炼。所谓提炼就是指要把教学过程中的那些局部的、零碎的、偶然的、孤立的感性材料进行反复的分析,加以"去粗取精,去伪存真,由此及彼,由表及里"的改造,从中找到教学的规律。(3)完善。对经验进行分析和抽象之后,并不意味着总结的结束,根据"认识—实践—再认识—再实践"的观点,研究者还要将经验应用于教学实践,对经验进行不断评价和修改。修改经验是完善经验必要的一步,也是经验总结法重要的一步。只有不断修改和完善经验,才能使之越来越具有科学性。

第3节 小学课程与教学研究的现状与反思

一、研究的发展趋势

课程与教学作为一个专门研究领域,正在从研究内容和研究范式两个维度发生变化。从研究内容来看,由于存在主义、人本主义、建构主义、后现代主义等哲学思潮的影响,课程研究内容由"课程开发"研究为主转向"课程开发"研究与"课程理解"研究的整合;从研究范式来看,由于后现代主义对科学主义的批判和现象学、解释学在社会科学的广泛应用,课程研究范式由"量的研究"转向"量的研究"与"质的研究"的整合。小学课程与教学研究也在这两个维度发生着变化。

(一)研究内容的基本取向

在行为主义心理学的指导下,过去的"课程开发"研究者往往把"课程"作为名词的"curriculum",即静态的"跑道"(race course)来理解,使得"课程"成了"预先设定的、由学生记诵的教学内容或教材"或作为"有系统的、有计划的学习活动"。前者使得小学课程成了外在于小学生的学习材料,从而忽略了学生与教师动态的经验和体验,关注的只是学生学习的结果;而后者的这类活动也仅仅强调外显的、可测的学校和教育行政部门规定的"公共活动",关注的是学生学习的行为标准,忽略了小学生个体内在经验的探索活动。这样的课程对小学生来说不仅是"预定性的",而且是"限制性的"。把课程看成是静态的"跑道"使"一代代的教育家都受到这样的教育,都认为课程是一个实质性的对象,是一些我们要去贯彻的课程计划,或者是一些我们必须去遵循的教学指南"[①]。

20世纪70年代初开始流行起来的人本主义心理学,从一开始起就关注学校课程本质的问题。人本主义心理学家关注的不是学生学习的结果(这是行为主义者所关心的),甚至也不是学生学习的过程(这是认知心理学家所关心的),而是学生学习的起因,即学生学习的情感、信念和意图等——这些是使一个人不同于另一个人的内部行为。按照人本主义的观点,如果小学课程内容对小学生没有什么个人意义的话,学习就不大可能发生;小学课程与教学的意义不是内在于课程与教学之中的,而是小学生个人赋予其上的;怎样呈现课程内容和教学活动并不重要,重要的是要引导小学生从课程和教学中获取个人自由发展的经验。因此,人本主义者主张课程中情感与认知的整合,希望赋予课程内容以个人意义。

建构主义者则认为学习在本质上是学习者主动建构心理表征的过程。心理表征包括结构性知识或经验(在众多情境中抽象出的规范的、有内在逻辑系统的基本概念和原理)与非结构性知识或经验(在具体情境中形成的不规范的、非正式的知识或经验)。他们认为,在课程活动中,教师和学生都在分别以自己的方式建构对世界的理解,教学过程是师生的合作性建构过程。按照建构主义的观点,小学生不是空着脑袋进入教室的,因为个体从出生就开始了探索环境、顺应环境的活动,在这种活动中,对事物形成了丰富的经验,并建构了个体特定的认知图式。每个人都在以自己的经验为背景建构对事物的理解,只能理解到事物的不同方面或某些方面,不存在唯一正确的全面的理解。因此,小学课程与教学的本质是,通过学生之间、师生之间的合作、交流与讨论,使他们了解彼此的见解,了解那些不同观点的基础。

---

① P. Slattery, *Curriculum Development in the Postmodern Era*, New York & London: Garland Publishing, Inc., 1995, p. 56.

后现代主义者认为,不同知识背景、生活经历的人会有不同的知识建构,而这些知识对他们来说都是有价值的。当代哲学家波普尔(K. R. Poppet)通过科学哲学的视角,对科学认识成果的权威性提出了质疑,对现代知识观进行了全面、深刻的批判,使20世纪中叶以后人们的科学和知识观念发生了重要变化。他认为,"我们是真理的探索者,但不是真理的占有者"①。那些宣称科学知识是客观的、确定的和终极解释的人创造了认识论中的权威主义,尤其在对普通人认识权力的压制方面,人为地从知识论的角度将社会分成拥有真理或能发现真理的高贵人群,只能分享真理而缺乏发现真理的能力的低贱人群,长期下去,人类文化将走向"单质化"和"同一化"。后现代主义强调对人的存在以及人的精神价值的关注,强调多元文化平等对话、融合共存。在后现代的背景下,科学与修辞、意识形态的界限变得模糊或消失,知识与偏见、科学与文学、理性与直觉、理智与情感、东方与西方等的层次变得不稳定,各种话语都有了合法性;各种文化、话语、学科都是语境性的或境遇性的,人们没有必要对它们中的任何一个进行"立法",而是采取"解释"或"解读"。

在课程研究领域,课程理论家派纳主张对"课程"一词的理解应该回到该词的词根——动词"currere"。"currere"意为"跑",或者"跑的过程与经历"。"currere"一词不仅包括外显的活动,也包含隐蔽的个体内在经验的探索活动,这种内在经验的探索活动即是对意义和价值主动追索的"心路历程"。派纳指出:"课程不只是制造知识的学科(包含目标设计),也是个体内在经验和外界环境相互作用的经验改造与意义的建构","课程就是所有学习经验(包括认知、情意、外在的和内在的生活经验)。"② 这样,"课程"强调的是学习者在"跑道上奔跑的动态过程和经验累积,它成为一个过程、一种活动,或者如派纳所说的'一种内心的旅行'"③。派纳认为:"人的经验的中心是其特殊性,在某种意义上说甚至是其古怪性。科学的规律和抽象不能把握个体经验的独立性。"④"'Currere'是提供一种知觉、情感和思考的生活'经验'(experience),而不是一种模仿性或机械性的'活动'(activity)。也就是说,它必须透过自身生命体验和自觉的一种生活历程,此'经验'的学习不是被'预定'好的,而是在其周边的生活世界中所感、所思的具体行动。"⑤

因此,课程成为一种"文本",对这种"文本"不同角度的"解释"或"解读",就产生了将课程置于更加广泛的社会、政治、经济、文化、种族等背景上来"理解"的丰富多彩的"课程理解"话语。"课程理解"的本质是从"技术兴趣"转向"解放兴趣"。哈贝马斯把人类的认识兴趣分为三种:技术兴趣、实践兴趣和解放兴趣。"解放兴趣"是人类对"解放"和"权力赋予"的兴趣,是"人类对自由、独立和主体性的兴趣,其目的就是把'主体从依附于对象化的力量中解放出来'"⑥。

在"课程理解"取向的课程研究过程中,人们也最终不可能摆脱"课程开发"的实际性和技术性研究活动,因此,课程研究内容由"课程开发"研究为主转向"课程开发"研究与"课程理解"研究的整合。在这样的背景下,小学课程与教学研究必须解决如下问题:怎样实现师生共同参与课程、共同承担课程的责任?怎样在课程与教学中将思维、情感与行动整合?怎样从生活走向课程、从课程走向社会?怎样把课程内容与学生的基本需要及生活、情感和理智密切联系起来?怎样在课程与教学活动中,既让学生认识世界,也认识自我?

---

① [英]卡尔·波普尔著,莫竹芩等译:《客观知识——一个进化论的研究》,上海译文出版社1987年版,第50页。
② 袁桂林:《派纳论"概念重构"和"理解课程"》,载《外国教育研究》2003年第1期。
③ 汪霞著:《课程研究:现代与后现代》,上海科技教育出版社2003年版,第62页。
④ 转引自单丁著:《课程流派研究》,山东教育出版社1998年版,第277页。
⑤ 袁桂林:《派纳论"概念重构"和"理解课程"》,载《外国教育研究》2003第1期。
⑥ [德]哈贝马斯著,郭官义等译:《认识与兴趣》,学林出版社1999年版,第13页。

(二)研究范式的基本取向

后现代主义对现代知识观的哲学基础"科学主义"提出了质疑,反对文化霸权,主张各种话语权力的平等。后现代主义认为,科学范式不是唯一正确的、占主导地位的知识形态,认知过程是作为认识主体的人的主动建构过程,并不是只有符合经验和通过实证的知识才是有价值的。科学知识的文化霸权,使文化失去了多样性,阻碍了人类文化的正常发展。"科学游戏"应该被置于与"其他游戏"平等的地位上。人与生活环境相互作用的过程、方式、视角是多样的、复杂的,因而文化也是多元的。假如拒绝多元文化,那便会产生文化垄断与文化霸权。后现代主义认为,文化需要交流,而文化的交流不是单向的,是多向互动的,融入其他文化并不等于要失去自我,失去自身的身份和特性。文化本身就是在人与自然、人与人的交互作用中产生和发展的,多样的文化之间的"对话"是人类文化发展的条件。

在这样的基础上,后现代主义建立新知识观和方法论。"在后现代文化中,科学/修辞以及科学/意识形态之间的界限变得模糊或消失了;事实/虚构、知识/偏见、科学/文学、精确的/借喻的、理性/直觉以及男性的/女性的层次被打乱,变得不稳定了。"①这些正是文化反分化和重构过程的具体表现,预示着人们必须从人类文化整体的角度,对人类知识进行历史的、容忍社会差异的、容忍话语含混和冲突的分析。因此,社会科学和人文科学的许多定性的研究方法或"质的研究"方法也为后现代主义所肯定。

从后现代主义的视角看,"科学主义"化是现代学校课程最显著的特征。一方面,"科学主义"所秉持的所谓"科学管理"和"科学控制"的思想左右着学校课程关于培养人才的理念。在科学分析方法的理智主导下,人类生活和生命被模式化、非人化和异化。学校课程也逐渐成为"加工学生"的过程,忽视了对学生心灵和精神的培育,甚至成为约束学生生命冲动的桎梏。另一方面,"科学管理"和"科学控制"的思想左右着学校课程与教学的研究,使课程与教学的研究主要采用自然科学的研究方法,运用数理统计手段,从大量个别情境中归纳出课程开发的规律与程序。即倡导所谓"量的研究"。问题是,在许多文化现象中,甚至科学现象中,由于环境的复杂与开放,人们所"发现"的定量的"规律"是不是真的能够"重复"?人们在完成不完全归纳的过程中,多少相同的事件才算足够"多"?我们真的可以忽略那些我们认为次要因素的影响而得到结论吗?研究者真的能够保持价值中立?答案全是否定的。

在后现代主义为"质的研究"的合法性辩护的过程中,课程与教学的研究范式也发生了转变,人们广泛采用叙事研究、行动研究、人种志研究等方法。与此同时,人们也深信自然科学的"量的研究"方法仍然是不可或缺的方法。因此,课程与教学研究范式由"量的研究"转化为"量的研究"与"质的研究"的整合。在这样的背景下,小学课程与教学研究应该既追求"量"的客观性,又追求"质"的丰富性;既采用问卷、测试、量表、实验等工具和方法,并应用科学方法处理信息和数据,又采用观察、访谈、参与、合作等方法,并应用反思、解释、对话、协商等方法达成共识。

二、研究存在的问题与反思

当前,随着基础教育课程改革的进一步深入以及广大小学教师专业发展要求的逐步提高,我国小学课程与教学的研究成绩斐然,研究的学科体系日渐成熟、研究成果空前繁荣、研究队伍逐渐壮大。然而,目前我国小学课程与教学研究中依然存在一些不尽如人意的地方,值得我们反思。

---

① [美]史蒂文·塞德曼著,陈钢等译:《后现代转向》,辽宁教育出版社2001年版,第18页。

(一) 研究方法的科学性问题

新一轮的基础教育课程改革实施及教师自身专业发展的要求,致使小学教育工作者的科研意识逐渐增强,对于小学课程与教学的研究也日渐丰富起来。但由于大多数小学教师自身专业水平还不太高,又缺乏必要的教育学、心理学、课程理论和教学理论等方面的指导,导致其研究活动和所获得的结论没有足够的说服力。特别是在采用一些目前流行的、前卫的研究方法时,许多教师对这些方法的理解还不够全面,或者夸大这些研究方法的作用,或者应用时仅仅是"穿靴戴帽",或者过度诠释,甚至把叙事研究和行动研究的结论概括为一般规律。

其实,许多课程与教学的研究方法都有局限性。例如,叙事研究本身也存在以下几个方面的不足:(1)叙事研究需要征得研究对象的配合,而人的社会性、特殊性和复杂性决定了一个陌生的人不可能在很短的时间内向你吐露真心。因此,为了让被试者在心理上认同、支持你的研究,真就需要一个彼此熟悉的过程。(2)由于人的本性的顾及或其他原因,叙事研究很难获得研究对象真正的想法。(3)研究者的目的很容易受到叙事者故事的影响而偏离。(4)叙事研究受到研究者的个人倾向的影响。(5)叙事研究对研究者具有很高的要求。[①] 另外,叙事研究常常把研究者的教育理念隐含在细碎的教育事件中,需要读者自己体会、理解,因此,容易忽视教育理论对一般教师教育教学行动的重要指导作用。

许多教师在运用某一方法实施研究的过程中,由于肤浅的了解,产生了种种误区,导致研究过程贻笑大方。例如,在运用行动研究时,确实有人随意地想象行动研究,以为只要教师在教育实践中有所"思考",就已经执行了行动研究;或以为只要中小学教师与大学或研究机构的研究人员一起"合作",就算是地道的行动研究,这导致行动研究在不同的情境中不同程度地被误解和滥用。不少人纷纷夸示"本研究使用行动研究法",却不知行动研究的实质为何物,导致在实施"行动研究"的过程中产生了种种误区。概括起来,教师开展行动研究在实践中主要存在以下问题:(1)没有"问题"的研究。行动研究的价值追求主要是解决实践问题,并使教师在研究中获得发展。但在实践中,一些自以为在做行动研究的教师,他们研究的不是自己实践中遇到的问题,而是"感觉很有理论价值"的问题;还有一些教师号称自己在做行动研究,但所进行的却都是常规的教务工作,最后的"研究成果"其实是一份工作总结,这类研究没有针对自己实践的特定问题,只有所谓的"行动",这种"研究"不能看做是"行动研究"。(2)没有"行动"的研究。有些所谓的行动研究者没有开展任何实质性的研究行动,最后却拿出一份洋洋洒洒几千字的论文,研究成果可谓丰硕。这种所谓的"行动研究",既没有对自己实践中的问题进行反思与分析,也没有采取"行动"对问题进行干预,因此,这种研究是没有行动的研究,它与行动研究的旨趣相去甚远。(3)没有"成果"的研究。有些教师确实认识到了行动研究能改善自己的实践,能帮助自己解决实践中的一些问题,同时也希望在研究中提高自我,因而实实在在地开展了研究活动,也取得了一定的效果。但由于没有及时记录行动研究过程中的有关材料,缺乏对所做研究的资料收集,整理和分析,没有形成与自己的研究实践相一致的书面材料。这是没有"成果"的研究,是不完整的行动研究。[②]

(二) 理论联系实际问题

长期以来,小学课程与教学研究中理论脱离实际的现象十分严重。正如顾明远教授所讲,"十年教育理论发展是很快的,但是还不够,还有缺点,还有理论脱离实际问题,也存在实际缺乏理论问题"。这是由于课程与教学的理论和实践研究始终固守自己的"领地",不相往来所致。这导致了

[①] 冯晨昱、和学新:《教育叙事研究的研究》,载《学科教育》2004 年第 6 期。
[②] 袁志芬:《教师作为行动研究者的尴尬与反思》,载《中小学教师培训》2004 年第 11 期。

理论研究过于"思辨"而不能指导实践,实践研究成为"经验的总结"缺乏理论的高度,这种现象在小学课程与教学的研究中是普遍存在的。

造成课程与教学研究理论脱离实际的原因主要是课程与教学理论的研究者没有走出书斋,不能深入教育教学的实际中去调查和搞研究;没有直面课程与教学的实际问题,在实践中发现问题、解决问题、研究问题,从而提出对课程与教学的实践有价值和指导意义的理论。在课程与教学的实践领域,一线教师多是在办公室里搞"书斋式"、"注解式"的研究,从书本到书本,所以其研究成果的价值是十分有限的。也有一些小学实际工作者面对自己身边有实际研究价值的课题却不加以研究,而是跳出实践以外去搞纯理论性的研究,结果也是收效甚微的。①

因此,小学课程与教学的研究者应该走出"书斋",走向教育教学的实践中去进行研究。譬如,为很多教师所推崇的行动研究法即是一种很实用的教育科学研究方法。

目前,有些小学存在着为搞科研而搞科研的倾向。所选择的研究课题严重脱离学校教育教学的实际,一些小学教师为了评定职称而选择课题进行研究,这难免造成科研的盲目性和一些研究者急功近利、追求时髦、做表面文章的后果,所做的研究也大多是"假、大、空",毫无实践价值,缺乏针对性、方向性和操作性,仅仅是"思辨性"的论述而已。主要表现在五个方面:一是重复性课题研究多,独创性课题研究少;二是表现性课题研究多,潜心深层次问题研究少;三是在课题组成员中"坐车"得多,真正参与研究的少;四是在实验报告中,内容写得多,但实际操作与跟踪材料少;五是课题研究数量多,而"新"、"精"型研究成果少。②

小学课程与教学研究必须克服存在的问题,提倡理论联系实际,开展团队合作,在充分理解各种研究方法的优劣和适用条件的基础上,多采用叙事研究、行动研究等"质的研究"方法。

关键术语

叙事研究;行动研究;隐性课程;情境教学;课程理解

讨论与探究

1. 小学课程与教学叙事研究与行动研究能不能得到普遍的教育规律?请举例说明。
2. 你认为小学隐性课程能否列入学校课程方案中?为什么?
3. 怎样开展小学各学科的情境教学研究?请举例说明。
4. "课程理解"研究为什么把课程比作"文本"?
5. 目前我国小学课程与教学研究存在的主要问题是什么?

案例分析

1. 有教师在教学"加减法的简便算法"一课时创设了这样的情景:在班上选择了全班公认数学最优秀的和最差的进行口算"比赛",两组题如下:(1)324+198,5968-3999,396+498;(2)324+200,5968-4000,400+500。比赛的结果当然是成绩差的获胜,顿时全班学生从疑惑不解到热情高涨,纷纷举手表达自己的意见,"气愤"比赛的不公平。两组题中,加减整百、整千当然简单一些……这位教师说,"比赛"学生的表现却令她时至今日仍然不能平静:两名"优秀"学生都在不发表任何意

---

① 徐世贵:《中小学教师教育科研》,辽宁人民出版社2001年版,第12页。
② 徐世贵:《中小学教师教育科研》,辽宁人民出版社2001年版,第12页。

见的基础上独自伤心地哭了；而两名"差生"表现大同小异，眼里闪过一丝得意，但是脸上没有一丝的笑容。这位教师认为，"差生"体现出的"荣辱不惊"，是许多成大事者追求的境界。课后，她向"优秀"学生道歉（老师没有考虑你的感受），并重点分析了"哭泣"的原因，希望他们在遇到困难时，变得更坚强和从容。对"差生"，这位教师问他们为什么胜了却不高兴，并表扬了他们的进步，鼓励他们继续努力，她终于看到了"差生"开心的笑容。试分析本教学叙事研究案例。

2. 请根据行动研究的特点、方法，分析本章案例10-2。

进一步阅读的文献

1. 陈向明著：《教师如何作质的研究》，教育科学出版社，2001年。
2. 丁钢著：《声音与经验：教育叙事研究》，教育科学出版社，2008年。
3. ［美］Joanne M. Arhar等著，黄宇等译：《教师行动研究》，中国轻工业出版社，2002年。
4. 李吉林著：《情境教育的诗篇》，高等教育出版社，2004年。
5. 林淑媛编著：《小学综合实践活动课程教师行动手册》，广东高等教育出版社，2008年。
6. 刘良华著：《教育研究方法：专题与案例》，华东师范大学出版社，2007年。
7. ［加］迈克尔·康纳利等著，刘良华等译：《教师成为课程研究者：经验叙事》，浙江教育出版社，2004年。
8. 郑慧奇、胡兴宏主编：《教师成为研究者》，上海教育出版社，2004年。

推荐访问网址

1. 教育叙事研究

http://bolg.cersp.com/18893/212980.aspx

2. ［苏州教育博客］学习—发展共同体

http://www.szebolg.cn/index.html

3. 东行记

http://www.jeast.net/index.html

4. 教育部全国中小学教师继续教育网

http://www.teacher.com.cn

5. 微型课题研究

http://www.wxktyj.cn

6. 中国教师研修网

http://www.teacherclub.com.cn/tresearch/channel/china/index.html

后 记

小学教育是基础教育之基础。近年来,小学教育的质量愈益引发关注。在一些小学,课程开发步履维艰,课堂教学千校一面,学生个性的激发、能力的培养、综合素质的提高等问题仍未得到充分的重视和广泛的研究。对于师资力量比较薄弱的小学,这种情形尤为严重。如何提高小学教育的质量,更好地促进小学生的发展,不仅关乎基础教育改革的深化,更关乎民族的未来和兴衰。

课程与教学是学校教育的核心,教学是人才培养的基本途径,课程是推动学校变革、打造学生身份、塑造学生素质的重要力量。小学课程教学论是小学教育专业学生必修的核心课,也是培养全科型小学教师的通识课。这门学科在小学教师教育中占据着十分重要的地位。

《小学课程与教学论》应我国小学教育现代化发展的新形势、基础教育课程与教学改革向纵深推进的新任务、小学教育专业质量提高的新需求而编写。本书力图整合小学课程与教学的研究,且着重围绕课程与教学领域中基本的、重点的问题,针对小学教育的特点,结合小学课程与教学的案例进行阐述和分析。内容充分反映时代特点、小学特色、课程与教学研究的新成果和小学课程与教学改革的新动向,科学性、研究性、实用性和趣味性相结合,弥补高等学校小学教育专业课程与教学论教材建设的不足。

本书是多位我国课程与教学论领域的中青年学者通力合作、集体劳动的成果。汪霞主编,负责全书的构思、设计与统稿。作者们共同编写、分工负责。撰稿人员具体分工如下(按章节顺序):王一军,第1章"小学课程与教学论概说";吕林海,第2章"小学课程与教学的开发和设计";岳刚德,第3章"小学课程与教学的目标和绩效";蔡铁权,第4章"小学课程与教学的内容和选择";欧路莎、吕立杰,第5章"小学课程与教学的组织和类型";吕敏霞,第6章"小学课程与教学的实施和资源";李如密、齐军,第7章"小学课程与教学的评价和实施";余进利,第8章"小学课程与教学的领导和管理";汪霞、王俊,第9章"小学课程与教学的改革和现状";母小勇、贾淑秀,第10章"小学课程与教学研究的热点和问题"。

衷心感谢各位作者认真、高效的工作,尤其是在书稿的修改阶段。尽管作为中青年专业研究人员,大家的本职工作相当繁忙,但都能积极配合,全力投入,并不厌其烦地反复修改。正是由于大家真诚的态度、负责的精神和出色的工作,保证了本书的及时交稿和顺利出版。

本书旨在为高等院校小学教育专业提供教材,也可以作为其他教育专业学生的学习拓展阅读教材,当然也可以作为在职小学教师自学和进修的专业资料。对于我国从事小学课程与教学研究的学者、小学教育管理者和改革者,亦可作为其了解小学课程与教学发展状况、研究小学课程与教学改革策略之重要参考。

在写作过程中,我们参阅、借鉴和引用了众多学者的观点和成果,感谢原作者们富有智慧的研究贡献。各章节对所参阅的资料基本都作了注明,但也可能有疏漏,在此一并表示感谢!

限于时间和水平,书中如有错讹,真诚地欢迎各位专家、学者不吝批评指正,欢迎所有使用本教材的老师、学生、读者提出您的宝贵意见。

后　记

　　本书的编写和出版得到了华东师范大学出版社的大力支持和帮助,在此表示诚挚的谢意。还要特别感谢责任编辑朱建宝老师,在本书的写作过程中,他做了许多认真、细致的工作,为本书的如期出版付出了辛勤的劳动。

汪　霞
2010 年 9 月于南京